上海市工程建设规范

城市轨道交通基于通信的列车控制系统技术标准

Technical standard of communication-based train control signal system for urban rail transit

DG/TJ 08—2369—2021
J 15913—2021

主编单位:上海申通轨道交通研究咨询有限公司
批准单位:上海市住房和城乡建设管理委员会
施行日期: 2021 年 12 月 1 日

同济大学出版社

2022 上海

图书在版编目(CIP)数据

城市轨道交通基于通信的列车控制系统技术标准 / 上海申通轨道交通研究咨询有限公司主编. —上海：同济大学出版社，2022.4

ISBN 978-7-5765-0179-7

Ⅰ. ①城… Ⅱ. ①上… Ⅲ. ①城市铁路—轨道交通—列车—运行—控制系统—技术标准—上海 Ⅳ. ①U284.48-65

中国版本图书馆 CIP 数据核字(2022)第 041099 号

城市轨道交通基于通信的列车控制系统技术标准

上海申通轨道交通研究咨询有限公司 主编

责任编辑 朱 勇

责任校对 徐春莲

封面设计 陈益平

出版发行 同济大学出版社 www.tongjipress.com.cn

（地址：上海市四平路 1239 号 邮编：200092 电话：021-65985622）

经　　销 全国各地新华书店

印　　刷 浦江求真印务有限公司

开　　本 889mm×1194mm 1/32

印　　张 2.75

字　　数 74 000

版　　次 2022 年 4 月第 1 版 2022 年 4 月第 1 次印刷

书　　号 ISBN 978-7-5765-0179-7

定　　价 30.00 元

上海市住房和城乡建设管理委员会文件

沪建标定〔2021〕519 号

上海市住房和城乡建设管理委员会
关于批准《城市轨道交通基于通信的列车控制系统技术标准》为上海市工程建设规范的通知

各有关单位：

由上海申通轨道交通研究咨询有限公司主编的《城市轨道交通基于通信的列车控制系统技术标准》，经我委审核，现批准为上海市工程建设规范，统一编号为 DG/TJ 08—2369—2021，自 2021 年 12 月 1 日起实施。

本规范由上海市住房和城乡建设管理委员会负责管理，上海申通轨道交通研究咨询有限公司负责解释。

特此通知。

上海市住房和城乡建设管理委员会

二〇二一年八月十日

前　言

本标准是根据上海市住房和城乡建设管理委员会《关于印发〈2018 年上海市工程建设规范、建筑标准设计编制计划〉的通知》(沪建标定〔2017〕898 号)要求,由上海申通轨道交通研究咨询有限公司会同有关单位进行了广泛的调查研究,在参考国内外有关标准,反复征求各方面意见的基础上编制而成的。

本标准的主要内容有:总则;术语和缩略语;一般规定;信号显示;系统要求;全自动运行;互联互通;系统性能及 RAMS 指标;其他。

各单位及相关人员在执行本标准过程中,如有意见和建议,请反馈至上海市交通委员会(地址:上海市世博村路 300 号 1 号楼;邮编:200125;E-mail:shjtbiaozhun@126. com),上海申通轨道交通研究咨询有限公司(地址:上海市桂林路 909 号 1 号楼;邮编:201103;E-mail:13761591879@163. com),上海市建筑建材业市场管理总站(地址:小木桥路 683 号;邮编:200032;E-mail:shgcbz@163. com),以供修订时参考。

主 编 单 位:上海申通轨道交通研究咨询有限公司
参 编 单 位:卡斯柯信号有限公司
上海电气泰雷兹交通自动化系统有限公司
上海市土木工程学会
主要起草人:王大庆　洪海珠　万勇兵　崔　科　吕新军
刘会明　高　翔　张　郁　施　聪　刘金叶
杨秉政　常　鸣　刘　循　马能艺　付长尧
李　恒　娄　琦　王潇骁　麦新晨　陈　亮
黄　雷　徐国平　何福忠　邬利挺　陶　伟

李　梅　张　凯　金　捷　朱寅锴　张　雅
黄关强　韩晶晶

主要审查人：朱　翔　张伟国　刘　璠　樊国林　秦　悦
陆晓地　黄　钟　徐中伟　陈丽君

上海市建筑建材业市场管理总站

目　次

1　总　则 …………………………………………………… 1
2　术语和缩略语 ………………………………………… 2
2.1　术　语 ……………………………………………… 2
2.2　缩略语 ……………………………………………… 6
3　一般规定 ……………………………………………… 9
4　信号显示 ……………………………………………… 14
4.1　基本要求 …………………………………………… 14
4.2　信号机设置 ………………………………………… 15
4.3　信号显示 …………………………………………… 16
5　系统要求 ……………………………………………… 18
5.1　基本要求 …………………………………………… 18
5.2　主要功能 …………………………………………… 22
6　全自动运行 …………………………………………… 28
6.1　基本要求 …………………………………………… 28
6.2　功能要求 …………………………………………… 28
6.3　接口要求 …………………………………………… 32
7　互联互通 ……………………………………………… 34
7.1　基本要求 …………………………………………… 34
7.2　互联互通系统架构 ………………………………… 35
7.3　线路电子地图 ……………………………………… 36
7.4　应答器数据报文 …………………………………… 37
7.5　接口要求 …………………………………………… 37
8　系统性能及 RAMS 指标 ……………………………… 40
8.1　系统响应性能指标 ………………………………… 40

8.2 系统运行性能指标 …… 41
8.3 RAMS 指标 …… 41
9 其 他 …… 45
9.1 硬件与软件 …… 45
9.2 电 源 …… 46
9.3 电磁兼容防护 …… 46
9.4 防雷与接地 …… 51
9.5 外部接口 …… 52
9.6 环境条件 …… 55
9.7 信息安全等级保护 …… 56
本标准用词说明 …… 60
引用标准名录 …… 61
条文说明 …… 65

Contents

1 General provisions ········ 1
2 Terms and abbreviation ········ 2
2.1 Terms ········ 2
2.2 Abbreviation ········ 6
3 General requirement ········ 9
4 Signal display ········ 14
4.1 Basic requirement ········ 14
4.2 Signal setting ········ 15
4.3 Signal display ········ 16
5 System requirement ········ 18
5.1 Basic requirement ········ 18
5.2 Main functions ········ 22
6 Fully automatic operating ········ 28
6.1 Basic requirement ········ 28
6.2 Functions requirement ········ 28
6.3 Interface requirement ········ 32
7 Interoperability ········ 34
7.1 Basic requirement ········ 34
7.2 Interoperability system structure ········ 35
7.3 Electronic map of the line ········ 36
7.4 Balise data message ········ 37
7.5 Interface requirement ········ 37
8 System performance and RAMS indicator ········ 40
8.1 System response indicator ········ 40

8.2 System operation performance ········· 41
8.3 RAMS indicator ········· 41
9 Other ········· 45
9.1 Hardware and software ········· 45
9.2 Power source ········· 46
9.3 EMC protection ········· 46
9.4 Lightning protection and grounding ········· 51
9.5 External interface ········· 52
9.6 Environmental conditions ········· 55
9.7 Information security level protection ········· 56
Explanation of wording in this standard ········· 60
List of quoted standards ········· 61
Explanation of provisions ········· 65

1 总 则

1.0.1 为规范上海轨道交通基于通信的列车控制系统（简称CBTC信号系统）技术要求，指导CBTC信号系统的设计、建设、运营和维护管理，使CBTC信号系统设计安全可靠、经济合理、技术先进，特制定本标准。

1.0.2 本标准适用于上海采用CBTC信号系统的城市轨道交通新建、改建线路和车辆基地。其他轨道交通项目在技术条件相同时也可按照执行。

1.0.3 CBTC信号系统所采用的技术，除应符合本标准外，尚应符合国家、行业和本市现行相关标准的规定。

2 术语和缩略语

2.1 术 语

2.1.1 基于通信的列车控制 communication based train control

采用不依赖轨旁列车占用检测设备的列车主动定位技术和连续车-地双向数据通信技术，通过能够执行安全功能的车载和地面设备，实现连续式列车自动控制。

2.1.2 列车自动控制 automatic train control

信号系统自动实现列车监控、安全防护和运行控制等技术的总称。

2.1.3 列车自动监控 automatic train supervision

根据列车时刻表为列车运行自动设定进路，指挥行车，实施列车运行管理等技术的总称。

2.1.4 列车自动防护 automatic train protection

自动实现列车运行间隔、超速防护、进路安全和车门等监控技术的总称。

2.1.5 列车自动运行 automatic train operation

自动实现列车加速、调速、停车和车门开/关、提示等控制技术的总称。

2.1.6 计算机联锁 computer interlocking

以计算机技术为核心，自动实现进路、道岔、信号机等控制和防护技术的总称。

2.1.7 数据通信系统 data communication system

支持轨旁和轨旁、轨旁和车载、车载和车载（对于车载设备包含多个控制器的情况）之间数据通信的系统。

2.1.8 安全完整性等级 safety integrity level

表示针对系统失效时某系统仍可满足指定安全功能所要求的置信度等级的数值。

2.1.9 故障-安全 fail-safe

当系统、设备或电路出现故障及非安全相关的操作错误时，系统仍维持在安全状态，或者直接过渡到另一种安全状态。

2.1.10 停站时间 station dwell time

列车运行过程中在车站停留的时间，包括五部分，分别是列车停稳至车门开始开启、车门开始开启至车门完全开启、乘客上下车时间、车门开始关闭至车门完全关闭、车门完全关闭至列车开始启动。

2.1.11 扣车 hold train

将列车扣留在站台，不允许列车发车。

2.1.12 跳停 skip stop

列车在站台不停车，直接通过该站的列车运行方式。

2.1.13 自动通过进路 fleet route

列车通过后，进路不解锁，信号继而自动开放的进路。

2.1.14 运行图/时刻表 schedule/timetable

用户创建的列车运行信息列表，包含列车的计划到站、计划离站时间等信息。

2.1.15 移动授权 movement authority

列车沿给定的行驶方向进入并在某一特定区域内行车的许可权，移动授权应考虑列车运行前方的各种危险点信息，并保证列车在授权范围内的正常移动不受限制，移动授权的末端不应越过危险点。

2.1.16 追踪间隔 headway

在同一线路、同向运行的两列列车的前端经过线路同一地点的间隔时间。

2.1.17 特殊路段临界速度 critical speed for special line sections

在确保行车安全和满足一定舒适性前提下，列车在曲线段、道岔和站台区段不可超过的速度。包括曲线临界速度、道岔临界速度和站台临界速度。

2.1.18 到通间隔 interval of arrival and pass

在越行情况下，某车站慢车到达与同方向快车出发的时间间隔。

2.1.19 通发间隔 interval of pass and departure

在越行情况下，某车站快车出发与同方向慢车出发的时间间隔。

2.1.20 ATP 顶篷速度 ATP ceiling speed

ATP 子系统保证在最不利条件下列车不得超过的速度。

2.1.21 旅行速度 operation speed

正常运营情况下，列车从起点站发车至终点站停车的平均运行速度。

2.1.22 线路等级速度 speed reflecting line class

为满足线路规划功能，以达到线路沿线主要组团间出行时间目标为目的，综合运营需求、线路工程条件、车站设置、投资效益等因素，同时充分发挥系统设施设备能力，经分析确定体现线路功能定位及运营需求的速度。

2.1.23 限制临时限速 limited temporary speed restriction

有安全防护需求的线路临时限制速度。任何情况下，该线路段的列车速度不得超过该限速要求。信号系统按不超过该限速值进行超速防护，即该限速值为 ATP 顶篷速度。

2.1.24 非限制临时限速 non-limited temporary speed restriction

特定的临时限制速度，列车可以按该速度值在限速线路段内运行。信号系统以该限速值作为 ATO 目标速度控制列车运行，并根据系统算法计算 ATP 顶篷速度。

2.1.25 转换轨 transfer track

转换轨是车辆基地与正线的连接轨，运营列车在驶入/驶出转换轨过程中，当条件具备时，可进行列车运行控制级别及驾驶模式转换。

2.1.26 平均故障间隔时间 mean time between failures

设备连续发生两次故障之间的平均间隔时间。

2.1.27 列车自动驾驶模式 automatic train operating mode

在司机监控下，CBTC 系统自动控制列车运行，并进行安全防护的列车驾驶模式。

2.1.28 受控人工驾驶模式 constrained train operating mode

在列车自动防护设备防护下，司机驾驶列车运行的列车驾驶模式。

2.1.29 限制人工驾驶模式 restricted manual train operating mode

司机按规定的目视行车限速控车运行，列车自动防护设备进行超速防护的列车驾驶模式。

2.1.30 非限制人工驾驶模式 emergency unrestricted manual train operating mode

ATP 自动防护设备已被切除，车载设备不对列车运行进行监控，司机按操作规程驾驶列车的列车驾驶模式。

2.1.31 全自动运行模式 full automatic operation mode

在连续式通信控制级别下由 ATP 监控，自动实现列车唤醒/休眠、库内发车、场内运行、站台停站、站台发车、区间运行、站台清客、折返、回库及洗车等正常作业的列车驾驶模式。

2.1.32 设备集中站 centeralized station

设置信号系统联锁设备（或联锁现地控制设备）、ATS 设备、计轴设备、DCS 设备、ZC 或 LC，及其相关配套设备的车站。

2.1.33 非设备集中站 non-centeralized station

仅设置信号系统相关终端、转接设备、电源设备等的车站。

2.1.34 可靠性 reliability

产品在规定的条件下和规定的时间区间内完成规定功能的能力。

2.1.35 可用性 availability

可修复产品在某一特定瞬间维持其功能的概率或在某一期间内维持其功能的时间比率。可用性是产品可靠性、维修性和维修保证性的综合指标。

2.1.36 可维护性 maintainability

产品在规定的使用条件下并按规定的程序和手段实施维修时，为保持产品处于正常使用状态或为修复产品的故障、缺陷，使之恢复执行功能状态的能力。

2.1.37 安全性 safety

保证行车和人身以及设备安全的能力，以在给定时刻系统维持安全功能完善的概率指称。

2.1.38 维护支持子系统 maintenance support system

列车自动控制系统的子系统，监测记录系统内其他各子系统维护信息，辅助系统故障分析，用于系统日常运营维护。

2.1.39 控制中心 control centers

轨道交通线路所有信息的集散地和交换枢纽，是对全线列车运行、电力供应、车站设备、防灾报警和乘客票务等实行管理和调度指挥的中心。

2.1.40 车辆基地 rolling stock bases

保证城市轨道交通系统安全运行的重要基地，通常由车辆运用检修系统、综合维修系统、物资系统以及必要的生活设施等组成，并可根据需要设置计量、培训设施。

2.2 缩略语

AM——Automatic Train Operating Mode 列车自动驾驶模式

ATB——Automatic Turn Back 无人自动折返

ATC——Automatic Train Control 列车自动控制

ATO——Automatic Train Operation 列车自动运行

ATP——Automatic Train Protection 列车自动防护

ATS——Automatic Train Supervision 列车自动监控

CAM——Creep Automatic Train Operating Mode 蠕动模式

CBTC——Communication Based Train Control 基于通信的列车控制系统

CI——Computer Interlocking 计算机联锁

CM——Constrained Train Operating Mode 受控人工驾驶模式

DCS——Data Communication System 数据通信系统

EMCS——Electrical and Mechanical Control System 机电设备监控系统

EUM——Emergency Unrestricted Manual Train Operating Mode 非限制人工驾驶模式

FAM——Fully Automatic Train Operating Mode 全自动驾驶模式

FAS——Fire Alarm System 火灾报警系统

GEBR——Guarantee Emergency Brake Rate 最小保证紧急制动率

HDC——Holding Door Close 保持车门关闭

JOG——Jog 自动停站对位调整

LEU——Lineside Electronic Unit 轨旁电子单元

MSS——Maintenance Support System 维护支持系统

MTBF——Mean Time Between Failure 平均故障间隔时间

MTTR——Mean Time to Repair 平均修复时间

OCC——Operating Control Center 控制中心

PSD——Platform Screen Door 站台门
PSL——PSD Local Control Panel 站台门控制盒
RAMS——Reliability, Availability, Maintainability, Safety 可靠性、可用性、可维修性和安全性
RM——Restricted Manual Train Operating Mode 限制人工驾驶模式
SIL——Safety Integrity Level 安全完整性等级
SPKS——Staff Protect Key Switch 作业人员防护开关
TCMS——Train Control Management System 列车控制管理系统
UPS——Uninterruptible Power System 不间断电源
VOBC——Vehicle On-board Controller 车载控制器
ZC——Zone Controller 区域控制器

3 一般规定

3.0.1 CBTC信号系统应满足大运量、高密度、不同列车编组和不同运营交路的运营需要。设备结构及软件功能应模块化，满足系统功能扩展和升级的需要。

3.0.2 CBTC信号系统应具有高可靠性和可用性，保证连续不间断工作。凡涉及行车安全的子系统、设备或器材应满足相应的安全完整性等级的要求，并符合故障-安全的原则，采用的安全子系统、设备应经过安全评估。

3.0.3 CBTC信号系统在不影响本系统安全运行的前提下，应能与其他管理信息系统交换数据。

3.0.4 CBTC信号系统应满足现代化维护管理的需求，各子系统应具有自检测、故障诊断定位和报警功能。

3.0.5 CBTC信号系统应满足城市轨道交通行车组织、运营管理与列车运行安全的需求。系统控制与监督能力应与线路最大通过能力相适应，系统监控和管理的列车数量应根据线路最大在线列车数量计算，对车站、车辆基地等的监控范围应按线路和站场所确定的建设规模设计。

3.0.6 CBTC信号系统应由ATP子系统、ATO子系统、ATS子系统、CI子系统、DCS子系统和MSS子系统组成(图3.0.6)。

3.0.7 CBTC信号系统按地域划分为控制中心、车站及轨旁、车载、车辆基地及试车线、维护及培训中心五部分，设备构成应符合下列要求：

1 控制中心应设置ATS中央设备(包括ATS服务器、调度员工作站、运行图工作站等)、MSS维护工作站、绘图仪和打印机等设备。

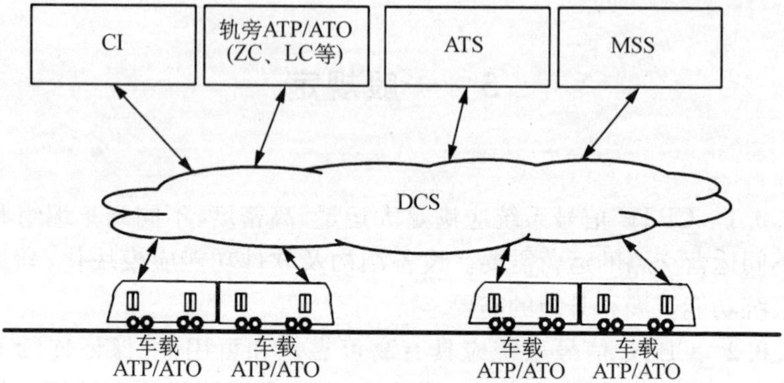

图 3.0.6 CBTC 信号系统

2 车站及轨旁设备分为设备集中站设备和非设备集中站设备。设备集中站应设置 ATS 车站设备、CI 设备、车站维护支持设备、轨旁 ATP/ATO 设备等;非设备集中站应设置 ATS 车站设备等;各车站应设置站台紧急关闭按钮设备,宜设置发车计时器等;根据配置,沿线设置 DCS 设备。

3 车载设备应包括车载主机、操作和显示单元、应答器天线、测速设备及车地通信设备等。

4 车辆基地应设置 ATS 设备、CI 设备、轨旁 ATP/ATO 设备、维护支持设备、打印设备等;试车线设置试车用操作台。

5 维护及培训中心应根据需要设置 ATS 设备、车载设备、轨旁 ATP/ATO 设备、CI 设备、维护支持设备、维护工作站、培训工作站等。

3.0.8 主要行车设备的计算机系统及网络应采用有效冗余技术,系统切换不应影响系统的实时监控。

3.0.9 正线、辅助线(含出入线)应按双线双方向运行模式设计,系统应具有组织在整条线路和在部分线路进行双向运行的功能。反向行车应具备与正向行车一致的 ATP 功能。

3.0.10 当列车配置 CBTC 列车自动防护设备的信号装置时,应以 CBTC 列车自动防护设备的车内信号为主体信号;当列车未配置 CBTC 列车自动防护设备或 CBTC 列车自动防护设备失效时,所设地面信号应为主体信号。当地面信号为主体信号时,灭灯应视为禁止信号。

3.0.11 CBTC 信号系统应根据全线最小行车间隔和旅行速度设计,并留有约 20%的余量;端站的折返能力宜按最大行车密度设计,并留有约 10%的余量。

3.0.12 当采用越行行车组织方案时,CBTC 信号系统应能满足最小的到通间隔、通发间隔和区间追踪间隔要求。

3.0.13 CBTC 信号系统监控和管理的容量应留有不小于 30%的余量。

3.0.14 在正线线路上所有的道岔应能以 CM 模式折返。所有具备折返条件的正向交路,相应进路应能自动排列,并能以 AM 模式折返。采用站后折返的终点站和小交路折返站,应能以 ATB 模式折返。

3.0.15 ATP 子系统应将特殊路段临界速度或限制临时限速等限速值作为 ATP 顶篷速度。

3.0.16 CBTC 信号系统应采用独立的有线传输网络,与其他系统的接口应有隔离措施。各子系统宜采用相互独立的传输通道,单个传输通道的故障不得影响其他传输通道的正常工作。

3.0.17 CBTC 信号系统应具备适应列车编组变化的能力,并应能按列车传送的编组信息控制相应编组站台门的开、关。同时,应能在 ATS 工作站和控制中心综合显示屏上显示列车编组信息。

3.0.18 CBTC 信号系统应具备列车在 ATP 防护下经转换轨不停车进/出车辆基地的功能。

3.0.19 信号车载显示屏显示内容应包括速度信息、驾驶模式/系统模式、停站/发车、车门/站台门、运行计划、静态文本、提示及报警等司机驾驶所需的信息。

3.0.20 正线入口信号机至正线作业区应设置无岔防护隔离区，长度不宜小于100 m。

3.0.21 车辆基地试车线地面信号设备配置应满足ATP/ATO等双向试车的需要，并保证试车作业与车辆基地作业互不影响。

3.0.22 车辆基地的出入段/场单线正向能力不应大于120 s，并应与正线列车通过能力一致，包括余量与正线的余量一致。如线路条件允许，反向能力宜按正向能力设计。

3.0.23 车辆基地应根据行车作业的性质设置ATC控制区域和非ATC控制区域。ATC控制区域内的列车出入车辆基地应在ATP防护下，以ATO或ATP模式在ATC控制区域、转换轨、出入段/场线至正线追踪运行，前后车追踪间距应按移动闭塞的原理设计，并考虑最不利条件下的安全运行间隔，满足最大的追踪运行能力。

3.0.24 在出入段/场线或转换轨、停车列检库、双周双月检库和车辆基地内相关区域，应设置相隔不大于60 m距离的一对轮径校准应答器。轮径校准应答器应设置在坡度不大于18‰且曲线半径不小于300 m、长度不小于一列车长加60 m的线路处。

3.0.25 车辆基地咽喉区、停车列检库、双周双月检库、出入段/场线或转换轨、牵出线和洗车线（顺向尽端式和贯通式洗车库），应设置定位应答器。定位应答器的设置应满足车辆检修等作业后转入ATO/ATP模式运行前的定位要求。

3.0.26 车辆基地应设置独立的CI和ZC，对于停车列位较少的小型辅助停车场，其CI和ZC等设备可纳入正线接口车站。

3.0.27 CBTC信号系统的控制方式应符合下列要求：

1 控制方式采用控制中心自动控制、车站自动控制、控制中心人工控制、车站人工控制的方式，控制范围应包括正线、车辆基地。

2 列车驾驶模式应包括AM模式、CM模式、RM模式和ATB模式等。

3.0.28 信号专业应与行车等专业配合，并应具备通过列车运行仿真分析计算通过能力、折返能力及出入车辆基地的能力。

3.0.29 CBTC 信号系统在满足系统安全、可靠、功能完整的前提下，应考虑互联互通的要求。共线运营线路所采用的 CBTC 信号系统应能互联互通。

3.0.30 与其他线路通过联络线衔接时，两线信号系统接口应至少实现联锁功能。

3.0.31 站台和车控室应设置紧急关闭按钮，其控制电路应符合故障-安全原则。紧急关闭按钮激活时，应控制一定范围的区域内线路上的列车自动实施紧急制动，在该范围内已处于静止状态的列车不得移动。紧急关闭按钮的技术要求及设置要求应符合相关技术规定。

3.0.32 CBTC 信号系统应能分别对干轨、湿轨区域进行相应的控制。

3.0.33 CBTC 信号系统宜对地面和高架线路提供雨雪模式。

3.0.34 CBTC 信号系统各设备应具备时钟同步功能。

3.0.35 CBTC 信号系统应符合信息安全等级 3 级保护要求。

4 信号显示

4.1 基本要求

4.1.1 信号机应设置在列车运行方向线路右侧。特殊情况下，如因地形地物影响列车运行方向线路右侧不宜装设信号机时，在保证不致使司机误认的条件下，经管理部门批准，可设置于列车运行方向线路左侧或其他位置。

4.1.2 信号机应采用 LED 光源或透镜式的色灯信号机，并设置灯丝状态检测报警装置。

4.1.3 进段/场信号机的复示信号机与正线复示信号机应采用相同的信号显示和信号机构。

4.1.4 在 CBTC 模式下，地面信号机应点灯，地面信号显示应与主体信号保持一致。地面信号机的红灯信号为禁止信号。当移动授权越过信号机时，该信号机应显示允许信号。

4.1.5 地面允许信号因故熄灭时（信号机 LED 显示面积不足 30%），不应影响列车的正常运行，列车的移动授权可穿越该灭灯信号机，并在列车的驾驶台信号显示单元上显示“信号机灯丝断丝”。地面禁止信号因故熄灭时，应视为禁止信号，列车的移动授权不宜穿越该灭灯信号机。

4.1.6 地面信号机的显示距离应大于“列车紧急制动和司机反应”时间内列车所行走的距离，并应考虑线路坡度等最不利条件。

4.1.7 列车移动授权回撤时，原移动授权范围内相应的地面信号机应由允许信号转为禁止信号。

4.1.8 车内信号应有列车实际速度、ATO 目标速度、ATP 紧急制动触发速度、目标距离、ATP 命令速度、列车超速及设备故障等显示和声光报警。

4.1.9 道岔防护有2个以上运行方向，其防护信号机显示无法区分进路方向时，该防护信号机宜设方向指示器。当道岔防护信号机关闭时，其方向指示器应灭灯。当道岔防护信号机允许信号开放时，应同时点亮方向指示器相应方向的指示箭头。道岔防护信号机允许信号开放、方向指示器因故灭灯时，道岔防护信号机允许信号应视为有效行车凭证。

4.1.10 道岔防护信号机应采用绿、白、红三显示机构，出站和阻挡信号机应采用绿、红二显示机构，尽头阻挡信号机应采用红色单显示机构。复示信号机应采用双机构菱形背板方式（菱形背板采用发光材料制作）绿、黄二显示机构。进段/场信号机应采用黄、黄、绿、白、红五显示机构。出段场信号机应采用绿、白、红三显示机构。调车信号机应采用蓝、白二显示机构。

4.2 信号机设置

4.2.1 正线信号机设置应符合下列要求：

1 正线道岔区段应设置具备引导功能的道岔防护信号机。

2 根据需要，车站正向出站方向列车停车位置前方适当地点可设置出站信号机。出站信号机外方一定范围内有道岔时，出站信号机可兼作道岔防护信号机。

3 正线宜不设区间信号机（当未配置后备模式时）。当利用正线进行折返作业时，为防止列车进入区间，宜设置逆向或顺向信号机。

4 正线的线路终端应设阻挡信号机。

5 当主体信号机的显示距离小于“列车紧急制动和司机反应”时间内列车所行走的距离时，宜在主体信号机前方适当的位置设置复示信号机。

4.2.2 车辆基地信号机设置应符合下列要求：

1　车辆基地应设置进段/场信号机、出段/场信号机，有调车作业的区域应设调车信号机。

2　车辆基地进段/场信号机不宜设置在涵洞或高架处。

3　当进段/场信号机的显示距离小于“列车紧急制动和司机反应”时间内列车行走的距离时，宜设置进段/场复示信号机。

4　车库内停车线尽头应设尽头阻挡信号机或采用红色反光材料的阻挡标志作为阻挡信号。

4.3　信号显示

4.3.1　正线信号机应显示下列信号：

1　一个红色灯光——不准列车越过该信号机。

2　一个绿色灯光——表示前方道岔在直向位置，准许列车按规定速度越过该信号机。

3　一个月白色灯光——表示前方道岔在侧向位置，准许列车按规定速度越过该信号机。

4　一个红色灯光及一个月白色灯光——引导信号显示，准许列车在该信号灯前方不停车，以不超过规定的速度越过该信号机并准备随时停车。

4.3.2　复示信号机应显示下列信号：

1　绿色灯光——表示前方主体信号机已开放，指示列车按规定速度运行。

2　黄色灯光——表示前方主体信号机已关闭，指示列车减速运行。

4.3.3　车辆基地进段/场信号机应显示下列信号：

1　一个黄色灯光——准许列车经道岔直向位置，进入车辆基地内准备停车。

2　两个黄色灯光——准许列车经道岔侧向位置，进入车辆基地内准备停车。

3　一个红色灯光——不准列车越过该信号机。

4　一个红色灯光及一个月白色灯光——引导信号显示，准许列车在该信号机前方不停车，以不超过规定速度越过该信号机进入车辆基地，并准备随时停车。

5　绿灯位封闭。

4.3.4　车辆基地出段/场信号机应显示下列信号：

1　一个红色灯光——不准列车越过该信号机。

2　一个绿色灯光——准许列车按规定速度运行至信号机所防护的位置。

3　一个月白色灯光——准许列车越过该信号机调车（无调车作业时白灯封闭）。

4.3.5　车辆基地调车信号机应显示下列信号：

1　一个蓝色灯光——不准车辆越过该信号机调车。

2　一个月白色灯光——准许车辆越过该信号机调车。

4.3.6　阻挡信号机应显示下列信号：

一个红色灯光——不准列车越过该信号机。

5 系统要求

5.1 基本要求

5.1.1 ATP 子系统应符合下列要求：

1 ATP 子系统应根据线路等级速度和车辆超速防护（紧急制动）触发速度，确定线路的最高 ATP 顶篷速度。

2 ATP 子系统车载设备和轨旁设备应符合故障-安全原则，主体逻辑计算机应采用二乘二取二、三取二的安全冗余结构或具备安全算法体系的双机热备系统。

3 ATP 传输通道应热备冗余，传输通道切换时不应影响 ATP 子系统的正常工作。

4 ATP 子系统中与行车安全相关的功能应满足 SIL4 级要求。

5 ATP 子系统应能对正、反向运行的列车实现安全防护。

6 ATP 子系统应能适应不同车辆性能的列车共线运行。

7 ATP 车载设备在不同的 ATP 地面设备控制区域间切换时，不应影响列车正常运行。

8 ATP 子系统应具有自动轮径磨损补偿功能，以及车轮空转/打滑的检测能力。

9 ATP 执行紧急制动时，在停车过程中 ATP 紧急制动指令不得中途撤销。

10 ATP 地面设备向 ATP 车载设备传送的线路状态、移动授权、临时限速等信息，应满足 ATP 车载设备控制方式和控制精度的需要。

11 列车运行状态和车载设备故障信息应能传送至 ATS 系

统，并在中央和车站相应终端上显示。

5.1.2 ATO子系统应符合下列要求：

1 ATO子系统应在ATP子系统的安全防护下，实施列车的自动驾驶，并可根据ATS的指令，实现列车运行的自动调整。

2 ATO子系统应采用高可靠性的硬件结构和软件设计，宜采用冗余结构。

3 列车区间正常停车后，在允许信号的条件下，列车应自动启动。车站发车时，列车应自动启动或由司机控制。

4 列车启动、区间运行和停车控制过程应满足舒适度、快捷性和节能的要求。

5 列车运行状态和车载设备故障信息应能传送至中央ATS。

5.1.3 ATS子系统应符合下列要求：

1 ATS可实时监控一条或多条运营线路。监控多条运营线路时，应保证各条线路具有独立运营或混合运营的能力。系统应充分考虑监控范围和功能的可扩展性、兼容性。

2 运营线路上的车站、车辆基地联锁区域应纳入ATS子系统监控范围。

3 系统应满足列车运行交路的需要，凡具备折返作业条件的车站，均应能自动办理折返进路。

4 列车进路控制应以联锁表为依据，根据运行时刻表和列车识别号等条件实现自动控制。

5 系统故障或车站作业需要时，经控制中心调度员与车站值班员办理必要的手续后，可实现站控与遥控转换；在紧急情况下，车站值班员也可强行办理站控作业。站控与遥控转换过程中，不应影响列车运行。

6 ATS应从通信时钟获取标准时钟信号，ATS自带的时钟作为备用。

7 系统控制命令输出持续时间应保证联锁设备的可靠动

作,其与安全相关的接口应有可靠的电气隔离。

8 ATS应对安全相关功能和因误操作可能对运营导致不利影响的功能,提供操作控制的确认。ATS子系统中与安全相关的功能应达到SIL2级要求。

9 服务器操作系统应采用稳定、安全、可靠、不易受到外界攻击的系统,系统不宜频繁升级,并应具有一定的兼容性。调度工作站应采用Windows操作系统。

5.1.4 CI子系统应符合下列要求:

1 CI子系统应满足故障-安全原则,采用二乘二取二、三取二的安全冗余结构或具备安全算法体系的双机热备系统。联锁计算机在发生一处故障或一次错误办理的情况下,不得产生危险侧输出。

2 实现进路上的道岔、信号机和轨道区段的联锁功能,保证联锁关系正确。联锁条件不符时,禁止进路开通;敌对进路应相互照查,不得同时开通。

3 CI子系统内部各模块间的安全信息传输应采用专用通道,构成封闭系统。

4 当通信中断或故障时,应采取措施对系统功能,特别是对系统保证安全的功能予以防护。

5 应支持端站折返进路的自动排列功能。

6 根据作业需要应能办理列车进路和调车进路,所有进路应具有侧面防护功能,并根据需要设置防护进路。已建立的防护进路,应在具备列车停稳条件后或在一定条件下经延时后方可自动解锁。

7 进路选出后,应在进路空闲、道岔位置正确和未建立敌对进路等联锁条件具备时,对有关道岔和进路实现进路锁闭。

8 进路解锁宜采用分段解锁方式。锁闭的进路应能随列车运行自动解锁、人工办理取消进路和延时解锁并应防止错误解锁。延时解锁时间应确保行车安全。

9 锁闭的进路在其防护信号机关闭后，随列车的正常运行应通过三点检查，使各轨道区段分段自动解锁。

10 当进路处于接近锁闭而列车未驶入进路的情况下需要解锁时，应办理人工延时解锁。人工延时解锁应按规定时间延时。

11 开放后又关闭的信号机，除自动通过方式或由于扣车、站台门打开引起的信号机关闭外，不经办理不应重新开放。

12 对正向运行线路，应能设置列车自动通过进路；当列车正常通过后，在联锁条件具备时，防护该进路的信号机应自动恢复为开放信号状态，通过进路不应解锁。

13 对列车进站停车位置前方安全距离内的顺向信号机，应能自动设置防护进路。防护进路的建立应检查相应轨道区段空闲、道岔位置正确、敌对信号未开放等条件。

14 道岔防护信号机和进段/场信号机因故不能正常开放信号时，应在一定的条件下开放引导信号。引导信号开放后，应能保证进路中有关道岔实现锁闭，并能保证随时关闭引导信号。

15 联锁道岔应能单独操纵和进路自动选动，并且单独操纵优先于自动进路选动。影响行车效率的联动道岔宜采用同时启动方式。

16 CI 设备的操纵宜采用显示器加键盘鼠标，显示器应设有意义明确的各种表示，用以监督线路及道岔区段占用/出清、进路锁闭/解锁、信号开放/关闭和挤岔、遥控和站控等状态。

17 CI 设备应能实现站控。

18 CI 设备应提供必需的测试接口。

5.1.5 DCS 子系统应符合下列要求：

1 DCS 子系统应包括有线通信网络和无线通信网络，并应具备连续双向的数据通信功能。

2 DCS 子系统的安全数据传输应采用标准的无线通信设备和开放的数据传输系统，车载设备与地面设备通信应采用无线传输方式。

3 DCS子系统的网络结构应独立组网，并采用双网冗余设计。双网应采用两条对等独立的网络通道实现冗余通信。

4 DCS子系统应确保车地传输信息的实时性和安全性，防范非法入侵，具备网络加密、认证、识别和防火墙等信息的安全防护功能。

5 车地通信系统应保证在列车最高速度移动时的漫游切换，不影响车地通信的连续性。

6 车辆基地咽喉区、停车列检库、双周双月检库和出入段/场线或转换轨处等应设置无线覆盖接入点。无线接入点覆盖的数量应满足列车在车辆基地、出入段/场线或转换轨运行时连续通信的要求，以及库内列车停满时所有列车通信的要求。

5.1.6 MSS子系统应符合下列要求：

1 正线和车辆基地均宜设维护支持设备，构成统一的维护支持网络，并应满足上海轨道交通生产和维护管理要求。单线MSS子系统应预留与上海轨道交通维护网络的接口。

2 MSS子系统应能与ATP/ATO、CI、ATS、DCS、电源设备接口，收集各子系统的运行和报警、故障信息。维护支持设备应具有良好的隔离措施，任何情况下不得影响被监测设备的正常工作。

3 MSS子系统还应监测下列设备的状态信息，包括：关键继电器状态；计轴设备状态；电源设备状态；熔丝报警状态；信号机点灯状态；道岔位置、缺口及转辙机动作电流曲线；外电网监测；电缆绝缘；设备机房环境温度等。

4 MSS子系统应根据设备故障性质分类报警。

5.2 主要功能

5.2.1 ATP子系统主要功能应符合下列要求：

1 ATP 子系统应连续、自动检测列车位置，实现列车安全间隔控制。

2 ATP 子系统应连续、自动监督列车运行速度，实现列车超速防护控制。

3 ATP 子系统应连续、自动检测前方线路状况并结合列车当前运行速度、实时位置等信息计算得出正确的移动授权。

4 ATP 子系统应连续、自动监督列车完整性信息，当列车完整性丢失时，ATP 车载设备应实施紧急制动，并产生报警。

5 ATP 车载设备应监督实际列车行驶方向，当退行距离或退行速度超过容许量时，系统应产生报警并立即采取紧急制动。

6 ATP 子系统应响应 ATS 设置和取消临时限速，并能够自动存储和更新临时限速信息。

7 当列车在信号机前停车点停车时，在确认前方信号开放前，ATP 车载设备应禁止列车移动。

8 ATP 子系统应保证当“列车车门锁闭”状态在有效区域内丢失时，运行列车实施紧急制动；在无效区域内丢失时，运行列车将保持正常运行。

9 ATP 子系统应保证当“列车车门关闭”状态丢失时，在任何区域运行列车应实施紧急制动。

10 ATP 子系统应具备同时开/关两侧车门、单独开/关左门、单独开/关右门，并能分别与同侧站台门实现联动。

11 ATP 子系统应具备列车停车位置偏差的监视和保护功能。

12 ATP 子系统应能实现与 ATS、ATO、CI 子系统的接口及信息交换。

13 ATP 车载设备应能实时记录并存储操作及运行状态、设备状态，并可输出。切除车载设备而导致系统断电时，应保留失电或故障前的所有实时数据，并记录切除动作及动作时间。数据存储容量应大于 192 h。

14 ATP子系统应具有必要的自动检测能力及报警和表示装置。列车的非预期移动、ATP轨旁设备故障、车载设备故障、超过系统允许范围的车地通信中断等均应给出报警提示，与行车安全相关的失效均应产生紧急制动。

15 ATP子系统应具备列车零速检测功能。

16 ATP子系统车地间信息传输应设置有效时间，超出有效时间应采取导向安全措施。

17 CBTC模式下，计轴故障不应影响CBTC信号系统正常运行。

5.2.2 ATO子系统主要功能应符合下列要求：

1 ATO子系统应实现与ATS、ATP子系统的接口及信息交换。

2 ATO子系统应根据ATS区间运行时分的要求，计算列车运行曲线，并在ATP防护下控制列车按照运行曲线，完成列车的加速、巡航、惰行和制动的控制。

3 ATO子系统应具备无人自动折返功能。列车在规定的无人自动折返进入地点停车，司机完成相应的确认操作后，列车可在无人驾驶的情况下，自动从到达站台进入和折出折返线，最后进入发车股道定点停车后，并自动打开车门和站台门。

4 ATO子系统应自动控制列车在站内精确停车。

5 列车在站台停车结束后，在确认站台门关闭且锁闭前（站台门互锁解除时除外），ATO设备应禁止启动列车。

6 ATO子系统控制列车在停车点停车时，应采用一次连续制动模式制动至目标停车点，中途不得缓解，且在进站前不应有非线路限速要求的减速台阶。

7 ATO子系统控制列车停车时应输出保持制动命令防止溜车；列车停车后，ATO子系统应持续输出保持制动命令。

8 ATO子系统应具有自动开/关列车门控制功能，并提供自动或人工操作的选择功能，并能联动同侧车门、站台门开/关。

9 ATO 子系统应能支持跳停、扣车、停站时间调整、站间运行时间调整等多种运行调整方式。

10 车辆的"快速制动"可对 ATO 的控制实施干预。快速制动缓解后可自动恢复 ATO 运行。

5.2.3 ATS 子系统主要功能应符合下列要求：

1 ATS 子系统应实现列车自动识别、自动追踪、车次号显示、进路自动控制或人工控制。

2 ATS 子系统应实现列车运行自动调整，包括运行等级的选择和跳停、扣车、催发车等功能。

3 ATS 子系统应具备设置限制临时限速和非限制临时限速功能。

4 ATS 子系统应实现列车运行图或时刻表的编制与管理，描绘列车计划和实际运行图。

5 ATS 子系统应实现列车运行监视及系统设备状态的自动监视、监测和报警、事件及故障记录，实时提供控制中心、相关站、车辆基地交换列车运行、车辆运用等信息。

6 ATS 子系统故障时，维护人员应能看到具体的错误信息。系统维护应包括用户权限的管理、系统远程诊断功能、系统网络管理、服务器切换等。

7 ATS 子系统应具有系统调试模拟功能，并通过列车运行模拟或实际列车运行监视及操作的动态模拟对调度员进行培训。

8 ATS 子系统应实现列车运行统计、报表的生成，以及各种状态信息、数据和操作信息的记录及回放，数据保留时间不应少于 1 年。

9 ATS 子系统应实现对行车调度人员身份识别及记录管理功能，防止非法登录操作。

10 ATS 子系统应能在多台调度员工作站间对信号控制区域进行动态划分。

11 ATS 子系统应能与通信系统、SCADA 系统、EMCS 系统、FAS系统、COCC、综合监控系统(若有)等交换信息。

5.2.4 CI子系统主要功能应符合下列要求：

1 CI子系统根据需要可自动选出带保护区段的进路并锁闭。可自动排列通过进路及自动折返进路。

2 道岔应具有进路操纵及锁闭功能，应能单独操纵、单独锁闭。

3 CI子系统应具有进路式开放引导信号的功能。

4 CI子系统应实现车辆基地对试车线的联锁(非进路调车)功能。

5 CI子系统应向ATP、ATS提供信号机的显示状态、列车进路设置状态、保护区段的建立、区间(或股道)封锁、区间运行方向以及其他相关信息。

6 CI子系统可根据运营要求完成与车辆基地、其他线路联络线的接口功能，建立照查联锁关系，保证联络线上列车进路的安全。

7 车辆基地CI应与ATS分机接口，交换各种所需信息。

5.2.5 DCS子系统主要功能应符合下列要求：

1 DCS有线通信网络设备应具备实现双向自愈环形拓扑结构组网的能力，当单个通信设备发生故障时，不应影响CBTC信号设备之间的正常通信。有线通信骨干网设备应满足工业级产品规范要求。

2 DCS有线通信网络设备应保证在构建环形网络后，当网络通路发生单点故障时，网络自愈时间小于50 ms。

3 DCS有线通信设备软硬件处理能力应能满足CBTC信号设备通信需求，并留有不小于30%的余量。

4 DCS有线网络接入设备接口速率应满足CBTC信号设备通信传输速率要求。

5 DCS有线通信设备通信端口应采用标准通用接口，网络接入设备端口数量应满足CBTC信号设备通信需求，并留有一定的余量。

6　DCS车地无线通信设备技术制式宜采用WIFI或LTE无线数据通信方式。

7　DCS车地无线通信设备应支持同频率组网方式，并采取相应的抗同频干扰措施。

8　DCS车地无线通信系统在车载无线设备切换区域应实现单网无线信号重叠覆盖。

5.2.6　MSS子系统主要功能应符合下列要求：

1　MSS子系统应能对控制中心设备、正线车站及轨旁设备、车辆基地设备、车载设备以及车地通信设备进行实时监督、记录和故障报警，并应能报警到板级。

2　MSS子系统应具备对基础信号设备状态的监测功能，在相应的维护工作站上进行现地显示和报警，并将报警信息传至维修中心集中存储。

3　MSS子系统应具有智能化，应满足对信号设备的监测报警和统计报表的功能，并对信号系统各设备进行维护信息分析，提出对信号设备的维护管理计划，提供维护支持。

4　MSS子系统应能实现对信号设备维护信息进行自动存储、回放和打印，数据保留时间不得少于1年。

6 全自动运行

6.1 基本要求

6.1.1 全自动运行 CBTC 信号系统应实现列车唤醒、自检、发车、出入库、停站、站间运行、折返、休眠及洗车等无人介入的全过程自动运行，并具备在设备故障或应急情况下系统联动作业与安全防护等功能。

6.1.2 全自动运行 CBTC 信号系统应满足全自动运行和故障降级后有人驾驶的运营需求。ATO 子系统应采用冗余结构。

6.1.3 全自动运行 CBTC 信号系统宜配置备用控制中心。备用控制中心宜具备与控制中心无缝切换的能力。备用控制中心启用后宜能支持全自动运行。

6.1.4 全自动运行 CBTC 信号系统列车应具备 FAM、AM、CM、RM 和 CAM 模式，宜具备远程 RM 模式。

6.1.5 全自动运行 CBTC 信号系统应具备行车关键车辆设备状态及轨旁设备状态的监控功能。

6.1.6 全自动运行 CBTC 信号系统应具备与综合监控系统及通信系统的联动功能。

6.1.7 全自动运行 CBTC 信号系统的 DCS 子系统采用 LTE-M 无线数据通信方式时，宜实现综合承载。

6.2 功能要求

6.2.1 列车控制功能应符合下列要求：

1 全自动运行 CBTC 信号系统应具备对列车自动休眠和唤

醒、远程人工休眠和唤醒及本地人工休眠和唤醒的功能。系统应提供列车休眠/唤醒过程中的 ATP 防护功能。

2 全自动运行 CBTC 信号系统的自动休眠地点应设置于车辆基地停车列检线，并可按需设置于正线停车线及站台区域等。

3 全自动运行 CBTC 信号系统在唤醒过程中应能自动完成设备的自检以及与车辆的联合自检，所有自检信息应能显示在 ATS 界面上。

4 全自动运行 CBTC 信号系统应具备自动和人工进入及退出 FAM 模式的功能，并应具备远程设置与取消指定区域或指定列车的 FAM 模式的功能。

5 全自动运行 CBTC 信号系统应能在蠕动模式下对车辆发出“蠕动牵引”与“蠕动制动”命令，并提供 ATP 防护。ATO 设备的故障不宜影响蠕动模式的正常工作。

6 全自动运行 CBTC 信号系统应具备自动停站对位调整(JOG)功能，在列车欠停或过冲距离小于设定值时应能自动进行对位调整。当对位调整次数达到设定值而仍未能满足对位要求时，应能根据中央 ATS 的人工指令直接运行至下一站。

7 全自动运行 CBTC 信号系统的紧急制动缓解方式宜采用系统自动缓解，可具备远程人工缓解和本地人工缓解功能。列车紧急制动的状态及触发原因应能显示在中央 ATS 界面和其他终端上。

8 全自动运行 CBTC 信号系统应具备与车辆设备故障信息接口，并能在接收到故障信息后执行相应动作。

9 全自动运行 CBTC 信号系统应具备禁止列车进入触网禁停区的功能。

10 全自动运行 CBTC 信号系统可接收车辆烟火系统的状态及报警信息，并控制列车相关运行状态。

11 全自动运行 CBTC 信号系统应具备对车门紧急解锁装置的防护以及联动控制功能。

12 全自动运行 CBTC 信号系统应具备列车“保持车门关闭(HDC)”功能,保持静止列车的非期望开门侧车门关闭。对期望开门侧车门宜通过中央 ATS 远程安全命令解除“保持车门关闭”。

13 全自动运行 CBTC 信号系统宜具备车辆逃生门关闭状态监视和防护功能。

14 全自动运行 CBTC 信号系统应具备站前和站后折返的自动控制功能。

15 全自动运行 CBTC 信号系统应具备自动洗车功能。

16 全自动运行 CBTC 信号系统应具备车辆工况管理功能,满足自动或远程控制列车的照明及空调设备工作状态要求。工况类型应包括:正线服务、退出正线服务、车辆基地运行、待命、洗车、折返等。

17 全自动运行 CBTC 信号系统应具备 FAM 动车指示灯控制功能。

18 全自动运行 CBTC 信号系统宜具备自动鸣笛功能。

6.2.2 轨旁控制功能应符合下列要求:

1 全自动运行 CBTC 信号系统应在全线 ATC 控制区域设置作业人员防护开关(SPKS),并应具备独立标识及相关封锁区段定义。系统应在 SPKS 激活后禁止 FAM 列车进入相关区域,并禁止区域内 FAM 列车移动。

2 全自动运行 CBTC 信号系统应具备到站自动开/关车门及站台门功能。

3 全自动运行 CBTC 信号系统应具备在未接收到站台门关闭锁闭状态时禁止列车发车授权的功能。

4 全自动运行 CBTC 信号系统应具备停站列车车门和站台门间的故障对位隔离功能。当车门因故无法打开时,应禁止对应的站台门打开。当站台门因故无法打开时,应禁止对应的车门打开。

5 全自动运行 CBTC 信号系统应具备在列车到达预设的清客站台后自动扣车功能。

6 全自动运行 CBTC 信号系统应具备通过 PSL 联动开/关车门和站台门的功能。

6.2.3 中央控制功能应符合下列要求：

1 全自动运行 CBTC 信号系统宜具备对线路上指定列车远程制动功能。

2 全自动运行 CBTC 信号系统应具备基于运行图及可用列车信息自动生成出库及回库派班计划的功能。系统应能在发车股道处匹配时刻表车次号，并根据运行计划控制列车发车。

3 全自动运行 CBTC 信号系统宜具备远程控制车辆受电弓升降功能。

4 全自动运行 CBTC 信号系统宜具备对指定车辆告警信息的远程确认功能，包括主风缸压力低、停放制动缓解监控故障、所有制动缓解监控故障。

5 全自动运行 CBTC 信号系统可具备牵引、辅逆、空调等远程车辆微机故障的复位功能。

6 全自动运行 CBTC 信号系统应具备远程空调控制及调温功能。

6.2.4 紧急情况处理功能应符合下列要求：

1 全自动运行 CBTC 信号系统应具备区间触网断电联动功能，阻止列车进入断电区域。

2 全自动运行 CBTC 信号系统应具备与全线范围内的通信和综合监控设备的紧急联动功能。联动功能应包含列车及站台紧急广播触发、列车紧急文本下发、区间阻塞响应、火灾报警联动等。

6.2.5 维修支持功能应符合下列要求：

1 维护支持子系统应具备与控制中心和备用控制中心的数据通信接口。

2 全自动运行 CBTC 信号系统宜具备对轨旁和车载安全关键设备的远程复位和单系脱机维修功能。

6.3 接口要求

6.3.1 全自动运行 CBTC 信号系统与车辆的接口应符合下列要求：

1 系统向车辆输出的硬线信号宜包括 FAM 模式、CAM 模式、驾驶室激活、休眠命令、唤醒命令、保持车门关闭（HDC）命令、逃生门防护解锁命令等。

2 车辆向系统输出的硬线信号宜包括 FAM 模式、休眠和唤醒按钮状态、车门紧急解锁装置触发状态等。

3 系统向车辆输出的通信信息宜包括 FAM 模式、CAM 模式、休眠请求、工况、车门对位隔离命令、清客通知、远程空调控制命令等。

4 车辆向系统输出的通信信息宜包括唤醒自检结果、故障车门编号、逃生门解锁请求、车辆故障报警、障碍物探测报警等。

6.3.2 全自动运行 CBTC 信号系统与站台门系统的接口应符合下列要求：

1 系统与站台门系统接口应包括硬线接口和通信接口。通信接口宜采用冗余的串行或以太网接口。

2 系统与站台门系统的电气接口应为安全型接口，接口电路应实现双断控制。

3 系统和站台门系统应具备对双方接口信息进行事件记录的功能。

4 系统与站台门系统的接口应实现通过 PSL 联动开/关站台门和车门的功能。

5 站台门系统向系统输出信息应包括站台门关闭锁闭状态、互锁解除状态、故障站台门编号、站台门切除信息等。

6 系统向站台门系统输出信息应包括到站站台编号、故障车门编号等。

6.3.3 全自动运行 CBTC 信号系统与综合监控系统的接口应符合下列要求：

1 系统与综合监控系统接口应采用冗余设计的通信接口。

2 系统与综合监控系统接口应采取隔离措施，接口故障不应影响信号系统和综合监控系统内部设备。

3 系统向综合监控系统输出的信息宜包括列车位置、SPKS状态、扣车命令、跳停命令、逃生门解锁请求信息、车门紧急解锁装置状态、紧急驾驶台盖板状态、障碍物探测报警、区间阻塞信息、自动洗车状态等。

4 综合监控系统向系统输出的信息宜包括区间水泵状态、供电区段电力牵引信息、防火分区火灾报警信息、防淹门设备运行状态、进入隧道的门禁信息等。

6.3.4 全自动运行 CBTC 信号系统与洗车机的接口应符合下列要求：

1 系统与洗车机的接口应采用继电器方式，接口信号应采用安全信号。

2 系统与洗车机的接口电路应采用硬件双断电路。

3 系统和洗车机应具备对双方接口信息进行事件记录的功能。

4 系统与洗车机的接口电路及两系统间应采取一定的隔离措施，接口故障不应影响系统和洗车机内部设备。

5 系统向洗车机输出的信息宜包括启动和停止洗车命令、列车位置、列车停稳信息等。

6 洗车机向系统输出的信息宜包括洗车机状态、列车允许移动、故障紧急停车等。

7 互联互通

7.1 基本要求

7.1.1 互联互通 CBTC 信号系统应满足轨道交通互联互通行车组织和运营管理的需要。

7.1.2 互联互通 CBTC 区域应覆盖正线、转换轨、车辆基地，并宜覆盖各互联互通线路之间的联络线。

7.1.3 互联互通 CBTC 信号系统应支持双向不同固定编组长度和不同性能参数的列车运行。

7.1.4 互联互通 CBTC 信号系统的列车驾驶模式可包括 AM、CM、RM 及 EUM。

7.1.5 互联互通 CBTC 信号系统应支持列车跨线运行功能。

7.1.6 互联互通 CBTC 信号系统的车载设备和轨旁设备应根据运行和管辖范围的不同，分别存储相关线路范围的电子地图。

7.1.7 互联互通 CBTC 信号系统应在两条连续式列车控制级别的线路间设置移交边界和移交重叠区。

7.1.8 列车跨线运行过程中，除线路等级设计因素外，互联互通 CBTC 信号系统应能保持列车原有的运行控制级别及驾驶模式不被降级，列车宜不停车跨线运行。

7.1.9 列车跨线运行过程中，在移交重叠区内，互联互通 CBTC 信号系统应采用最严格的退行允许值。

7.1.10 列车跨线运行过程中，在移交重叠区内，互联互通 CBTC 信号系统应采用最严格的后溜允许值。

7.1.11 互联互通 CBTC 信号系统应对控制中心设备、车站设备、轨旁设备、车载设备、车-地通信设备以及车辆基地设备进行实时监督、记录和故障报警，并宜报警到板级。关键车载报警信息应上传至控制中心和当前线路的维护中心，其他维护信息应当传至所属线路的维护中心。

7.2 互联互通系统架构

7.2.1 互联互通 CBTC 信号系统应由 ATS、ATP、ATO、CI、DCS、MSS 等子系统组成。

7.2.2 互联互通 CBTC 信号系统物理接口和功能接口应符合图 7.2.2-1、图 7.2.2-2 的要求。

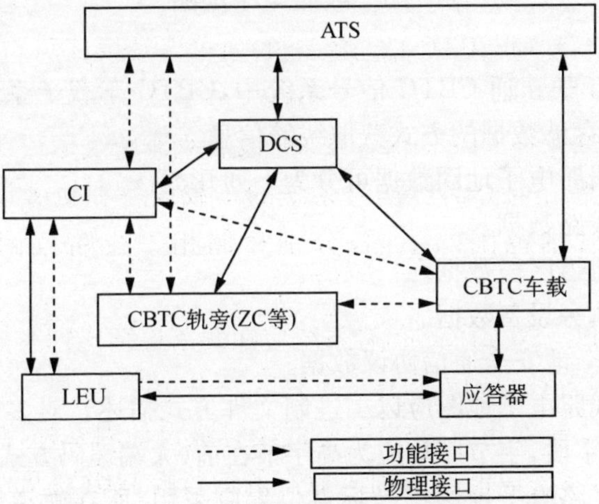

图 7.2.2-1 单一线路互联互通 CBTC 信号系统

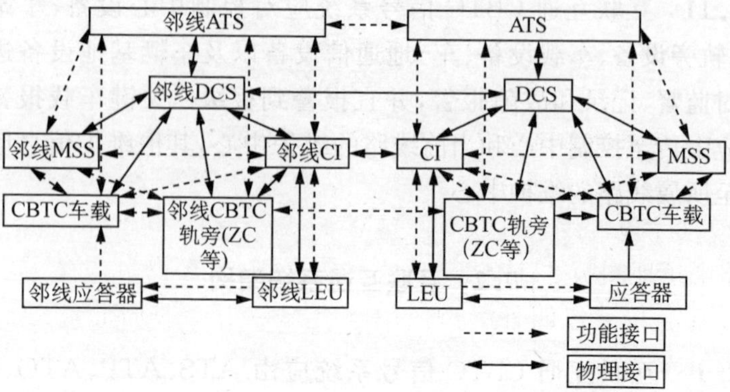

图 7.2.2-2　多线线路互联互通 CBTC 信号系统

7.3　线路电子地图

7.3.1　互联互通 CBTC 信号系统中，CBTC 车载子系统应通过车载本地存储数据的方式获取线路信息。

7.3.2　线路电子地图数据可分为下列几类：

1　线路数据。

2　轨道区段数据。

3　轨旁设备数据。

4　车-地安全通信协议数据。

7.3.3　线路电子地图应以二进制文件方式描述。对多于 1 个字节的信息字段，字节序均应为高字节在前(大端编码方式)。

7.3.4　线路电子地图中坐标点位置应采用“所在轨道区段＋偏移量”方式描述。

7.3.5　电子地图元素数据结构中，单个元素字段的数据长度应为定值。

7.4 应答器数据报文

7.4.1 应答器数据报文应采用830位长报文结构。

7.4.2 应答器数据报文的用户信息包中可包含一个或多个ETCS-44包，每个ETCS-44包只能包含一个子包。子包可分为线路电子地图版本信息子包、公共信息子包、厂商自定义子包和城市自定义子包四种类型。用户信息包中未使用的信息位应以“1”补齐。

7.4.3 无源应答器和有源应答器均应发送线路电子地图版本信息子包。公共信息子包应仅由有源应答器发送。

7.5 接口要求

7.5.1 VOBC与ZC的接口应符合下列要求：

1 VOBC与ZC通信应由VOBC发起建立安全连接，采用周期发送和消息触发的方式进行通信。通信双方应采用大端编码方式进行数据传输。

2 双方建立通信后，ZC应向VOBC周期性发送列车控制信息。

3 当ZC无法为VOBC提供移动授权时，应发送特殊控制报文。

4 VOBC应向ZC周期性发送列车位置、运行速度、运行方向、驾驶模式、完整性状态、紧急制动状态等列车运行状态信息。

7.5.2 VOBC与CI的接口应符合下列要求：

1 VOBC与CI通信应由VOBC发起建立安全连接，采用周期发送和消息触发的方式进行通信。通信双方应采用大端编码方式进行数据传输。

2 VOBC应向CI发送列车运行方向、列车所在轨道区段编号、列车前方的信号机编号、站台门开/关门命令等信息。

3 CI应向VOBC发送站台门状态、信号机状态等信息。

7.5.3 VOBC与ATS的接口应符合下列要求：

1 VOBC与ATS通信应由VOBC发起建立安全连接，采用周期发送和消息触发的方式进行通信。通信双方应采用大端编码方式进行数据传输。

2 ATS应周期性向VOBC发送车次号、目的地号、下一停车站台、站停时间、跳停、扣车、门控策略等信息。

3 VOBC应周期性向ATS发送收自ATS的车次号、目的地号、下一停车站台、站停时间、跳停、扣车、门控策略等信息。

4 VOBC应周期性向ATS发送列车位置、运行方向、驾驶模式、运行等级、列车完整性、紧急制动状态等信息。

5 VOBC出现故障时，应向ATS发送车载设备报警信息。

7.5.4 ZC与ZC的接口应符合下列要求：

1 ZC应将本ZC管辖范围内配置重叠区的所有道岔状态发送给相邻ZC。相邻ZC间道岔索引顺序应保持一致。

2 ZC应将本ZC管辖范围内配置重叠区的物理区段信息发送给相邻ZC。相邻ZC需对物理区段进行排序，并且同一物理区段在发送方的排序位置与接收方的排序位置应相同。

3 ZC应将本ZC管辖范围内配置重叠区的所有轨道区段上的列车顺序信息发送给相邻ZC。相邻ZC间轨道区段索引顺序应保持一致。

4 ZC应将所有最大安全前端或最小安全后端位于重叠区本管辖区范围的列车（含非CBTC列车）的信息发送给相邻ZC。

5 ZC应向相邻ZC发送站场信息，包括道岔状态信息、物理区段状态信息、移交状态信息包中的距边界点最近的列车信息、轨道区段列车排序信息。

6 ZC与相邻ZC应交互各自边界点移交状态确认信息。

7.5.5 CI与CI的接口应符合下列要求：

1 CI与相邻CI应交互管辖范围内的设备状态。设备状态应包括进路内物理区段、信号机、站台门、紧急关闭按钮、道岔及保护区段等状态。

2 相邻CI间道岔、信号机、站台门等索引顺序应保持一致。

3 联锁分界点处信号机应属于接车方联锁管辖。联锁分界点有外置保护区段时，发车方联锁应向接车方联锁发送该信号机状态信息。联锁分界点无外置保护区段时，发车方联锁不应发送该信号机状态信息。

7.5.6 ATS与ATS的接口应符合下列要求：

1 本线ATS应周期性将复示车站的所有站场表示信息、列车状态信息发送给相邻线ATS。

2 相关线路ATS间应周期性互传各自线路内跨线运营分界处交出车站的计划运行图/时刻表、实际运行图/时刻表和计划调整信息。

3 对跨线运行列车，运营过程中进入移交重叠区跨线运营的列车应有相应标识。当在接入线接入站（人工或自动）设置跳停时，应由接入线ATS发送站台跳停命令至交出线ATS，交出线ATS收到跳停命令后，发送接收回执给接入站ATS，由交出站ATS负责管理接入站台的跳停命令。

8 系统性能及 RAMS 指标

8.1 系统响应性能指标

8.1.1 信息采集的表示周期:即设备状态变化至 ATS 控制中心的显示时间应小于或等于 1 s。

8.1.2 控制命令的反应时间:即命令发出至被控系统开始执行的时间应小于或等于 1 s。

8.1.3 监视器画面调用的响应时间应小于或等于 1 s,键盘响应时间应小于或等于 1 s。

8.1.4 列车占用或空闲检测的应变响应时间应小于或等于 3 s。

车载信号设备自接收地面信息至完成处理的时间应小于或等于 0.75 s。

当车载信号设备识别到系统故障时,应立即发出紧急制动命令,且延时应小于或等于 0.75 s。

8.1.5 车地通信的报文周期应小于或等于 1 s,允许车地通信中断的时间应小于或等于 3 s。

8.1.6 车地间采用基于无线通信的传输方式时,其实现的主要控制指标应符合下列要求(包括但不限于):

1 误码率应小于 10^{-6}。

2 95%概率条件下车地通信单网络的越区切换时间应在 100 ms 以内。

3 信息传输的丢包率应小于 1%。

4 车地通信经有线和无线网络传输延迟时间应小于 150 ms。

5 车地通信每列车信息的传输速率应不低于 1 Mbps。

6 骨干网(ATS 及 ATP)应采用双向自愈的环形拓扑结构,

保证环网中一个节点故障后重新配置时间应小于 50 ms，传输速率应不小于 1 000 Mbps。

8.2 系统运行性能指标

8.2.1 CBTC 信号系统(包括各子系统)监控和管理的列车数量应按最小追踪能力所需列车数量设计(不少于 100 列)，并应留有不小于 30%的余量。

8.2.2 系统监控容量除应满足工程范围内的正线线路、车站、车辆基地的建设规模外，还应在满足相应工程最小运行间隔能力要求的基础上，设备的硬件容量配置(如采集控制容量、插槽等)应留有不小于 30%余量，软件容量配置(如系统处理能力等)应留有不小于 30%余量。

8.2.3 ATS 子系统应具备对关键运营数据和设备运行数据保留时间不少于 1 年的在线存储能力。其他子系统(不含车载设备)应具备对关键运营数据和设备运行数据保留时间不少于 1 个月的在线存储能力。

8.2.4 ATS 中所有计算机均应保证每天 24 h 连续工作。系统应具有良好的实时控制性能，系统正常运行时硬盘空间和内存空间不应少于 50%的空闲，其中 ATS 服务器内存占用率最大不应超过 30%。

8.3 RAMS 指标

8.3.1 系统可靠性应符合下列要求：

1 ATS 子系统的平均故障间隔时间 MTBF 不小于 3.5×10^4 h。

2 电源设备的平均故障间隔时间 MTBF 不小于 1×10^5 h。

3 ATP/ATO 车载子系统平均故障间隔时间 MTBF 不小于 1×10^5 h。

4 ATP/ATO 轨旁子系统平均故障间隔时间 MTBF 不小于 1×10^5 h。

5 CI 子系统的平均故障间隔时间 MTBF 不小于 1×10^5 h。

6 地面有线网络设备的平均故障间隔时间 MTBF 不小于 1×10^5 h。

7 车地通信设备的平均故障间隔时间 MTBF 不小于 2×10^4 h。

8 车载人机界面平均故障间隔时间 MTBF 不小于 5×10^4 h。

9 无源应答器平均故障间隔时间 MTBF 不小于 2.6×10^5 h。

10 有源应答器平均故障间隔时间 MTBF 不小于 2.6×10^5 h。

11 计轴设备的可靠性要求：

1）正确的计轴数平均不小于 1×10^9 轴。

2）系统平均故障间隔时间 MTBF 不小于 1.75×10^5 h。

12 计算机外围设备的平均故障间隔时间 MTBF 不小于 5×10^4 h。

13 全自动运行系统可靠性指标：

1）ATS 子系统的平均故障间隔时间 MTBF 不小于 1×10^6 h。

2）电源系统的平均故障间隔时间 MTBF 不小于 1×10^6 h。

3）ATP/ATO 车载子系统的平均故障间隔时间 MTBF 不小于 1×10^6 h。

4）ATP/ATO 轨旁子系统的平均故障间隔时间 MTBF 不小于 1×10^6 h。

5）CI 子系统的平均故障间隔时间 MTBF 不小于 1×10^6 h。

6）地面有线网络设备的平均故障间隔时间：MTBF 不小于 1×10^6 h。

7）车地通信设备的平均故障间隔时间 MTBF 不小于 1×10^6 h。

8.3.2 系统可维护性应符合下列要求：

1 ATP/ATO 子系统的平均故障修复时间 MTTR 不大于 30 min。

2 ATS 子系统的平均故障修复时间 MTTR 不大于 30 min。

3 CI 子系统的平均故障修复时间 MTTR 不大于 30 min。

4 DCS 子系统的平均故障修复时间 MTTR 不大于 30 min。

5 轨旁设备的平均故障修复时间 MTTR 不大于 4 h。

8.3.3 系统可用性应符合下列要求：

1 系统可用性不应小于 99.98%。

2 全自动运行系统可用性指标：

1） 系统可用性不应小于 99.999%。

2） 系统 5 min 以上晚点故障率不应大于 1.8 次/年。

3） ATP/ATO 轨旁子系统导致的 5 min 以上晚点故障率不应大于 0.5 次/年。

4） ATP/ATO 车载子系统导致的 5 min 以上晚点故障率不应大于 0.2 次/百万列公里。

5） 系统 15 min 以上晚点故障率不应大于 0.1 次/年。

8.3.4 系统安全性应符合下列要求：

1 按照现行国家标准《轨道交通 可靠性、可用性、可维修性和安全性规范及示例》GB/T 21562、《轨道交通 通信、信号和处理系统控制和防护系统软件》GB/T 28808 和《轨道交通 通信、信号和处理系统 信号用安全相关电子系统》GB/T 28809 中关于安全完整性等级的规定，系统安全性应符合表 8.3.4 所示的安全完整性等级要求。

表 8.3.4 安全完整性等级要求

子系统	安全完整性等级
ATP 子系统	4 级
CI 子系统	4 级

续表8.3.4

子系统	安全完整性等级
计轴设备	4级
ATS子系统	2级
ATO子系统	2级

2　整个信号系统安全设备发生危险侧故障的概率指标应小于10^{-8}/h(h为行车小时)。

8.3.5　RAMS指标验证应符合下列要求：

1　因信号系统的原因导致的非期望(不正常)紧急制动发生率应小于1次/万列车公里。

2　信号系统设备操作成功率应达到99.95%/日。

3　列车在站台停车精度在±0.25 m范围时，正确率不应低于99.99%；在±0.5 m范围内时，正确率不应低于99.9998%。

4　列车实现无人自动折返的正确率不应低于99.99%。

5　列车运行图正确率不应低于99%。

6　列车正点率不应低于99%。

9 其 他

9.1 硬件与软件

9.1.1 系统硬件应符合下列要求：

1 计算机硬件应考虑瞬时故障和间隙故障，并采取相应的防护措施，防止系统的危险侧输出。

2 当使用电子元器件构成安全电路时，应按故障导向安全原则进行设计。

3 硬件机柜设计应考虑柜内温升、机柜温度监测，满足防水防尘的要求，合理考虑机柜风扇出风设计，并符合实际工程实施设计的走线要求。

4 应采用支持符合国际标准和工业界标准的相关接口，能与其他相关系统或业务部门实现可靠的互联，并应选择广泛应用的标准协议。

9.1.2 系统软件应符合下列要求：

1 软件应经过测试确认和安全性评估，并应具有通过有资质的检测机构的检测确认证明，或符合相关安全评估的标准。

2 软件应按安全性要求划分软件安全完整性等级，并采取与确定等级相适应的技术措施。

3 软件应根据所划分的安全完整性等级，遵照软件质量保证体系、软件生命周期来设计、开发和测试软件。

4 软件应模块化、结构化、标准化，并能随计算机硬件升级便捷移植。

5 使用标准软件时，安全完整性等级 1 和等级 2 的软件应经测试确认后使用。安全完整性等级 3 和等级 4 的软件在使用前还应进行失效分析、确认失效保护措施。

9.2 电 源

9.2.1 控制中心、备用控制中心、全线各车站、试车线、车辆基地信号楼、维修中心的信号设备室或电源室应单独配置信号电源设备。

9.2.2 用于集中供电的电源屏对不同类别、用途的电源应相互隔离。

9.2.3 智能电源屏应具有短路保护、可靠的人身安全防护及对地漏泄监测功能，并配置智能监控单元，实现输入/输出电压、电流过流、断相/错相监测报警、电源模块故障报警和故障信息记录。

9.2.4 信号设备专用低压交直流电源应对地绝缘并配备可靠的保安系统。

9.2.5 信号电源系统应实现三级防雷，具有可靠的防雷击和浪涌保护装置。

9.2.6 UPS 电源供电时间不少于 30 min，应具有电池自动管理功能。

9.2.7 轨旁信号系统设备应具有两路电源输入，由两路独立的 UPS 供电。

9.3 电磁兼容防护

9.3.1 轨旁设备应能通过表 9.3.1-1～表 9.3.1-7 的电磁兼容测试。

表 9.3.1-1 射频—辅助设备直流或交流电源端口

端口	测试规格		基本标准	测试设置
辅助设备正弦的直流或交流	9 kHz～150 kHz 150 kHz～500 kHz 500 kHz～30 MHz	无限制 99 dBμV 准峰值 93 dBμV 准峰值	GB 4824	GB 4824

表 9.3.1-2 射频—蓄电池参考端口

端口	测试规格		基本标准	测试设置
蓄电池	9 kHz～150 kHz 150 kHz～500 kHz 500 kHz～30 MHz	无限制 99 dBμV 准峰值 93 dBμV 准峰值	GB 4824	GB 4824

表 9.3.1-3 射频—过程测试和控制端口

端口	测试规格		基本标准	测试设置
电子正弦波 直流或交流	9 kHz～150 kHz 150 kHz～500 kHz 500 kHz～30 MHz	无限制 99 dBμV 准峰值 93 dBμV 准峰值	GB 4824	GB 4824

表 9.3.1-4 射频—外壳端口

端口	测试规格		基本标准	测试设置
外壳	30 MHz～230 MHz 230 MHz～1 GHz	40 dBμV/m 准峰值 47 dBμV/m 准峰值	GB 4824	GB 4824

表 9.3.1-5 抗扰度—蓄电池参考端口

环境现象	测试规格		基本标准	测试设置	性能标准
射频共模	150 kHz～80 MHz 10 V(r. m. s) 80%AM, 1 kHz	非调制载波	GB 17626.6	GB 17626.6	A
快速脉冲群	+/−2 kV 5/50 ns 5 kHz	峰值 Tr/Th 重复频率	GB 17626.4	GB 17626.4	A
浪涌	1,2/50 us +/−2 kV 42 Ω,0.5 μF +/−1 kV 42 Ω,0.5 μF	开路测试电压,对地 开路测试电压,线间	GB 17626.5	GB 17626.5	B

表 9.3.1-6　抗扰度—信号和通讯、过程测试和控制端口

环境现象	测试规格		基本标准	测试设置	性能标准
射频共模	150 kHz～80 MHz 10 V(r.m.s) 80%AM，1 kHz	非调制载波	GB 17626.6	GB 17626.6	A
快速脉冲群	+/−2 kV 5/50 ns 5 kHz	峰值 Tr/Th 重复频率	GB 17626.4	GB 17626.4	A

表 9.3.1-7　抗扰度—外壳端口

环境现象	测试规格		基本标准	测试设置	性能标准
射频电磁场幅度调制	80 MHz～800 MHz 10 V/m(r.m.s) 80%AM，1 kHz	非调制载波	GB 17626.3	GB 17626.3	A
射频电磁场来自数字移动电话	800 MHz～1 000 MHz 20 V/m(r.m.s) 80%AM，1 kHz	非调制载波	GB 17626.3	GB 17626.3	A
	1 400 MHz～2 100 MHz 10 V/m(r.m.s) 80%AM，1 kHz	非调制载波			
	2 100 MHz～2 500 MHz 5 V/m(r.m.s) 80%AM，1 kHz	非调制载波			
	5 100 MHz～6 000 MHz 3 V/m(r.m.s) 80%AM，1 kHz	非调制载波			
静电放电	+/−6 kV +/−8 kV	接触放电 空气放电	GB 17626.2	GB 17626.2	B

9.3.2　信号设备周围 3 m 范围内存在磁场干扰源或对磁场敏感的信号设备应通过表 9.3.2 的测试。

表 9.3.2　抗扰度—外壳端口

环境现象	测试规格		基本标准	测试设置	性能标准
工频磁场	16.7 Hz 50 Hz 100 A/m(r.m.s)	交流牵引系统	GB 17626.8	GB 17626.8	A
	0 Hz 300 A/m	直流牵引系统			
脉冲磁场	300 A/m		GB 17626.9	GB 17626.9	B

9.3.3　车载设备应能通过表 9.3.3-1～表 9.3.3-7 的电磁兼容测试。

表 9.3.3-1　射频—辅助设备直流或者交流电源端口

端口	测试规格		基本标准	测试设置
辅助设备正弦的直流或交流	9 kHz～150 kHz 150 kHz～500 kHz 500 kHz～30 MHz	无限制 99 dBμV 准峰值 93 dBμV 准峰值	GB 4824	GB 4824

表 9.3.3-2　射频—蓄电池参考端口

端口	测试规格		基本标准	测试设置
蓄电池	9 kHz～150 kHz 150 kHz～500 kHz 500 kHz～30 MHz	无限制 99 dBμV 准峰值 93 dBμV 准峰值	GB 4824	GB 4824

表 9.3.3-3　射频—过程测试和控制端口

端口	测试规格		基本标准	测试设置
电子正弦波直流或交流	9 kHz～150 kHz 150 kHz～500 kHz 500 kHz～30 MHz	无限制 99 dBμV 准峰值 93 dBμV 准峰值	GB 4824	GB 4824

表 9.3.3-4 射频—外壳端口

端口	测试规格		基本标准	测试设置
外壳	30 MHz～230 MHz 230 MHz～1 GHz	40 dBμV/m 准峰值 47 dBμV/m 准峰值	GB 4824	GB 4824

表 9.3.3-5 抗扰度—蓄电池参考端口

环境现象	测试规格		基本标准	测试设置	性能标准
射频共模	150 kHz～80 MHz 10 V(r.m.s) 80%AM，1 kHz	非调制载波	GB 17626.6	GB 17626.6	A
快速脉冲群	+/−2 kV 5/50 ns 5 kHz	峰值 Tr/Th 重复频率	GB 17626.4	GB 17626.4	A
浪涌	1,2/50 us +/−2 kV 42 Ω,0.5 μF +/−1 kV 42 Ω,0.5 μF	开路测试电压,对地 开路测试电压,线间	GB 17626.5	GB 17626.5	B

表 9.3.3-6 抗扰度—信号和通讯、过程测试和控制端口

环境现象	测试规格		基本标准	测试设置	性能标准
射频共模	150 kHz～80 MHz 10 V(r.m.s) 80%AM，1 kHz	非调制载波	GB 17626.6	GB 17626.6	A
快速脉冲群	+/−2 kV 5/50 ns 5 kHz	峰值 Tr/Th 重复频率	GB 17626.4	GB 17626.4	A

表 9.3.3-7 抗扰度—外壳端口

环境现象	测试规格		基本标准	测试设置	性能标准
射频 电磁场 幅度调制	80 MHz～1000 MHz 20 V/m(r. m. s) 80%AM, 1 kHz	非调制载波	GB 17626.3	GB 17626.3	A
射频 电磁场 来自数字 移动电话	800 MHz～1000 MHz 20 V/m(r. m. s) 80%AM, 1 kHz	非调制载波	GB 17626.3	GB 17626.3	A
	1 400 MHz～2 100 MHz 10 V/m(r. m. s) 80%AM, 1 kHz	非调制载波			
	2 100 MHz～2 500 MHz 5 V/m(r. m. s) 80%AM, 1 kHz	非调制载波			
	5 100 MHz～ 6 000 MHz 3 V/m(r. m. s) 80%AM,1 kHz	非调制载波			
静电放电	+/-6 kV +/-8 kV	接触放电 空气放电	GB 17626.2	GB 17626.2	B

9.4 防雷与接地

9.4.1 高架和地面线的室外信号设备及与隧道以外线连接的室内信号设备应采取防雷措施。

9.4.2 室外信号设备的金属箱、盒壳体应接地。

9.4.3 信号机房电力线引入处应单独设置电源防雷箱。

9.4.4 出入信号机房的电缆应采用屏蔽电缆,屏蔽电缆应单端接地,接地端应在室内。

9.4.5 防雷元器件的选择应将雷电感应过电压抑制在被防护设

备的冲击耐压水平之下。

9.4.6 防雷元器件不应影响被防护设备的正常工作；防雷元器件应满足信号设备受雷电电磁脉冲干扰时不得导致危险状态。

9.4.7 防雷元器件与被防护设备之间的连接线应最短，防护电路的配线应与其他配线分开。其他设备不应借用防雷元器件的端子。

9.4.8 车站信号设备地线应接入各系统共用的综合接地系统，综合接地电阻值不应大于 1 Ω。无综合接地系统时，可采用分设接地方式，分设接地时其电阻值不应大于 4 Ω。

9.4.9 正线区间信号设备地线应通过接地扁钢连接综合接地系统。车辆基地内若未设综合接地系统或局部未设时，信号设备可分散接地，接地电阻值不应大于 4 Ω。

9.5 外部接口

9.5.1 CBTC 信号系统与车辆的接口应符合下列要求：

1 系统与车辆接口电路的布线应与其主回路等环节的高压布线分开敷设并实施防护，与车辆电器的接口应有隔离措施。

2 系统与车辆的硬线信号应采用干接点或 110 VDC 电气接口输出。接口继电器宜采用具有输出隔离及安全互锁功能的安全继电器，具有抑制反向电动势的功能。

3 系统与车辆的安全型接口应采用硬线双断电路或硬线全程屏蔽措施。

4 系统与车辆通信接口应采用实时以太网、MVB 总线或 RS485 串行通信接口方式。实时以太网、MVB 形式的接口应符合现行国家标准《轨道交通电子设备　列车通信网络（TCN）》GB/T 28029 及现行行业标准《列车通信网络》TB/T 3035 的要求。

5 车辆向系统输出的通信信息应包括车辆重量、车载 ATC 旁路、ATP 开门使能旁路、车门监控旁路、开/关门命令状态、牵引切除状态、列车零速状态、车辆速度等。

6 系统不通过 TCMS 传送控制命令时，TCMS 接口故障不应影响 CBTC 信号系统控制列车的正常运行。

7 外挂设备的安装应满足车辆限界的要求。

9.5.2 CBTC 信号系统与专用无线通信系统的接口应符合下列要求：

1 系统与专用无线通信系统的接口应采用冗余方式。

2 系统应向专用无线通信系统提供数据信息。

3 系统和专用无线通信系统间的接口应采用串行通信或以太网方式。

4 系统向专用无线通信系统提供信息应至少包括列车车体号、车次号、列车位置、当前车站、下一个车站、列车运行方向、司机标识(司乘 ID)等。

5 专用无线通信系统收到信息后，应向系统发送确认信息。

9.5.3 CBTC 信号系统与综合监控系统(若有)的接口应符合下列要求：

1 系统应向综合监控系统提供行车信息。

2 系统和综合监控系统间的接口宜采用以太网方式。

3 系统向综合监控系统提供的信息应至少包括列车运行信息、道岔信息、信号机信息、区段信息、站台信息、站台紧急关闭按钮状态、时刻表信息等。

4 综合监控系统收到信息后，应向系统发送确认信息。

9.5.4 CBTC 信号系统与广播系统的接口应符合下列要求：

1 系统应向通信广播系统提供列车进站信息。

2 系统和广播系统间的接口应采用串行通信或以太网方式。

3 系统向通信广播系统提供的信息应至少包括列车车体号、车次号、编组长度、预计到达时间、预计离开时间、折返站台、末班车等。

4 广播系统收到信息后，应向系统发送确认信息。

9.5.5 CBTC 信号系统与时钟系统的接口应符合下列要求：

1 系统和时钟系统间的接口应采用串行通信或以太网方式。

2 时钟系统应为系统提供实时的标准时间信息。

3 系统应接收时间信号，并根据时间信号校准系统时钟。

9.5.6 CBTC 信号系统与 EMCS 系统的接口应符合下列要求：

1 系统和 EMCS 系统间的接口应采用串行通信或以太网方式。

2 系统宜向 EMCS 系统提供列车在区间隧道内阻塞超时的报警信息。

3 EMCS 系统收到信息后，应向系统发送确认信息。

9.5.7 CBTC 信号系统与 FAS 系统的接口应符合下列要求：

1 系统和 FAS 系统间的接口应采用串行通信或以太网方式。

2 系统向 FAS 系统应至少提供：列车位置信息、时刻表信息等。

3 FAS 系统收到信息后，应向系统发送确认信息。

9.5.8 CBTC 信号系统与大屏幕显示系统的接口应符合下列要求：

1 系统和大屏幕显示系统间的接口应采用以太网方式。

2 系统与大屏幕显示系统的接口宜采用冗余接口方式。

9.5.9 CBTC 信号系统与乘客信息系统的接口应符合下列要求：

1 系统应向乘客信息系统提供必要的列车运行信息。

2 系统和乘客信息系统间的接口应采用串行通信或以太网。

3 系统向乘客信息系统提供的信息应至少包括列车车体号、车次号、编组长度、预计到达时间、预计离开时间、折返站台、末班车信息等。

4 乘客信息系统收到信息后，应向系统发送确认信息。

9.5.10 CBTC信号系统与电力监控系统的接口应符合下列要求：

1 电力监控系统应向系统提供全线牵引供电信息。

2 系统和电力监控系统间的接口应采用串行通信或以太网。

3 系统收到信息后，应向电力监控系统发送确认信息。

9.5.11 CBTC信号系统与站台门系统的接口应符合下列要求：

1 系统应向站台门系统提供开/关门命令。正常情况下，站台门系统应向系统提供连续的站台门"门关闭且锁闭"状态信息。

2 系统与站台门系统的电气接口应均为安全型接口，采用继电器干节点的形式，用两组干节点对接口电路进行双断控制。

3 系统向站台门系统发送开、关站台门命令可为连续式信号或脉冲信号。

4 对于多编组列车混合运营的线路，系统与站台门接口的开/关站台门命令应分为不同的配置组，实现站台门开/关。

5 "门关闭且锁闭"和"互锁解除"应采用相互独立的安全回路。

9.6 环境条件

9.6.1 轨旁设备应符合表9.6.1的环境条件要求。

表9.6.1 轨旁设备环境条件

温度和湿度			
条件	控制室（带温度控制）	设备房（带温度控制）	道旁
运行温度	符合GB 12758 +0℃～+45℃	符合GB 12758 +0℃～+45℃	符合GB 12758 +0℃～+45℃
运行湿度	符合GB 12758 ≤95%	符合GB 12758 ≤95%	符合GB 12758 ≤100%

续表 9.6.1

冲击和振动			
振动 垂向 RMS(m/s^2)/ 纵向 RMS(m/s^2)/ 横向 RMS(m/s^2)	远离轨道 3 m 外，无振动要求	远离轨道 3 m 外，无振动要求	轨道：280/140/50 道床：10/10/10 距离轨道(1 m～3 m)：2.3/2.3/2.3
冲击加速度(m/s^2)/持续时间(ms)	远离轨道 3 m 外，无要求	远离轨道 3 m 外，无要求	轨道：2 500/1 道床：100/8 距离轨道(1 m～3 m)：20/11

9.6.2 车载设备应符合表 9.6.2 的环境条件要求。

表 9.6.2 车载设备环境条件

条件	车辆外	车辆内
温度和湿度		
运行温度	符合 GB 12758 −40℃～＋70℃	符合 GB 12758 −25℃～＋55℃
运行湿度	符合 GB 12758 ≤100％	符合 GB 12758 ≤95％
振动和冲击		
振动	转向架安装:符合 GB 21563,类别 2 轴向安装:符合 GB 21563,类别 3	车体安装:符合 GB 21563,类别 1A 机架安装:符合 GB 21563,类别 1B
冲击	转向架安装:符合 GB 21563,类别 2 轴向安装:符合 GB 21563,类别 3	符合 GB 21563,类别 1A/1B

9.7 信息安全等级保护

9.7.1 物理安全应符合下列要求：

1 防盗/防破坏：设备应做统一且不易剔除标识，并对设备贮存保管增加访问限制与监控报警功能。

2 防雷击：设备所在环境应安装防雷击装置，各设备机柜应采取有效接地措施。根据需要设置防雷保安器以防止感应雷。

3 防火:设备所在环境中应设置消防系统,并采用必要的防耐火设备和隔离措施。线缆等设备应满足防耐火要求。

4 防水/防潮:设备安装环境应避开水源、雨水和冷凝水渗入。设备外壳应具备一定的防水能力。

5 防静电:机柜、安装环境应采取接地防静电措施。

6 温湿度控制:机房应设置温湿度调节装置,满足设备环境要求。轨旁及车载环境应满足设备的环境要求。

7 电力供应:所有设备应具备稳压和过压防护功能,且供电系统应满足核心设备在断电情况下的电力供应需求。

8 电磁防护:所有设备应采用有效接地方式避免外界电磁干扰、设备及线缆铺设防止互相干扰。关键设备和介质应实施电磁屏蔽。

9 冲击振动:车载设备应采取轨道交通行业的冲击/振动防护措施。

10 环境监控:机房及车载设备应对物理环境的安全状态做统一采集并监测。

9.7.2 网络安全应符合下列要求:

1 结构安全:应保证关键网络设备的拓扑及硬件冗余,满足信号数据传输的带宽要求。根据信号系统业务功能不同而划分不同的网段和安全域等,不同安全域应采用可靠的隔离手段。各子系统间宜采用安全通信协议传输。

2 访问控制:信号系统与外部系统接口应实现隔离控制,并限制用户访问权限与内容。应具有网络信息内容的过滤能力。

3 安全审计:应能够对网络设备运行情况开展统计和审计记录,能够生成审计报表。

4 入侵检测与恶意代码防护:应在信号系统部署入侵检测系统,和恶意代码防范设备。

5 网络设备防护:应具备网络登录用户的安全管理与限制,

并具备登录失败处理和防窃听能力，设备特权用户的权限分离。

6 无线接入安全：应具备无线接入安全防护和传输数据加密能力，具备抗干扰能力。

7 网络监控：应通过网管软件及安全设备监控网络运行和异常行为。

9.7.3 主机安全应符合下列要求：

1 应采取漏洞修复、病毒防范、准入授权和监控审计等手段，从操作系统和数据库两个层面保障主机安全。

2 应满足阻断病毒木马传播、防止高危漏洞被利用、防止人员误操作、限制用户特权、检测安全健康状态、监测资源消耗情况和安全事件审计等要求。

9.7.4 应用安全应符合下列要求：

1 身份鉴别：应具备身份鉴别模块，采用口令及其他技术完成用户身份鉴别及登录失败限制功能。

2 访问控制：应具备访问控制功能，根据用户权限设置文件、数据的访问控制及保护策略。

3 安全审计：应具备全用户覆盖的安全审计功能，审计内容包括系统级和重要业务事件，且能够生成审计报表，审计过程不受中断影响。

4 剩余信息保护：应保证用户的剩余信息在存储空间中被充分清除。

5 通信完整性：应采用密码技术保证通信数据完整性。

6 通信保密性：对整个通信过程进行加密，宜采用私有协议传输。

7 抗抵赖：应具有在请求的情况下为数据原发者或接收者提供数据原发和接收证据的功能。

8 软件容错：应对用户输入参数做可靠性约束及检查。

9 会话管理：在用户登录及注销时应能够创建并注销对话时，重要对话应被加密存储。

10 资源控制:应能够管理账户的资源占用,限制对话账户,设置对话优先级等。

11 配置安全:配置管理功能应只能由经过授权的操作员和管理员访问。

12 异常处理:程序发生异常时,应使用通用错误信息,并在日志中记录详细的错误消息,必要时能够提供报警。

13 安全监控:应通过应用系统集中监控应用状态及安全事件。

9.7.5 数据安全及备份恢复应符合下列要求:

1 数据完整性:应能够检测到重要甚至核心业务数据在传输或存储过程中受到破坏,并采取必要的恢复措施。

2 数据保密性:应采用加密或其他有效保护手段实现重要数据传输及存储保密性。

3 备份和恢复:应能够提供本地、异地的数据备份或数据恢复功能,并采用网络拓扑的冗余及主要设备硬件的冗余保证系统单点故障下的高可用性。

本标准用词说明

1 为便于在执行本标准条文时区别对待，对要求严格程度不同的用词说明如下：

1）表示很严格，非这样做不可的用词：

正面词采用“必须”；

反面词采用“严禁”。

2）表示严格，在正常情况下均应这样做的用词：

正面词采用“应”；

反面词采用“不应”或“不得”。

3）表示允许稍有选择，在条件许可时首先应这样做的用词：

正面词采用“宜”；

反面词采用“不宜”。

4）表示有选择，在一定条件下可以这样做的用词，采用“可”。

2 条文中指明应按其他有关标准执行的写法为“应符合……的规定”或“应按……执行”。

引用标准名录

1 《工业、科学和医疗(ISM)射频设备骚扰特性限值和测量方法》GB 4824

2 《城市轨道交通信号系统通用技术条件》GB/T 12758

3 《电磁兼容 试验和测量技术 静电放电抗扰度试验》GB/T 17626.2

4 《电磁兼容 试验和测量技术 射频电磁场辐射抗扰度试验》GB/T 17626.3

5 《电磁兼容 试验和测量技术 电快速瞬变脉冲群抗扰度试验》GB/T 17626.4

6 《电磁兼容 试验和测量技术 浪涌(冲击)抗扰度试验》GB/T 17626.5

7 《电磁兼容 试验和测量技术 射频场感应的传导骚扰抗扰度》GB/T 17626.6

8 《电磁兼容 试验和测量技术 工频磁场抗扰度试验》GB/T 17626.8

9 《电磁兼容 试验和测量技术 脉冲磁场抗扰度试验》GB/T 17626.9

10 《信息安全技术 网络安全等级保护基本要求》GB/T 22239

11 《轨道交通 可靠性、可用性、可维护性和安全性规范及示例》GB/T 21562

12 《轨道交通 机车车辆设备冲击和振动试验》GB/T 21563

13 《轨道交通 电磁兼容 第4部分:信号和通信设备的

发射与抗扰度》GB/T 24338.5

14 《轨道交通　通信、信号和处理系统　第1部分:封闭式传输系统中的安全相关通信》GB/T 24339.1

15 《轨道交通　通信、信号和处理系统　第2部分:开放式传输系统中的安全相关通信》GB/T 24339.2

16 《轨道交通　通信、信号和处理系统控制和防护系统软件》GB/T 28808

17 《轨道交通　通信、信号和处理系统　信号用安全相关电子系统》GB/T 28809

18 《轨道交通　设备环境条件　第3部分:信号和通信设备》GB/T 32347.3

19 《城市轨道交通技术规范》GB 50490

20 《地铁设计规范》GB 50157

21 《城市轨道交通基于通信的列车自动控制系统技术要求》CJ/T 407

22 《铁路车站计算机联锁技术条件》TB/T 3027

23 《铁道信号设备雷电电磁脉冲防护技术条件》TB/T 3074

24 《列控系统应答器应答原则》TB/T 3484

25 《LTE-M系统需求规范》CZJS/T 0061

26 《列车通信网络》TB/T 3035

27 《铁路信号故障-安全原则》TB/T 2615

28 《城市轨道交通信号系统技术规范》DGJ 08—101

29 《城市轨道交通设计规范》DG/TJ 08—109

30 《城市轨道交通基于通信的列车控制系统(CBTC)列车自动监控(ATS)技术规范》DG/TJ 08—2130

31 《城市轨道交通工程技术规范》DG/TJ 08—2232

32 《城市轨道交通 CBTC 信号系统—ATP 子系统规范》CZJS/T 0028

33 《城市轨道交通 CBTC 信号系统—ATO 子系统规范》 CZJS/T 0029

34 《城市轨道交通 CBTC 信号系统—ATS 子系统规范》 CZJS/T 0030

35 《城市轨道交通 CBTC 信号系统—CI 子系统规范》 CZJS/T 0031

36 《城市轨道交通 CBTC 信号系统—DCS 子系统规范》 CZJS/T 0032

上海市工程建设规范

城市轨道交通基于通信的列车控制系统技术标准

DG/TJ 08—2369—2021
J 15913—2021

条 文 说 明

2022 上海

目　次

1　总　则 ……………………………………………………… 69
3　一般规定 ……………………………………………………… 70
4　信号显示 ……………………………………………………… 71
4.1　基本要求 …………………………………………………… 71
5　系统要求 ……………………………………………………… 72
5.1　基本要求 …………………………………………………… 72
5.2　主要功能 …………………………………………………… 72
6　全自动运行 …………………………………………………… 73
6.1　基本要求 …………………………………………………… 73
6.2　功能要求 …………………………………………………… 73
7　互联互通 ……………………………………………………… 74
7.1　基本要求 …………………………………………………… 74
7.4　应答器数据报文 …………………………………………… 74
7.5　接口要求 …………………………………………………… 74
8　系统性能及 RAMS 指标 ……………………………………… 75
8.3　RAMS 指标 ………………………………………………… 75

Contents

1 General provisions 69
3 General requirement 70
4 Signal display 71
4.1 Basic requirement 71
5 System requirement 72
5.1 Basic requirement 72
5.2 Main functions 72
6 Fully automatic operating 73
6.1 Basic requirement 73
6.2 Functions requirement 73
7 Interoperability 74
7.1 Basic requirement 74
7.4 Balise data message 74
7.5 Interface requirement 74
8 System performance and RAMS indicator 75
8.3 RAMS indicator 75

1 总　则

1.0.2 本标准中车辆基地如无特殊说明，均指 ATC 车辆基地。

3 一般规定

3.0.19 运行计划包括下一站、终点站、扣车、跳停等信息，静态文本包括线路号、车次号、列车编组、司机号等信息。

3.0.32 CBTC信号系统需针对干轨、湿轨区域采用不同的最小保证紧急制动率GEBR进行安全防护控制。

3.0.33 CBTC信号系统可在设定该模式的区域限制自动运行模式列车的加/减速度。

4 信号显示

4.1 基本要求

4.1.7 原移动授权范围内且在新的移动授权外的允许信号应转为禁止信号。

5 系统要求

5.1 基本要求

5.1.4 CI子系统应符合下列要求：

18 测试接口包括电气接口和通信接口两类，电气接口提供相应的电气特性参数和接口点位定义以及电源供电方式；通信接口提供相应的物理层、协议层、链路层定义，以及应用层和安全层的协议或符合的标准协议版本、应用消息类型和格式信息。

5.2 主要功能

5.2.1 列车自动防护(ATP)子系统主要功能应符合下列要求：

8 有效区域指列车自启动驶离车站至紧急制动使列车停止时，至少仍有一个车门处于站台区域；无效区域指有效区域以外的区域。

5.2.3 列车自动监控(ATS)子系统主要功能应符合下列要求：

11 当有综合监控系统时，信号系统可从综合监控系统获取SCADA系统、EMCS系统、FAS系统的信息内容。

5.2.5 DCS子系统主要功能应符合下列要求：

6 LTE技术要求符合现行行业标准《LTE-M系统需求规范》CZJS/T 0061的规定，WIFI符合IEEE 802.11标准要求。

6 全自动运行

6.1 基本要求

6.1.1 列车唤醒、自检、发车、出入库、停站、站间运行、折返、休眠、洗车等无人介入的全过程自动运行功能和系统联动作业需车辆、站台门、洗车机、综合监控等系统共同配合完成。

6.1.7 综合承载应符合现行行业标准《LTE-M 系统需求规范》CZJS/T 0061 的相关要求。

6.2 功能要求

6.2.2 轨旁控制功能应符合下列要求：

2 列车处于 FAM 模式时，无论车门模式开/关处于任何位置，均应实现自动开/关车门。

7 互联互通

7.1 基本要求

7.1.5 跨线指列车通过联络线在分别设置信号系统进行控制的不同线路之间运行。

7.1.7 线路间指两条线路之间的联络线及与联络线相连接的一定长度的线路部分。

7.1.9 最严格的退行允许值指装备不同信号系统的列车允许退行的最大距离值。

7.1.10 最严格的后溜允许值指装备不同信号系统的列车允许后溜的最大距离值。

7.1.11 所属线路指指定的车辆运营归属管理所在的线路。

7.4 应答器数据报文

7.4.2 ETCS-44 包是用户自定义包,互联互通应答器报文格式遵循 ETCS-44 包要求。

7.5 接口要求

7.5.5 发车方联锁向接车方联锁发送信号机状态信息用于保护区段的建立和取消。

8 系统性能及 RAMS 指标

8.3 RAMS 指标

8.3.2 系统可维护性应符合下列要求：

5 轨旁设备包括轨旁 DCS 天线、应答器和计轴等设备。

8.3.5 RAMS 指标验证应符合下列要求：

2 除误操作外，人机界面相关的操作，包括 ATS 以及司机显示操作命令的成功执行率。

上海市工程建设规范

公共建筑节能运行管理标准

Operation and management standard for energy efficiency of public buildings

DG/TJ 08—2321—2020

J 15279—2020

主编单位:上海市建筑科学研究院(集团)有限公司
上海市建筑建材业市场管理总站
批准部门:上海市住房和城乡建设管理委员会
施行日期:2020 年 12 月 1 日

同济大学出版社

2020　上海

图书在版编目(CIP)数据

公共建筑节能运行管理标准/上海市建筑科学研究院(集团)有限公司，上海市建筑建材业市场管理总站主编. —上海：同济大学出版社，2020.12

ISBN 978-7-5608-9617-5

Ⅰ.①公… Ⅱ.①上… ②上… Ⅲ.①公共建筑-节能-建筑设计-设计标准-上海 Ⅳ.①TU242-65

中国版本图书馆 CIP 数据核字(2020)第 236235 号

公共建筑节能运行管理标准

上海市建筑科学研究院(集团)有限公司
上海市建筑建材业市场管理总站 **主编**

策划编辑 张平官
责任编辑 朱 勇
责任校对 徐春莲
封面设计 陈益平

出版发行 同济大学出版社 www.tongjipress.com.cn
(地址：上海市四平路 1239 号 邮编：200092 电话：021－65985622)

经 销 全国各地新华书店
印 刷 浦江求真印务有限公司
开 本 889mm×1194mm 1/32
印 张 2.5
字 数 67000
版 次 2020 年 12 月第 1 版 2020 年 12 月第 1 次印刷
书 号 ISBN 978-7-5608-9617-5
定 价 25.00 元

上海市住房和城乡建设管理委员会文件

沪建标定〔2020〕315 号

上海市住房和城乡建设管理委员会
关于批准《公共建筑节能运行管理标准》为
上海市工程建设规范的通知

各有关单位：

由上海市建筑科学研究院(集团)有限公司、上海市建筑建材业市场管理总站主编的《公共建筑节能运行管理标准》，经我委审核，现批准为上海市工程建设规范，统一编号为 DG/TJ 08—2321—2020，自 2020 年 12 月 1 日起实施。

本规范由上海市住房和城乡建设管理委员会负责管理，上海市建筑科学研究院(集团)有限公司负责解释。

特此通知。

上海市住房和城乡建设管理委员会

二〇二〇年六月二十二日

前言

本标准根据上海市住房和城乡建设管理委员会《关于印发〈2017年上海市工程建设规范编制计划〉的通知》(沪建标定〔2016〕1076号)的要求,由上海市建筑科学研究院(集团)有限公司、上海市建筑建材业市场管理总站会同相关单位和专家,经过广泛调查研究,认真总结公共建筑节能运行管理经验,并在参考国际标准和国内先进标准的基础上,制定本标准。

本标准共分11章,主要内容包括总则、术语、基本规定、调适、暖通空调系统、照明系统、动力系统、变配电系统、生活热水系统、用能监测系统、节能运行管理规定。

各单位及相关人员在本标准执行过程中,如有意见或建议,请反馈至上海市建筑科学研究院(集团)有限公司(地址:上海市申富路568号;邮编:201108;E-mail:rain_wyq10@163.com),或上海市建筑建材业市场管理总站(地址:上海市小木桥路683号;邮编:200032;E-mail:bzglk@zjw.sh.gov.cn),以供今后修订时参考。

主 编 单 位:上海市建筑科学研究院(集团)有限公司
上海市建筑建材业市场管理总站
参 编 单 位:上海建科建筑节能技术股份有限公司
上海东方延华节能技术服务股份有限公司
上海东方低碳科技产业股份有限公司
仲量联行测量师事务所(上海)有限公司
予哲机电工程咨询(上海)有限公司
上海太平洋能源中心
参 加 单 位:上海百联物业管理有限公司

上海豪曼制冷空调服务有限公司
威立雅能源科技(上海)有限公司
洲际酒店集团

主要起草人:	张蓓红	李　阳	卜　震	白燕峰	汪雨清
	朱伟峰	于　兵	陈建萍	周子健	毛华雄
	许　鹰	寇玉德	张芸芸	张文宇	蒋友娣
	邓光蔚	何晓燕	刘梦圆	朱园园	刘永兴
主要审查人:	陈众励	龙惟定	何广钊	李　静	连之伟
	楼振飞	潘　涛			

上海市建筑建材业市场管理总站

目次

1 总 则 …… 1
2 术 语 …… 2
3 基本规定 …… 3
4 调 适 …… 4
4.1 一般规定 …… 4
4.2 建筑初运行调适 …… 4
4.3 建筑正常运行调适 …… 5
5 暖通空调系统 …… 7
5.1 一般规定 …… 7
5.2 节能运行 …… 7
5.3 维护保养 …… 9
6 照明系统 …… 11
6.1 一般规定 …… 11
6.2 节能运行 …… 11
6.3 维护保养 …… 11
7 动力系统 …… 13
7.1 一般规定 …… 13
7.2 节能运行 …… 13
7.3 维护保养 …… 14
8 变配电系统 …… 15
8.1 一般规定 …… 15
8.2 节能运行 …… 15
8.3 维护保养 …… 17

9 生活热水系统 …… 18
9.1 一般规定 …… 18
9.2 节能运行 …… 18
9.3 维护保养 …… 19
10 用能监测系统 …… 21
10.1 一般规定 …… 21
10.2 维护保养 …… 21
11 节能运行管理规定 …… 23
11.1 一般规定 …… 23
11.2 人员管理 …… 23
11.3 用能设备管理 …… 24
11.4 文件管理 …… 25
本标准用词说明 …… 26
引用标准名录 …… 27
条文说明 …… 29

Contents

1 General provisions ········· 1

2 Terms ········· 2

3 Basic requirements ········· 3

4 Commissioning ········· 4

4.1 General requirements ········· 4

4.2 Building initial operation commissioning ········· 4

4.3 Building operation commissioning ········· 5

5 HVAC system ········· 7

5.1 General requirements ········· 7

5.2 Energy-conservation operation ········· 7

5.3 Maintenance ········· 9

6 Lighting system ········· 11

6.1 General requirements ········· 11

6.2 Energy-conservation operation ········· 11

6.3 Maintenance ········· 11

7 Mechanical system ········· 13

7.1 General requirements ········· 13

7.2 Energy-conservation operation ········· 13

7.3 Maintenance ········· 14

8 Power supply and distribution system ········· 15

8.1 General requirements ········· 15

8.2 Energy-conservation operation ········· 15

8.3 Maintenance ········· 17

9 Domestic hot water system ········ 18
9.1 General requirements ········ 18
9.2 Energy-conservation operation ········ 18
9.3 Maintenance ········ 19
10 Energy consumption monitoring system ········ 21
10.1 General requirements ········ 21
10.2 Maintenance ········ 21
11 Energy-conservation operation management regulations ········ 23
11.1 General requirements ········ 23
11.2 Personnel management ········ 23
11.3 Energy equipment management ········ 24
11.4 Document management ········ 25
Explanation of wording in this standard ········ 26
List of quoted standards ········ 27
Explanation of provisions ········ 29

1 总　则

1.0.1　为提高公共建筑节能运行管理水平，提升公共建筑运行能效，降低能耗，规范本市公共建筑节能运行管理，推动本市公共建筑节能工作开展，制定本标准。

1.0.2　本标准适用于本市公共建筑的节能运行管理。特殊用能建筑或特殊用能区域以及对室内环境有特殊要求的公共建筑，在技术条件相同时也可按本标准执行。

1.0.3　公共建筑节能运行管理，除应符合本标准的规定外，尚应符合国家、行业和本市现行有关标准的规定。

2 术语

2.0.1 公共建筑节能运行管理 operation and management of energy efficiency of public buildings

采用节能措施调节公共建筑用能系统运行状态，减少用能系统的能源消耗，在确保建筑安全、卫生、舒适等使用功能的基础上，使用能系统在低能耗、高能效的状态下运行。包括用能设备与系统的日常运行维护和运行中的优化调适。

2.0.2 调适 commissioning

通过测试、诊断、调整和完善等技术和管理手段，满足建筑使用需求，持续提升建筑能效水平的工作程序和方法。完整的调适始于建筑方案阶段，贯穿设计、施工、验收和运行维护等建筑全过程。

2.0.3 建筑能源管理系统 building energy management system

采用在线计量、监测、统计、分析和控制等多种手段，实现建筑物（或建筑群）各种用能设备（如变配电、照明、电梯、供暖、空调、给排水等）高效运行的管理系统。

3 基本规定

3.0.1 公共建筑节能运行管理应以安全为前提，以提升能效为目标，制定涵盖人员管理、用能设备管理和文件管理在内的运行管理规定，持续提升建筑能效水平。

3.0.2 公共建筑节能运行管理应包括调适、用能系统的节能运行与维护保养、相关管理规定等内容。

3.0.3 对用能设备进行更新、更换时，应经过技术经济综合分析，选用节能环保设备产品，其技术性能指标应符合现行设计标准和产品标准的规定，不得选用国家已明令淘汰的设备产品。

3.0.4 公共建筑节能运行管理应根据用能设备和用能系统的特点、运行参数、用户需求及建筑特性，经技术经济比较，制定全年节能运行方案。

3.0.5 公共建筑用能系统应按分类、分项进行数据计量及管理，并应对能源计量数据定期进行统计分析，指导用能系统经济运行。

4 调 适

4.1 一般规定

4.1.1 公共建筑运行阶段的调适从建筑项目完成竣工验收移交工作开始，至建筑生命周期结束，分为建筑初运行调适和建筑正常运行调适。

4.1.2 调适应根据建筑规模、性质、用途及要求等明确目标，保证系统安全正常运行、提升建筑能效水平、节省运行管理费用。

4.1.3 调适过程中的检测工作应由具有检测能力的单位或人员按照现行技术标准进行。

4.2 建筑初运行调适

4.2.1 建筑初运行调适从建筑项目完成竣工验收移交工作开始，至建筑进入正常运行为止。调适时间至少为 1 年或 1 个完整供冷、供暖季。

4.2.2 建筑初运行调适应包括下列内容：

1 项目移交文档资料完整性、符合性检查及管理。

2 系统和设备季节性检测。

3 现场调查。

4 系统和设备问题的解决方案及实施。

5 建筑能耗统计分析及运行优化。

6 建立并完善运行手册。

7 运营人员培训。

8 总结会议。

4.2.3 建筑初运行阶段的调适，宜由组织单位、实施单位和配合单位共同完成。

1 组织单位宜为业主单位，也可授权调适顾问作为组织单位。组织单位负责组织和管理调适工作，应成立调适工作组，提出调适要求和目标，推进调适进程，指导和监督调适工作，协调各参与单位，审查调适效果。

2 实施单位宜为专业调适技术团队或运营单位，实施单位主要负责开展具体调适工作。

3 配合单位宜包括运营单位、设计单位、施工单位、设备设施供应商等。配合单位应根据实施单位的具体调适工作要求，给予相应的技术支持。

4.3 建筑正常运行调适

4.3.1 建筑正常运行调适从建筑初运行结束后开始，至建筑生命周期结束。包括周期性调适和专项调适。

1 周期性调适宜每年进行1次。

2 专项调适应根据建筑运行需求开展。专项调适应有明确的项目需求和现状评估结论作为立项依据。

4.3.2 周期性调适应包括下列内容：

1 运维文档管理。

2 系统及设备季节性检测。

3 现场调查。

4 系统及设备问题的解决方案及实施。

5 建筑运行能耗统计分析及优化。

6 运行手册更新。

7 运营人员培训。

8 总结会议。

4.3.3 周期性调适组织和实施单位宜为运营单位，也可委托调适顾问。配合单位宜为设备设施供应商等。

4.3.4 专项调适应包含下列内容：

1 明确项目要求。

2 开展现状评估、给出评估结论。

3 提出项目建议书、组织项目立项论证。

4 确定实施方案。

5 项目实施及管理。

6 项目验收与交付。

7 运行手册更新、运营人员培训。

8 效果验证与评价。

9 项目总结。

4.3.5 专项调适工作应由专业调适技术团队完成。

5 暖通空调系统

5.1 一般规定

5.1.1 暖通空调系统节能运行管理应包括空调冷热源系统、空调输配系统、空调末端系统以及空调控制系统的节能运行管理和维护保养。

5.1.2 暖通空调系统运行应在满足建筑物使用要求、保证卫生安全和健康、不影响暖通空调系统使用寿命等基本目标基础上，实现节能运行，降低运行成本。

5.1.3 室内环境参数控制标准应根据建筑功能、使用要求以及室外气象参数等合理确定。

5.1.4 全年性空调节能运行方案应根据暖通空调系统的类型、建筑类型及其使用需求等，经技术经济分析比较后制定。

5.2 节能运行

5.2.1 间歇运行的冷热源设备与系统应根据实际需要确定合理的运行时间，一般可提前开启与关闭。提前开启时可关闭空气处理机组或新风机组的新风阀，待预冷或预热后再开启新风阀。

5.2.2 对有多台冷水机组构成的集中冷源，应根据季节、使用时段、室外温度变化、负荷变化等因素调节冷水机组的运行台数。

1 冷却塔节能运行应综合考虑冷却塔对制冷系统能耗的影响。

2 一般情况下，应使冷却水出水温度尽量接近室外空气湿球温度。

3 在非高温高湿室外气象条件下，应适当提高冷水供水温度，降低冷却水温度，提高冷源设备效率。

5.2.3 在满足空调负荷需求情况下，应优先选择效率高、经济性好的冷热源设备，并宜根据负荷变化实行合理群控措施，使冷热源设备在合理负荷率下运行，提高空调系统综合运行能效。

5.2.4 对使用润滑油的冷水机组，在非供冷期停机时宜切断电源，防止冷水机组待机时持续加热润滑油造成的能耗。

5.2.5 供暖系统的运行方式应根据室外温度和负荷变化等因素，合理调整热媒参数以及运行台数。

5.2.6 应在技术经济分析基础上，采用合理措施回收利用锅炉蒸汽凝结水和空调机组冷凝热。

5.2.7 当有空气侧和水侧免费供冷装置时，应在冬季或过渡季有供冷需求时，合理采用免费供冷方式。

5.2.8 冷却塔的节能运行应符合下列规定：

1 多台冷却塔并联运行时，宜根据冷却塔出水温度调节冷却塔风机运行数量及转速，确保各冷却塔的水量均匀分布。

2 冷却塔风机宜优先采用变速调节措施。

3 采用冷却水变流量调节时，应确保冷却水量的减少不影响冷却塔布水装置的正常工作和热湿交换效果。

4 应保持冷却塔周围通风良好。

5.2.9 空气源热泵机组的室外机应保持周围通风良好，避免阳光直射。

5.2.10 冷水泵和冷却水泵的运行台数应满足冷水机组对冷水量和冷却水量的要求，应确保平衡管或旁通管上的电动调节阀按设计运行要求正常工作。在个别末端不满足室内环境要求时，应首先检查和调节末端水系统，不应盲目增加循环水泵运行台数。

5.2.11 空调系统运行中应保证水力平衡和风平衡。当因房间使用功能发生变化等原因造成实际空调负荷与原设计出现偏差时，应首先检查平衡度，必要时再次进行平衡调节。

5.2.12 空调系统在供冷工况下，水系统的供回水温差不应小于设计温差的70%，并应确保系统水力平衡和安全运行。

5.2.13 当空调系统循环水泵采用变频调节时，水泵的工作频率应与运行工况相适应，应提高水泵运行效率，水泵变频器不应长时间过低频率运行。

5.2.14 全空气空调系统的风机宜采用变频调速控制，应在满足运行和使用要求条件下合理设置变频器工作频率。

5.2.15 当有空气处理机组热回收装置时，应在技术经济分析基础上，合理启用热回收装置；过渡季利用新风降温时，宜采取旁通运行方式。

5.2.16 空调系统运行期间，为保持室内新风和排风的平衡度，保持合理的室内外压差，应合理控制通风空调设备的运行，尽量减少无组织通风。

5.2.17 应制定对应全年工况的新风机组运行策略或空气处理机组新风阀的开启策略。对人员密度变化有时间规律的场所，新风量宜根据人员密度变化进行调节。

5.2.18 应测试和校验密闭场所的送、排风系统风量，及时调整和优化运行策略。

5.2.19 应按需控制送、排风机运行方式，宜采用变频调速风机。

5.2.20 供冷季应充分采取建筑遮阳等隔热措施控制阳光入射量。

5.2.21 当室内人员长时间离开房间时，应关闭房间空调末端设备。

5.3 维护保养

5.3.1 冷水机组蒸发温度和冷水出水温度之差、冷凝温度与冷却水出水温度之差应在正常范围内；当超出时，应及时检查蒸发器和冷凝器的结垢情况，并采取改善措施。

5.3.2 空调箱、风管和末端应减少漏风，房间气流组织不应出现短路现象。

5.3.3 应定期检查设备及管道系统的绝热措施，确保绝热措施完好，必要时应对其绝热效果进行测试与评价。

5.3.4 应定期检查暖通空调设备及其管路上的阀门等附属设备是否正常工作，应及时清洗空调循环水过滤器、换热设备及风管系统，保持良好的运行性能。

5.3.5 应定期检查空气处理机组和新风机组过滤器前后压差，并及时维护、清洗或更换。

5.3.6 应确保空调系统和换热设备中的流体不发生旁通混流现象。

5.3.7 应对空调系统补水量进行计量，并按固定时间间隔进行记录，宜采用自动记录、集中监测。

6 照明系统

6.1 一般规定

6.1.1 照明系统的运行管理范围可包括室内、室外的人工照明灯具、自然采光装置、照明智能控制系统、计量装置和其他附属设备。

6.1.2 在满足室内照明需求前提下，建筑照明应优先采用自然采光，人工照明作为补充。

6.1.3 室外照明系统应注意室外光环境品质，防止眩光污染。

6.2 节能运行

6.2.1 应制定建筑室内、室外照明使用时间表，合理设计不同季节室内和室外的公共照明开关策略。

6.2.2 有自然采光的室内区域，应根据自然采光亮度和室内照明需求合理启用分区或分组照明。

6.2.3 照明的声、光、时间控制应根据建筑空间特点进行合理设计。

6.2.4 宴会厅、报告厅、大堂等区域，应根据场所不同使用需求适时调节照度。

6.3 维护保养

6.3.1 建筑照明系统维护保养应明确照明设施的检修、维护方法和人员责任。

6.3.2 对包括自然采光装置在内的照明设施应定期进行清洁，每年不宜少于2次，并及时更换损坏部件。

6.3.3 建筑区域照度宜定期进行检测，对照度不能达到现行国家标准《建筑照明设计标准》GB 50034中标准值要求的应及时进行整改。

6.3.4 更换光源时，在保证照度标准的前提下，应选用节能型光源。

7 动力系统

7.1 一般规定

7.1.1 公共建筑动力系统可包括给排水系统和电梯系统。

7.1.2 动力系统节能运行管理宜包括设备系统巡检、主要用能设备的能耗计量与数据分析、节能运行策略改进与实施。

7.1.3 建筑给排水系统运行过程中，应定期进行给水管道的泄漏测试。

7.2 节能运行

7.2.1 建筑生活给水系统应定期巡查水箱和管路的溢水和漏水情况。

7.2.2 水泵应根据供水的需求进行启停控制和变频调节，当采用水泵变频时，应定期监测变频器的能耗。

7.2.3 喷泉、壁泉水系统的循环泵应设定合理运行时间。

7.2.4 给水系统应无超压出流，用水点供水压力不宜大于 0.2 MPa。

7.2.5 绿化灌溉应采用喷灌、微灌、渗灌、低压管灌等节水灌溉方式。

7.2.6 电梯系统宜进行智能化控制，合理设置电梯运行方式，合理分配电梯的运行区域、停靠层站、运行台数和时间。

7.2.7 长时间无人使用情况下，电梯轿厢内照明、空调和通风设备应能自动关闭。

7.2.8 自动扶梯宜设置运行感应系统。在无人搭乘时应停驶或慢速行驶。

7.2.9 已安装能量回收系统的电梯，应有运行能耗数据采集和记录。

7.3 维护保养

7.3.1 给排水管道、水泵、仪表、阀门和各种辅件应定期巡查和记录，防止给排水系统发生事故。

7.3.2 电梯及各种辅件应定期巡查和记录，按时保养，防止电梯系统发生事故。

7.3.3 机电设备应定期检查润滑油系统，保持机电设备的高效运营。

8 变配电系统

8.1 一般规定

8.1.1 公共建筑变配电系统的节能运行管理可包括变配电系统和光伏发电系统。

8.1.2 变配电系统可包括高压进出线柜、直流屏、变压器、低压进线柜、低压配电柜、变电室电能监控系统、输配电线路等，日常运行管理应执行变配电站的管理规程，节能运行管理应按本标准执行。

8.1.3 变配电系统节能运行管理应包括用能计量、设备系统巡检、能耗数据分析、节能运行策略的实施与改进等内容。

8.1.4 光伏发电系统的节能运行管理应包括光伏系统例行巡检、运行数据分析、发电及并网电量计量、节能运行策略的实施和改进等内容。

8.2 节能运行

8.2.1 变压器节能运行应符合下列规定：

1 应监测每台变压器的低压侧输出电压，该电压值要满足规范要求的电压水平。

2 变压器的额定容量应满足全部用电负荷的需要，不可长时间处于过负荷状态。

3 变压器最佳经济运行负载率上限为 75%，最佳经济运行区间为 $\beta_{JZ}^2 \leqslant \beta \leqslant 0.75$。

4　应监测变配电室的温湿度，变压器应有良好的通风散热措施，降低变压器负载损耗。

5　若有多台变压器运行，应根据季节性负载的特点，在保证供电可靠性条件下，适时退出部分变压器运行，减少变压器空载损耗。

8.2.2　变配电系统应对变压器低压主开关回路的电流、电压、功率因数、谐波、电能等进行实时监测，对各馈出回路的电流、电压、电能等进行实时监测，并进行数据储存。

8.2.3　变配电系统应每日记录、统计高压变配电系统的状态参数及用能数据，并按月归档计算月平均耗电量。

8.2.4　对于变配电系统定期采集到的高低压总进线、变压器以及各低压馈出回路的数据，应进行节能运行分析，实现节能控制管理。

8.2.5　配电系统应监测各馈出回路的负载三相平衡情况。当系统单相负荷达到20%以上出现三相不平衡，且各相的功率因数不一致时，应采用部分分相无功自动补偿装置；当三相不平衡率超过15%时，应对末端配电系统进行相序平衡调整。

8.2.6　变配电系统应合理整定并投入电容器组，供电用户进户处的功率因数宜大于0.95；电容补偿柜上的功率因数控制器应具有显示谐波分量的功能。当检测到的谐波值高于现行国家标准《电能质量　公用电网谐波》GB/T 14549 规定的限值时，应采取谐波治理措施。

8.2.7　光伏发电系统应保持良好的周边环境，应及时对光伏板上的污垢进行清理，防止热斑效应。同时巡检周围环境，确保无可移动物体遮挡或覆盖光伏板，保证光伏系统组件具有良好的通风条件。

8.2.8　光伏发电系统逆变器的运行数据应详细记录，所有记录应妥善保管。

8.3 维护保养

8.3.1 变配电系统中无功补偿装置的冷却装置和散热器应经常受检，确保其正常运行。

8.3.2 变配电系统中的有源滤波装置应每隔 1～2 年进行 1 次全面维护，并定期检查直流侧电容、冷却风扇、接触器、熔断器等主要部件，确保装置正常运行。

8.3.3 应定期对变压器冷却系统、套管等设备进行检查，避免因电气元件损坏、跳闸等影响变压器正常使用。

8.3.4 光伏发电系统应定期对光伏板积灰进行清理，保持光伏板表面清洁和温度正常。

8.3.5 光伏发电系统的蓄电池（组）应定期检查，确保其正常使用，及时更换损坏的蓄电池（组）。

8.3.6 照明配电线路三相负荷应定期检查，确保三相电压、电流平衡，使配电系统中性线电流不宜大于相绕组额定电流的 15％。

9 生活热水系统

9.1 一般规定

9.1.1 公共建筑的生活热水应包括饮用热水与非饮用热水，在具备条件时宜依次优先采用太阳能热水系统、热泵热水系统、锅炉热水系统供应。

9.1.2 生活热水系统的节能运行管理应包括热源设备、循环水泵、储热/换热设备、管路系统、智能控制系统、末端用热设备的运行管理与维护保养。

9.2 节能运行

9.2.1 对电热开水器或电热饮水机应采用定时插座或人工启停方式，使其开启时间与工作时间同步。

9.2.2 集中太阳能热水系统宜根据集热器出口与集热水箱水温的差值控制集热系统循环泵的运行，应根据集热水箱温度和设计值的差值控制辅助加热系统启停。

9.2.3 热泵热水系统应根据热水负荷需求进行节能运行控制，确保热泵系统经济、高效运行。

9.2.4 锅炉热水系统热源宜优先运行热水锅炉，其次蒸汽锅炉，且优先考虑清洁能源。锅炉热水系统宜采用节能优化控制系统。

9.2.5 生活热水系统应设置水温智能控制系统，在满足压力和温度条件下，宜根据热水负荷变化采用调整出水温度、启停水泵和调节水泵频率等方式进行按需供应。

9.3 维护保养

9.3.1 应对饮用热水系统的电加热开水器进行维护和保养，在电热水器保温性能、热效率低于三级或达到使用寿命时，应进行更换。

9.3.2 太阳能集热器日常运行时，应检查系统的温度变化，避免太阳能集热器空晒、闷晒，并及时采取措施排除故障。

9.3.3 太阳能热水系统的辅助加热装置，应确保其正常运行，定期检查其水质及结垢情况，并及时处理维护。

9.3.4 太阳能热水系统在冬季应检查太阳能热水器的防冻装置，确保其运行正常。

9.3.5 热泵系统机外安装的水路过滤器应定期清洗，保证系统内水质清洁，以避免机组因过滤器脏堵而造成主机频繁故障或损坏。应检查水泵、水路阀门是否工作正常，水管路及水管接头是否渗漏。

9.3.6 锅炉的维护应包括日常运行与停炉检查、锅炉本体的维护保养、燃烧器的检查保养、安全阀的检查保养、压力表及控制装置的检查保养。

9.3.7 应定期检查储热、换热设备的温控装置、安全装置、生活热水系统的膨胀罐、安全阀及温度压力仪表，确保正常工作状态；不合理时，应及时调整。

9.3.8 储热水箱的维护应检查其密封完好、无渗漏现象，应检查防腐涂层无开裂和脱落现象，应检查保温层填实情况。储热水箱宜每年清洗 1 次。

9.3.9 生活热水管路维保应检查保温层破损脱落情况并及时修补，应检查确保排气阀正常工作，应检查确保管路热胀冷缩补偿装置正常，应定期进行管路系统清洗除垢。

9.3.10 应对热水自控系统的传感器、调节器和执行器等元器件进行日常维保，同时对控制系统的硬件外观、连接安装、信号传输、电压波动和仪表显示灯进行维保，确保其正常运行。

10 用能监测系统

10.1 一般规定

10.1.1 公共建筑应设置用能监测系统，用电、用水数据应采用自动实时采集的方式，燃气、燃油等其他能耗如不具备数据自动采集条件，运行阶段应人工定期录入能耗监测系统中。

10.1.2 公共建筑宜设置能源管理系统，系统运行阶段应实现建筑主要设备的用能实时监测、自动控制及状态反馈等功能。

10.1.3 公共建筑应在需要独立考核或收费的用电区域单独设置计量表具。在运行过程中，对于功能调整的区域宜独立计量。

10.1.4 公共建筑应每月进行用能数据统计分析，并与能源消费账单和设备历史运行记录进行核对，判断用能监测系统运行状况，找到建筑物能源浪费的环节。

10.1.5 公共建筑用能监测系统应向上一级用能监测平台上传连续、准确的能耗数据，在日常运行中应每季度定期与本市同类型公共建筑的总能耗平均值进行对标。

10.2 维护保养

10.2.1 能耗数据采集器的存储容量应不小于 512 M，并应根据运行要求优化采集频率。

10.2.2 物理检查应每半年进行 1 次，检查内容包括采集器、网关、交换机、系统电源及计量器具等安装是否牢固，外表与接线有无明显破损，并加以清洁。应及时更换破损设备。

10.2.3 应定期对现场服务器、采集器等设备的系统病毒库进行更新；如病毒库无法进行更新，宜加装网络安全设备。

10.2.4 系统采用的计量器具应由具备国家制造计量器具许可证资质的企业所制造，准确度等级满足国家相关强制性标准，并每年予以校准。

10.2.5 系统运行期间应每天检查系统是否正常运行，报警、权限、阈值、统计、分析等功能是否有效。

10.2.6 系统的数据存储时间应不少于 1 年，历史数据宜定期备份，并对备份数据进行验证。

10.2.7 能耗数据采集器应每 30 d 进行 1 次断网校验，核实断点续传功能。

11 节能运行管理规定

11.1 一般规定

11.1.1 公共建筑管理单位应建立能源方针、能源目标和能源指标。

11.1.2 公共建筑管理单位应制定完善的节能运行管理规定，并贯彻实施。

11.1.3 节能运行管理规定应包括人员管理、用能设备管理和文件管理等内容。

11.2 人员管理

11.2.1 公共建筑管理单位应根据国家或本市法律法规要求，设立节能运行管理团队，并配备相应的管理岗位，实行岗位责任制，指定能源管理负责人。

11.2.2 能源管理负责人主要工作职责应包括但不局限于下列内容：

1 明确规定和传达节能运行管理团队相关的职责和权限。

2 策划有效的能源管理活动，落实能源方针、能源目标和能源指标，以及能源目标的评估和验证。

3 负责与节能运行管理有关的外部联系和协调。

4 组织提供节能运行管理所需要的资源。

11.2.3 节能运行管理团队主要工作职责应包括下列内容：

1 制定、执行、评审和更新节能运行管理文件。

2 制定短期或长期的能源管理目标和绩效指标，并监测其进展情况。

3 定期检查用能设备运行情况和实施维护保养工作，保障用能系统正常运行。

4 定期对能耗数据进行分类汇总、对比分析，及时发现存在的问题。

5 汇报节能运行管理工作的进展和成果。

6 贯彻节能运行全过程管理，确保节能目标的实现。

7 做好其他与节能相关的工作内容。

11.2.4 公共建筑管理单位应规定定期对节能运行管理团队开展节能技术培训和教育。

11.2.5 公共建筑管理单位应建立节能激励机制，对节能运行管理团队实行绩效考核。

11.3 用能设备管理

11.3.1 公共建筑用能设备管理规定应包括下列系统：

1 暖通空调系统。

2 照明系统。

3 动力系统。

4 变配电系统。

5 生活热水系统。

6 用能监测系统。

11.3.2 各系统节能运行管理应包括用能设备档案、巡回检查、定期分析评价、计量设备定期校验和预防性维护等内容。

11.3.3 用能设备档案应包括但不局限于下列内容：

1 设备名称/编号。

2 设备型号。

3 设备额定参数。

4 设备生产厂。

5 设备出厂/安装日期。

6 设备安装位置。

7 建档人/建档时间。

8 运行参数记录。

9 重大维修记录。

11.3.4 巡回检查应包括下列内容：

1 值班人员应按规定巡视设备，遵守各项安全操作和节能运行规范。

2 填写各项记录表。

3 发现设备故障或运行异常时，应及时上报与处理。

11.3.5 定期分析评价应包括下列主要内容：

1 设备运行情况分析评价。

2 用能情况分析、对标和评价。

3 提出评价结论和整改优化方案。

11.4 文件管理

11.4.1 公共建筑管理单位应制定文件管理规定，包括文件识别、分类、存档、检索、更新和保管期限等内容。

11.4.2 节能运行管理文件应包括建设阶段和运营阶段的相关资料。

本标准用词说明

1　为便于在执行本标准条文时区别对待，对要求严格程度不同的用词说明如下：

1）表示很严格，非这样做不可的用词：
正面词采用“必须”；
反面词采用“严禁”。

2）表示严格，在正常情况下均应这样做的用词：
正面词采用“应”；
反面词采用“不应”或“不得”。

3）表示允许稍有选择，在条件许可时首先应这样做的用词：
正面词采用“宜”；
反面词采用“不宜”。

4）表示有选择，在一定条件下可以这样做的用词，采用“可”。

2　标准中指明应按其他有关标准执行时，写法为：“应符合……的规定”或“应按……执行”。

引用标准名录

1 《电力变压器经济运行》GB/T 13462
2 《电网质量　公用电网谐波》GB/T 14549
3 《三相配电变压器能效限定值及能效等级》GB 20052
4 《能源管理体系要求》GB/T 23331
5 《设备及管道绝热技术通则》GB/T 4272
6 《建筑照明设计标准》GB 50034
7 《工业设备及管道绝热工程质量检验评定标准》GB 50185
8 《设备及管道绝热效果的测试与评价》GB/T 8174

上海市工程建设规范

公共建筑节能运行管理标准

DG/TJ 08—2321—2020

J 15279—2020

条 文 说 明

2020 上海

目　次

1　总　则 …… 35
3　基本规定 …… 36
4　调　适 …… 37
　4.2　建筑初运行调适 …… 37
　4.3　建筑正常运行调适 …… 39
5　暖通空调系统 …… 42
　5.1　一般规定 …… 42
　5.2　节能运行 …… 43
　5.3　维护保养 …… 45
6　照明系统 …… 47
　6.1　一般规定 …… 47
　6.2　节能运行 …… 47
　6.3　维护保养 …… 48
7　动力系统 …… 49
　7.1　一般规定 …… 49
　7.2　节能运行 …… 49
8　变配电系统 …… 52
　8.1　一般规定 …… 52
　8.2　节能运行 …… 53
　8.3　维护保养 …… 54
9　生活热水系统 …… 57
　9.1　一般规定 …… 57
　9.2　节能运行 …… 57
　9.3　维护保养 …… 59

10 用能监测系统 …………………………………………………… 61
10.1 一般规定 ……………………………………………………… 61
10.2 维护保养 ……………………………………………………… 62
11 节能运行管理规定 ………………………………………………… 63
11.1 一般规定 ……………………………………………………… 63
11.2 人员管理 ……………………………………………………… 64
11.3 用能设备管理 ………………………………………………… 65
11.4 文件管理 ……………………………………………………… 67

Contents

1 General provisions ········· 35
3 Basic requirements ········· 36
4 Commissioning ········· 37
4.2 Building initial operation commissioning ········· 37
4.3 Building operation commissioning ········· 39
5 HVAC system ········· 42
5.1 General requirements ········· 42
5.2 Energy-conservation operation ········· 43
5.3 Maintenance ········· 45
6 Lighting system ········· 47
6.1 General requirements ········· 47
6.2 Energy-conservation operation ········· 47
6.3 Maintenance ········· 48
7 Mechanical system ········· 49
7.1 General requirements ········· 49
7.2 Energy-conservation operation ········· 49
8 Power supply and distribution system ········· 52
8.1 General requirements ········· 52
8.2 Energy-conservation operation ········· 53
8.3 Maintenance ········· 54
9 Domestic hot water system ········· 57
9.1 General requirements ········· 57
9.2 Energy-conservation operation ········· 57
9.3 Maintenance ········· 59

10 Energy consumption monitoring system ················ 61
10.1 General requirements ································· 61
10.2 Maintenance ·· 62
11 Energy-conservation operation management regulations ·· 63
11.1 General requirements ································· 63
11.2 Personnel management ······························ 64
11.3 Energy equipment management ···················· 65
11.4 Document management ······························ 67

1 总　则

1.0.1 本标准旨在通过提高公共建筑运行管理人员的节能管理意识和技术素质，加强公共建筑节能管理，充分挖掘节能潜力，解决当前公共建筑运行管理过程中存在的能效管理水平低等问题，并切实贯彻和落实国家和本市公共建筑节能法律法规、政策以及“适用、经济、安全、绿色、美观”的方针。

1.0.2 典型公共建筑中主要用能系统有许多共性特点，可通过本标准规范其节能运行管理工作。其他类型公共建筑节能运行管理可参照执行。特殊用能建筑或区域指与常见类型公共建筑运行管理有较大差异且能耗较大的建筑或建筑中的区域，例如大型数据中心、医院中的手术室和实验室、区域能源中心等，在技术条件相同时也可按本标准执行。

3 基本规定

3.0.1 管理规定是贯彻管理方针、实现管理目标的重要保证。为了提高管理和服务水平，可参考现行国家标准《能源管理体系要求》GB/T 23331的规定。

3.0.2 公共建筑的节能运行管理是一项长期、持续的技术应用和管理工作，包括调适、暖通空调系统节能运行管理、照明系统节能运行管理、动力系统节能运行管理、变配电系统节能运行管理、生活热水系统节能运行管理、用能监测系统节能运行管理以及节能运行管理规定等内容。

4 调 适

4.2 建筑初运行调适

4.2.1 施工单位的竣工调试仅为用户未入驻时的无负荷调试，建筑初运行阶段，建筑内部功能、使用需求、负荷工况等均可能会发生变动，且运营单位较少参与设计、施工及验收过程，因此在该阶段增加调适工作，将设计、施工、运行环节的脱节部分进行有效衔接，编制完善的运行管理手册，最终实现系统的可靠运行和节能目标。关于建筑初运行调适的时长，考虑到季节性报告的完整性及新建建筑1年内租户或建筑业态的频繁变化，定为至少1年或1个完整供冷、供暖季。

4.2.2 本条规定了建筑初运行调适包括的内容。

1 项目移交文档资料完整性及符合性检查及管理至少应包括：①各系统完备的竣工图纸、设计变更及洽商、图纸会审记录；②主要材料、设备清单和质量证明文件、进场检验及核查记录、使用及维护保养手册、质保证书等随机资料；③安装、调试、检测记录与验收报告，对机电系统（暖通空调系统及其控制系统、照明及控制系统等）的单机调试记录、系统联调联试记录进行符合性检查；④由供应商深化完成、无设计文件的系统，应提供系统操作手册，如自控系统、分项计量系统（深度应包括系统图和布线图）等；⑤按照系统对各个文档内容进行统一的编号和备案管理，并以纸质或电子档的形式进行存储管理。

2 季节性检测是对建筑实际运行时的系统状态进行定量评价的方法，以便对前期设计意图、业主需求的实现与否进行验证，同时反映建筑运行过程中产生的新需求，如局部功能变动、实际情况与设计的差异等，为系统运行优化提供依据。季节性检测应对主要设备（如空调机组或箱、冷水机组、水泵、冷却塔等）、主要参数（如室内空气温度、相对湿度、噪声、照度、二氧化碳浓度等）、主要控制系统（如空调风系统控制系统、机房群控系统、照明控制系统等）进行检测与验证工作。系统与季节性检测的要求及结果应符合现行国家标准《通风与空调工程施工质量验收规范》GB 50243、《建筑电气工程施工质量验收规范》GB 50303、《建筑节能工程施工质量验收规范》GB 50411、《给水排水管道工程施工及验收规范》GB 50268、《智能建筑工程质量验收规范》GB 50339、《室内空气质量标准》GB/T 18883 等标准的规定。具体检测及验证项目与参数可参见表 1。

表 1　检测主要项目及参数

序号	项目及参数
1	室内温度、相对湿度
2	室内噪声（A 声级）
3	二氧化碳浓度
4	风口风量
5	冷热源机组实际能效比
6	冷热源系统实际能效系数
7	空调冷、热水系统水力平衡度
8	锅炉实际运行效率
9	冷热水泵耗电输冷（热）比
10	冷却塔实际运行出力
11	热回收机组、新风机组、组合式空调机组总风量
12	风机盘管风量
13	生活热水系统水力平衡度
14	照明功率密度
15	照度
16	自控系统验证

3 现场调查包括运维人员问询、设备运行情况、用户感受调研等内容。

4 根据文档符合性检查、季节性检测、现场调查等的结果，综合评价建筑初运行存在的问题，给出解决方案并组织实施。

5 主要对用能系统和设备的运行数据以及电、气、水等能源消耗数据进行统计和分析，并对建筑运行进行优化。

6 运行手册应能反映建筑运行要求和设计意图，并包括运行管理方法，内容至少包括：①建筑各系统运行安全、节能目标；②运营单位人员岗位配置、工作范围和岗位职责；③设备和系统的操作方法与策略、维修保养及设备用房的使用；④用户投诉的预防与处理、用户满意度调研；⑤设备及系统的季节性测试和定期评估规程；⑥重大故障应急策略及处置流程；⑦设备及系统档案管理；⑧运行手册培训与更新；⑨其他说明。

7 运营人员培训除常规的巡检、维护和安全培训外，还应进行设计意图、系统原理、自控调节、数据分析、常见问题等的培训。

8 总结会议是对建筑初运行阶段调适工作过程与结果的总结，并通过回顾、分析初运行调适过程中的经验和教训，为建筑正常运行提供指导。

4.2.3 当调适实施单位为专业调适技术团队时，运营单位一般作为配合单位。实施单位具体调适工作包括：①根据调适要求和目标，制定具体的调适工作方案；②协助完成项目移交；③系统和设备季节性检测及功能验证；④进行技术调适，解决系统运行问题；⑤汇报调适过程和结果及调适经验；⑥完善既有资料，优化运行手册；⑦参与调适培训；⑧完成调适报告。

4.3 建筑正常运行调适

4.3.1 周期性调适是指对正常运行的既有建筑进行有计划的周期性调适工作，解决建筑正常运行管理中出现的问题，提升建筑能效水平。专项调适主要指对正常运行的既有建筑用能系统进行诊断、评估、改进和完善，解决其存在的问题，确保系统安全、可靠运行，满足建筑使用需求，提升建筑能效水平。

在运行阶段，用户要求、设备条件、系统状态及运行维护管理方法均是动态变化的，为了达到系统及设备的最佳性能状态，满足不断变化的建筑使用及节能要求，周期性调适是必要的。通常，1 年包含 1 个完整的供冷、供暖季，且大型设备保养周期为 1 年，故周期性调适工作建议每年定期进行 1 次。然而，有些建筑调适工作周期为 2 年(其中 1 年为服务期、1 年为跟踪期)，完成 1 个周期性调适后，再运行 1 年，则总时间为 3 年。因此，根据实际建筑运行情况，建议周期性调适工作宜每年进行 1 次，且时间间隔不应超过 3 年。

4.3.2 周期性调适内容与本标准第 4.2 节中的建筑初运行调适内容相类似，其中运维文档管理除包括初运行阶段调适项目移交的文档外，还应包括设备台账、维保记录等内容。季节性检测应选择建筑物运行状态及室外气象条件接近设计工况时进行，而初运行阶段由于入住率等因素的限制，对建筑运行状态无特别要求。

4.3.4 本条规定了专项调适包含的内容。

1 专项调适以解决实际问题为主要目标，一般需要专门立项实施，应首先明确具体的项目要求。

2 现状评估是基于明确的项目要求进行的，对既有系统或设备的性能现状及调适条件进行现场评估，给出评估结论，为项目立项提供依据。

3 提出项目建议书，组织各相关方召开立项论证会，通过技术经济分析和比选，论证项目可行性，选择优化方案。

4 实施方案是具有执行意义的具体文件，是项目建议书中方案的深化和细化，包含调适计划、相关图纸和设备资料等具体内容。

5 调适项目实施应加强过程管理，确保项目要求在实施各环节得到保证。

6 调适项目验收环节应确保交付物的真实性和完整性。

7 运行手册应根据专项调适更新相关内容，培训工作内容与初运行阶段相同。

8 效果验证与评价主要指通过季节性测试对专项调适项目所涉及的系统和设备实际的运行效果进行全面分析和评价。

9 项目总结是对专项调适项目实施后全面的效果分析及问题总结，为后续的运营提供参考。

5 暖通空调系统

5.1 一般规定

5.1.2 暖通空调系统运行管理，除了需做好各项日常运行管理工作外，重点是在保证系统安全、可靠运行的前提下，满足用户使用要求，减少系统的冷热量损失，提高设备工作效率，降低各种能源、水和制冷剂的消耗，使系统能持续经济地运行。为此，要根据系统设备类型、特点，结合用户合理要求与控制标准、建筑形式和围护结构特征、当地室外气象条件等，制定切实可行的经济节能运行策略和措施。

5.1.3 室内空气温度是舒适性空调主要控制参数，确定合理室温，需要考虑实际的房间功能和使用情况，比如使用者的衣着、活动量以及空调末端形式、围护结构形式等。对应公共场所，应区分正式场合和非正式场合，在控制条件允许的情况下，采用不同的温度控制标准。此外，应防止过大的室内外温差，夏季室内外温差一般应控制在 5 ℃～10 ℃，冬季可适当加大。无特殊要求的场所，空调运行室内温度宜按《公共建筑室内温度控制管理办法》（建科〔2008〕115 号）的要求设定。对于人员短期逗留的空调区域，供冷工况风速宜设定为高档风速（0.25 m/s～0.5 m/s），以风速补偿温度舒适感。对允许提高室内空气流动速度的场所，通过适当提高空气流动速度和室内温度设定值，既满足舒适度要求，又达到节能的目的。

5.1.4 如果暖通空调系统在运行过程中不进行相应调节，则不仅室内环境控制参数会发生波动，偏离控制范围，达不到设计和使用要求，而且会浪费能源，增加系统运行能耗和费用，如办公建筑暖通空调系统运行应考虑周末和晚间加班等情况。因此，在暖通空调系统投入使用后，应根据室外气象条件以及室内热湿负荷的变化规律，结合建筑特点和系统配置情况，制定合理的运行调节方案，使暖通空调系统既能发挥出最大效能，满足用户空调要求，又能以最经济节能的方式运行，而且还延长系统设备的使用寿命。

5.2 节能运行

5.2.1 对于间歇运行的空调冷热源设备与系统，由于建筑围护结构存在蓄热能力，要使空调房间在使用时达到要求的室温，必须使空调系统提前运行，以消除围护结构蓄存的热量或冷量，把室温降低或升高到使用要求。在室外天气满足一定条件，预冷或预热阶段可关闭新风系统或空气处理机组的新风阀，减少处理新风负荷的能耗。由于空调房间围护结构热工性能、室外气象条件、房间使用功能等情况不同，其预冷或预热时间长短也有差异，因此应结合实际情况，分析总结不同情况下合理的预冷或预热时间，确定空调系统合理开机时间。

另外，当空调停止使用时，由于建筑围护结构和空调系统自身具有一定的蓄冷(热)能力，在停机后能发挥一定作用，使室温不会上升或下降过快，因此从经济节能运行角度，可以提前停止冷热源运行，维持输配系统和末端设备的运行。冷热源提前停机时间长短，应结合室内外参数以及建筑围护结构等实际情况，经分析总结确定。

5.2.2 对于多台冷水机组，可根据冷水回水总管道的回水温度，了解负荷变化情况，并据此调节冷水机组运行台数。

冷却塔节能运行不仅应考虑冷却塔风机自身能耗，还应考虑它对冷水机组的能耗影响。室外空气湿球温度是制约冷却塔散热能力的主要外部因素，冷却塔出水温度理论极限值为室外空气湿球温度，冷却塔出水温度越接近湿球温度，冷水机组能效就越高。一般情况下，应使冷却塔出水温度尽量接近室外空气湿球温度。但同时应注意，冷却水温度过低，会降低冷水机组冷凝压力，造成机组故障，因此冷却塔出水温度应控制为不低于机组允许值。

5.2.7 当有空气侧和水侧免费供冷装置时，系统运行工况的切换措施应在运行手册中明确说明。

5.2.11 由于水力失调系统流量分配不合理，造成一些区域冷热不均现象，也必然引起热环境和能源浪费问题，这通常可通过集水器各支干管的回水温度一致性来判断各水路的平衡度。在集中送风的风系统中，如果不做好风平衡，也会造成冷热不均的现象。另外，在保证空调系统的水力平衡和风平衡的同时，应使水压、风压维持稳定。

5.2.12 空调系统在供冷工况下，应采取减少流量、增大温差的措施，节约空调水系统输配能耗。现行国家标准《空调通风系统运行管理规范》GB 50365 规定，供冷工况下水系统的供回水温差小于 3 ℃时(设计温差 5 ℃)，应采取减少流量的措施。综合考虑目前本市空调设计鼓励采用较大的供回水温差，并在一定程度上适度提高了节能运行要求，因此规定供回水温差不应小于设计温差的 70%。

5.2.13 有变频控制的水系统，水泵变频最低转速不应过低，否则水泵运行效率过低，功耗过大，不仅会抵消降低转速产生的节能效果，还会影响电机安全。应从降低系统能耗、保障运行安全等综合角度，确定水泵变频运行方案。当水泵持续运行在过低频率时，在技术经济分析基础上，应考虑更换为小规格水泵。

5.2.16 空调系统运行期间随意开窗，会导致无组织通风，影响空调效果，导致空调系统能耗上升。此外，室内设置大风量排风设备的厨房、设置机械通风系统的地下车库以及楼梯间等，应保持机械补风或送风与机械排风量之间的平衡度，减少非空调区域与空调区域之间的空气流动并降低空调系统新风负荷，合理控制空气处理机组、新风机组和排风机的联动运行。

5.2.17 过渡季应根据室外温度状况调节新风阀开启度来改变新风量，直接利用室外空气降温能力和建筑本身的蓄冷能力，减少空调系统运行时间。

5.2.18 公共建筑密封环境下的公共卫生间、厨房等场所的送、排风系统在设计时存在一些不确定因素，投入使用后因功能调整等导致送、排风系统风量不平衡现象，有必要及时调整和优化运行策略。

5.2.19 应根据实际需求控制送、排风机的运行和启停，尽量选择能效高的设备，并确保风机在高效区域内运行，宜采用变频调速风机。

5.2.20 对于窗墙比较大或有大面积玻璃幕墙的公共建筑，以及有大面积透明天窗的中庭建筑，因太阳辐射入射量大，而导致空调负荷增加、空调能耗过大，应采取遮阳或通风方式，控制阳光入射量或及时将热量转移到室外。

5.2.21 当室内人员长时间离开房间时，应关闭空调末端设备；对风机盘管系统，除了关闭风机之外，还应确保末端水路阀门能够自动关闭，减少水系统输配系统能耗和末端风机能耗。

5.3 维护保养

5.3.1 蒸发器和冷凝器的污垢热阻对冷水机组运行效率影响很大，为了及时有效地判断冷水机组结垢情况，应密切观察蒸发温度和冷水出水温度之差、冷凝温度与冷却水出水温度之差；必要时，应采取相应的除垢措施，保持冷水机组高效运行。可以利用合理的水质管理系统降低冷水机组污垢热阻产生的频率，通过自动或人工监测方法合理控制水质和浓缩倍数，降低污垢热阻产生。

5.3.3 空调设备及管道系统的绝热措施是减少能量浪费的重要保障,应定期检查,确保绝热措施完好;必要时,应对其绝热效果进行测试与评价,测试应符合现行国家标准《设备及管道绝热效果的测试与评价》GB/T 8174 的规定。有破损或失效的绝热设施应及时修补或更换。

5.3.6 停运状态下的冷水机组的冷水和冷却水管路上的阀门应及时关闭,以防未经处理的流体流经蒸发器或冷凝器,发生旁通混流现象。

6 照明系统

6.1 一般规定

6.1.1 现今照明系统不断向智能化、集成化、绿色化发展，新型智能化控制和用电计量系统、自然采光装置等设施已广泛应用于各类公共建筑中，相关设备应纳入照明系统的范畴内。

6.1.2 充分采用自然光源、尽量减少人工光源，是实现建筑节能的重要手段之一。

6.1.3 夜间照明系统需考虑光源对周边环境的光污染问题，尤其是大面积采用玻璃幕墙的建筑，应防止眩光的产生。

6.2 节能运行

6.2.1 详细的照明使用时间表是照明精细化管理的重要条件，应根据室内、室外不同照明区域各类型灯具使用需求，规定不同季节或月份的开关时间，并按照执行，控制室内、室外照明使用时间，减少用电浪费。

6.2.2 分区、分组照明，可将自然采光充足和不充足区域的照明分别开启，宜在办公、会议、大厅和其他大面积房间使用；尽量多地使用自然采光，可有效减少光源开启数量，降低照明用电，需要引导用户合理使用。

6.2.3 各类感应控制装置已广泛应用到各类公共建筑，应根据实际情况合理使用感应开关和自控装置，既节能又可以减少照明管理工作量。楼梯间、室内停车位等非人员长时间停留的室内公共区域，在不影响安防监控的前提下，宜使用声光或红外线感应开关装置和调光灯具等；室外道路照明和景观照明宜合理采用光控、时控、间隔分组等控制方式进行自动控制。

6.2.4 对于大空间和多功能区域，应根据实际需求合理调光，从而降低照明能耗。宴会厅、报告厅等区域，应根据活动需求调整照度。大堂等需 24h 使用的公共区域，宜根据不同时间段的需求变化调节光源照度。车库、后勤走道等不具备调光功能的区域，考虑营业时间和非营业时间的不同需求，分区、分组控制照度。

6.3 维护保养

6.3.1 维护保养是照明设施运行稳定和延长其使用寿命的必要条件，应以文件的形式明确相关工作内容、程序、要求和责任人。对照明设施应建立完整的设备台账；管理人员应在照明维护记录中详细记录相关维护工作，保障照明设备使用安全与需求。

6.3.2 定期清洁、维护照明光源和灯具，保持光源、灯具表面和反射面的洁净，可保障光源照度、延长使用寿命。

6.3.3 应根据照度检测结果，更换照度值低于标准要求区域的旧光源，可保障照明使用需求和用户健康；如照度超标，可考虑更换低照度光源或减少开启数量等措施，利于照明节能。

6.3.4 当光源接近使用寿命或出现故障需要更换时，应在保证所在区域照度标准的前提下，尽可能选用节能灯、LED 灯等节能型光源。

7 动力系统

7.1 一般规定

7.1.1 暖通空调系统的内容参照本标准第5章的相关规定执行，动力系统仅关注给排水系统和电梯系统。

7.1.2 动力系统主要耗能设备包括电梯、大功率水泵和风机。主要耗能设备应接入公共建筑能耗监测平台，做好能耗数据的采集和分析，探讨节能措施，改进用能策略，在经济性和节能性良好的情况下进行节能改造。

7.1.3 应按水量平衡测试要求安装分级计量水表，定期检查水表所显水量，进行给水管道的泄漏测试。如出现漏损情况，应进行阀门附件升级及管网改造。

7.2 节能运行

7.2.1 水箱和管路的溢水和漏水现象比较普遍，应定期检查。漏水主要包括：阀门故障漏水，室内卫生器具漏水，水池、水箱溢流漏水，设备漏水和管网漏水。为避免漏水，可采取下列措施：①选用密闭性能好的阀门、设备等，使用耐腐蚀、耐久性能好的管材、管件；②水池、水箱溢流报警和进水阀门自动联动关闭；③定期进行水平衡测试、用水量计量统计和管网漏损检测。

7.2.2 给水系统采用变频调速泵组供水时，应根据管网水力计算采用2台或多台变频泵，并应在其高效区间内运行。当给水流量大于10 m^3/h时，变频水泵宜由2台以上水泵组成。此外，根据用水量、用水均匀性合理选择大泵、小泵搭配。泵组也可配置气压罐，供小流量用水，避免频繁启动，以降低能耗。水泵变频时，应考虑到变频器也存在能耗，当变频器长期运行耗能较大时，应及时更换变频系统设备。

7.2.3 喷泉、壁泉水系统循环泵的运行时间，除节假日外，每天不宜超过 8 h。

7.2.4 用水器具给水额定流量是指给水配件在单位时间内的规定出水量。给水配件阀前压力大于规定水头，单位时间内的出水量超过额定流量的现象，称为超压出流。超压出流破坏给水系统中水量的正常分配，不会产生使用效益，浪费水量。使用单位应避免超压出流造成浪费，合理进行压力分区，并适当采取减压措施。参考国家标准《绿色建筑评价标准》GB/T 50378—2019 的规定："用水点处水压大于 0.2 MPa 的配水支管应设置减压设施。"

7.2.5 绿化灌溉应采用喷灌、微灌、渗灌、低压管灌等节水灌溉方式，同时还可采用温湿度传感器或根据气候变化的调节控制器。目前普遍采用的喷灌比地面漫灌节水 30%～50%，微灌比地面漫灌节水 50%～70%。

7.2.6 电梯系统宜进行智能化控制。传统的电梯控制是通过继电器联锁控制来实现的，由于系统存在触点多、故障率高、维护管理不方便等缺点而逐渐被淘汰。目前，电梯智能化控制的主要方向是利用 PLC 和大数据实现运行控制，利用监控软件显示运行状态。

系统的运行时间应根据公共建筑上下班时间和人员密度合理确定，按建筑实际客流情况设置电梯运行时间。电梯运行台数通常与建筑内人员数量成正比。

根据电梯的数量、位置、额定速度、额定负载及人流量和使用频率，应合理分配电梯运行区域、停靠层站和运行时间。

2 台以上并排的电梯，应采用电梯智能化控制手段实现实时电梯运行控制。

采取单双层运行的策略，可以增加电梯单次运行时间，减少电梯机械磨损。由于单双层电梯分离，可有效地分解电梯运行负荷，能耗也显著降低。

对于超高层建筑，由于楼层较多，应设置高、低区电梯，这样可以有效降低客户等候时间。

电梯速度快慢与建筑高度相关，一般建筑高度越高，电梯速度应越快。高速电梯只有在十几层不停靠的情况下才能体现其高速行进的特点和经济性。高、低区的分区运行方式比每层均停方式效率高，经济性好。

上行客流方式，电梯客流交通量主要往上楼方向。下行客流方式，电梯客流交通量主要往下楼方向。不断监控各区域的客流量，随时向客流量大的区域分派轿厢，以缓解载客高峰。对于早高峰上班，各区电梯应全力输送上行乘客；对于晚高峰下班，各区电梯应全力输送下行乘客。

7.2.7 电梯照明和通风系统，应在无人使用的情况下可自行关闭，避免无谓用能。

7.2.8 自动扶梯轻载时，应适当采用变频方式以减少损耗，提高电机工作效率。有少量人员搭乘时，应降速运行；搭乘人员达到一定数量时，按设计速度运行。

7.2.9 电梯能量回收是新型技术，应在安全性、可靠性和经济性均合适的情况下逐步推广。已采用的，应有样本数据采集与分析，为进一步提升技术先进性和经济合理性提供依据。

8 变配电系统

8.1 一般规定

8.1.1 本条是针对变配电系统和光伏发电系统的节能运行管理规定，冷热电三联供系统中的“变配电部分”可参照现行行业标准《燃气冷热电三联供工程技术规程》CJJ 145 的规定。

8.1.2 变配电系统的配置内容根据不同工程有所差异，高压柜进出线柜有进线柜、计量柜、避雷柜、出线柜；直流屏为高压断路器提供直流操作电源，当为交流操作时，没有直流屏；变压器有油浸式变压器和干式变压器之分，干式变压器一般与高低压柜同室安装，要求带保护罩，同时，为了满足变压器的散热要求，干式变压器一般装设风扇；低压柜有固定柜、抽屉柜之分；近年新建工程一般都设置变电室监控系统，陈旧的工程可能没有设置，监测主要依靠人员抄录运行数据。

变配电站的管理规程包括：变配电室防电操作规程，触电应急处理措施，变配电室送电、停电工作流程，供电设备故障、突然停电应急处理步骤，变配电室停送电（倒闸）程序，变配电室交接班规定，供电突发事故应急处理预案，变配电室安全防火规定，变配电室门禁规定等。

8.1.3 设置有变电室监控系统时，变电室日运行记录表主要记录每隔 2 h 的高压进线电压、电流、有功功率、无功功率、谷峰值，以及变压器的电压、各相电流、温度。此外，还包括低压系统各个回路的运行参数监控（第 8.2.3 条具体说明）。记录表可由计算机自动生成；未设置变电室监控系统时，需人工绘制。

8.1.4 光伏发电系统例行巡检包括：光伏板发电状况及发电环境巡检记录、光伏板衰减检测记录、逆变装置及计量并网装置巡检记录等。

8.2 节能运行

8.2.1 根据变压器的运行数据，参照现行国家标准《三相配电变压器能效限定值及能效等级》GB 20052 的规定，油浸式配电变压器和干式配电变压器的空载损耗和负载损耗值均应不高于 2 级。变压器的技术参数包括型号、空载损耗、负载损耗（75 ℃）、空载电流、接线组别编号和阻抗压降等。变压器经济运行区间参照现行国家标准《电力变压器经济运行》GB/T 13462 的规定，变压器运行负载应在经济运行负载范围内，严禁长时间处于过负荷状态下运行（长时间一般指 1 h 以上）。根据一般的运行经验，变压器普遍运行在低负荷率状态，要求管理人员根据负荷情况，适当退出部分变压器运行。比如：空调专用变压器，冬季不用或少量使用时，可退出使用，将少量需要运行的负荷接到其他变压器上。舞台灯光舞台机械专用变压器、体育场馆比赛专用变压器也有类似情况。

8.2.2 变配电系统未安装可传输数据的智能仪表时，应由变配电室值班人员按规定时段对各项数据进行人工抄表和录入储存；变配电系统安装可传输数据的智能仪表时，应通过智能仪表的数据接口对数据进行监测和存储。当既有建筑条件受限，无法计量每一出线回路的电能时，宜纳入改造计划。

8.2.4 高压进线数据包括电流、电压、电能；变压器数据包括变压器负荷率、变压器运行温度；低压进线回路的数据有三相电流、电压、有功功率、无功功率、功率因数、谐波含量；低压馈出回路的数据有三相电流、电能等。对每一低压馈出回路的电缆供电距离、规格型号、额定载流量、实际载流量、电压降等应进行复核。当电压降超过规范要求，有条件时应调整供电半径及所带负荷的容量；当供电半径及实际载流量均满足要求，但线路损耗仍然很大（表现为电缆或导线发热，温度偏高）时，应检查电缆或导线的截面积和材质是否符合设计要求。

8.2.5 变配电系统中三相严重不平衡时，将引起中性线发热，造成电能的浪费并有安全隐患。因此，应该引起运行管理人员的高度重视，应及时采取措施。

8.2.6 功率因数补偿和谐波监测与抑制是电气节能的重要内容。尤其当电容柜内的电容遇到系统中的谐波时，对谐波有强烈的放大作用，当谐波足够大时，会使系统产生谐振。谐振对供电系统有极大的破坏作用，并造成电能浪费。因此，可在电容补偿柜内安装具有检测和显示谐波分量的功率因数控制器，对谐波进行检测。电力系统抑制和治理谐波的主要措施有：加大系统短路容量；提高供电电压等级；增加变流装置的脉动数；改善系统的运行方式；设置交流滤波器等。这些措施都能减小系统中的谐波成分。

8.3 维护保养

8.3.1 无功补偿装置的主要作用是提高功率因数、减少设备容量和功率损耗、稳定电压和提高供电质量。冷却装置和散热器正常运行可有效避免电容器柜温度异常偏高和功率因数控制器因动态调节范围大而导致的电容组无法正常投入。

8.3.2 有源滤波装置可提高滤除电流谐波，抑制电网谐振，改善系统不平衡的功能，还具有防止过流、过压、欠压、温度过高、监测电路故障等多种保护功能，确保装置和电力系统安全运行。对有源滤波装置，应检查其内部元件、电缆有无异常（例如变形或变色），将设备内的杂物或者灰尘清扫干净，尤其注意冷却风扇周围以及进出风口，还需确保无异物掉落在设备内，可使用软刷将电路板上的灰尘拭去。接触器和熔断器等元器件有控制电路和保护电路的作用，应定期检查并对异常部件进行更换，确保其功能正常。

8.3.3 变压器的冷却系统运行时，应检查冷却器进出油管的蝶阀是否正常开启，散热器进出风口是否通畅，风扇运转是否正常；冷却器控制箱内分路电源自动开关应闭合良好；还应检查、清洁磁套管及绝缘子，及时清扫和擦去油污与尘埃，防止气候潮湿时发生闪络，造成套管间短路。闪络严重时会导致高压熔断器熔断，影响变压器正常运行。

8.3.4 应定期用清水对光伏板表面进行冲洗，再使用柔软的清洁布料擦拭，严禁使用腐蚀性溶剂或用硬物擦拭；应在太阳辐照度低于 200 W/m^2 的情况下清洁光伏组件，不宜使用与组件温差较大的液体清洗组件；严禁在风力大于 4 级、大雨或大雪的气象条件下清洗光伏组件；保证阳光能最大化照射到电板，提高发电效率。在无阴影遮挡、太阳辐照度为 500 W/m^2 以上、风速不大于 2 m/s 的条件下，同一光伏组件外表面（电池正上方区域）温度差异应小于 20 ℃。装机容量大于 50 kWp 的光伏电站，应配备红外线热像仪检测光伏组件外表面温度差异。

8.3.5 蓄电池的维护对保证光伏系统长期稳定运行十分重要。蓄电池（组）室温度宜控制在 5 ℃～25 ℃，气温较高时需采取良好的通风措施；气温较低时需采取适当的保温措施。在蓄电池投入运行且系统负荷处于高峰时段，蓄电池大电流放电时，应注意观察端子和外壳有无过热痕迹。要定期检查蓄电池螺栓是否松动和对其进行均衡充电，一般每季度要进行 2～3 次。每年要对蓄电池进行 1～2 次维护，并测量、记录单体蓄电池电压和内阻等参数。

8.3.6 当三相电压中某相电压超过标称电压 2%，或三相间电流偏差超过 15%时，可判定此回路为不平衡回路；各相负载的照明、插座分配或使用不均衡，易导致供电线路三相不平衡，新建、改扩建、室内重装修的公共建筑在投入运行后都应对照明线路三相负载进行较长时间的检测，在建筑使用率稳定后通过调整线路控制照明、插座线路三相平衡，使供电系统电压不对称性在可接受范围内，尽量降低因中性线电流造成的电能损耗。

9 生活热水系统

9.1 一般规定

9.1.1 生活热水系统在具备条件时应优先采用太阳能热水系统，不具备条件时，建议采用热泵热水系统，最后是锅炉热水系统。非饮用热水包括餐厨热水、洗浴热水等，饮用热水系统常采用电热水设备供应热水。除了饮用热水，办公楼的洗手热水常采用即热式或容积式电热水器。

9.2 节能运行

9.2.1 开水器加热方式为蓄水式加热，经过反复加热至 100 ℃，费时耗能；保温能耗高。应根据实际负荷时段采用定时自动启停控制，避免夜间或假日不使用期间仍反复加热运行。

9.2.2 在集中太阳能热水系统中，宜采用控制温差的强制循环，根据集热器出口与储热水箱水温的差值控制集热系统循环泵的运行。太阳能热水系统的节能运行管理包括太阳能集热器、集热循环水泵、集热循环水箱、管路及其控制系统。太阳能热水系统的辅助加热装置，一般有电加热器、电锅炉、燃气热水加热器、燃气（燃油）锅炉。为最大限度利用太阳能热水系统，当太阳能热水系统循环泵运行时，辅助加热装置不应投入运行。当集热器出口与储热水箱水温之间的差值大于设定阈值（一般为 5 ℃～8 ℃）时，循环泵启动运行；当差值小于设定阈值（一般为 2 ℃～4 ℃）时，循环泵停止运行。集热水箱内的温度低于设定温度时，辅助热源投入运行，达到设定温度或集热系统循环泵启动时，辅助热源应停止运行。

9.2.3 热泵热水系统是一种以空气、地下水、地表水、冷凝热等为低温热源，采用热泵技术加热生活热水的热水供应系统。热泵热水系统应根据回水温度、水压等参数判定动态的热水负荷需求，调节供水温度、水泵流量等参数，进行动态供应热水，同时结合峰谷电价进行经济性考虑，以节省能源，减少管道热损失，提高设备效率，降低输配能耗。

9.2.4 有的建筑采用同一套锅炉系统供热水与采暖，此时可与本标准第 5 章热源部分设备共同考虑节能运行策略。锅炉房控制系统建议根据实际供水温度、回水温度，室外天气状况，不同时间段供热负荷等综合因素来调整锅炉的开启台数、时间，达到全自动的锅炉运行工况。

9.2.5 应监测循环水泵的实际工况与额定工况的匹配程度。当循环水泵的实际运行效率低且实际功率与额定功率不匹配时，可根据技术经济分析采取更换循环水泵或增设变频装置等节能措施。循环水泵在满足压力和温度条件下，应根据实际热水负荷需求调节水泵频率。应控制生活热水系统各支路管道的回水温度。管道设有限流调节阀、温控阀等调节性阀门及导流三通时，应保持阀门、部件处于正常工作状态。

应根据不同气候条件、不同建筑（如酒店、医院和学校等）、不同区域的用热水不同负荷时段，调配启停供热系统。对长时间需要供应热水的，设置不同水箱温度，减少热水循环损耗、水箱保温热损、提高制热效率等，以减少热水系统不必要的浪费，节约能源。对于有固定大量洗浴热水需求场所，宜根据洗浴用户的需求特点，设置智能洗浴刷卡控制系统，节约热量及用水量。

在确保末端用户需求用量和热水质量前提下，应根据生活热水使用时段调配启停供热系统；在供应热水时段，尤其是 24 h 需供热系统，宜根据热水使用负荷变化，按照不同时段和不同系统设置热水出水温度，在低负荷时段适当降低出水温度，以实现按需控制，节约热水能耗。

9.3 维护保养

9.3.1 对生活热水系统中的热源设备（电加热器、锅炉、热泵、太阳能集热器），运行管理人员应注意日常检查，确保设备的正常运行。

9.3.2 太阳能热水系统自控系统运行应检查集热器进出口水温，水箱的水位、出口温度和流量，循环管路系统中水泵和电磁阀的开关状态，辅助加热装置的状态等参数；定期记录、收集和储存运行数据。太阳能集热循环水箱保温应符合现行国家标准《工业设备及管道绝热工程质量检验评定标准》GB 50185 的规定。

9.3.3 太阳能热水系统的辅助加热装置，一般有电加热器、电锅炉、燃气热水加热器、燃气（燃油）锅炉，需检查其水垢及淤积情况，及时清洁，确保水质。

9.3.5 热泵常规维护保养应按照厂家操作说明书进行，对未保温的泵体还应定期进行除锈刷漆处理。

9.3.6 燃气锅炉各部件的日常检查与维护可参见相关规定与厂家的说明。

9.3.7 储热水箱与节能相关的维保重点在水箱的密封性、防腐性和保温性能，确保运行时无渗漏，应做好防腐处理，避免影响水质，导致结垢从而影响热效率。

9.3.8 水箱的保温应符合现行国家标准《工业设备及管道绝热工程质量检验评定标准》GB 50185 的规定，热损系统应符合相关标准的规定。

9.3.9 生活热水系统由于温度较高，管路系统的热损和水质对系统能效影响较大，因此其保温性能、系统排气、管路防腐结垢和防冻等维保工作较为重要。管路保温应符合现行国家标准《设备及管道绝热技术通则》GB/T 4272 的规定，应检查保温层是否破损甚至脱落，避免热桥、结露及冻裂等情况产生。管路运行中应确保管路中无空气，减少管路输送能耗并确保热量供应。定期放空管路系统进行清洗或采取除垢措施，避免结垢影响输配效率。

9.3.10 热水自控系统常用的有可编程控制系统和微机控制系统。

10 用能监测系统

10.1 一般规定

10.1.1 电能应按照明插座、空调、动力、特殊用电分项能耗进行自动采集。

其中，空调系统用电量应单独进行计量，系统中各类主要设备的用电量应分项计量(包括但不限于)：①冷热源机组用电量；②冷水循环水泵总用电量；③冷却水循环水泵总用电量；④冷却塔风机总用电量；⑤空调箱和新风机组总用电量；⑥供暖循环水泵总用电量；⑦送、排风机总用电量；⑧其他空调系统主要用能设备的用电量。

当空调系统使用燃气、燃油等燃料驱动的吸收式冷(温)水机组时，应对机组的耗气(油)量进行计量；使用热水、蒸汽等驱动的吸收式冷水机组时，应对机组的耗热量进行计量。

10.1.2 实现建筑主要设备的用能实时监测能有效地分析被监测设备的实际用能情况和趋势，分析设备的实际使用效率，从而及时调整使用策略，优化设备使用情况，以实现运行管理节能。

10.1.3 通过计量各区域的用电情况，可发现用电异常区域，进而检查是否存在设备损毁、浪费使用、插座漏电等异常现象，以加强运行监管，保障使用安全和节能，并可通过用电收费或节约奖励等方法引导用户节约用电。

10.1.4 每月对用能数据与市政部门提供的能源消费账单进行核对，在正常情况下各类用能数据的总量应近似等于或呈现固定差值，如出现突变则应核实系统运行状况及数据采集的有效性。

10.1.5 公共建筑用能监测系统应按上级能耗监管中心要求自动、定时发送分项能耗数据。系统数据应每季度定期与本市同类型公共建筑能源消耗平均值进行对标；如本市同类型公共建筑能源消耗平均值不能及时获取，也应与同类型公共建筑合理用能指南规定的合理值进行对标。

10.2 维护保养

10.2.1 能耗数据采集器应能够灵活设置系统内各采集设备数据采集周期，每次采集时间间隔一般不大于 15 min。能耗数据采集器存储时间应满足断电续传的功能，故要求存储时间不小于2 个月，根据测算容量应不小于 512 M。

10.2.4 校准是在规定条件下，为确定计量仪器与相对应的被测量的已知值之间关系而进行的一组操作。校准结果可用以评定计量仪器的示值误差。企业可自行定期校准。

10.2.6 系统采集的原始能耗数据保存时间应不少于 1 年，统计分析用能耗数据（能耗监测平台上的分项数据）保存时间应不少于 3 年。原始能耗数据保存时间参考现行上海市工程建设规范《公共建筑用能监测系统工程技术标准》DGJ 08—2068 的规定。

10.2.7 能耗数据采集器在网络连接中断时具备本地能耗数据缓存功能，缓存能耗数据不少于 30 d，网络恢复时能自动恢复数据上传，补发离线能耗数据。

11 节能运行管理规定

11.1 一般规定

11.1.1 公共建筑管理单位指的是公共建筑所有权人、使用人或节能运行管理等单位。公共建筑所有权人、使用人或节能运行管理单位可按照现行国家标准《能源管理体系要求》GB/T 23331 等标准、规范要求制定能源方针、能源目标和能源指标，其目的在于降低建筑能源消耗，并提高建筑能源利用效率。

能源方针是指最高管理者发布的有关能源绩效的宗旨和方向，是为设定能源目标、指标及采取的措施提供框架；能源目标是指为满足组织的能源方针而设定与改进能源绩效相关的、明确的预期结果或成效；能源指标是指由能源目标产生，为实现能源目标所需规定的具体、可量化的绩效要求。

11.1.2 节能运行管理单位应围绕能源方针、能源目标、能源指标，并结合建筑自身实际情况，制定适合本单位的节能运行管理规定，并贯彻实施。由于建筑类型不同，功能需求等存在差异，所以在制定节能运行管理规定时，要充分考虑本建筑特点，以保证节能运行管理制度的可行性和适应性。同时，节能运行管理规定不能与国家政策、法律法规、标准规范相冲突，应符合现行国家标准《能源管理体系要求》GB/T 23331 的规定。

11.1.3 节能运行管理规定主要包括人员管理、用能设备管理和文件管理三个方面。

11.2 人员管理

11.2.1 节能运行管理团队需配备暖通、自控、配电、给排水等不同专业,并具备一定的能源管理能力的人员,以便在建筑主要用能系统运行管理过程中发挥各自专业特长。管理团队需要根据国家或本市法律法规要求设置,基于《上海市节约能源条例》规定,年综合能源消费量 5 000 吨标准煤以上的重点用能单位应当设立能源管理岗位,在具有节能专业知识、实际经验以及中级以上技术职称的人员中聘任能源管理负责人,并报市相关行政管理部门备案。年综合能源消费总量 5 万吨标准煤以上的重点用能单位,应当明确能源管理机构,设立能源计量、统计、审计等能源管理岗位,并报市相关行政管理部门备案。

11.2.2 能源管理负责人由相应管理层任命和授权,具有企业中层管理层及以上级别,便于能源管理工作的整体统筹和调配。此外,还需具备相应技术能力,沟通协调及综合能力较强,以便落实和确保能源目标的实现。

11.2.3 定期检查用能系统运行情况,包括变配电系统、暖通空调系统、照明系统、动力系统等用能系统,及时发现运行中存在的问题,找出解决方法。定期对能耗数据进行分类汇总、对比分析,主要指逐月能耗汇总分析;同期数据对比分析,例如将当月能耗数据与去年同月数据进行对比分析;能耗占比分析,例如空调能耗占总能耗比例是否在合理范围内;能耗监测数据对比分析等;其他与节能相关的工作内容,包括节能教育、宣传培训等。

11.2.4 通过定期接受相应的教育和培训,可以熟悉国家有关节能法律、法规、方针、政策,同时提升管理人员的专业管理水平。

11.2.5 为了实现制定的节能目标,将节能工作落到实处,有必要建立节能激励机制,实行绩效考核,以便带动节能运行管理团队的积极性,实现自主自发节能。激励内容可包括:

(1) 奖金。主要针对直接参与节能运行管理工作的员工。通过制定节能管理绩效指标,以奖金的方式鼓励完成绩效指标的员工。

(2) 荣誉奖励。主要针对非直接参与节能运行管理工作的员工,如授予节能先进工作者等荣誉称号,激励员工节能。

11.3 用能设备管理

11.3.1 为体现针对性和可操作性,用能设备管理规定设置时需按分系统分别考虑,根据公共建筑用能系统和管理特点,可以分为暖通空调系统、照明系统、动力系统、变配电系统、生活热水系统和能耗监测系统的管理规定等,各分系统节能运行管理规定的相关内容可以参考本标准第 5 章~第 10 章。

11.3.2 各系统节能运行管理规定制定时,除了有第 5 章~第 10 章涉及的技术内容外,还需要考虑设备档案、巡回检查、定期分析评价和计量设备定期校验等内容,这对节能运行管理、节能诊断和节能改造实施具有重要的作用。

预防性维护是一种系统性的、预先安排的检查、检测及维护程序,目的在于防止早期故障,增加设备运行安全性和提升运行效率。针对主要用能设备,需要考虑预防性维护内容,同时制定预防性维护计划。预防性维护计划内容可以包括用能设备名称、维护内容以及执行时间安排等内容。

需要按照相关标准和规范对计量装置性能进行定期校验,使计量表具的精度满足相关标准要求,确保计量数据真实有效和准确。

11.3.3 用能系统在实际运行中,由于众多原因存在用能设备基础信息无法获得的情况,从而导致设备维护保养、节能诊断、节能改造和运行管理等工作在前期排摸设备信息时需花费大量的人力物力,效率低下。因此,很有必要对每一台用能设备建立档案,甚至还可考虑用互联网方式给主要用能设备贴上扫码标签，进行信息化管理。

不同类型设备的额定参数都不一样，故要为每种类型设备的性能参数填写档案表。如风冷热泵机组额定参数主要有额定制冷量、额定制热量、额定制冷功率、额定制热功率、最大工作压力等；蒸汽锅炉额定参数有额定蒸发量、额定蒸汽压力、燃料耗量、额定蒸汽温度、排烟温度、锅炉热效率等。

通过获得用能设备实际运行参数信息，可以掌握该设备实际运行情况，包括设备启停时间、运行工况、运行效率、是否存在运行故障等，有助于节能诊断分析。不同类型的设备，涉及的运行参数都不一样，要根据每种类型设备的特点编写运行记录表。如冷水机组运行参数记录可包括日期、室外气象参数、运行机组编号、冷水供回水温度、冷却水供回水温度、电流、电压、负荷率等；蒸汽锅炉运行参数记录可包括运行蒸汽压力、燃料耗量、排烟温度、锅炉热效率等。

11.3.4 为确保建筑用能设备正常运行，有必要制定健全的值班规定和巡回检查规定。有关人员应按要求进行运行巡视并填写各项记录表，包括用能设备运行记录、巡回检查记录、运行值班记录、维护保养记录、交接班记录、设备或系统更换或大修记录等。

11.3.5 设备运行情况分析评价，是指与设备节能运行有关的主要评价指标的分析评价，如冷水机组 COP、水泵运行效率、锅炉运行效率、输配系数等。基于建筑实际运行参数，计算设备评价指标值，从而进行分析评价；如该建筑记录参数缺失，无法获得相关参数，就需要借助专业服务团队，在进行节能专项检测基础上进行分析评价。用能情况分析是指各分项用能占比、同比、环比或预期能耗的分析评价，如发现用能异常，需进一步查找与分析原因，找出解决办法；用能情况分析，可以按年度、季度或月度进行分析。如果安装有能耗监测系统，还可以按日、时的数据进行用能分析和评价。为评价建筑能耗水平状况，可进行对标分析，计算建筑综合能耗指标，与本市或国家现行有关标准中规定的能耗指标值进行比较；判定建筑综合能耗指标是否满足现行相关标准的要求。用能情况评价，可包括改造前用能情况评价和实施改造后用能情况评价。

11.4 文件管理

11.4.1 为保证整个节能运行管理过程规范和可追溯性，有必要制定文件管理规定。保管期限分为永久、定期两种，定期一般分为 30 年、10 年。不同文件材料保管期限会存在差异，具体可根据《企业文件材料归档范围和档案保管期限规定》(国家档案局令第 10 号)要求执行。

11.4.2 建设阶段资料是指设计、施工、调适、验收等各阶段的节能相关资料。

上海市工程建设规范

道路视频监控信息系统联网技术标准

Technical standard for networking of road video surveillance information system

DG/TJ 08—2319—2020

J 15389—2020

主编单位：上海市道路运输管理局

同济大学建筑设计研究院（集团）有限公司

批准部门：上海市住房和城乡建设管理委员会

施行日期：2020 年 11 月 1 日

同济大学出版社

2020　上海

图书在版编目(CIP)数据

道路视频监控信息系统联网技术标准/上海市道路运输管理局,同济大学建筑设计研究院(集团)有限公司主编. —上海:同济大学出版社,2020.12

ISBN 978-7-5608-9596-3

Ⅰ.①道… Ⅱ.①上… ②同… Ⅲ.①视频系统-交通监控系统-技术标准-上海 Ⅳ.①U491.4-65

中国版本图书馆 CIP 数据核字(2020)第 227716 号

道路视频监控信息系统联网技术标准

上海市道路运输管理局
同济大学建筑设计研究院(集团)有限公司 **主编**

策划编辑 张平官
责任编辑 朱 勇
责任校对 徐春莲
封面设计 陈益平

出版发行 同济大学出版社 www.tongjipress.com.cn
(地址:上海市四平路 1239 号 邮编:200092 电话:021-65985622)
经 销 全国各地新华书店
印 刷 浦江求真印务有限公司
开 本 889mm×1194mm 1/32
印 张 1.75
字 数 47 000
版 次 2020 年 12 月第 1 版 2020 年 12 月第 1 次印刷
书 号 ISBN 978-7-5608-9596-3
定 价 15.00 元

上海市住房和城乡建设管理委员会文件

沪建标定〔2020〕256 号

上海市住房和城乡建设管理委员会
关于批准《道路视频监控信息系统联网技术标准》为上海市工程建设规范的通知

各有关单位：

由上海市道路运输管理局、同济大学建筑设计研究院（集团）有限公司主编的《道路视频监控信息系统联网技术标准》，经我委审核，现批准为上海市工程建设规范，统一编号为 DG/TJ 08—2319—2020，自 2020 年 11 月 1 日起实施。

本规范由上海市住房和城乡建设管理委员会负责管理，上海市道路运输管理局负责解释。

特此通知。

上海市住房和城乡建设管理委员会

二〇二〇年五月二十七日

前 言

为规范本市道路视频监控信息系统建设和系统间联网共享行为，实现道路视频监控信息资源共享，充分发挥本市道路视频监控信息系统作用，提升道路交通出行信息服务水平，根据上海市住房和城乡建设管理委员会《关于印发〈2016年上海市工程建设规范编制计划〉的通知》（沪建交〔2015〕871号）的要求，由上海市道路运输管理局会同同济大学建筑设计研究院（集团）有限公司编制《道路视频监控信息系统联网技术标准》。

在本标准编制过程中，编制组经广泛调查研究，总结以往应用经验，吸收最新技术成果，参考有关标准，并在广泛征求意见的基础上，通过反复讨论、修改和完善，最后经审核定稿。

本标准共5章，内容包括总则、术语和符号、联网架构和传输方式、联网技术要求、联网管理要求。

各单位及相关人员在执行本标准过程中，如有意见或建议，请函告同济大学建筑设计研究院（集团）有限公司（地址：上海市四平路1230号；邮编：200092；E-mail：tjits@126.com），或上海市建筑建材业市场管理总站（地址：上海市小木桥路683号；邮编：200032；E-mail：bzglk@zjw.sh.gov.cn），以供修编时参考。

主 编 单 位：上海市道路运输管理局
同济大学建筑设计研究院（集团）有限公司
主要起草人：张培源 禹 波 李 青 郑振亚 朱 健
（以下按姓氏笔画排列）
尤 佳 殳军涛 余 端 胡锦鑫 姚颖东

徐咏新　黄慰里

主要审查人:罗明廉　张武雄　陆惠丰　林孝平　张孝盘

黄慰忠　顾承华

上海市建筑建材业市场管理总站

目　次

1　总　则 …………………………………………………… 1
2　术语和符号 ………………………………………………… 2
2.1　术　语……………………………………………… 2
2.2　符　号……………………………………………… 2
3　联网架构和传输方式 ……………………………………… 4
3.1　联网架构…………………………………………… 4
3.2　视频传输…………………………………………… 5
4　联网技术要求 ……………………………………………… 7
4.1　联网功能要求……………………………………… 7
4.2　联网性能要求……………………………………… 7
4.3　图像质量要求……………………………………… 8
4.4　图像储存要求……………………………………… 8
4.5　图像字符叠加要求………………………………… 9
4.6　可靠性要求………………………………………… 9
4.7　传输网络要求……………………………………… 9
4.8　时间同步要求 …………………………………… 10
4.9　联网安全要求 …………………………………… 10
5　联网管理要求 …………………………………………… 11
5.1　权限管理要求 …………………………………… 11
5.2　监控列表管理要求 ……………………………… 11
5.3　运维管理要求 …………………………………… 11

附录 A　道路视频监控摄像机编码规则定义 …………………… 13
附录 B　通信协议 ………………………………………………… 14
本标准用词说明 …………………………………………………… 31
引用标准名录 ……………………………………………………… 32
条文说明 …………………………………………………………… 33

Contents

1 General provisions ········· 1

2 Terms and symbols ········· 2

2.1 Terms ········· 2

2.2 Symbols ········· 2

3 Networking architecture and transmission mode ········· 4

3.1 Networking architecture ········· 4

3.2 Video transmission ········· 5

4 Technical requirements for networking ········· 7

4.1 Networking function requirements ········· 7

4.2 Networking performance requirements ········· 7

4.3 Video quality requirements ········· 8

4.4 Video storage requirements ········· 8

4.5 Video character overlay requirements ········· 9

4.6 System reliability requirements ········· 9

4.7 Transmission networking requirements ········· 9

4.8 Time synchronization requirements ········· 10

4.9 Networking safety requirements ········· 10

5 Networking management requirements ········· 11

5.1 Permission management requirements ········· 11

5.2 Monitoring list management requirements ········· 11

5.3 Operation and maintenance management requirements ········· 11

Appendix A Definition of coding rules for road video surveillance 13
Appendix B Communication protocol 14
Explanation of working in this standard 31
List of quoted standards 32
Explanation of provisions 33

1 总 则

1.0.1 为规范本市道路视频监控信息系统建设和系统间联网共享行为，实现道路视频监控信息资源共享，充分发挥本市道路视频监控信息系统作用，制定本标准。

1.0.2 本标准适用于本市所辖国省高速公路、普通国省干线公路、城市快速路、黄浦江越江桥梁、城市地下道路、地面道路等视频监控信息系统的新建、改扩建（含大中修、整治等）系统间联网。

1.0.3 道路视频监控信息系统建设和联网除应符合本标准外，尚应符合国家、行业和本市现行有关标准的规定。

2 术语和符号

2.1 术 语

2.1.1 视频管理服务单元 video management service unit

由视频图像数据压缩编码器、输入/输出通道、网络接口、视音频接口、串行接口、协议接口、软件接口等构成，并具有设备管理、流媒体转发、录像查询和回放、视频展示管理、数据管理、用户权限管理、日志管理等功能。

2.1.2 视频联网网关单元 video networking gateway unit

由信令网关服务、媒体网关服务、安全认证、权限管理、日志管理等功能构成，并实现异构视频监控信息系统之间联网共享的设备。

2.1.3 网络安全单元 networking security unit

防范网络攻击，实施对网络传输数据攻击检测和过滤，保障视频监控信息系统之间联网边界安全的设备。

2.1.4 心跳信息 heartbeat information

由设备定时发送并反映系统互联单元实时运行状态的信息。

2.2 符 号

720 p ——是一种在逐行扫描下达到分辨率 1 280×720 像素的高清数字视频显示格式；

1 080 i ——是一种在隔行扫描下达到分辨率 1 920×1 080 像素的高清数字视频显示格式；

1 080 p——是一种在逐行扫描下达到分辨率 1 920×1 080 像素的高清数字视频显示格式；

CIF ——Common Intermediate Format　通用视频传输格式，分辨率 352×288 像素；

MPEG ——Moving Picture Experts Group　运动图像专家组；

NTP ——Network Time Protocol　网络时间协议；

RPR ——Resilient Packet Ring　弹性分组环；

RTCP ——Real-time Transport Control Protocol　实时传输控制协议；

RTP ——Real-time Transport Protocol　实时传输协议；

RTSP ——Real-time Streaming Protocol　实时流化协议；

SDP ——Session Description Protocol　会话描述协议；

SIP ——Session Initiation Protocol　会话初始协议；

TS ——Transport Stream　音视频传输流格式；

DDCP ——Device Description and Control Protocol　设备描述与控制协议；

XML ——EXtensible Markup Language　可扩展标记语言；

XSDL ——XML Schema Definition Language　模式定义语言。

3 联网架构和传输方式

3.1 联网架构

3.1.1 道路视频监控信息系统由视频接入、视频共享组成。其中，视频接入包括市级交通监控中心道路视频监控信息系统、路段交通监控分中心道路视频监控信息系统和其他共享单位视频监控信息系统。

3.1.2 市级交通监控中心道路视频监控信息系统与路段交通监控分中心道路视频监控信息系统通过本市路政行业专用通信网，采用视频联网网关单元实现系统间联网，实现视频监控图像信息资源的行业共享。市级交通监控中心道路视频监控信息系统与路段交通监控分中心道路视频监控信息系统间视频联网共享架构如图 3.1.2 所示。

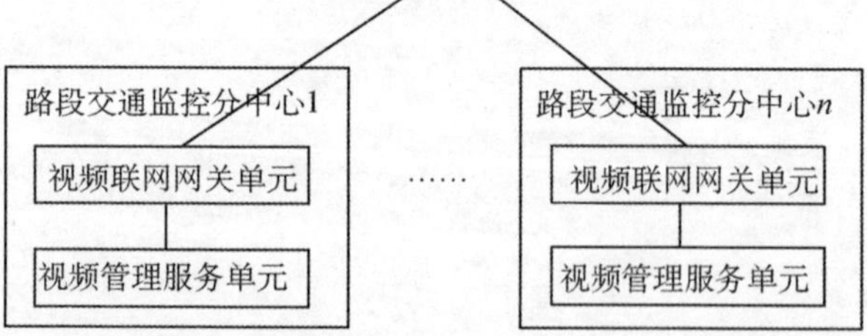

图 3.1.2 市级交通监控中心与路段交通监控分中心视频联网共享架构图

3.1.3 道路视频监控信息资源对外共享,统一由市级交通监控中心负责提供。道路视频监控信息资源对外共享应通过网络安全单元实现市级交通监控中心与共享单位之间视频资源的共享。市级交通监控中心与共享单位视频资源共享架构如图 3.1.3 所示。

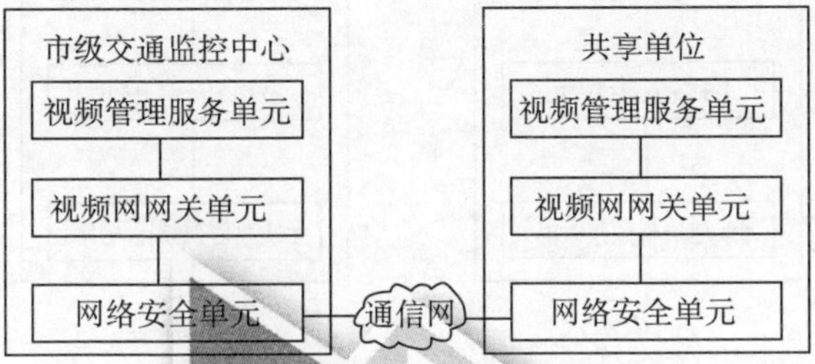

图 3.1.3 市级交通监控中心与共享单位视频资源共享架构图

3.1.4 市级交通监控中心和路段交通监控分中心分别对基于无线通信的移动视频采集设备进行安全接入和管理。移动视频采集设备通过无线通信方式接入市级交通监控中心和路段交通监控分中心接入单元,再经过网络安全单元将移动视频图像接入本市路政行业专用通信网的视频管理服务单元。路段交通监控分中心接入的移动视频图像应通过本市路政行业专用通信网同步共享至市级交通监控中心。基于无线通信的移动视频采集设备接入架构如图 3.1.4 所示。

3.2 视频传输

3.2.1 道路视频监控图像应采用符合 H.264 和 H.265 编解码标准的数字化压缩编码技术,并根据通信网络系统架构传输至所辖交通监控中心。

3.2.2 道路视频监控信息系统联网通信传输通道应预留带宽余量,各类视频和数据传输所占用带宽总量不应高于实际最高带宽的 60%。

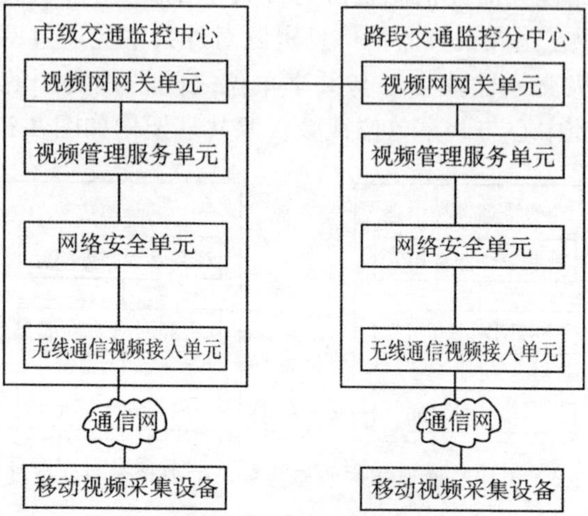

图 3.1.4　基于无线通信的移动视频采集设备接入架构图

4 联网技术要求

4.1 联网功能要求

4.1.1 道路视频监控信息系统应支持不同厂家的模拟、数字等各类前端视频监控设备和网络硬盘录像机等的接入。

4.1.2 道路视频监控信息系统应通过流媒体转发服务方式，实现联网转发的视频监控图像实时查询与录像调用等功能。

4.1.3 道路视频监控信息系统应具有市级交通监控中心、路段交通监控分中心道路视频监控信息系统故障报警联动功能，并能与其他系统实现联动报警。

4.1.4 道路视频监控信息系统应具有与其他应用系统的交互接口，以实现系统间信息互联。

4.2 联网性能要求

4.2.1 路段交通监控分中心接入市级交通监控中心光纤网络传输时延应小于等于 0.01 ms。

4.2.2 道路视频监控视频流或录像播放单个服务器的并发能力应大于等于 100 路。

4.2.3 道路视频监控管理服务器平均无故障运行时间(MTBF)应大于等于 20 000 h。

4.2.4 道路视频监控信息系统通过有线通信传输时，视频监控单元之间通信协议传输时延应小于 500 ms，指令响应时延应小于等于 300 ms；用户终端通过网络访问所辖交通监控中心的视频监控资源的时延应小于等于 2 s；视频监控报警联动响应时间应小于等于 2 s。

4.2.5 道路视频监控信息系统通过无线通信传输时，视频监控前端设备与所辖交通监控中心控制设备间端到端的时延应小于等于 5 s，指令响应时延应小于等于 300 ms；视频监控前端设备与用户终端设备间端到端的时延应小于等于 10 s；视频监控报警联动响应时间应小于等于 10 s。

4.3 图像质量要求

4.3.1 视频监控图像质量应符合现行国家标准《民用闭路监视电视系统工程技术规范》GB 50198 的规定，按五级损伤制评定，联网视频监视图像质量主观评价不应低于 4 级。

4.3.2 实时和回放高清视频监控图像分辨率不应低于 1 080 i/p（1 920×1 080 像素）。

4.4 图像储存要求

4.4.1 道路视频监控图像应采用属地化存储，即由视频监控设备的直接管理单位进行视频图像存储；对涉及重大及以上交通事件的道路视频监控图像，还应由路段交通监控分中心向市级交通监控中心存储备案。

4.4.2 道路视频监控视音频信息的存储应保持原始完整性；对一般图像信息的存储分辨率不应低于 720 p；对重要图像信息的存储分辨率不应低于 1 080 p；对数字高清图像信息的存储宜按原数字高清码率进行存储；对通过无线通信方式传输的视频图像存储分辨率不应低于回传图像的分辨率。

4.4.3 道路视频监控图像存储时间不应少于 90 d。其中，对涉及重大及以上交通事件的道路视频监控图像应永久备份存储。

4.4.4 用户获取存储的视音频信息应通过流媒体服务器或网络连接方式访问。

4.5 图像字符叠加要求

4.5.1 道路视频监控图像字符叠加应在所属路段节点输出共享前叠加字符附加信息，附加信息应至少包括日期、时间、所属路段、图像源地址等。

4.5.2 道路视频监控图像字符叠加应按照现行上海市工程建设规范《城市快速路交通监控系统技术规程》DG/TJ 08—2260—2018 中第 7.3.5 条的规定执行。

4.6 可靠性要求

4.6.1 道路视频监控信息系统视频管理服务器宜支持双机冗余热备，主备机切换时间应小于 1 min。

4.6.2 道路视频监控信息系统应确保当某个子系统发生故障时，不应影响其他子系统的安全可靠运行。

4.7 传输网络要求

4.7.1 道路视频监控信息系统网络传输应采用全数字化的计算机网络传输系统，整个传输网络结构应在所辖交通监控中心主干万兆网络汇聚，视频监控点应千兆网络接入。

4.7.2 道路视频监控信息系统传输网络性能指标宜按照现行行业标准《IP 网络技术要求　网络性能参数与指标》YD/T 1171 中规定的 1 级及以上服务质量等级执行。

4.8 时间同步要求

4.8.1 路段交通监控分中心应配置本地统一授时系统；当路段交通监控分中心本地统一授时系统失效时，可联网使用市级交通监控中心的统一授时系统。

4.8.2 道路视频监控信息系统统一校时应支持 NTP 协议实现时间同步，24 h 内设备与系统母钟的同步误差应小于 1 s。

4.8.3 视频图像存储设备的标定时间与北京标准时间的随机误差应小于 10 s。

4.8.4 视频监控前端设备、视频传输设备、视频切换控制矩阵的时钟同步应根据设备具备情况，采用自动对时和人工校核的方式。自动对时时，每天 1 次；人工校核时，每周 1 次。

4.9 联网安全要求

4.9.1 道路视频监控信息系统联网信息安全宜按照现行国家标准《公共安全视频监控联网信息安全技术要求》GB 35114 的相应规定执行。

4.9.2 道路视频监控信息系统之间互联应通过安全认证。

4.9.3 道路视频监控信息系统应根据用户访问等级设置对应的权限级别；应支持绑定用户登录 IP 地址配置。对于绑定 IP 地址的用户，在其他 IP 地址应无法登录。还应支持用户启动和禁用功能，禁用后的用户应无法再次登录系统。

5 联网管理要求

5.1 权限管理要求

5.1.1 道路视频监控信息系统应支持用户权限管理，应对系统间联网用户定义不同优先级。

5.1.2 道路视频监控信息系统用户权限管理应遵循属地化权限管理原则，即视频监控资源所辖交通监控中心的用户享有属地路段相关资源的最高控制权限。市级交通监控中心高级用户应享有路段交通监控分中心管理的视频监控资源的最高控制权限。所有用户权限的修改应支持动态实时生效。

5.2 监控列表管理要求

5.2.1 道路视频监控信息系统的视频监控列表宜采用多级目录显示方式，目录组织应至少支持按路段交通监控分中心管理单位组织架构进行分组列表。

5.2.2 市级交通监控中心视频监控目录应支持按不同视图方式展示。

5.2.3 路段交通监控分中心视频监控目录宜根据用户需求自行设置。

5.3 运维管理要求

5.3.1 市级交通监控中心道路视频监控信息系统应能实时查询

路段交通监控分中心道路视频监控信息系统所属视频监控设备状态信息。

5.3.2 路段交通监控分中心道路视频监控信息系统应向市级交通监控中心道路视频监控信息系统推送有关视频监控资源统计数据及设备异常告警信息。

附录 A　道路视频监控摄像机编码规则定义

A.0.1　道路视频监控摄像机编码应采用分级分域的编码方法，由六位十进制阿拉伯数字码组成特征组合码。排列顺序从左至右依次为：前 2 位数字为摄像机所属管理单位编码，后 4 位数字为摄像机序号编码。如图 A.0.1 所示。

图 A.0.1　道路视频监控摄像机编码结构图

A.0.2　道路视频监控摄像机所属管理单位编码宜由相关行政管理单位定义，摄像机序号按自然序列排序，从 0001 至 9999。

附录B 通信协议

本标准通信协议以现行国家标准《公共安全视频监控联网系统信息传输、交换、控制技术要求》GB/T 28181—2016为基础，并在此标准基础上进行了扩展和补充。扩展和补充的内容为云镜控制辅助开关，增加灯光开关指令；实时视音频点播协议，增加获取设备子码流；设备控制协议，增加设备锁定/解锁命令；视频编解码增加对H.265的支持。

B.1 云镜控制辅助开关，增加灯光开关指令

本标准对现行国家标准《公共安全视频监控联网系统信息传输、交换、控制技术要求》GB/T 28181—2016中附录A.3.7辅助开关控制指令进行扩展，增加灯光开关指令。辅助开关控制指令见表B.1。

表B.1 辅助开关控制指令

序号	字节4	字节5	功能描述		
			辅助开关动作	控制对象为开关量	控制对象为模拟量
1	8CH	00H～FFH	开	开关开	该模拟量步进数值增加1个单位
2	8DH	00H～FFH	关	开关关	该模拟量步进数值减少1个单位

注：字节5位辅助开关编号，取值为“1”表示雨刷控制；取值为“2”表示灯光开关控制。

B.2 实时视音频点播协议，增加获取设备子码流

本标准对现行国家标准《公共安全视频监控联网系统信息传

输、交换、控制技术要求》GB/T 28181—2016 中附录 F SDP 定义中 a 字段进行扩展，增加对获取子码流的支持。

联网系统中 SIP 消息体中携带的 SDP 内容应符合 IETF RFC 2327 的相关要求。应有如下字段：

Sessiondescription：

v=（protocolversion）

o=（owner/creatorandsessionidentifier）

s=（sessionname）

u=＊（URIofdescription）

c=＊（connectioninformation-notrequiredifincludedinallmedia）

Timedescription：

t=（timethesessionisactive）

Mediadescription

m=（medianameandtransportaddress）

c=＊（connectioninformation-optionalifincludedatsession-level）

b=＊（bandwidthinformation）

a=＊（zeroormoremediaattributelines）

y=＊(SSRC)

f=＊(媒体描述)

［说明］

a 字段：启用 IETF RFC 4566 中对 a 字段的定义 a＝rtpmap：〈payloadtype〉〈encodingname〉/〈clockrate〉[/〈encodingparameters〉]中的〈encodingname〉，利用该属性携带编码器厂商名称（如企业 1 或企业 2 编码名称 DAHUA 或 HIKVISION）。该属性表明该码流为某厂商编码器编码且是不符合本标准规定的媒体流，符合本标准规定的媒体流无需该属性。

例如：a＝rtpmap：96DAHUA/90000；

a＝rtpmap：96HIKVISION/90000

a 字段有下列格式：

——a 字段可携带倍速参数，用于文件下载时控制下载进度。

格式如下：

a＝downloadspeed：下载倍速(取值为整型)

——a字段可携带文件大小参数，用于下载时的进度计算。格式如下：

a＝filesize：文件大小(单位：Byte)

——a字段可携带setup、connection作为TCP连接协商参数，用于TCP方式传输媒体流服务端、客户端的协商，协商机制参考IETF RFC 4571的定义。格式如下：

a＝setup：TCP连接方式(表示本SDP发送者在RTPoverTCP连接建立时是主动还是被动发起TCP连接："active"为主动，"passive"为被动)

a＝connection：new(表示采用RTPoverTCP传输时新建或重用原来的TCP连接，可固定采用新建TCP连接的方式)

——a字段可携带SVC参数，用于视频传输时的分辨率或帧频控制。格式如下：

a＝svcspace：空域编码方式[取值为整型。空域编码方式，取值0：不使用；1：1级增强(1个增强层)；2：2级增强(2个增强层)；3：3级增强(3个增强层)]；

a＝svctime：时域编码方式[取值为整型。时域编码方式，取值0：不使用；1：1级增强(1个增强层)；2：2级增强(2个增强层)；3：3级增强(3个增强层)]；

——a字段可携带码流类型，用于实时视音频点播时指定主码流/子码流。格式如下：

a＝stream：码流类型[取值为整型。码流类型取值0：主码流；1：子码流1；2：子码流2]

B.3 设备控制协议，增加设备锁定/解锁命令

本标准对现行国家标准《公共安全视频监控联网系统信息传输、交换、控制技术要求》GB/T 28181—2016 中 7.3/9.3.1/A.2.3/A.2.6 等内容进行补充，增加对设备锁定/解锁/查看锁定状态的支持。

设备锁定后，在锁定时间范围内，普通用户应无法继续对该设备进行云镜控制操作，但管理员权限级别用户有权对云镜控制权限进行抢占，抢占后原锁定设备自动解锁。若期间没有管理员权限级别用户进行云镜控制，则需要一直等到锁定时间超时，或设备锁定的发起方执行解锁命令后才能解锁。

B.3.1 GB/T 28181—2016 中 7.3 设备控制

系统应支持向指定设备发送控制信息，如球机/云台控制、设备锁定/解锁/查看锁定状态、录像控制、报警设备的布防/撤防等，实现对设备各种动作进行遥控。设备控制的会话控制过程见 GB/T 28181—2016 中 9.3，设备控制命令采用 GB/T 28181—2016 附录 A 中规定的 XML 格式。

B.3.2 GB/T 28181—2016 中 9.3.1 设备控制基本要求

源设备向目标设备发送设备控制命令，控制命令的类型包括球机/云台控制、远程启动、录像控制、报警布防/撤防、报警复位、强制关键帧、拉框放大、拉框缩小、看守位控制、设备配置等，设备控制采用 IETF RFC 3428 中的 Message 方法实现。

源设备包括 SIP 客户端、网关或联网系统；目标设备包括 SIP 设备、网关或联网系统。

源设备向目标设备发送球机/云台控制命令、远程启动命令、强制关键帧、拉框放大、拉框缩小命令后，目标设备不发送应答命令，命令流程见 GB/T 28181—2016 中 9.3.2.1。源设备向目标设备发送球机/云台设备锁定/解锁/查看锁定状态、录像控制、报警

布防/撤防、报警复位、看守位控制、设备配置命令后，目标设备应发送应答命令表示执行的结果，命令流程见 GB/T 28181—2016 中 A.2.3。

控制命令定义如下：

〈elementname="Control"〉

〈complexType〉

〈sequence〉

〈！-- 控制请求命令序列如下--〉

〈/sequence〉

〈/complexType〉

〈/element〉

a) 控制命令

〈！-- 命令类型：设备控制(必选)--〉

〈elementname="CmdType"fixed="DeviceControl"/〉

〈！-- 命令序列号(必选)--〉

〈elementname="SN" type="integer"minInclusivevalue= "1"/〉

〈！-- 目标设备编码(必选)--〉

〈elementname="DeviceID" type="tg：deviceIDType"/〉

〈！-- 球机/云台控制命令(可选，控制码应符合附录 A 中的 A.3 中的规定)--〉

〈element name="PTZCmd" type="tg：PTZType"/〉

〈！-- 远程启动控制命令(可选)--〉

〈element name="TeleBoot"minOccurs= "0"〉

〈restrictionbase="string"〉

〈enumerationvalue="Boot"/〉

〈/restriction〉

〈/element〉

〈！-- 录像控制命令(可选)--〉

〈element name="RecordCmd" type=" tg：recordType" minOccurs="0"/〉

```
〈! -- 报警布防/撤防命令(可选)--〉
〈element name = " GuardCmd " type = " tg: guardType " minOccurs =
"0"/〉
〈! -- 设备锁定/解锁/查询锁定信息命令(可选)--〉
〈element name="LockCmd" minOccurs= "0"/〉
〈restrictionbase="string"〉
〈! -- 锁定设备--〉
〈enumerationvalue="LockDevice"/〉
〈! -- 解锁设备--〉
〈enumerationvalue="UnLockDevice"/〉
〈! -- 查看设备锁定信息--〉
〈enumerationvalue="QueryLockInfo"/〉
〈/restriction〉
〈/element〉
〈! -- 设备锁定参数(可选),仅在锁定设备命令时有效--〉
〈element name="LockParam" minOccurs= "0"〉
〈complexType〉
〈sequence〉
〈! -- 锁定时间(单位:秒)--〉
〈element name="LockTime" type="integer"/〉
〈! -- 锁定用户名称--〉
〈element name="LockUserName" type="string"/〉
〈! -- 锁定原因及描述--〉
〈element name="LockReason" type="string"/〉
〈/sequence〉
〈/complexType〉
〈/element〉
〈! -- 报警复位命令(可选)--〉
〈element name="AlarmCmd"minOccurs= "0"〉
〈restrictionbase="string"〉
〈enumerationvalue="ResetAlarm"/〉
〈/restriction〉
```

〈/element〉

〈!--强制关键帧命令，设备收到此命令应立刻发送一个 IDR 帧(可选)--〉

〈element name="IFameCmd"minOccurs= "0"〉

〈restrictionbase="string"〉

〈enumerationvalue="Send"/〉

〈/restriction〉

〈/element〉

注：现行国家标准《公共安全视频监控联网系统信息传输、交换、控制技术要求》GB/T 28181—2016 中还包括其他一些元素，此处未全部列出。

GB/T 28181—2016 中 A.2.6 应答命令

应答命令定义如下：

〈elementname="Response"〉

〈complexType〉

〈sequence〉

〈!--查询请求的应答信息如下--〉

〈/sequence〉

〈/complexType〉

〈/element〉

a) 设备控制应答

〈!--命令类型：设备控制(必选)--〉

〈elementname="CmdType"fixed="DeviceControl"/〉

〈!--命令序列号(必选)--〉

〈elementname="SN" type="integer"minInclusivevalue= "1"/〉

〈!--目标设备/区域/系统编码(必选)--〉

〈elementname="DeviceID" type="tg:deviceIDType"/〉

〈!--执行结果标志(必选)--〉

〈elementname="Result"type="tg:resultType"/〉

〈!--设备锁定信息(可选)，仅在查询设备锁定信息命令时有效--〉

〈element name="LockParam" minOccurs= "0"〉

〈complexType〉

〈sequence〉
〈! -- 锁定操作时间-->
〈element name="LockOptTime" type="dateTime"/〉
〈! -- 锁定时间(单位:秒)-->
〈element name="LockTime" type="integer"/〉
〈! -- 锁定用户名称-->
〈element name="LockUserName" type="string"/〉
〈! -- 锁定原因及描述-->
〈element name="LockReason" type="string"/〉
〈/sequence〉
〈/complexType〉
〈/element〉

B.4 增加对 H.265 视频传输应用的支持

B.4.1 GB/T 28181—2016 附录 C 基于 RTP 的视音频数据封装

H.265 关键帧 PS 包 PSM(Program Stream Map)中流类型(stream_type)取值:

a) MPEG-4 视频流:0x10;

b) H.264 视频流:0x1B;

c) SVAC 视频流:0x80;

补充 H.265 视频流:0x24。

H.265 视频流的 RTP 封装:

H.265 的 RTP 载荷格式应符合 IETF RFC 7798 中相关规定。

H.265 视频流 RTP 包的负载类型(Payload Type)标识号选定,从 IETF RFC 3551 协议的表 5 中的动态范围(96～127)中选择,建议定为 108。

B.4.2 GB/T 28181—2016 附录 E 视音频编/解码技术要求

H.265 的视频编、解码技术要求如下:

1 H.265 的档次和级别

采用 H.265 标准的视频编码应至少支持 ITU-T Rec. H.265 视频标准的主档次(Main Profile),级别(Level)应至少支持到 Level 2,标清应用宜扩展支持到 Level 3,高清应用宜扩展支持到 Level 4;视频解码所支持的档次和级别宜不应低于编码支持的最高档次和级别,至少应支持到 H.265 视频标准基本档次的 Level 4;视频解码宜扩展支持 H.265 主档次(Main Profile)中的 B 帧工具,且相邻两 P 帧间的 B 帧个数不大于 2。

采用 H.265 标准的高清视频编码应至少支持 ITU-T Rec. H.265 视频标准的主档次(Main Profile),Level 宜扩展支持到 Level 4;视频解码所支持的档次和级别宜不应低于编码支持的最高档次和级别,至少应支持 H.265 视频标准主档次(Main Profile)的 Level 4。

H.265 主档次视频编码标准的具体描述详见 ITU-T Rec. H.265 中的相关规定。

2 H.265 主档次的选项和工具

H.265 主档次支持的选项和工具主要有:

a) 比特深度限制为 8bit;

b) 色度采样限制为 4∶2∶0;

c) CTB 的大小从 16×16 到 64×64;

d) 解码图像的缓存容量限制为 6 帧图像;

e) 允许选择波前和片划分方式,但是不能同时选择。

采用 H.265 编码标准的视频流应为 H.265 Main Profile 视频流,编码应支持上述 Main Profile 选项和工具中的部分或全部;H.265 的解码至少应支持上述全部选项和工具。

多参考帧编码时,P 片的参考帧数一般不大于 2 帧。

为保证码流解析的效率,比特流中应在每个 I 帧之前都出现相应的 VPS、SPS 和 PPS。

3 H.265 水平(Level)的限制

H.265 设置了 1，2，2.1，3，3.1，4，4.1，5，5.1，5.2，6，6.1，6.2 共 13 个水平，一个水平实际上就是一套对编码比特流的一系列编码参数(最大采样频率、最大图像尺寸、最大比特率等)的限制。如果一个解码器具备解码某一水平码流的能力，则意味着该解码器具有解码这一水平以及低于这一水平所有码流的能力。

4 H.265 等级(Tier)的限制

对同一水平，按照最大码率和缓存容量要求的不同，H.265 设置了 2 档等级，定义为高等级和主等级。主等级可用于大多数场合，涵盖 13 个水平，要求码率较低；高等级可用于特殊要求或苛刻要求的场合，包括 4 和 4 以上的 8 个水平，允许码率较高，在同一水平高 3～4 倍。

表 B.4.2-1(ITU-T Rec. H.265 第 4 版的 Annex A 的表 A.6)定义了不同等级的各个水平的限制值。表 B.4.2-2(ITU-T Rec. H.265 第 4 版的 Annex A 的表 A.7)定义了 Main 档次和 Main10 档次的不同等级的各个水平的限制值。

表 B.4.2-1 一般等级(Tier)和水平(Level)的限制

水平	最大亮度图像尺寸(samples)	最大 CPB 尺寸(1 000 或 1 200 bit/s)		每帧最大 SS 数	最大片行数	最大片列数
		主等级	高等级			
1	36 864	350	—	16	1	1
2	122 880	1 500	—	16	1	1
2.1	245 760	3 000	—	20	1	1
3	552 960	6 000	—	30	2	2
3.1	983 040	10 000	—	40	3	3
4	2 228 224	12 000	30 000	75	5	5
4.1	2 228 224	20 000	50 000	75	5	5

续表 B.4.2-1

水平	最大亮度图像尺寸(samples)	最大 CPB 尺寸(1 000 或 1 200 bit/s)		每帧最大SS数	最大片行数	最大片列数
		主等级	高等级			
5	8 912 896	25 000	100 000	200	11	10
5.1	8 912 896	40 000	160 000	200	11	10
5.2	8 912 896	60 000	240 000	200	11	10
6	35 651 584	60 000	240 000	600	22	20
6.1	35 651 584	120 000	480 000	600	22	20
6.2	35 651 584	240 000	800 000	600	22	20

注:"—"表示未作相应的限制。

表 B.4.2-2 Main 档次(Profile)的等级(Tier)和水平(Level)的限制

水平	最大亮度取样率(samples/s)	最高比特率(1 000 或 1 200 bit/s)		最小压缩率	
		主等级	高等级	主等级	高等级
1	552 960	128	—	2	2
2	3 686 400	1 500	—	2	2
2.1	7 372 800	3 000	—	2	2
3	16 588 800	6 000	—	2	2
3.1	33 177 600	10 000	—	2	2
4	66 846 720	12 000	30 000	4	4
4.1	133 693 440	20 000	50 000	4	4
5	267 386 880	25 000	100 000	6	4
5.1	534 773 760	40 000	160 000	8	4
5.2	1 069 547 520	60 000	240 000	8	4
6	1 069 547 520	60 000	240 000	8	4
6.1	2 139 095 040	120 000	480 000	8	4
6.2	4 278 190 080	240 000	800 000	6	4

5 H.265 主档次的码流语法

H.265 码流应符合 Main Profile 的码流，码流语法等同采用 ITU-T Rec. H.265。

H.265 主档次的码流语法如下：

a）视频参数集（Video Parameter Sets）中 vps_base_layer_internal_flag 和 vps_base_layer_available_flag 均等于 1；

b）序列参数集（Sequence parameter sets）中的 chroma_format_idc 等于 1；

c）序列参数集中的 bit_depth_luma_minus8 等于 0；

d）序列参数集中的 bit_depth_chroma_minus8 等于 0；

e）视频参数集中出现 transform_skip_rotation_enabled_flag、transform_skip_context_enabled_flag、implicit_rdpcm_enabled_flag、explicit_rdpcm_enabled_flag、extended_precision_processing_flag、intra_smoothing_disabled_flag、high_precision_offsets_enabled_flag、persistent_rice_adaptation_enabled_flag、cabac_bypass_alignment_enabled_flag、sps_curr_pic_ref_enabled_flag、palette_mode_enabled_flag、motion_vector_resolution_control_idc 和 intra_boundary_filtering_disabled_flag 时，均等于 0；

f）从视频参数集中获取的 CtbLog2SizeY 的取值范围为 4～6 之间，包括 4 和 6；

g）图像参数集（Picture Parameter Sets）中出现 log2_max_transform_skip_block_size_minus2、chroma_qp_offset_list_enabled_flag 和 residual_adaptive_colour_transform_enabled_flag 时，均等于 0；

h）当图像参数集中出现 tiles_enabled_flag 等于 1 时，entropy_coding_sync_enabled_flag 必须等于 0；

i）当图像参数集中出现 tiles_enabled_flag equal 等于 1 时，ColumnWidthInLumaSamples[i]（i 的取值范围为 0～num_tile_ columns_minus1，包括 0 和 num_tile_columns_minus1）均大于等于 256，RowHeightInLumaSamples[j]（j 的取值范围为 0～num_tile_rows_minus1，包括 0 和 num_tile_rows_minus1）均大于等于 64；

j）在解析 coding_tree_unit( )（见标准 9.3.4.3.39.3.4.3.4）时执行 read_bits(1)的次数不应大于 5 * RawCtuBits / 3；

k）general_level_idc 和 sub_layer_level_idc[i]不应等于 255；

主档次（Main Profile）中关于等级（Level）的限制应满足国标 GB/T 28181—2016 中 A.4 的规定。

主档次（Main Profile）的比特流中 general_profile_idc＝1 或 general_profile_compatibility_flag[1]＝1。以 TemporalD i 标记的子层比特流中 sub_layer_profile_idc[i]＝1 或 sub_layer_profile_compatibility_flag[i] [1]＝1。

6 H.265 的一致性测试

H.265 的一致性测试包括比特流一致性测试和解码器一致性测试。

a）比特流一致性测试

比特流一致性描述见 ITU-T Rec. H.265 附录 C 中 C.4 的规定。

H.265 的一致性比特流（Conformance bitstream）应满足如下测试：当使用解码软件对 H.265 视频比特流进行解码时，不应出现任何由比特流引起的错误或不一致。

注：测试中不考虑由于传输而产生的错误。

比特流一致性的进一步测试还应包括虚拟参考解码器 HRD 的一致性测试（基于 ITU-T Rec. H.265）等，见 ITU-T Rec. H.265。

上述验证比特流一致性用到的解码软件可用 ITU-T Rec. H.265 中指定的软件。

b）解码器一致性测试

解码器一致性描述见 ITU-T Rec. H.265 附录 J 中 C.5 的规定。

H.265 解码器的一致性测试见 ITU-T Rec. H.265 中的方法，验证解码器一致性用到的软件可用 ITU-T Rec. H.265 中指定的软件。

满足特定档次和级别的 H.265 视频解码器应能正确解码相应档次和级别的 H.265 一致性比特流。

B.4.3 现行国家标准《公共安全视频监控联网系统信息传输、交换、控制技术要求》GB/T 28181—2016 中附录 F SDP 定义：

1 f 字段 H.265 编码格式代码

f 字段：f = v/编码格式/分辨率/帧率/码率类型/码率大小 a/编码格式/码率大小/采样率

编码格式：十进制整数字符串表示

1—MPEG—4　2—H.264　3—SVAC　4—3GP　5—H.265

2 其他字段表示方法

沿用"H.265 视频流 RTP 包的负载类型(Payload Type)标识号建议定为 108"规定。

如 a 字段：a = rtpmap：108 H265/90000；a = rtpmap：108 PS/90000；

m 字段：m = video 6000 RTP/AVP 108；m = video 6000 TCP/RTP/AVP 108 等。

实时点播举例：

INVITE sip：44030502001310@190.35.194.10：7100；transport = udp SIP/2.0

Call-ID：1ad0aba100d8975f3f1ca52a36d317fc@190.32.24.7

CSeq：1 INVITE

From：〈sip：440305000020000000001@4403050000〉；tag = 15034293_1634008d_53f6e1ca-bf45-40b0-b1e3-f2333fda20c8

To：〈sip：44030502001310@4403050200〉

Max-Forwards：70
Contact：〈sip:44030500002000000001@190.32.24.7:5061〉
Subject：44030502001310:0000009747,44030500002000000001:1
Content-Type：application/sdp
Via：SIP/2.0/UDP 190.32.24.7:5061;branch=z9hG4bK53f6e1ca-bf45-40b0-b1e3-f2333fda20c8_1634008d_1573112615115352
Content-Length：218

v=0
o=44030500002000000001 0 0 IN IP4 190.32.24.7
s=Play
c=IN IP4 190.32.24.7
t=0 0
m=video 14926 RTP/AVP 96 98 97
a=recvonly
a=rtpmap:96 PS/90000
a=rtpmap:98 H264/90000
a=rtpmap:97 MPEG4/90000
a=rtpmap:108 H265/90000　上级开流的时候是携带此字段
y=0305009746

SIP/2.0 100 Trying
Via：SIP/2.0/UDP
190. 32. 24. 7：5061；branch = z9hG4bK53f6e1ca-bf45-40b0-b1e3-f2333fda20c8_1634008d_1573112615115352
From：〈sip：44030500002000000001@4403050000〉；tag = 15034293_1634008d_53f6e1ca-bf45-40b0-b1e3-f2333fda20c8
To：〈sip:44030502001310@4403050200〉
Call-ID：1ad0aba100d8975f3f1ca52a36d317fc@190.32.24.7
CSeq：1 INVITE
User-Agent：NCG V3.3.1.498748
Content-Length：0

```
SIP/2.0 200 OK
Via：SIP/2.0/UDP
190. 32. 24. 7：5061；branch = z9hG4bK53f6e1ca-bf45-40b0-b1e3-f2333fda20c8_1634008d_1573112615115352
From：〈sip：44030500002000000001@4403050000〉；tag = 15034293_1634008d_53f6e1ca-bf45-40b0-b1e3-f2333fda20c8
To：〈sip:44030502001310@4403050200〉;tag=1775083111
Call-ID：1ad0aba100d8975f3f1ca52a36d317fc@190.32.24.7
CSeq：1 INVITE
Contact：〈sip:44030500002000000012@190.35.194.10:7100〉
Content-Type：Application/SDP
User-Agent：NCG V3.3.1.498748
Content-Length：191

v=0
o=44030502001310 0 0 IN IP4 190.32.24.7
s=Play
c=IN IP4 190.35.194.10
t=0 0
m=video 5862 RTP/AVP 108     如果是 h265 为 108,如果是 h264 为 98
a=rtpmap:108 H265/90000      如果是 h264 为:a=rtpmap:98 H264/90000
a=sendonly
a=filesize:-1
y=0100001691
f=v/5////a///                如果是 h264 为:f=v/2////a///

ACK sip:44030502001310@190.35.194.10:7100;transport=udp SIP/2.0
Call-ID：1ad0aba100d8975f3f1ca52a36d317fc@190.32.24.7
CSeq：1 ACK
From：〈sip：44030500002000000001@4403050000〉；tag = 15034293_1634008d_53f6e1ca-bf45-40b0-b1e3-f2333fda20c8
```

To：〈sip：44030502001310@4403050200〉；tag=1775083111

Max-Forwards：70

Via：SIP/2.0/UDP

190. 32. 24. 7：5061；branch = z9hG4bK53f6e1ca-bf45-40b0-b1e3-f2333fda20c8_1634008d_1573113793218061

Content-Length：0

本标准用词说明

1 为便于在执行本标准时区别对待，对于要求严格程度不同的用词说明如下：

1） 表示很严格，非这样做不可的用词：
正面词采用"必须"；
反面词采用"严禁"。

2） 表示严格，在正常情况下，均应这样做的用词：
正面词采用"应"；
反面词采用"不应"或"不得"。

3） 表示允许稍有选择，在条件许可时，首先应这样做的用词：
正面词采用"宜"；
反面词采用"不宜"。

4） 表示有选择，在一定条件下可以这样做的用词，采用"可"。

2 条文中指明应按其他有关标准执行的写法："应符合……的规定（或要求）"或"应按……执行"。

引用标准名录

1 《公共安全视频监控联网信息安全技术要求》GB 35114
2 《民用闭路监视电视系统工程技术规范》GB 501981
3 《公共安全视频监控联网系统信息传输、交换、控制技术要求》GB/T 28181
4 《公路网图像信息管理系统平台互联技术规范》GB/T 28059
5 《公共安全视频监控数字视音频编解码技术要求》GB/T 25724
6 《数据元和交换格式 信息交换 日期和时间表示法》GB/T 7408
7 《IP 网络技术要求 网络性能参数与指标》YD/T 1171
8 《城市监控报警联网系统通用技术要求》GA/T 669
9 《城市快速路交通监控系统技术规程》DG/TJ 08—2260

上海市工程建设规范

道路视频监控信息系统联网技术标准

DG/TJ 08—2319—2020

J 15389—2020

条 文 说 明

2020 上海

目　次

2　术语和符号 …………………………………………… 37
　2.1　术　语 ………………………………………………… 37
3　联网架构和传输方式 ………………………………… 38
　3.1　联网架构 ……………………………………………… 38
　3.2　视频传输 ……………………………………………… 38
4　联网技术要求 ………………………………………… 40
　4.1　联网功能要求 ……………………………………… 40
　4.3　图像质量要求 ……………………………………… 40
　4.4　图像存储要求 ……………………………………… 41
　4.9　联网安全要求 ……………………………………… 42
5　联网管理要求 ………………………………………… 43
　5.1　权限管理要求 ……………………………………… 43
　5.2　监控列表管理要求 ………………………………… 43
　5.3　运维管理要求 ……………………………………… 43

Contents

2 Terms and symbols ······ 37

2.1 Terms ······ 37

3 Networking architecture and transmission mode ······ 38

3.1 Networking architecture ······ 38

3.2 Video transmission ······ 38

4 Technical requirements for networking ······ 40

4.1 Networking function requirements ······ 40

4.3 Video quality requirements ······ 40

4.4 Video storage requirements ······ 41

4.9 Networking safety requirements ······ 42

5 Networking management requirements ······ 43

5.1 Permission management requirements ······ 43

5.2 Monitoring list management requirements ······ 43

5.3 Operation and maintenance management requirements ······ 43

2 术语和符号

2.1 术 语

2.1.4 心跳信息用于道路视频监控信息系统之间、道路视频监控信息系统和设备之间保持会话连接，当一定时间内未收到对方心跳或心跳返回超时，则视对方已离线，应重新注册或发起连接。

3 联网架构和传输方式

3.1 联网架构

3.1.1 道路视频监控信息系统视频接入层是各路段交通监控分中心的视频接入单元，视频图像通过路段交通监控分中心视频接入单元接入后，再对接到视频管理层，即视频管理层是各视频接入单元的视频汇聚层。对于需要对外共享的视频图像，再由视频管理层做统一的视频联网共享。

3.1.2 路段交通监控分中心视频图像由视频联网网关单元统一向上汇聚共享至市级交通监控中心。路段交通监控分中心视频图像不应直接共享至其他路段交通监控分中心。若路段交通监控分中心需要查看其他路段交通监控分中心视频图像，应通过登录市级交通监控中心道路视频监控信息系统进行查阅，登录账户及访问控制权限由市级交通监控中心统一分配管理。

3.2 视频传输

3.2.1 道路视频监控图像传输应采取数字压缩编码网络传输方式。前端摄像机采集的视频监控图像首先通过视频编码设备将视频监控图像进行数字化压缩编码，然后根据网络系统架构上传至所辖交通监控中心。若是路段交通监控分中心，还应通过本市路政行业专用通信网将道路视频监控图像同步共享至市级交通监控中心。传送的视频监控图像应符合 H.264 及以上编解码标准要求。

3.2.2 视音频信息传输通道应符合如下规定：

1 道路视频监控图像传输应充分利用本市路政行业专用通信网提供的光纤通信通道和以太网通信通道，要求通信传输设备根据各路段视频监控图像传输路数应提供不小于 1 000 M 带宽通道接口。对市级交通监控中心与共享单位的通信通道，要求视频监控图像共享需求方应提供不小于 100 M 带宽通道接口。

2 常态工作情况下，每路 H.264 标清视频监控图像带宽不应小于 2 M(通常为 2 M～4 M)；每路 H.264 数字高清视频图像带宽不应小于 8 M(通常为 4M～10 M)。此外，因视频监控图像传输需要占用较多带宽资源，通信传输设备应具备 RPR 功能，通过动态分配带宽，以有效提高带宽利用率。

3 为满足多种业务应用需求，道路视频监控图像上传通道宜以双通道、双码流形式分开传输。市级交通监控中心与各路段交通监控分中心之间宜至少开通 2 个不小于 1 000 M 带宽通信通道，每个通信通道应支持本监控中心所有视频监控图像的传送，并且 2 个通信通道宜互为备份(即传输链路冗余)，以保证道路视频监控图像上传通道的稳定性、安全性和可靠性。其中，一个通道可用于常态工作情况下，普通视频监控图像(低码流视频)的传输需求；另一个通道可用于突发应急事件情况下，重点视频监控图像(高码流视频)的传输需求。另外，在市级交通监控中心或相关共享单位需要调阅路段交通监控分中心视频监控图像数量较多的情况下，2 个传输通道可同时进行视频监控图像传送，以满足市级交通监控中心或相关共享单位对路段交通监控分中心视频监控图像的应急调阅需求。

4 视音频接口标准应符合 RFC 3984《RTP Payload Format for H.264 Video》的规定。

4 联网技术要求

4.1 联网功能要求

4.1.1 道路视频监控信息系统的视频接入除了数字视频设备，还应支持主流模拟矩阵设备的接入和控制、支持常用编码器的接入和控制、支持数模混合视频监控信息系统的接入。

4.1.2 视频转发服务主要实现视频转发、智能路由、干线管理、负载均衡、宽带控制、级联管理、安全保证。视频监控图像实时查询可提供视频分组轮巡、云镜控制、抓拍抓录、即时回放、画面参数调节、预置位设置调用、视频巡检、预案设置调用等功能。

4.1.3 道路视频监控信息系统除应具有系统故障报警联动功能外，并能与其他系统（如道路交通信号监控系统、火灾自动报警系统等）实现联动报警。

4.1.4 道路视频监控信息系统应具有与其他应用系统（如道路交通信息发布系统、路政行业视频会议系统、道路应急指挥系统等）的交互接口，以实现系统间信息互联。还应具有从其他应用系统获取相关信息，并将相关视频信息和告警信息传送给相关应用系统的功能。

4.3 图像质量要求

4.3.1 根据现行国家标准《民用闭路监视电视系统工程技术规范》GB 50198 的规定，视频监控图像质量按五级损伤制评定，联网视频监视图像质量主观评价不应低于 4 级。图像质量评分等级和相应图像损伤的主观评价如表1所示，主观评价项目如表2所示。

表1 图像质量损伤主观评价表

图像质量损伤主观评价	评分等级
不察觉	5
可察觉，但不讨厌	4
稍有讨厌	3
讨厌	2
非常讨厌	1

表2 图像质量主观评价项目

子项名称	含义
图像马赛克效应	单色区域画面存在色块
图像边缘处理	图像中的物体边界和线条（横、竖、斜方向），主要考察边界的对比度和变形情况
图像颜色平滑度	图像中单色区域画面的颜色层次丰富程度
画面的真实性	包括画面的完整性、是否存在色差、对图像的整体接受程度
快速运动图像处理	考察快速运动参考源下图像的连续性
低照度环境图像处理	考察低照度环境图像的清晰度

4.3.2 数字高清视频监控图像还应满足：实时监控图像帧率应达到每路25帧/s，实时监控图像分辨率不应低于1 080 i/p（1 920×1 080像素）；回放监控图像帧率不应低于每路15帧/s，以每路25帧/s为宜，回放监控图像分辨率不应低于1 080 i/p（1 920×1 080像素）。

4.4 图像存储要求

4.4.2 对常发交通阻塞路段、重要交通枢纽、突发交通事件区域、重大活动交通保障路段、灾害性气候区域、管理部门要求加强视频监控的重点路段和重要点位等视频监控图像信息的存储分辨率不应低于 1 080 p。

4.4.3 对涉及重大活动交通保障、管理部门要求加强视频监控的重点路段及重要点位的视频监控图像存储时间可大于 90 d。

4.4.4 用户获取存储的视音频信息应通过流媒体服务器或网络连接方式访问。应能按照指定设备、通道、时间、报警信息等要素检索历史图像资料并回放和下载;回放应支持播放、快速播放、慢速播放、拖动播放、单帧步进、画面暂停、图像抓拍、开关声音等功能;应支持回放图像的缩放显示及全屏显示;播放时应支持动态调整图像的亮度、色度、对比度和饱和度;应支持动态调整音量大小;应能通过通用播放器播放录像文件;在具有智能识别报警的录像文件中,应具有按事件定位播放功能。

4.9 联网安全要求

4.9.2 道路视频监控信息系统应支持统一的用户管理和授权,宜在用户访问身份鉴别的基础上,采用基于属性或基于角色的访问控制模型对用户进行访问控制。当跨系统或跨区域访问时,宜采用信令携带的用户身份信息进行访问控制。

4.9.3 考虑系统安全性,道路视频监控信息系统的登录账号宜限定客户端登录的 IP 地址,限制 IP 地址机制可支持按网段来限制,如限制只允许 192.168.1 网段的 IP 地址进行登录,并支持多个 IP 网段的分配。

5 联网管理要求

5.1 权限管理要求

5.1.2 路段交通监控分中心具有对所辖管理范围内视频监控设备的最高控制权限，当路段交通监控分中心与市级交通监控中心对视频监控设备发生控制冲突时，视频监控设备所辖管理的路段交通监控分中心具有优化控制权。共享用户不授予视频监控设备控制权限，若共享用户因执行临时任务需要，须经有关主管部门审核同意后，由市级交通监控中心临时授予与该任务相关的视频监控设备控制权限。共享用户任务执行完毕，市级交通监控中心应及时收回临时授予的控制权限。

5.2 监控列表管理要求

5.2.1 摄像机目录列表可按不同视图方式展示，用户可通过切换视图进行显示。

5.2.2 市级交通监控中心视频监控目录应支持按不同视图方式展示，如管理目录视图可按自建资源、外单位共享资源等分类；应用目录视图可按路段名称、道路行政区划等方式分类。

5.2.3 摄像机列表中的每台摄像机应准确显示其状态，包括摄像机的录像状态，摄像机在线/离线状态等。

5.3 运维管理要求

5.3.1 摄像机状态信息应包含：摄像机的在线状态（分为在线、离线、异常)、摄像机的存储空间状态、摄像机的码流发送数量、码率、帧率、码流的压缩类型、摄像机的存储状态。

5.3.2 视频信息统计应包含:用户操作统计、用户实时在线信息、录像回放时间段回溯信息、摄像机在线统计等内容。

上海市工程建设规范

彩色路面技术标准

Technical standard for colored pavement

DG/TJ 08－2318－2020
J 15166－2020

主编单位：上海市政工程设计研究总院（集团）有限公司
批准部门：上海市住房和城乡建设管理委员会
施行日期：2020 年 10 月 1 日

同济大学出版社

2020　上海

图书在版编目(CIP)数据

彩色路面技术标准/上海市政工程设计研究总院(集团)有限公司主编. —上海:同济大学出版社,2020.8

ISBN 978-7-5608-9314-3

Ⅰ. ①彩… Ⅱ. ①上… Ⅲ. ①路面设计—技术标准 Ⅳ. ①U416.02-65

中国版本图书馆 CIP 数据核字(2020)第 107513 号

彩色路面技术标准

上海市政工程设计研究总院(集团)有限公司　主编

策划编辑　张平官

责任编辑　朱　勇

责任校对　徐春莲

封面设计　陈益平

出版发行　同济大学出版社　www.tongjipress.com.cn

(地址:上海市四平路 1239 号　邮编:200092　电话:021－65985622)

经　　销　全国各地新华书店

印　　刷　浦江求真印务有限公司

开　　本　889mm×1194mm　1/32

印　　张　2.5

字　　数　67000

版　　次　2020 年 8 月第 1 版　2020 年 8 月第 1 次印刷

书　　号　ISBN 978-7-5608-9314-3

定　　价　20.00 元

上海市住房和城乡建设管理委员会文件

沪建标定〔2020〕209 号

上海市住房和城乡建设管理委员会
关于批准《彩色路面技术标准》为上海市
工程建设规范的通知

各有关单位：

由上海市政工程设计研究总院(集团)有限公司主编的《彩色路面技术标准》，经我委审核，现批准为上海市工程建设规范，统一编号为 DG/TJ 08－2318－2020，自 2020 年 10 月 1 日起实施。

本规范由上海市住房和城乡建设管理委员会负责管理，上海市政工程设计研究总院(集团)有限公司负责解释。

特此通知。

上海市住房和城乡建设管理委员会

二〇二〇年四月二十六日

前言

本标准根据上海市住房和城乡建设管理委员会《关于印发〈2017年上海市工程建设规范编制计划〉的通知》(沪建标定〔2016〕1076号)的要求,由上海市政工程设计研究总院(集团)有限公司组织有关单位共同编制而成。

编制组在深入调查研究,认真总结国内外科研成果和大量实践经验,并在广泛征求意见的基础上,编制完成了本标准。

本标准共七章,主要内容有:总则;术语与符号;基本规定;设计;施工;质量检查与验收;养护。

各单位及相关人员在使用本标准过程中,若有意见和建议,请及时函告上海市政工程设计研究总院(集团)有限公司(地址:上海市中山北二路901号;邮编:200092;E-mail:zhengxiaoguang@smedi.com),或上海市建筑建材业市场管理总站(地址:上海市小木桥路683号;邮编:200032;E-mail:bzglk@zjw.sh.gov.cn),以便今后修订时参考。

主 编 单 位:上海市政工程设计研究总院(集团)有限公司

参 编 单 位:上海浦东路桥沥青材料有限公司
上海道柯特沥青科技有限公司
上海铃路道路铺装工程有限公司
上海福森路面工程有限公司
上海玖鼎环保科技有限公司
上海同济检测技术有限公司

主要起草人:郑晓光 温学钧 吴立报 闫国杰 李小军
高晓阳 张宇清 陈亚杰 查文炜 张浩刚
胡 睿 郑慧黎 许 永 闫 蕊 李 交

杨定明 李　伟 严　军 水亮亮 任　奇
徐弯弯 孔令旗

主要审查人:吕伟民 黄婉利 孔庆伟 陆峥嵘 黄律群
顾顺利 周宏戈

上海市建筑建材业市场管理总站

2020 年 3 月

目 次

1 总 则 …………………………………………………………… 1
2 术语与符号 ……………………………………………………… 2
2.1 术 语 …………………………………………………………… 2
2.2 符 号 …………………………………………………………… 3
3 基本规定 ………………………………………………………… 5
4 设 计 …………………………………………………………… 6
4.1 一般规定 ………………………………………………………… 6
4.2 色彩设计 ………………………………………………………… 6
4.3 材料设计 ………………………………………………………… 7
4.4 结构设计 ………………………………………………………… 24
5 施 工 …………………………………………………………… 26
5.1 一般规定 ………………………………………………………… 26
5.2 彩色沥青路面 …………………………………………………… 26
5.3 彩色水泥混凝土路面 …………………………………………… 29
5.4 彩色树脂薄层路面 ……………………………………………… 30
6 质量检查与验收 ………………………………………………… 32
6.1 一般规定 ………………………………………………………… 32
6.2 彩色沥青路面 …………………………………………………… 32
6.3 彩色水泥混凝土路面 …………………………………………… 34
6.4 彩色树脂薄层路面 ……………………………………………… 35
7 养 护 …………………………………………………………… 38
7.1 一般规定 ………………………………………………………… 38
7.2 彩色沥青路面 …………………………………………………… 38
7.3 彩色水泥混凝土路面 …………………………………………… 39

7.4 彩色树脂薄层路面 …… 40
附录 A 色彩配制方法 …… 41
附录 B 彩色树脂材料调配方法 …… 43
附录 C 彩色路面色彩质量评定方法 …… 45
本标准用词说明 …… 47
引用标准名录 …… 48
条文说明 …… 51

Contents

1 General provisions …… 1
2 Terms and symbols …… 2
2.1 Terms …… 2
2.2 Symbols …… 3
3 Basic requirement …… 5
4 Design …… 6
4.1 General requirements …… 6
4.2 Color design …… 6
4.3 Material design …… 7
4.4 Structural design …… 24
5 Construction …… 26
5.1 General requirements …… 26
5.2 Colored asphalt pavement …… 26
5.3 Colored cement concrete pavement …… 29
5.4 Colored resin thin layer pavement …… 30
6 Quality management and acceptance check …… 32
6.1 General requirements …… 32
6.2 Colored asphalt pavement …… 32
6.3 Colored cement concrete pavement …… 34
6.4 Colored resin thin layer pavement …… 35
7 Maintenance …… 38
7.1 General requirements …… 38
7.2 Colored asphalt pavement …… 38
7.3 Colored cement concrete pavement …… 39

7.4 Colored resin thin layer pavement ······················ 40
Appendix A Color formulation method ························ 41
Appendix B Configuration method of colored resin ········ 43
Appendix C Color quality evaluation method ················ 45
Explanation of wording in this standard ······················· 47
List of quoted standards ·· 48
Explanation of provisions ··· 51

1 总　则

1.0.1 为适应上海市彩色路面工程建设的需要，规范彩色路面的应用，保证彩色路面的工程质量，做到安全可靠、技术先进、经济合理，制定本标准。

1.0.2 本标准适用于上海市各等级城市道路和公路彩色路面的设计、施工、验收与养护，其他彩色铺面工程在技术条件相同的情况下也可执行。

1.0.3 彩色路面设计、施工、验收与养护除应执行本标准外，尚应符合国家、行业和本市现行有关标准的规定。

2 术语与符号

2.1 术 语

2.1.1 彩色路面 colored pavement

不同于常规的黑色沥青路面与白色水泥混凝土路面，表面层具有色彩的路面，主要包括彩色沥青路面、彩色水泥混凝土路面以及彩色树脂薄层路面。

2.1.2 彩色沥青结合料 colored asphalt binder

由石油化工产品加工制成具有类似道路石油沥青性质、可着色的浅色黏结材料，包括普通彩色沥青结合料、改性彩色沥青结合料、高黏度改性彩色沥青结合料及彩色乳化沥青结合料等。

2.1.3 彩色沥青混合料 colored asphalt mixture

采用彩色沥青结合料与集料、颜料及外加剂等材料拌和而成的彩色混合料。

2.1.4 彩色沥青路面 colored asphalt pavement

采用彩色沥青结合料与集料、颜料及外加剂等材料经拌和、铺筑形成的彩色路面。

2.1.5 彩色水泥混凝土路面 colored cement concrete pavement

采用普通硅酸盐水泥(或白色硅酸盐水泥、彩色硅酸盐水泥)、砂、碎石、水、颜料以及外加剂等材料经拌和、铺筑形成的彩色路面。

2.1.6 彩色树脂薄层路面 colored resin thin layer pavement

将由树脂类胶结料、骨料及颜料等材料按比例混合成砂浆刮涂或喷涂在路面上或将由树脂类胶结料、颜料等材料按比例混合均匀洒布或涂布在路面上，并立即撒铺骨料做成的彩色薄层路面。

2.1.7 彩色路面防护剂 protective agent of colored pavement

在彩色路面施工完成后，喷洒于路表可保护路面色彩的保护剂。

2.1.8 色调 hue

表示色彩的相貌特征，如红、黄、绿、蓝、紫等，又称色相。

2.1.9 彩度 chroma

用距离等无彩色点的视知觉特性来表示色彩浓淡的程度，并给予分度，又称纯度。

2.1.10 明度 lightness

表示色彩所显示的明暗、深浅程度的视知觉特性值，以绝对白色和绝对黑色为基准给予分度。

2.1.11 着色力 tinting strength

在规定试验条件下，有色颜料对白色颜料的着色能力。

2.2 符 号

C——彩度；

C_{max}——最大设计彩度；

C_{min}——最小设计彩度；

C_0——设计彩度；

H——色调；

HV/C_0——设计色彩标号；

HV/C_{max}——最大彩度设计色彩标号；

HV/C_{min}——最小彩度设计色彩标号；

K_0——设计色彩色卡标样；

K_{Lmax}——最大彩度临界色彩色卡标样；

K_{Lmin}——最小彩度临界色彩色卡标样；

K_{max}——最大彩度设计色彩色卡标样；

K_{min}——最小彩度设计色彩色卡标样；

V——明度；

CAC——彩色密级配沥青混合料；

CPAC——彩色透水沥青混合料；

CSMA——彩色沥青玛蹄脂混合料。

3 基本规定

3.0.1 彩色路面可用于需要交通指示、交通诱导或美化功能的公路和城市道路。

3.0.2 彩色路面的色彩应鲜明、持久，并应与路面周边环境相协调。

3.0.3 彩色路面所用材料的安全与环保要求应符合国家、行业和本市现行有关标准的规定。

3.0.4 彩色路面按面层材料可分为彩色沥青路面、彩色水泥混凝土路面和彩色树脂薄层路面。

3.0.5 彩色沥青路面按材料及施工工艺可分为彩色沥青混凝土路面、彩色微表处路面和彩色雾封层。

3.0.6 彩色水泥混凝土路面按材料及施工工艺可分为普通彩色水泥混凝土路面、彩色露骨料水泥混凝土路面和彩色透水水泥混凝土路面。

3.0.7 彩色树脂薄层路面按施工工艺可分为摊铺型彩色树脂砂浆路面和撒铺型彩色树脂碎石路面。

4 设 计

4.1 一般规定

4.1.1 彩色路面设计应包括色彩设计、材料设计和结构设计。

4.1.2 彩色路面应满足色彩功能与路用性能要求。

4.2 色彩设计

4.2.1 彩色路面的色彩设计应符合下列规定：

1 彩色路面宜按照路面不同使用功能进行色彩设计。

2 应根据现有颜料和可供工程使用的集料颜色设计路面色调，并考虑经济性和可操作性。

3 应根据使用场合确定彩色路面的颜色光泽，除特定区域或图案外，宜选择亚光类。

4 彩色路面宜选用单色调，应与对比路面的色彩形成反差。

5 彩色路面的彩度宜适中，颜料加入量应在合理的范围内。

4.2.2 彩色路面的色彩设计应按下列程序和要求进行：

1 确定设计色彩。选择合适的色调(H)、明度(V)、设计彩度(C_0)，确定设计色彩标号(HV/C_0)。色彩标号应符合现行国家标准《中国颜色体系》GB/T 15608 的相关规定。

2 确定最大彩度设计色彩和最小彩度设计色彩。应在合适的彩度范围内，选择大于 C_0 的最大设计彩度(C_{max})和小于 C_0 的最小设计彩度(C_{min})，确定最大彩度设计色彩标号(HV/C_{max})和最小彩度设计色彩标号(HV/C_{min})。

3 选择色卡标样。应按现行国家标准《建筑颜色的表示方法》GB/T 18922 的规定，选择与色彩标号 HV/C_0、HV/C_{max} 和 HV/C_{min} 对应的色卡标样，分别记为色彩色卡标样（K_0）、最大彩度设计色彩色卡标样（K_{max}）和最小彩度设计色彩色卡标样（K_{min}）。

4.2.3 彩色路面的色彩配制应符合本标准附录 A 的规定，并应做试验段进行色彩验证。

4.3 材料设计

4.3.1 彩色路面用颜料应符合下列规定：

1 颜料应不溶于水，易在结合料中分散，在施工温度范围内不分解、不变色、不与其他物质反应，并具有优良的耐候性，在长期日光照射下不易褪色。

2 宜选择无机颜料，其技术要求应符合表 4.3.1 的规定。

表 4.3.1 无机颜料技术要求

技术指标	单位	技术要求	试验方法
外观	—	均匀一致，无结块	目测
水溶物含量	%	≤1.0	GB/T 5211.1
吸油量	%	≤22	GB/T 5211.15
筛余量（0.045mm 筛孔）	%	≤0.1	GB/T 5211.18
着色力	—	98～102	GB/T 5211.19
耐光性	级	≥7	GB/T 1710

3 采用无机颜料无法实现的色调可采用有机颜料调配，有机颜料应具备较好的耐久性。

4.3.2 彩色沥青结合料的应用应符合下列规定：

1 普通彩色沥青结合料适用于二级及以下等级的公路和次干路及以下等级的城市道路。

2 改性彩色沥青结合料适用于高速公路、一级公路、城市快速路和主干路。

3 高黏度改性彩色沥青结合料适用于彩色透水型沥青路面。

4 彩色乳化沥青适用于彩色微表处、彩色雾封层及其他冷拌冷铺(补)类彩色沥青路面。

4.3.3 普通彩色沥青结合料的技术要求应符合表4.3.3的规定。

表4.3.3 普通彩色沥青结合料技术要求

技术指标			单位	技术要求	试验方法
针入度(25℃,100g,5s)			0.1mm	60～80	T 0604
软化点(R&B)	机动车道		℃	≥55	T 0606
	非机动车道/人行道			≥46	
延度	机动车道(10℃,5cm/min)		cm	≥30	T 0605
	非机动车道/人行道(15℃,5cm/min)			≥100	
动力黏度(60℃)	机动车道		Pa·s	≥200	T 0620
	非机动车道/人行道			≥160	
运动黏度(135℃)			Pa·s	≤3	T 0625
闪点(COC)			℃	≥240	T 0611
颜色等级(铁钴法)			档	≤17	GB/T 1722
密度(15℃)			g/cm^3	实测	T 0603
TFOT(或RTFOT)后残留物	质量变化		%	≤±1.2	T 0610或T 0609
	针入度比(25℃,100g,5s)		%	≥61	T 0604
	延度	机动车道(10℃,5cm/min)	cm	≥6	T 0605
		非机动车道/人行道(15℃,5cm/min)		≥15	
	颜色		—	无明显变化	GB/T 1722

4.3.4 改性彩色沥青结合料的技术要求应符合表 4.3.4 的规定。

表 4.3.4 改性彩色沥青结合料技术要求

<table>
<tr><th colspan="2">技术指标</th><th>单位</th><th>技术要求</th><th>试验方法</th></tr>
<tr><td colspan="2">针入度(25℃,100g,5s)</td><td>0.1mm</td><td>40～60</td><td>T 0604</td></tr>
<tr><td colspan="2">软化点(R&B)</td><td>℃</td><td>≥63</td><td>T 0606</td></tr>
<tr><td colspan="2">延度(5℃,5cm/min)</td><td>cm</td><td>≥20</td><td>T 0605</td></tr>
<tr><td colspan="2">运动黏度(135℃)</td><td>Pa·s</td><td>≤3</td><td>T 0625</td></tr>
<tr><td colspan="2">闪点(COC)</td><td>℃</td><td>≥230</td><td>T 0611</td></tr>
<tr><td colspan="2">颜色等级(铁钴法)</td><td>档</td><td>≤17</td><td>GB/T 1722</td></tr>
<tr><td rowspan="4">TFOT(或RTFOT)后残留物</td><td>质量变化</td><td>%</td><td>≤±1.8</td><td>T 0610 或 T 0609</td></tr>
<tr><td>针入度比(25℃, 100g,5s)</td><td>%</td><td>≥65</td><td>T 0604</td></tr>
<tr><td>延度(5℃,5cm/min)</td><td>cm</td><td>≥15</td><td>T 0605</td></tr>
<tr><td>颜色</td><td>—</td><td>无明显变化</td><td>GB/T 1722</td></tr>
</table>

4.3.5 高黏度改性彩色沥青结合料的技术要求应符合表 4.3.5 的规定。

表 4.3.5 高黏度改性彩色沥青结合料技术要求

<table>
<tr><th colspan="2">技术指标</th><th>单位</th><th>技术要求</th><th>试验方法</th></tr>
<tr><td colspan="2">针入度(25℃,100g,5s)</td><td>0.1mm</td><td>30～60</td><td>T 0604</td></tr>
<tr><td colspan="2">软化点(R&B)</td><td>℃</td><td>≥80</td><td>T 0606</td></tr>
<tr><td colspan="2">延度(15℃,5cm/min)</td><td>cm</td><td>≥80</td><td rowspan="2">T 0605</td></tr>
<tr><td colspan="2">延度(5℃,5cm/min)</td><td>cm</td><td>≥30</td></tr>
<tr><td colspan="2">动力黏度(60℃)</td><td>Pa·s</td><td>≥30000</td><td>T 0620</td></tr>
<tr><td colspan="2">闪点(COC)</td><td>℃</td><td>≥260</td><td>T 0611</td></tr>
<tr><td colspan="2">颜色等级(铁钴法)</td><td>档</td><td>≤17</td><td>GB/T 1722</td></tr>
<tr><td colspan="2">黏韧性</td><td>N·m</td><td>≥20</td><td rowspan="2">T 0624</td></tr>
<tr><td colspan="2">韧性</td><td>N·m</td><td>≥15</td></tr>
<tr><td rowspan="4">TFOT(或RTFOT)后残留物</td><td>质量变化</td><td>%</td><td>≤±0.6</td><td>T 0610 或 T 0609</td></tr>
<tr><td>针入度比(25℃, 100g,5s)</td><td>%</td><td>≥65</td><td>T 0604</td></tr>
<tr><td>延度(5℃,5cm/min)</td><td>cm</td><td>≥15</td><td>T 0605</td></tr>
<tr><td>颜色</td><td>—</td><td>无明显变化</td><td>GB/T 1722</td></tr>
</table>

4.3.6 拌和用彩色乳化沥青的技术要求应符合表 4.3.6 的规定。

表 4.3.6 拌和用彩色乳化沥青技术要求

技术指标		单位	技术要求	试验方法
破乳速度		—	慢裂	T 0658
筛上剩余量(1.18mm 筛)		%	≤0.1	T 0652
颜色等级		档	≤15	GB/T 1722
黏度	标准黏度 $C_{25,3}$	s	12～60	T 0621
	恩格拉黏度 E_{25}	—	3～30	T 0622
蒸发残留物	含量	%	≥60	T 0651
	针入度(100g,25℃,5s)	0.1mm	40～100	T 0604
	软化点(R&B)	℃	≥55	T 0606
	延度(5℃,5cm/min)	cm	≥20	T 0605
储存稳定性	1d	%	≤1	T 0655
	5d	%	≤5	

4.3.7 彩色雾封层材料应具备良好的渗透性能以及增强路面防水能力和恢复彩色路面表面颜色的功能。彩色雾封层喷洒用乳化沥青的技术要求应符合表 4.3.7 的要求。

表 4.3.7 彩色雾封层喷洒用乳化沥青技术要求

技术指标		单位	技术要求	试验方法
破乳速度		—	快裂或中裂	T 0658
筛上剩余量(1.18mm 筛)		%	≤0.1	T 0652
颜色等级(铁钴法)		档	≤15	GB/T 1722
黏度	标准黏度 $C_{25,3}$	s	10～25	T 0621
	恩格拉黏度 E_{25}	—	2～10	T 0622
蒸发残留物	含量	%	≥50	T 0651
	针入度(100g,25℃,5s)	0.1mm	50～200	T 0604
	延度(15℃,5cm/min)	cm	≥40	T 0605
储存稳定性	1d	%	≤1	T 0655
	5d	%	≤5	

4.3.8 彩色沥青混合料采用的粗集料应符合下列规定：

1 粗集料颜色宜与路面设计色彩接近或搭配和谐，其技术要求应符合表 4.3.8-1 的规定，粒径规格应符合表 4.3.8-2 的规定。

2 粗集料可采用天然石料，也可采用彩色陶粒等人造材料。天然石料应选用表面清洁、干燥、无风化、无杂质、富有棱角、质地坚硬、颗粒呈近似立方体石料。人造材料应采用单一粒径、接近立方体且着色均匀的材料。

表 4.3.8-1 粗集料技术要求

技术指标	单位	技术要求		试验方法
		机动车道	非机动车道/人行道	
压碎值	%	≤26	≤30	T 0316
洛杉矶磨耗损失	%	≤28	≤35	T 0317
表观相对密度	—	≥2.60	≥2.45	T 0304
与彩色沥青黏附性	级	≥5	≥4	T 0616
吸水率	%	≤2.0	≤3.0	T 0304
针片状颗粒含量	%	≤15	≤20	T 0312
小于 0.075mm 颗粒含量(水洗法)	%	≤1.0	≤1.0	T 0310
软石含量	%	≤3	≤5	T 0320
坚固性	%	≤12	—	T 0314
磨光值	BPN	≥42	—	T 0321

表 4.3.8-2 粗集料粒径规格

公称粒径(mm)	通过下列筛孔(mm)的质量百分率(%)					
	19.0	13.2	9.5	4.75	2.36	0.6
10～15	100	90～100	0～15	0～5	—	—
5～10	100	100	90～100	0～15	0～5	—
3～5	100	100	100	90～100	0～15	0～3

4.3.9 彩色沥青混合料采用的细集料应符合下列规定：

1 宜采用与路面设计色彩相近的材料，其技术要求应符合表4.3.9-1的规定。

2 可采用天然石料轧制成的机制砂或者石屑，也可采用人造彩色陶粒等人造材料。机制砂或石屑应洁净、干燥、无风化、无杂质，有适当的颗粒级配，并与彩色沥青结合料和颜料有良好的黏结力。天然石料的粒径规格应符合表4.3.9-2的规定。人造彩色陶粒的颗粒粒径和色彩应保持均匀。

表4.3.9-1 细集料技术要求

技术指标	单位	技术要求		试验方法
		机动车道	非机动车道/人行道	
表观相对密度	—	≥2.50	≥2.45	T 0328
坚固性(>0.3mm部分)	%	≤12	—	T 0340
含泥量(<0.075mm的含量)	%	≤3	≤5	T 0333
砂当量①	%	≥60	≥50	T 0334
亚甲蓝值	g/kg	≤2.5	—	T 0349
棱角性(流动时间)	s	≥30	—	T 0345

注：①彩色微表处用细集料砂当量不小于65%。

表4.3.9-2 细集料粒径规格

公称粒径(mm)	通过下列筛孔(mm)的质量百分率(%)							
	9.5	4.75	2.36	1.18	0.6	0.3	0.15	0.075
0～3	100	100	80～100	50～80	25～60	8～45	0～25	0～15
0～5	100	90～100	60～90	40～75	20～55	7～40	2～20	0～10

4.3.10 彩色沥青混合料采用的填料应符合下列规定：

1 应采用石灰岩等憎水性石料磨细的矿粉。

2 矿粉应采用洁净、干燥、不结团、外观呈白色或浅色与彩色沥青结合料有较好黏结性的产品，其技术要求应符合表4.3.10的规定。

表 4.3.10 矿粉技术要求

技术指标	单位	技术要求	试验方法
表观密度	g/cm^3	≥2.50	T 0352
含水量	%	≤1	T 0103 烘干法
粒度范围＜0.6mm	%	100	T 0351
＜0.15mm	%	90～100	
＜0.075mm	%	75～100	
外观	—	无团粒结块	目测
亲水系数	—	＜1	T 0353
塑性系数	%	＜4	T 0354
加热安全性	—	实测记录	T 0355

4.3.11 彩色沥青混合料采用的纤维稳定剂技术要求应符合现行行业标准《城镇道路工程施工与质量验收规范》CJJ 1 或《公路沥青路面施工技术规范》JTG F40 的相关规定。

4.3.12 彩色微表处采用的水泥材料技术要求应符合现行国家标准《通用硅酸盐水泥》GB 175 的规定，石灰的技术要求应符合现行行业标准《建筑消石灰》JC/T 481 的规定。

4.3.13 彩色路面防护剂应具有耐光照老化以及增强彩色路面耐腐蚀性和耐磨性的功能，其技术要求应符合表 4.3.13 的规定。

表 4.3.13 彩色路面防护剂技术要求

技术指标	单位	技术要求	试验方法
涂膜外观	—	干燥后无发皱、起泡、开裂、粘胎等现象，涂膜颜色与外观与标准板无明显差异	目测
密度	g/cm^3	≥1.2	GB/T 6750
固体含量	%	≥55	GB/T 1725
黏度(涂-4 杯)	s	≥60	GB/T 1723
干燥时间	min	≤15	GB/T 1728

续表 4.3.13

技术指标	单位	技术要求	试验方法
遮盖力	g	≥80	GB/T 1726
附着性(划圈法)	级	≤2	GB/T 1720
柔韧性	mm	≥2	GB/T 1731
耐磨性 (200r/1000g 后减重，JM-100 橡胶砂轮)	mg	≤40	GB/T 1768
耐水性,24h	—	无起泡、软化、剥落现象，无明显变色	JT/T 712
耐碱性,24h	—		
施工性能	—	喷涂或滚涂施工性能良好	—

4.3.14 彩色沥青混合料设计应符合下列规定：

1 彩色沥青混合料矿料级配设计应按现行行业标准《城镇道路工程施工与质量验收规范》CJJ 1 或《公路沥青路面施工技术规范》JTG F40 的规定执行。

2 填料用量应为矿粉和颜料用量的总和。

3 颜料用量应根据路面色彩设计要求通过色彩配制确定，宜为彩色沥青混合料质量的1%～3%。

4 彩色沥青混合料的矿料级配范围应符合表 4.3.14-1 的规定。

表 4.3.14-1 彩色沥青混合料的矿料级配范围

级配类型	通过下列筛孔(mm)的质量百分率(%)									
	16	13.2	9.5	4.75	2.36	1.18	0.6	0.3	0.15	0.075
CAC-5	—	—	100	90～100	55～75	35～55	20～40	12～28	7～18	5～10
CAC-10	—	100	90～100	45～65	35～50	22～40	13～30	9～23	6～15	4～8
CAC-13	100	90～100	70～80	43～55	28～45	15～35	10～28	7～20	5～15	4～8
CSMA-10	—	100	90～100	28～60	20～32	14～26	12～22	10～18	9～16	8～13
CSMA-13	100	90～100	50～75	20～34	15～26	14～24	12～20	10～16	9～15	8～12
CPAC-10	—	100	90～100	50～70	10～22	6～18	4～15	3～12	3～8	2～6
CPAC-13	100	90～100	60～80	12～30	10～22	6～18	4～15	3～12	3～8	2～6

5 彩色沥青混合料的配合比设计宜采用马歇尔试验法。

6 彩色密级配沥青混合料（CAC）的技术要求应符合表 4.3.14-2的规定。

表 4.3.14-2 CAC 技术要求

<table>
<tr><td colspan="2" rowspan="2">技术指标</td><td rowspan="2">单位</td><td colspan="4">技术要求</td><td rowspan="2">试验方法</td></tr>
<tr><td colspan="2">机动车道</td><td colspan="2">非机动车道/人行道</td></tr>
<tr><td colspan="2">击实次数(双面)</td><td>次</td><td colspan="2">75</td><td colspan="2">50</td><td rowspan="2">T 0702</td></tr>
<tr><td colspan="2">马歇尔试件尺寸</td><td>mm</td><td colspan="4">ϕ101.6mm×63.5mm</td></tr>
<tr><td colspan="2">空隙率 VV</td><td>%</td><td colspan="2">3～5</td><td colspan="2">3～6</td><td>T 0705</td></tr>
<tr><td colspan="2">稳定度 MS</td><td>kN</td><td colspan="2">≥8</td><td colspan="2">≥3</td><td rowspan="2">T 0709</td></tr>
<tr><td colspan="2">流值 FL</td><td>mm</td><td colspan="2">1.5～4</td><td colspan="2">2～5</td></tr>
<tr><td rowspan="6">矿料间隙率 VMA（%）</td><td rowspan="2">设计空隙率（%）</td><td colspan="5">相应于以下公称最大粒径(mm)的技术要求</td><td rowspan="7">T 0705</td></tr>
<tr><td>19</td><td>16</td><td>13.2</td><td>9.5</td><td>4.75</td></tr>
<tr><td>3</td><td>≥12</td><td>≥12.5</td><td>≥13</td><td>≥14</td><td>≥16</td></tr>
<tr><td>4</td><td>≥13</td><td>≥13.5</td><td>≥14</td><td>≥15</td><td>≥17</td></tr>
<tr><td>5</td><td>≥14</td><td>≥14.5</td><td>≥15</td><td>≥16</td><td>≥18</td></tr>
<tr><td>6</td><td>≥15</td><td>≥15.5</td><td>≥16</td><td>≥17</td><td>≥19</td></tr>
<tr><td colspan="2">沥青饱和度 VFA（%）</td><td colspan="3">65～75</td><td colspan="2">70～85</td></tr>
<tr><td rowspan="2">动稳定度（60℃）</td><td>普通彩色沥青</td><td rowspan="2">次/mm</td><td colspan="2">≥1000</td><td colspan="2">≥600</td><td rowspan="2">T 0719</td></tr>
<tr><td>改性彩色沥青</td><td colspan="2">≥3000</td><td colspan="2">≥1000</td></tr>
<tr><td colspan="2">浸水马歇尔残留稳定度</td><td>%</td><td colspan="2">≥80</td><td colspan="2">≥75</td><td>T 0709</td></tr>
<tr><td colspan="2">冻融劈裂残留强度比</td><td>%</td><td colspan="2">≥80</td><td colspan="2">≥75</td><td>T 0729</td></tr>
<tr><td colspan="2">极限破坏应变</td><td>$\mu\varepsilon$</td><td colspan="4">≥2000</td><td>T 0715</td></tr>
<tr><td colspan="2">渗水系数</td><td>mL/min</td><td colspan="4">≤50</td><td>T 0730</td></tr>
<tr><td colspan="2">色彩</td><td>—</td><td colspan="4">符合设计要求</td><td>附录 C</td></tr>
</table>

7 彩色玛蹄脂沥青混合料（CSMA）的技术要求应符合表 4.3.14-3的规定。

表 4.3.14-3 CSMA 技术要求

技术指标	单位	技术要求	试验方法
马歇尔试件尺寸	mm	ϕ101.6mm×63.5mm	T 0702
击实次数(双面)	次	50	
空隙率 VV	%	3～4	T 0705
粗集料骨架间隙率 VCA_{min}	—	≤VCA_{DRC}	
沥青饱和度 VFA	%	75～85	
矿料间隙率 VMA	%	≥17	
稳定度 MS	kN	≥6	T 0709
动稳定度(60℃)	次/mm	重交通等级以上道路≥4 500； 中、轻交通等级道路≥3 000	T 0719
析漏损失	%	≤0.2	T 0732
肯塔堡飞散损失	%	≤20	T 0733
浸水马歇尔残留稳定度	%	≥85	T 0709
冻融劈裂残留强度比	%	≥80	T 0729
极限破坏应变	με	≥2 500	T 0715
渗水系数	mL/min	≤50	T 0730
色彩	—	符合设计要求	附录 C

8 彩色透水沥青混合料(CPAC)的技术要求应符合表 4.3.14-4 的规定。

表 4.3.14-4 CPAC 技术要求

技术指标	单位	技术要求		试验方法
		机动车道	非机动车道/人行道	
击实次数(双面)	次	50		T 0702
试件尺寸	mm	ϕ101.6mm×63.5mm		
空隙率 VV	%	18～23		T 0708
连通空隙率	%	≥14		CJJ/T 190 附录 A
稳定度 MS	kN	≥5.0	≥3.5	T 0709
析漏损失	%	<0.3		T 0732
肯塔堡飞散损失	%	<15		T 0733
动稳定度(60℃)	次/mm	≥4 000	≥1 500	T 0719
浸水马歇尔残留稳定度	%	≥85	≥80	T 0709
冻融劈裂残留强度比	%	≥85	≥80	T 0729
渗水系数	mL/min	≥3 600		T 0730
色彩	—	符合设计要求		附录 C

4.3.15 彩色微表处混合料的拌制应符合下列规定：

1 应根据使用要求、路面状况、交通量、气候条件等因素，选择合适的微表处类型。

2 配合比设计必须使用实体工程用原材料进行，并应符合现行行业标准《路面稀浆罩面技术规程》CJJ/T 66 的相关规定，其矿料级配范围应符合表 4.3.15-1 的规定。

表 4.3.15-1 彩色微表处混合料的矿料级配范围

级配类型	通过下列筛孔(mm)的质量百分率(%)							
	9.5	4.75	2.36	1.18	0.6	0.3	0.15	0.075
CMS-2	100	90～100	65～90	45～70	30～50	18～35	10～21	5～15
CMS-3	100	70～90	45～70	28～50	19～34	12～25	7～18	5～15

3 彩色微表处混合料的技术要求应符合表 4.3.15-2 的规定。

表 4.3.15-2 彩色微表处混合料技术要求

技术指标		单位	技术要求	试验方法
可拌和时间(25℃)		s	＞120	手工拌和
黏聚力试验	30min(初凝时间)	N·m	≥1.2	T 0754
	60min(开放交通时间)		≥2.0	
负荷轮碾压试验(*LWT*)	黏附砂量	g/m^2	＜450	T 0755
	轮迹宽度变化率	%	＜5	
湿轮磨耗试验的磨耗值(*WTAT*)	浸水 1h	g/m^2	＜540	T 0752
	浸水 6h		＜800	
色彩		—	符合设计要求	附录 C

4.3.16 普通彩色水泥混凝土路面材料应符合下列规定：

1 水泥材料可采用白色硅酸盐水泥、通用硅酸盐水泥或彩色硅酸盐水泥，其技术要求应分别符合现行国家标准《白色硅酸盐水泥》GB/T 2015、《通用硅酸盐水泥》GB/T 175 和现行行业标准《彩色硅酸盐水泥》JC/T 870 的规定。通用硅酸盐水泥应选择强度等级不低于 42.5 级的硅酸盐水泥或普通硅酸盐水泥。

2 粗集料应选择与路面设计色彩相近、质地坚硬、耐久、洁净的碎石或砾石，并符合表 4.3.16 的规定。

表 4.3.16 普通彩色水泥混凝土路面粗集料技术要求

技术指标	单位	技术要求	试验方法
碎石压碎值	%	<15.0	T 0316
砾石压碎值	%	<14.0	T 0316
坚固性	%	<8.0	T 0314
针片状颗粒含量	%	<15.0	T 0311
含泥量	%	<1.0	T 0310
吸水率	%	<2.0	T 0307
硫化物及硫酸盐(按 SO_3 质量计)	%	<1.0	GB/T 14685
有机物含量(比色法)	—	合格	T 0313
表观密度	kg/m³	>2500	T 0308
松散堆积密度	kg/m³	>1350	T 0309
堆积空隙率	%	<47.0	T 0309
集料碱活性	—	无碱活性反应或疑似碱活性反应	T 0325
抗压强度	MPa	岩浆岩≥100； 变质岩≥80； 沉积岩≥60	T 0221

3 粗集料宜采用人工合成级配，其级配范围和公称最大粒径应符合现行行业标准《城镇道路工程施工与质量验收规范》CJJ 1或《公路水泥混凝土路面施工技术细则》JTG/T F30 的相关规定。

4 细集料宜选择与路面设计色彩相近，且质地坚硬、耐久、洁净的天然砂或机制砂，不得使用海砂。细集料的技术指标应符合现行行业标准《城镇道路工程施工与质量验收规范》CJJ 1 或

《公路水泥混凝土路面施工技术细则》JTG/T F30 的相关规定。

5 细集料的级配范围宜符合现行国家标准《建设用砂》GB/T 14684 的规定。彩色水泥混凝土面层使用的天然砂细度模数宜在 2.4～2.9 之间，机制砂细度模数宜在 2.8～3.3 之间。

6 彩色水泥混凝土搅拌与养护用水应保持清洁，pH 值宜为 6～8，其质量应符合现行行业标准《混凝土用水标准》JGJ 63 的规定。

7 外加剂产品应符合现行国家标准《混凝土外加剂》GB 8076 的规定。

4.3.17 普通彩色水泥混凝土的配合比设计应符合下列要求：

1 配合比设计应符合水泥混凝土路面的弯拉强度、工作性、耐久性及色彩要求，还应符合现行行业标准《城镇道路工程施工与质量验收规范》CJJ 1 或《公路水泥混凝土路面施工技术细则》JTG/T F30 的相关规定。

2 配合比设计应包括目标配合比设计和施工配合比设计两个阶段。目标配合比设计应确定混凝土中水泥和集料用量、水灰（胶）比、颜料以及外加剂掺量。施工配合比应通过拌和楼试拌确定。

3 应根据彩色水泥混凝土硬化后干燥状态下的色彩状态，确定颜料的用量或选择彩色水泥品种。

4 彩色水泥混凝土耐磨性应符合设计要求，且彩色混凝土的磨损量宜小于 3.0kg/m^2。

4.3.18 彩色露骨料水泥混凝土材料应符合下列规定：

1 水泥材料宜选择强度等级不低于 42.5 级的硅酸盐水泥或普通硅酸盐水泥，其质量应符合现行国家标准《通用硅酸盐水泥》GB/T 175 的要求。

2 粗集料可选择天然彩色集料，也可选用人造彩色陶粒。天然彩色集料的技术要求应符合表 4.3.18-1 的规定，彩色陶粒的技术要求应符合表 4.3.18-2 的规定。

表 4.3.18-1 彩色露骨料混凝土粗集料技术要求

指标	单位	技术要求	试验方法
磨光值	BPN	≥42	T 0321
压碎值	%	≤15	T 0316
洛杉矶磨耗	%	≤20	T 0317
坚固性	%	≤10	T 0314
针片状含量	%	≤5	T 0312

表 4.3.18-2 彩色陶粒技术要求

指标	单位	技术要求	试验方法
吸水率	%	≤3.0	T 0304
表观相对密度	—	≥2.25	T 0304
莫氏硬度	—	≥6	莫氏硬度计
磨光值	BPN	≥40	T 0321
粒径	mm	3～8	标准筛筛分

3 细集料应选择质地坚硬、耐久、洁净的天然砂或机制砂，其技术要求应符合现行行业标准《城镇道路工程施工与质量验收规范》CJJ 1 或《公路水泥混凝土路面施工技术细则》JTG/T F30 的相关规定。制备彩色露骨料混凝土时宜筛除砂中 2.36mm 粒级以上的粒料。

4 露石剂宜选择有机类材料，并应符合现行国家标准《混凝土外加剂》GB 8076 的规定。

5 彩色露骨料水泥混凝土的配合比设计应符合现行行业标准《城镇道路工程施工与质量验收规范》CJJ 1 或《公路水泥混凝土路面施工技术细则》JTG/T F30 的相关规定，并应符合路面弯拉强度、工作性、耐久性及色彩要求。

4.3.19 彩色透水水泥混凝土材料应符合下列规定：

1 水泥材料应选择强度等级不低于 42.5 级的硅酸盐水泥或普通硅酸盐水泥，其技术要求应符合现行国家标准《通用硅酸盐水泥》GB/T 175 的规定。

2 集料应采用质地坚硬、耐久、洁净、密实的碎石料，其性能指标应符合表 4.3.19-1 的技术要求。

表 4.3.19-1 集料技术要求

技术指标	单位	技术要求	试验方法
压碎值	%	<15.0	GB/T 14685
针片状颗粒含量(按质量计)	%	<15.0	
含泥量(按质量计)	%	<1.0	
表观密度	kg/m³	>2500	
紧装堆积密度	kg/m³	>1350	
堆积空隙率	%	<47.0	

3 集料粒径宜选择单一级配。

4 增强剂可选择有机材料或无机材料。有机增强剂的技术要求应符合表 4.3.19-2 的规定。无机增强剂宜选择硅灰类材料，其中 SiO_2 含量应大于 85%。

表 4.3.19-2 有机增强剂的技术指标

有机增强剂	单位	聚合物乳液	聚合物粉体	试验方法
含固量	%	≥40	≥98	GB/T 11175
最低成膜温度	℃	≤5	≤5	
延伸率	%	≥150	≥300	GB/T 1040
极限拉伸强度	MPa	≥1.0	≥5.0	

5 彩色透水水泥混凝土的配合比设计和性能应符合现行行业标准《透水水泥混凝土路面技术规程》CJJ/T 135 的规定，路面色彩应符合设计要求。

4.3.20 彩色树脂薄层路面采用的树脂材料宜为冷塑型高分子聚合物，可为单组分或双组分类型。树脂材料成分指标要求应符合表 4.3.20 的规定。

表 4.3.20　树脂材料成分指标要求

技术指标		单位	技术要求	试验方法
固含量		%	≥90	GB/T 1725
总挥发性有机物(VOC)		g/kg	≤50	GB 30982
苯		g/kg	不得检出	
甲苯和二甲苯总和含量		g/kg	≤1.0	
游离甲苯二异氰酸酯含量①		g/kg	不得检出	
游离甲醛		g/kg	≤0.5	
重金属含量	铅	mg/kg	≤30	GB/T 22374
	镉		≤10	
	铬		≤10	
	汞		≤2	

注:①使用聚氨酯类树脂时检测。

4.3.21　彩色树脂薄层路面应由底涂层和面涂层组成。底涂层用树脂材料性能指标应符合表 4.3.21-1 的规定。面层用树脂材料性能指标应符合表 4.3.21-2 的规定。

表 4.3.21-1　底涂层用树脂性能要求

技术指标		单位	技术要求	试验方法
凝胶时间(23℃)		min	≥10	JT/T 712
干燥时间(23℃)		h	表干≤2h;实干≤8h	GB/T 16777
拉伸强度(23℃)		MPa	≥10	
断裂伸长率(23℃)		%	≥20	
拉拔强度(23℃)	对钢板	MPa	≥8	GB/T 5210
	对水泥混凝土	MPa	≥2 或水泥混凝土破坏	
	对沥青混凝土	MPa	≥1 或沥青混凝土破坏	
低温抗裂性		—	−10℃保持 4h,室温放置 4h 为 1 个循环,3 个循环后无裂纹	JT/T 712

表 4.3.21-2 面涂层用树脂性能要求

<table>
<tr><th colspan="2">技术指标</th><th>单位</th><th>技术要求</th><th>试验方法</th></tr>
<tr><td colspan="2">凝胶时间(23℃)</td><td>min</td><td>≥10</td><td rowspan="2">JT/T 712</td></tr>
<tr><td colspan="2">干燥时间(23℃)</td><td>h</td><td>表干≤2h;实干≤8h</td></tr>
<tr><td colspan="2">拉伸强度(23℃)</td><td>MPa</td><td>≥10</td><td rowspan="2">GB/T 16777</td></tr>
<tr><td colspan="2">断裂伸长率(23℃)</td><td>%</td><td>≥20</td></tr>
<tr><td rowspan="3">拉拔强度(23℃)</td><td>对钢板</td><td>MPa</td><td>≥8</td><td rowspan="3">GB/T 5210</td></tr>
<tr><td>对水泥混凝土</td><td>MPa</td><td>≥2 或水泥混凝土破坏</td></tr>
<tr><td>对沥青混凝土</td><td>MPa</td><td>≥1 或沥青混凝土破坏</td></tr>
<tr><td colspan="2">低温抗裂性</td><td>—</td><td>−10℃保持 4h,室温放置 4h 为 1 个循环,3 个循环后无裂纹</td><td rowspan="4">JT/T712</td></tr>
<tr><td colspan="2">耐候性(人工加速老化)</td><td>—</td><td>无龟裂、剥落;允许轻微粉化和变色</td></tr>
<tr><td colspan="2">耐碱性</td><td>—</td><td>在常温氢氧化钙饱和溶液中浸泡 24h 无异常现象</td></tr>
<tr><td colspan="2">耐水性</td><td>—</td><td>在水中浸泡 24h 无异常现象</td></tr>
</table>

4.3.22 彩色树脂薄层路面骨料颜色应与路面设计色彩相近,可选用天然彩色石料或人造彩色骨料,其技术要求应符合表 4.3.22 的规定。采用天然石料,应选用清洁、干燥、无风化、无杂质的彩色机制砂。采用人造彩色骨料,应选用单一粒径、形状接近立方体且着色均匀的产品。

表 4.3.22 彩色树脂薄层路面骨料技术要求

技术指标	单位	技术要求	试验方法
集料形状	—	接近立方体	—
表观相对密度	—	≥2.30	T 0328
吸水率	%	≤3.0	T 0330
含水率	%	≤1.0	T 0332
莫氏硬度	—	≥6.0	莫氏硬度计
骨料粒径	mm	1.0~5.0	标准筛筛分

4.3.23 彩色树脂薄层路面的性能指标应符合表4.3.23的规定。

表4.3.23 彩色树脂薄层路面性能指标要求

技术指标		单位	技术要求	试验方法
色彩		—	符合设计要求	附录C
湿轮磨耗损失	浸水1h	g/m^2	<540或符合设计要求	JTG E20 T 0752
	浸水6h	g/m^2	<800或符合设计要求	
抗滑性能	摆值	BPN	符合设计要求	JTG E60 T 0964
	构造深度	mm	符合设计要求	JTG E60 T 0961
渗水系数		mL/min	≤10	JTG E60 T 0971

4.4 结构设计

4.4.1 彩色路面结构设计应根据上海地区气候、交通荷载及其他要求进行整体设计，并应符合现行国家、行业及上海市工程建设规范的规定。

4.4.2 彩色路面结构设计应包括结构组合设计和结构层厚度设计。

4.4.3 彩色路面应作为表面功能层，其以下路面结构应由普通沥青混凝土或水泥混凝土面层、基层和垫层（底基层）组成。

4.4.4 彩色沥青路面结构设计应符合下列规定：

1 城镇道路彩色沥青混凝土路面结构设计和厚度计算应按现行行业标准《城镇道路路面设计规范》CJJ 169的相关规定执行。

2 公路彩色沥青混凝土路面结构设计和厚度计算应按现行行业标准《公路沥青路面设计规范》JTG D50的相关规定执行。

3 彩色透水沥青路面结构设计和厚度计算应按现行行业标准《透水沥青路面技术规程》CJJ/T 190的相关规定执行。

4 彩色微表处可单层铺装，也可双层铺装。彩色微表处厚度设计应按现行行业标准《路面稀浆罩面技术规程》CJJ/T66 的相关规定执行。

4.4.5 彩色水泥混凝土路面结构设计应符合下列规定：

1 城镇道路彩色水泥混凝土路面的结构设计和厚度计算应按现行行业标准《城镇道路路面设计规范》CJJ 169 的规定执行。

2 公路彩色水泥混凝土路面的结构设计和厚度计算应按现行行业标准《公路水泥混凝土路面设计规范》JTG D40 的规定执行。

3 彩色透水水泥混凝土路面的结构设计和厚度计算应按现行行业标准《透水水泥混凝土路面技术规程》CJJ/T 135 的规定执行。

4.4.6 彩色树脂薄层路面结构设计应符合下列规定：

1 彩色树脂薄层路面厚度应不小于 2mm。

2 彩色树脂薄层以下路面结构层的设计应符合国家、行业及本市现行相关标准的规定。

5 施　工

5.1 一般规定

5.1.1 彩色路面施工必须进行施工组织设计，制订详细的施工方案，保证合理的施工工期。

5.1.2 彩色路面不得在大风、雨雪天气、潮湿路面及温度低于10℃的环境下施工。

5.1.3 彩色路面正式施工前应做试验段，以确定配合比和施工工艺，并进行设计色彩验证。

5.1.4 彩色路面施工必须符合国家、行业及本市现行有关环境、消防、安全等法律法规的规定。施工过程应有良好的劳动保护，确保施工安全。

5.2 彩色沥青路面

5.2.1 彩色沥青路面施工应符合现行行业标准《城市道路彩色沥青混凝土路面技术规程》CJJ/T 218、《城镇道路工程施工与质量验收规范》CJJ 1 或《公路沥青路面施工技术规范》JTG F40的规定。

5.2.2 热拌彩色沥青混合料的拌和、施工温度应符合表 5.2.2 的规定。

表 5.2.2 热拌彩色沥青混合料拌和、施工温度要求

施工工序	普通彩色沥青	改性彩色沥青	高黏度改性彩色沥青
沥青加热温度(℃)	145～155	155～165	165～175
矿料加热温度(℃)	160～180	180～200	190～200
混合料出料温度(℃)	150～165	165～180	170～185
混合料废弃温度(℃)	>180 或<140	>190 或<155	>195 或<155
混合料储存温度(℃)	储存过程中温度降低不超过 10		
摊铺温度(℃)	≥140	≥150	≥160
初压温度(℃)	≥135	≥150	≥150
碾压终了的表面温度(℃)	≥90	≥100	≥100
开放交通时的路表温度(℃)	≤40	≤40	≤40

5.2.3 热拌彩色沥青混合料的拌和应符合下列规定：

1 在生产彩色沥青混合料之前，应将相关设备清洗干净，并应设置专门的彩色沥青储罐、泵送设施和输送管线。采用袋装的彩色沥青结合料，应具备相应的熔融设备。

2 彩色沥青混合料拌和时间应根据混合料类型、彩色沥青结合料种类等经试拌确定。间歇式拌和机每盘料的生产周期不宜少于 55s，其中干拌时间不应少于 5s。

3 彩色沥青混合料应色彩均匀，无结团、无离析现象。

5.2.4 热拌彩色沥青混合料的运输应符合下列规定：

1 彩色沥青混合料应使用合适吨位的、有保温、防雨、防污染措施的运料车运输。运输前必须将车厢内清洗干净，不得残留易造成色彩污染的物质，或采用专用运输车辆以保证彩色沥青混合料不被污染。

2 运输前应在车厢内侧板和底板涂上适量的防粘剂或隔离剂，严禁使用普通乳化沥青、柴油、煤油作为隔离剂，应采用由彩色沥青结合料等配制成的乳液或稀释液。

3 运输至现场的混合料超过使用温度范围，或出现明显色

差、结团、离析或雨淋等现象，应严禁使用。

5.2.5 热拌彩色沥青混合料的摊铺应符合下列规定：

1 摊铺前必须对摊铺机进行全面清洗，并应涂刷适量的隔离剂。

2 彩色沥青面层的下承面应清洁平整，摊铺前洒布的黏层油应采用彩色沥青结合料配制而成的稀释液或彩色乳化沥青。

3 在摊铺过程中应有专人检测摊铺温度、控制松铺系数及摊铺宽度、横坡等参数，应设专人消除接缝处的离析带及料窝。如有严重污染、离析、色彩差异较大的混合料，应予清除。

5.2.6 热拌彩色沥青混合料的碾压应符合下列规定：

1 压路机的碾压轮在施工过程中应保持清洁，可涂刷适量的精制油或油脂类隔离剂。

2 在已完成压实的路面上不得散落混合料或油料等杂物，不得停放各种施工机械或车辆。

3 碾压结束后宜立即喷彩色路面防护剂。

5.2.7 彩色沥青混凝土路面面层的接缝处理应符合下列规定：

1 路面接缝应连续平顺、紧密，不得有明显的离析。碾压后宜用 3m 直尺检查，确保满足平整度要求。

2 横向接缝宜采用垂直于道路中线的平接缝，纵缝应采用热接缝。与下层的纵缝错位距离宜大于 0.3m；相邻两幅及上下层的横向接缝错位距离宜大于 3m。

3 横向接缝碾压时宜先用双钢轮压路机横向碾压，然后进行 45°斜压，最后再实施横压。纵向接缝碾压时第一趟宜先碾压接缝部分，然后向两边碾压。

4 冷热接茬处应尽量减少碾压冷却一侧的路面，以防止出现泛白现象。

5.2.8 彩色沥青混凝土路面应待摊铺层完全自然冷却，表面温度低于 40℃后方可开放交通。完工后至通车前注意防止泥土、杂物等污染。完工后宜封闭交通 2h～6h，禁止一切车辆和行人通行。

5.2.9 彩色微表处施工应符合下列规定：

1 施工前应对原材料质量进行全面检测，不合格原材料不得用于施工。

2 彩色微表处施工必须采用专用的微表处摊铺机。施工前应对摊铺机进行标定、清洗，不得污染彩色浆料。

3 根据设计厚度，彩色微表处可单层铺筑或双层铺筑。双层铺筑施工中，上下层的接缝错位距离应大于0.3m。应在第一层摊铺结束24h后，待混合料充分成型时，进行第二层摊铺；必要时可采用6t～10t的轮胎压路机碾压成型，间隔期应采用防污染措施。

4 彩色微表处铺筑完成后，应将废料清除出施工现场。在开放交通前，禁止车辆和行人通行。

5 彩色微表处其他施工过程应符合现行行业标准《路面稀浆罩面技术规程》CJJ/T 66的规定。

5.2.10 彩色透水沥青混凝土路面的施工应符合现行行业标准《透水沥青路面技术规程》CJJ/T 190及上海市工程建设规范《道路排水性沥青路面技术规程》DG/TJ 08－2074的规定。

5.3 彩色水泥混凝土路面

5.3.1 彩色水泥混凝土路面施工应根据气候条件、路面设计与施工质量控制要求、工程规模、工期等条件，选择适宜的施工工艺。

5.3.2 普通彩色水泥混凝土拌制、施工应符合下列规定：

1 应采用间歇强制式拌和楼，拌和前应将设备清洗干净。搅拌时间应根据拌和物的黏聚性、均质性、色彩及搅拌机类型，经试拌确定。

2 施工应符合现行行业标准《城镇道路工程施工与质量验收规范》CJJ 1或《公路水泥混凝土路面施工技术细则》JTG/T F30的规定，

并应采取有效措施防止泥土、油污等杂质污染彩色水泥混凝土路面表面。

5.3.3 彩色露骨料水泥混凝土路面施工应符合下列规定：

1 彩色露骨料水泥混凝土应采用专用搅拌机拌制，与下面层混凝土间宜采用湿接工艺。

2 完成摊铺、振捣、抹面等工序，待混凝土表面水膜消失后，应立即喷洒露石剂或根据室内试验结果确定露石剂的喷洒时间。

3 宜对喷洒露石剂后的路面进行养生。达到刷洗时间后，应除去混凝土表面的砂浆，露出彩色骨料。彩色露骨料水泥混凝土刷洗时间可根据经验确定。

4 刷洗完后应立刻进行覆盖养生。混凝土强度达到要求后，应立即锯缝，锯缝深度应超过水泥混凝土上面层。

5.3.4 彩色透水水泥混凝土路面施工应符合下列规定：

1 彩色透水水泥混凝土应采用专用搅拌机拌制，拌和前应将设备清洗干净。其与下面层混凝土之间宜采用湿接工艺施工。

2 彩色透水水泥混凝土路面施工应符合现行行业标准《透水水泥混凝土路面技术规程》CJJ/T 135 的规定。

5.4 彩色树脂薄层路面

5.4.1 彩色树脂薄层路面施工前必须对基面的质量进行全面检测，施工前应保证基面清洁无杂物，必要时可采用研磨机、抛丸机、高压风枪或水枪进行处理。基面处理应符合下列规定：

1 沥青混凝土路（桥）面应平整密实，无明显轮迹、推移、松散、裂缝和离析等缺陷。

2 水泥混凝土路（桥）面应进行抛丸处理，必须保持表面干燥、清洁、无污染、坚固密实不疏松、不起砂，无开裂、空鼓、油渍等缺陷。新浇注的水泥混凝土路（桥）面应达到养护期后方可施工。

3 钢桥面应进行喷砂除锈处理，清洁度应达到 Sa2.5 级以上，表面应干燥、清洁，无铁锈、污染物、可见油渍等。

5.4.2 彩色树脂材料基料宜在工厂配制，现场配加固化剂，连续施工作业。施工环境及下承层温度宜在10℃～35℃之间。彩色树脂的拌制可按附录B进行。

5.4.3 彩色树脂薄层路面应首先进行底涂层施工。将配制好的底涂树脂，按设计用量均匀涂布在处理好的基面上，可采用滚涂、刮涂、喷涂工艺，不得漏涂、堆积、流淌。

5.4.4 采用浆料摊铺施工的彩色树脂路面，宜采用工厂制备的面涂层材料，现场配加固化剂、颜料及骨料后进行摊铺，可采用刮涂工艺将彩色树脂混合浆料均匀涂布于底涂层上。

5.4.5 采用骨料撒铺施工的彩色树脂路面，应将面涂层用树脂材料现场配加固化剂及颜料，充分搅拌均匀后刮涂于底涂层上，并立即撒布骨料。骨料撒布应均匀，撒布量应严格按照设计要求执行。彩色树脂面层完全固化后，应将表面黏结不牢固的骨料清扫干净。

5.4.6 面涂层施工完成后，在树脂未固化成型前，严禁踩踏，不可用重物在表面压实。

5.4.7 彩色树脂薄层路面应在彩色面层完全固化后，且拉拔强度达到设计强度的80%及以上后，方可开放交通。

6 质量检查与验收

6.1 一般规定

6.1.1 彩色路面的质量检查与验收，应实行动态管理，注重路面色彩质量控制，发现问题应及时整改。

6.1.2 在竣工验收前的质保期内，施工单位应按合同规定对彩色路面进行维修保养。

6.1.3 彩色路面的质量检查与验收应符合现行行业标准《公路沥青路面施工技术规范》JTG F40、《公路工程质量检验评定标准 第一册 土建工程》JTG F80/1、《城镇道路工程施工与质量验收规范》CJJ 1与现行上海市工程建设规范《公路工程施工质量验收标准》DGJ 08－119及《城市道路桥梁工程施工质量验收规范》DG/TJ 08－2152的相关规定。

6.2 彩色沥青路面

6.2.1 彩色沥青混合料质量检查与验收应符合下列规定：

1 彩色沥青结合料品种、标号应符合国家、行业现行相关标准和本标准第4.3节的相关规定。

检查频率：按同一生产厂家、同一品种、同一标号、同一批号连续进场的沥青（彩色沥青结合料每50t为1批）每批次抽检1次。

检验方法：查出厂合格证、检验报告并进场复验。

2 粗集料、细集料、矿粉、颜料、纤维稳定剂等材料的质量及规格应符合本标准第4.3节的相关规定。

检查频率：按不同品种产品进场批次和产品抽样检验方案确定。

检验方法：观察、检查进场检验报告。

3 彩色沥青混合料的拌和、施工温度应符合本标准第 5.2 节的相关规定。

检查频率：逐盘检测。

检验方法：查测温记录，现场检测温度。

4 彩色沥青混合料外观及颜色应符合设计要求，且无结团、离析现象，无花白料。

检查频率：逐盘检测。

检验方法：目测。

5 彩色沥青混合料质量应符合本标准第 4.3.14 条及第 4.3.15条的相关要求。

检查频率：每日、每品种检查 1 次。

检验方法：现场取样试验。

6.2.2 热拌彩色沥青混凝土路面施工质量检查与验收应符合下列规定：

1 热拌彩色沥青混合料的摊铺、碾压温度应符合本标准表 5.2.2 的规定。

检查频率：随时。

检验方法：现场检测温度。

2 热拌彩色沥青混合料的摊铺外观应平整、无拖痕、无离析，接缝紧密平整、顺直，路面色彩应均匀一致。

检查频率：随时。

检验方法：目测。

6.2.3 彩色微表处施工质量检查与验收应符合下列规定：

1 混合料外观颜色应均匀、无明显色差。

检查频率：随时。

检验方法：目测。

2 彩色微表处施工其他质量检查与验收应符合现行行业标准《路面稀浆罩面技术规程》CJJ/T 66 的规定。

6.2.4 彩色沥青混凝土路面面层色彩的检查与验收标准应符合表6.2.4的规定。

表 6.2.4 彩色沥青混凝土路面面层色彩检查与验收标准

项目	允许偏差或规定值	检查频率	检验方法
色彩	≥80 分	1 个点/100m^2	附录 C

6.2.5 彩色微表处面层的质量检查与验收应符合下列规定：

1 彩色微表处面层色彩检查与验收应符合表 6.2.4 的规定。

2 彩色微表处面层其他质量检查与验收应符合现行行业标准《路面稀浆罩面技术规程》CJJ/T 66 的规定。

6.3 彩色水泥混凝土路面

6.3.1 彩色水泥混凝土原材料的质量检查与验收应符合下列规定：

1 原材料的品种、级别、质量、包装、贮存，应符合国家、行业和本市现行相关标准及本标准的规定。

检查频率：按进场批次和产品抽样检验方法确定，每批检验不少于1次。

检验方法：检查产品出厂合格证、出厂检验报告和进场复检报告。

2 彩色水泥混凝土拌和物的质量检查与验收应符合表 6.3.1 的要求。

表 6.3.1 彩色水泥混凝土拌和物质量检查与验收标准

项目	技术要求	检查频率	检验方法
出料温度	5℃～40℃	每盘1次	插入式温度计实测
颜色	均匀一致，符合设计要求		目测
拌和物	均匀一致，无生料、干料、团块和严重离析		

6.3.2 彩色水泥混凝土面层色彩的检查与验收应符合表 6.3.2 的规定。

表 6.3.2 彩色水泥混凝土路面面层色彩检查与验收标准

项目	允许偏差或规定值	检查频率	检验方法
色彩	≥80 分	1个点/$100m^2$	附录 C

6.4 彩色树脂薄层路面

6.4.1 彩色树脂薄层路面原材料的质量检查与验收应符合下列规定：

1 树脂品种、级别、质量、包装、贮存，应符合本标准第 4.3.20 条及第 4.3.21 条的要求以及国家现行有关标准的规定。

检查频率：按同一生产厂家、同一品种、同一批号进场的树脂，每 5t 为一个检验批次（不足 5t 按一个批次）。

检验方法：检查产品合格证、出厂检验报告，进场复验。

2 骨料的质量应符合本标准第 4.3.22 条的相关规定。

检查频率：按进场批次和产品抽样检验方法确定，每 15t 为一个检验批次（不足 15t 按一个批次）。

检验方法：检查产品出厂合格证、出厂检验报告和进场复检报告。

3 颜料的质量应符合本标准第 4.3.1 条的相关规定。

检查频率：每批检验 1 次。

检验方法：检查产品出厂合格证、出厂检验报告和进场复检报告。

6.4.2 彩色树脂薄层路面底涂层的质量应符合下列规定：

1 底涂层表面应均匀、连续，并应无泛白、漏涂、起壳、脱落等现象。

检查频率：随时。

检验方法：目测。

2 树脂涂布量应符合设计要求。

检查频率：3 个点/500m^2。

检验方法：单位面积称量。

3 与基面的粘结强度应符合本标准第 4.3.21 条的相关规定。

检查频率：3 个点/500m^2。

检验方法：附着力检测仪检查。

6.4.3 采用浆料刮涂或者喷洒施工的彩色树脂薄层路面，其施工质量检查与验收应符合下列规定：

1 混合浆料稠度应符合施工要求，外观和色彩应均匀。

检查频率：随时。

检验方法：经验法及目测。

2 混合浆料施工厚度应符合设计要求。

检查频率：随时。

检验方法：人工测量。

6.4.4 采用骨料撒布施工的彩色树脂薄层路面，其施工质量检查与验收应符合下列规定：

1 树脂涂布量应符合设计要求。

检查频率：3 个点/500m^2。

检验方法：单位面积称量。

2 骨料撒布应均匀一致，满布率应达 95％以上，或符合设计要求。

检查频率：随时。

检验方法：目测。

6.4.5 彩色树脂薄层路面面层的质量检查与验收标准应符合表 6.4.5 的规定。

表 6.4.5 彩色树脂薄层路面面层质量检查与验收标准

<table>
<tr><th colspan="2">项目</th><th>检查频率</th><th>质量要求或允许偏差</th><th>检验方法</th></tr>
<tr><td colspan="2">色彩</td><td>1 个点/100m²</td><td>≥80 分</td><td>附录 C</td></tr>
<tr><td colspan="2">外观</td><td>随时</td><td>颜色均匀，无明显色差，骨料分布均匀，路面平整、无裂纹、无显明掉粒、裂缝等缺陷</td><td>目测</td></tr>
<tr><td colspan="2">横向接缝</td><td>每条</td><td>对接、平顺</td><td>目测</td></tr>
<tr><td colspan="2">纵向接缝</td><td>全线连续</td><td>宽度<25mm，不平整<5mm</td><td>3m 直尺量</td></tr>
<tr><td colspan="2">边线</td><td>全线连续</td><td>任意 30m 长度范围内的水平波动≤20mm</td><td>目测或用尺量</td></tr>
<tr><td colspan="2">厚度</td><td>3 个点/500m²</td><td>符合设计要求</td><td>钻芯法测量</td></tr>
<tr><td rowspan="2">抗滑性能</td><td>摆值</td><td>3 个点/500m²</td><td>符合设计要求</td><td>T 0964</td></tr>
<tr><td>构造深度</td><td>3 个点/500m²</td><td>符合设计要求</td><td>T 0961</td></tr>
<tr><td colspan="2" rowspan="3">彩色树脂薄层拉拔强度</td><td rowspan="3">3 个点/500m²</td><td>对钢板：≥8MPa</td><td rowspan="3">GB/T 5210</td></tr>
<tr><td>对水泥混凝土：≥2MPa 或水泥混凝土破坏</td></tr>
<tr><td>对沥青混凝土：≥1MPa 或沥青混凝土破坏</td></tr>
<tr><td colspan="2">渗水系数</td><td>3 个点/500m²</td><td>≤10 mL/min</td><td>T 0971</td></tr>
</table>

7 养 护

7.1 一般规定

7.1.1 彩色路面应加强预防性养护，保持良好的使用功能。彩色路面预防性养护包括路面清洗、路面防护和路面色彩恢复。

7.1.2 彩色路面的裂缝、坑槽及抗滑性能不足等结构性病害应进行矫正性养护。

7.1.3 彩色路面应定期进行路面技术状况的检测、评价，以真实的信息资料为科学制定养护决策和方案提供依据。

7.1.4 彩色路面的养护应符合现行行业标准《城镇道路养护技术规范》CJJ 36、《公路沥青路面养护技术规范》JTG 5142、《公路水泥混凝土路面养护技术规范》JTJ 073.1 以及现行上海工程建设规范《城市道路养护技术规程》DG/TJ 08－92、《公路养护工程质量检验评定标准(土建工程)》DG/TJ 08－2144、《城市道路桥梁工程施工质量验收规范》DG/TJ 08－2152 的相关规定。

7.2 彩色沥青路面

7.2.1 彩色沥青路面的预防性养护应符合下列规定：

1 彩色沥青路面的清洗分为日常清洗和特殊清洗。日常清洗应根据季节、浮尘及降雨情况不同，采用专用的路面清洗机械对路面进行清洗，一般每月不少于 1 次。彩色沥青路面受到突发性污染后，应及时组织特殊清洗。

2 应定期采用高压清洗或吸尘设备对彩色透水沥青路面面层进行清理，以维持路面色彩及透水功能。

3 彩色沥青路面宜采用彩色路面防护剂进行路面防护。第一次路面防护可在路面铺筑后开放交通前进行，以后宜每 2 年 1 次。

4 彩色沥青路面出现明显褪色（路面色彩打分处于 40 分～60 分），可喷洒与原彩色路面色彩一致的防护剂恢复路面色彩；出现严重褪色（路面色彩打分低于 40 分），可使用彩色雾封层恢复路面色彩。

5 彩色沥青路面的预防性养护应符合现行上海市工程建设规范《沥青路面预防性养护技术规程》DG TJ 08－2176 的规定。

7.2.2 彩色沥青路面矫正性养护应符合下列规定：

1 普通彩色沥青路面出现轻微透水，宜采用彩色雾封层修复。非机动车道严重透水时，可采用增加涂层的方法处理。机动车道出现严重透水或较严重且面积较大的病害时，可采用彩色微表处修复。

2 彩色沥青路面出现裂缝，应采用与原路面色彩一致的彩色灌缝胶进行处理。

3 彩色沥青路面出现坑槽，应采用与原路面色彩一致的彩色冷补料或热补料进行修补。

4 彩色沥青路面机动车道抗滑性能出现轻微或中等程度的不足，可采用与原路面色彩一致的彩色含砂雾封层处理；若抗滑性能严重不足，可采用与原路面色彩一致的彩色微表处进行处理。

5 病害严重的彩色沥青路面，应采用与原路面结构和色彩一致的材料进行全面修复。

7.3 彩色水泥混凝土路面

7.3.1 彩色水泥混凝土路面应做好预防性、经常性养护，通过经常性巡视检查及早发现问题，查清原因，采取适当措施，维持路面功能，并应符合下列规定：

1 应定期清扫路面泥土和污物，保持路面色彩和路容整洁。

2 应定期采用高压清洗或吸尘设备对彩色透水水泥混凝土路面面层进行清理，以维持路面色彩及透水功能。

3 彩色水泥混凝土路面出现明显褪色(路面色彩打分低于60分)，宜及时喷洒与原彩色路面色彩一致的防护剂恢复路面颜色。

7.3.2 彩色水泥混凝土路面矫正性养护应符合下列规定：

1 轻微或面积较小的裂缝、坑洞及板边和板角破损等病害，宜采用与原路面色彩一致的材料修补。

2 较大面积的磨光、起皮、剥落、露骨等病害，应及时采用与原路面色彩一致的材料组织大、中修工程进行维修。

3 较大面积的结构病害或面板整板发生碎裂，应采用与原路面色彩一致的材料对整块面板进行翻修。

4 接缝维修宜采用与原路面填缝材料色彩一致的填缝料。

7.4 彩色树脂薄层路面

7.4.1 彩色树脂薄层路面的预防性养护应符合下列规定：

1 彩色树脂薄层路面应定期或根据路面污染情况进行清水冲洗或采用掺有洗涤剂的水进行清洗。

2 彩色树脂薄层路面遇到强酸、强碱污染，应立即清洗稀释，并清除污染物。

3 彩色树脂薄层路面明显褪色(路面色彩打分低于60分)时，宜及时喷洒与原彩色路面色彩一致的防护剂恢复路面颜色。

7.4.2 彩色树脂薄层路面的矫正性养护应符合下列规定：

1 养护维修用彩色树脂材料的色彩应与原路面色彩一致。

2 剥落或磨损严重的路段应在去除损坏的树脂面层后，采用与原树脂面层一致的材料和施工工艺进行修复。

附录 A　色彩配制方法

A.0.1　色彩配制应按下列程序进行：

1　选择可供工程使用的颜料、集料、填料和胶结料等原料。

2　在 1%～3%范围内等差选择不少于 7 种颜料用量。

3　按不同的颜料用量成型试件（彩色树脂可刷涂在车辙板上），试件不少于 3 组。

4　使用目测的方法或使用色彩色差计（仪），将试件的色彩与色卡标样 K_0、K_{max} 和 K_{min} 对比，确定最佳颜料用量（OPC）、最佳颜料用量下限（OPC_{min}）和最佳颜料用量上限（OPC_{max}）。确定方法应符合下列规定：

1) 应选择与色卡标样 K_0 色彩接近的试件，该试件的颜料用量为最佳颜料用量（OPC）。

2) 应选择与色卡标样 K_{min} 色彩接近的试件，该试件的颜料用量为最佳颜料用量下限（OPC_{min}）。

3) 应选择与色卡标样 K_{max} 色彩接近的试件，该试件的颜料用量为最佳颜料用量上限（OPC_{max}）。

5　若无法找出色彩与色卡标料 K_0、K_{max} 或 K_{min} 色彩接近的试件，应改变颜料用量重新制作试件，直到全部找到与色卡标样 K_0、K_{max} 或 K_{min} 色彩接近的试件。

A.0.2　根据 OPC、OPC_{max} 和 OPC_{min} 确定混合料的配合比。按该配合比制作试件，通过试验检验试件性能并应满足设计要求。如试件性能不能满足设计要求，应调整配合比，继续进行色彩和性能验证，直到满足设计要求。

A.0.3　色彩配制完成后应提交色彩配制试验报告，应包括以下内容：

1 试验说明。

2 原料厂家、规格、技术要求等。

3 色卡标样 K_0、K_{max}或 K_{min}。

4 OPC、OPC_{max}和 OPC_{min}。

5 混合料配合比。

6 颜料加入方法和计量方法。

7 与色彩有关的其他注意事项。

附录B 彩色树脂材料调配方法

B.1 适用范围

本方法适用于彩色树脂薄层路面用树脂材料的调配。

B.2 试验仪器

1 电子天平：感量不大于0.1g。

2 搅拌器。

3 盛样器皿。

B.3 方法与步骤

B.3.1 底涂层材料应按下列方法进行调配：

1 用电子天平称取一定量树脂胶结料（单组分）或双组分树脂胶结料A组分、B组分，精确至0.1g。

2 将树脂胶结料（单组分）或双组分树脂胶结料A组分、B组分按设计比例混合，使用搅拌器搅拌均匀，精确至0.1g。

B.3.2 树脂胶浆应按下列方法进行调配：

1 用电子天平称取一定量树脂胶结料（单组分）或双组分树脂胶结料A组分、B组分，精确至0.1g。

2 将树脂胶结料（单组分）或双组分树脂胶结料A组分、B组分按设计比例混合，使用搅拌器搅拌均匀，精确至0.1g。

3 按设计比例称取细骨料、颜料、防护剂（选择性添加），混合搅拌均匀，精确至0.1g。

B.3.3 采用抛砂施工时,树脂材料调配方法同 B.3.2 条,可边刷涂树脂材料边撒布设计用量的骨料。

附录 C　彩色路面色彩质量评定方法

C.1　适用范围

本方法适用于彩色路面施工完成后的色彩验收。

C.2　具体方法

当总施工路段不小于 1km 时，应以每 3 000m^2 为一个评定单元；当总施工路段小于 1km 时，应以每个施工段为一个评定单元，进行色彩评定。每 100m^2 选择一个检测点，取单点得分的平均值为色彩质量得分。色彩质量验收采用目测比色计分的方法。

目测比色计分程序和方法如下：

1　根据色彩设计、最大彩度设计色彩、最小彩度设计色彩，参照已建工程确定合适的施工色彩与设计色彩的色差范围。

2　在颜料合理用量范围内变化颜料用量制作彩色试件，去除色差不满足要求的试件，保留色差满足要求的试件。然后在色差满足要求的试件中，根据试件彩度的大小，应选择彩度最小且小于最小设计彩度（C_{min}）的试件色彩为最小彩度临界色彩；选择彩度最大且大于最大设计彩度（C_{max}）的试件色彩为最大彩度临界色彩。

3　按现行国家标准《建筑颜色的表示方法》GB/T 18922 的规定，选择与最小彩度临界色彩、最小彩度设计色彩、最小彩度设计色彩和最大彩度临界色彩对应的色卡标样，分别记为最小彩度临界色彩色卡标样（K_{Lmin}）、最小彩度设计色彩色卡标样（K_{min}）、最大彩度设计色彩色卡标样（K_{max}）和最大彩度临界色彩色卡标样(K_{Lmax})。设计色彩色卡标样为 K_0。

4 确定验收比对色卡标样图册，图册由 K_{Lmin}、K_{min}、K_0、K_{max}、K_{Lmax}五个彩度由小到大的标准色卡组成。

5 按照规定频率。在完工路面随机确定鉴定位置，每个位置选取 0.5m×0.5m 进行质量评定。计分方法应按下列规定计算：

1）如果选取位置的色彩与 K_0 一致，本点质量评定得分为 100 分。

2）如果选取位置的色彩与 K_{min} 或 K_{max} 一致，本点质量评定得分为 80 分。

3）如果选取位置的色彩与 K_{Lmin} 或 K_{Lmax} 一致，本点质量评定得分为 60 分。

4）如果选取位置的色彩介于 $K_{min} \sim K_0$ 或 $K_0 \sim K_{max}$ 一致，本点质量评定得分为 90 分。

5）如果选取位置的色彩介于 $K_{Lmin} \sim K_{min}$ 或 $K_{max} \sim K_{Lmax}$ 一致，本点质量评定得分为 70 分。

6）如果选取位置的色彩在 K_{Lmin} 或 K_{Lmax} 之外，本点质量评定得分为 30 分。

本标准用词说明

1　为便于在执行本标准条文时区别对待，以要求严格程度不同的用词说明如下：

1）表示很严格，非这样做不可的用词：
正面词采用“必须”；
反面词采用“严禁”。

2）表示严格，在正常情况下均应这样做的用词：
正面词采用“应”；
反面词采用“不应”或“不得”。

3）表示允许稍有选择，在条件许可时首先应这样做的用词：
正面词采用“宜”；
反面词采用“不宜”。

4）表示有选择，在一定条件下可以这样做的用词，采用“可”。

2　条文中指明应按其他有关标准执行的写法为：“应符合……的规定”或“应按……执行”。

引用标准名录

1 《建设用砂》GB/T 14684
2 《建筑用碎石、卵石》GB/T 14685
3 《中国颜色体系》GB/T 15608
4 《通用硅酸盐水泥》GB/T 175
5 《建筑颜色的表示方法》GB/T 18922
6 《彩色沥青混凝土》GB/T 32984
7 《混凝土外加剂》GB 8076
8 《混凝土用水标准》JGJ 63
9 《城镇道路工程施工与质量验收规范》CJJ 1
10 《城镇道路路面设计规范》CJJ 169
11 《城镇道路养护技术规范》CJJ 36
12 《透水水泥混凝土路面技术规程》CJJ/T 135
13 《透水沥青路面技术规程》CJJ/T 190
14 《城市道路彩色沥青混凝土路面技术规程》CJJ/T 218
15 《路面稀浆罩面技术规程》CJJ/T 66
16 《公路沥青路面养护技术规范》JTG 5142
17 《公路沥青路面设计规范》JTG D50
18 《公路工程沥青及沥青混合料试验规程》JTG E20
19 《公路工程集料试验规程》JTG E42
20 《公路水泥混凝土路面施工技术细则》JTG/T F30
21 《公路工程质量检验评定标准 第一册 土建工程》JTG F80/1
22 《公路水泥混凝土路面养护技术规范》JTJ 073.1
23 《公路工程施工质量验收规范》DGJ 08－119
24 《城市道路养护技术规程》DG/TJ 08－92

25 《道路排水性沥青路面技术规程》DG/TJ 08－2074
26 《公路养护工程质量检验评定标准(土建工程)》DG/TJ 08－2144
27 《城市道路桥梁工程施工质量验收规范》DG/TJ 08－2152
28 《沥青路面预防性养护技术规程》DG/TJ 08－2176

上海市工程建设规范

彩色路面技术标准

DG/TJ 08－2318－2020
J 15166－2020

条 文 说 明

2020　上海

目　次

1　总　则 …………………………………………………… 55
2　术语与符号 ……………………………………………… 56
　2.1　术　语 ………………………………………………… 56
3　基本规定 ………………………………………………… 57
4　设　计 …………………………………………………… 58
　4.2　色彩设计 ……………………………………………… 58
　4.3　材料设计 ……………………………………………… 59
　4.4　结构设计 ……………………………………………… 63
5　施　工 …………………………………………………… 64
　5.1　一般规定 ……………………………………………… 64
　5.2　彩色沥青路面 ………………………………………… 64
　5.3　彩色水泥混凝土路面 ………………………………… 64
　5.4　彩色树脂薄层路面 …………………………………… 65
6　质量检查与验收 ………………………………………… 67
　6.1　一般规定 ……………………………………………… 67
7　养　护 …………………………………………………… 68
　7.1　一般规定 ……………………………………………… 68
　7.2　彩色沥青路面 ………………………………………… 68
　7.3　彩色水泥混凝土路面 ………………………………… 68
　7.4　彩色树脂薄层路面 …………………………………… 68

Contents

1 General provisions ······ 55
2 Terms and symbols ······ 56
2.1 Terms ······ 56
3 Basic requirement ······ 57
4 Design ······ 58
4.2 Color design ······ 58
4.3 Material design ······ 59
4.4 Structural design ······ 63
5 Construction ······ 64
5.1 General requirements ······ 64
5.2 Colored asphalt pavement ······ 64
5.3 Colored cement concrete pavement ······ 64
5.4 Colored resin thin layer pavement ······ 65
6 Quality management and acceptance check ······ 67
6.1 General requirements ······ 67
7 Maintenance ······ 68
7.1 General requirements ······ 68
7.2 Colored asphalt pavement ······ 68
7.3 Colored cement concrete pavement ······ 68
7.4 Colored resin thin layer pavement ······ 68

1 总 则

1.0.1 彩色路面具有优良的服务功能，包括优异的抗滑性能、良好的色彩提示和道路分区、渠化管理、诱导交通的作用以及美化环境的效果。目前，彩色路面技术在国内外许多地区的各级公路、城市道路、公园道路、居住区道路、停车场、广场、运动场等场合得到广泛使用。这种路面技术对色彩、施工和质量检验等环节的要求较高，为了规范彩色路面的应用，并指导建设单位、设计单位、施工单位、监理单位、质量监督单位控制工程质量，提升路面使用耐久性，特制定本标准。

1.0.3 应用本标准时，要注意处理好本标准与现行行业标准规范的关系，特别是《公路沥青路面设计规范》JTG D50、《公路沥青路面施工技术规范》JTG F40、《公路水泥混凝土路面施工技术细则》JTG/T F30 和《公路工程质量检验评定标准 第一册 土建工程》JTG F80/1 以及《城镇道路工程施工与质量验收规范》CJJ 1 等。对于本标准有明确规定的，必须按照本标准执行；对于本标准没有明确规定的，可按照上述标准规范执行。

2 术语与符号

2.1 术 语

2.1.2 彩色沥青严格上讲，不属于普通沥青的范畴。其本质是由人工合成的各类树脂、抽出油、SBS、EVA以及颜料等添加剂混合调配成的胶结料。因其性能套用普通沥青的评价指标，同时为了与国家标准保持一致和维持传统的习惯，本标准保留使用“彩色沥青结合料”“改性彩色沥青结合料”以及“彩色乳化沥青结合料”等名称。

2.1.4 现行行业标准《城镇道路彩色沥青混凝土路面技术规程》CJJ/T 218中彩色沥青路面还包括了彩色压痕路面。彩色压痕路面是利用先进的高分子聚合物技术，将高强度的聚合物与柔性极佳的沥青路面结合为一体的道路保护和装饰工艺。本标准中彩色沥青路面主要包括常规且应用较多的典型彩色沥青路面形式，没有引入彩色压痕路面。

2.1.6 彩色树脂薄层路面主要是以热熔型或冷塑性树脂胶结料与骨料按比例混合拌制和铺装而成的抗滑薄层路面。热熔型树脂薄层路面因施工烦琐和效果不佳，近来应用较少，而冷塑型彩色薄层路面应用则越来越广泛。本标准中彩色树脂薄层路面指的是冷塑型树脂薄层路面，不包括热熔型树脂薄层路面。冷塑型彩色薄层路面胶结料应用较多的有丙烯酸型、环氧型、聚氨酯型树脂等。一般将胶结料与固化剂现场按一定比例调配使用，洒布防滑骨料，经过化学交联反应，快速固化形成坚韧的薄层路面，或者是将骨料与胶结料拌和成浆料直接刮涂于路面形成彩色薄层路面。此外，彩色涂料刷涂形成的彩色路面使用寿命较短，应用效果不佳，本标准中彩色树脂薄层路面不包括彩色涂层路面。

3 基本规定

3.0.1 本条规定了彩色路面的主要功能和应用场合。

3.0.3 本条规定了彩色路面材料的环保要求。

3.0.4 本条规定本标准主要针对彩色沥青路面、彩色水泥混凝土路面和彩色树脂薄层路面三类常用的彩色路面形式。不包括彩色压痕路面、彩色涂料路面等其他形式彩色路面。

3.0.5 彩色沥青混凝土路面主要适用于新建或改建路面，具有较好的路用性能。但目前彩色沥青路面材料的抗老化性能、颜色耐久性相对较差，使用过程中应注意养护。彩色微表处可用于新建或改建路面，目前主要用于彩色沥青路面的养护维修。

3.0.6 本条规定彩色水泥混凝土路面主要包括普通彩色水泥混凝土路面、彩色露骨料水泥混凝土路面以及彩色透水水泥混凝土路面，不包括彩色压模混凝土路面。彩色露骨料水泥混凝土路面不仅有色彩指示功能，由于其具有随机凸起的集料表面，使声波和压力波在轮胎花纹下的空隙中自行消散，因此具备降低噪声功能。据调查，露骨料混凝土路面的降噪效果大致相当于在不改变道路表面特征的状况下，车流量降低一半的降噪效果。透水彩色水泥混凝土路面是将透水混凝土的生态功能性与彩色混凝土的装饰功能效果结合起来，共同发挥两方面的优势。

3.0.7 冷塑型彩色树脂薄层路面采用低温施工，树脂材料的粘接性能直接影响着路面的耐久性。当路面抗滑要求不高时，可采用树脂砂浆路面，即将骨料与树脂拌和成浆料摊铺施工。当路面抗滑要求较高时，可采用彩色树脂碎石路面，即先刮涂树脂层，后撒铺碎石骨料。

4 设 计

4.2 色彩设计

4.2.1 本条规定了彩色路面的色彩设计的基本要求：

彩色路面在实现交通指示、美化城市的功能的前提下，还要考虑城市的主色调，与城市道路周边的环境色彩相协调。

色调就是颜色的种类，目前可供彩浆封层使用的颜料颜色种类很多，主色调有五种、中间色有五种，选择何种颜色要考虑多种因素：

1）现有颜料的色调

现有颜料的色调很多，红色、黄色、绿色、蓝色、紫色都有，使用较多的是红色、绿色，其他颜色用得较少。

2）颜色的持久性

在目前的颜料中，红色、绿色受光照较持久，黄色、蓝色等颜料则差一些。

3）经济性

彩色路面的彩度主要由颜料加入量决定，彩度高颜料加入量越大，造价就越高。因此，路面彩度的设计应考虑经济性，应保证颜料的加入量在合理的范围内。考虑到颜色的耐久性和经济性，红色的耐久性和经济均较佳；绿色耐久性好，成本略高；蓝色耐久性偏差，成本较高。

4.2.2 色彩设计就是将色彩的三属性色调 H、明度 V、彩度 C 具体量化。

彩色路面的色彩主要靠颜料实现，色彩设计的一个重要环节是确定颜料用量。设计时，将色彩确定为三项指标是便于与颜料用量对应，颜料有一个最佳用量，也要有用量范围。设计色彩对应最佳颜料用量，最小彩度设计色彩对应颜料用量范围的下限，最大彩度设计色彩对应颜料用量范围的上限。

配色比对时可以采用目测，也可以采用色彩仪器检测。精确的配色要使用仪器，由于道路工程对色彩要求不是非常严格，一般采用目测比对。选择色卡标样的目的是为了在配色试验时比对。

色彩、色卡、颜料用量之间一一对应：

设计色彩(C_0)—设计色彩色卡标样(K_0)—最佳颜料用量；

最小彩度设计色彩(C_{min})—最小彩度设计色彩色卡标样(K_{min})—颜料用量范围的下限；

最大彩度设计色彩(C_{max})—最大彩度设计色彩色卡标样(K_{max})—颜料用量范围的上限。

4.3 材料设计

4.3.1 颜料是彩色路面铺筑的重要材料，是路面色彩的主要来源。考虑到色彩的稳定性，建议使用无机颜料。其有关规定、技术要求参照了现行国家标准《彩色沥青混凝土》GB/T 32981 以及现行行业标准《城市道路彩色沥青混凝土路面技术规程》CJJ 218。制作彩色路面的颜料要求有较好的耐候性、很高的分散度、耐碱、不含可溶性盐、对水泥的组成和性能不起破坏作用。常用的无机颜料有氧化铁、二氧化锰、氧化铬、群青(蓝色)等；常用的有机颜料有孔雀蓝、天津绿等。

4.3.3～4.3.6 普通彩色沥青、改性彩色沥青、彩色高黏改性沥青、彩色乳化沥青结合料的主要技术指标要求参照了现行行业标准《城市道路彩色沥青混凝土路面技术规程》CJJ /T 218、《透水沥青路面技术规程》CJJ/T 190 以及现行上海市工程建设规范《道路排水性沥青路面技术规程》DG/TJ 08－2074，并结合上海地区特点作了调整。各类结合料的技术要求仅针对添加颜料之前的浅色结合料。彩色高黏改性沥青主要适用于开级配、大空隙混合料。

4.3.8 彩色沥青混凝土路面最佳集料为人工陶粒，其次是与路面设计颜色相近的天然石料，再次才是浅色天然石料。国外的彩色沥青混凝土路面集料大都选用色差小、颗粒均匀、级配稳定的人造彩色陶粒。但由于人造彩色陶粒造价高，国内应用较少。在彩色碎石难以找到或运距较远的情况下，也可以使用普通碎石，但会在一定程度上影响路面颜色。在彩色沥青路面铺筑及养护修补时，不仅可以使用彩色集料、人造彩色陶粒，也可以采用与原路面颜色相近的或搭配和谐的彩色玻璃、铝矾土或碎石等材料。

4.3.9 细集料的吸水能力很强，含水量过大的细集料不但浪费能源且严重影响混合料的拌和质量，应对细集料妥善储存，保持洁净干燥。在路面设计颜色较深时，在不影响颜色调配的情况下，可以适当采用石灰石细集料。

4.3.10 目前，我国石料加工回收粉尘中大部分是土，使用回收粉尘容易影响沥青混合料的路用性能，彩色沥青路面施工中一般不得使用回收粉尘作为填料。但集料采用质量较好的天然彩色石料或人造陶粒集料时，其回收粉尘色彩较石灰石矿粉填料更好，可用作填料。

4.3.16 彩色水泥主要是以白色硅酸盐水泥为基料，同时加入适量的不同性质的有机颜料或无机颜料，制成的彩色水泥混凝土。选择水泥时，不宜选用混合材料掺量较高的粉煤灰水泥或矿渣等水泥，水泥的等级宜不低于42.5级。

彩色水泥混凝土路面水泥选取原则是重点保障色彩效果。当对色彩装饰效果要求高时，优选白水泥或彩色水泥等特种水泥，且不宜掺加粉煤灰等矿物掺和料。如对色彩装饰效果要求不高时，可适当选择硅酸盐水泥或普通硅酸盐水泥，但均不得选择混合材掺量较高的粉煤灰水泥、矿渣水泥或复合水泥等品种。

实践中，彩色石料较难获取，多采用浅色常规石料。当彩色水泥混凝土路面装饰效果要求较高时，彩色路面的粗细集料宜选择与设计色彩相近的粗细集料制备彩色水泥混凝土，可选择天然集料，亦可选择彩色陶粒等人工制备的集料。

当彩色水泥混凝土路面装饰效果要求较高时，不宜掺加粉煤灰等矿物掺和料。当需要掺加矿物掺和料改善混凝土性能时，宜应选择质量较好的矿物掺和料进行掺加，如选择一级粉煤灰等矿物掺和料。

4.3.18 彩色露骨料水泥混凝土路面是一种将面层混凝土中的粗集料外露，形成非光滑表面的路面。彩色露骨料水泥混凝土主要是利用路面裸露出来的集料的颜色形成路面的彩色装饰。配制彩色露骨料水泥混凝土时可采用与集料颜色相近的彩色水泥进行配制，如路面装饰效果要求不高时，也可采用普通硅酸盐水泥进行配制。彩色露骨料水泥混凝土粗集料应选择符合设计要求的颜色均一、洁净的天然集料或人工集料。细集料宜去除2.36mm以上颗粒，这些颗粒易影响露骨料路面的色彩和装饰效果。当露骨料路面装饰效果要求较高时，细集料应采用和粗集料色彩统一的材料，如选择与粗集料母岩性能一致的机制砂或选择与粗集料颜色相同或相近的彩色陶粒等。

4.3.19 彩色透水水泥混凝土路面是将透水混凝土的生态功能性与彩色混凝土的指示、装饰功能效果结合起来，共同发挥两方面的优势。

彩色透水水泥混凝土的基本配合比参数主要有色灰比、连通孔隙率、水灰比等参数。彩色透水水泥混凝土的色灰比确定与普通彩色水泥混凝土相同，按照色彩设计要求，以硬化后干燥状态的颜色确定实际色灰比。

彩色透水水泥混凝土的连通孔隙率根据已有气象资料、道路设计资料确定透水彩色混凝土的渗水系数和抗压强度，以及根据回归总结出的孔隙率和渗透系数的关系反推出材料需要的连通孔隙率。

彩色透水水泥混凝土使用的集料压碎值、针片状含量、含泥量等对透水水泥混凝土的强度影响较大。集料的性能指标应符合现行国家标准《建筑用卵石、碎石》GB/T 14685 中的Ⅱ类要求。

透水水泥混凝土主要通过集料表面的胶结料之间的点接触连接成为整体，良好的增强料有利于提高透水水泥混凝土强度，延长使用寿命。增强料的质量是确保透水水泥混凝土成品质量的关键。目前市场上增强料的类型较多，应用于彩色透水水泥混凝土的增强剂必须有厂方的合格证及使用说明。

4.3.20～4.3.21 树脂胶结料一般为高分子聚合物胶粘剂，目前市场上用得较多的有水性环氧体系、丙烯酸体系、聚氨酯体系等。树脂薄层铺面主要采用（改性）环氧树脂类及（改性）聚氨酯类树脂材料。树脂胶结料为化工产品，考虑环保及施工人员健康因素，应控制其组成中的有害物质含量。冷塑型树脂薄层施工时，无需大型设备，其施工相对简单，且快速方便。通常只需将胶结料与固化剂按照比例混合后，用喷涂或刷涂的方式涂铺于路面上，撒铺骨料，在经过化学交联反应后，快速固化成坚韧的涂膜，或者将树脂胶结料与骨料一起拌和，刷涂于路面上，形成彩色封层路面，可起到防滑、指示作用。

为保证树脂层的韧性，彩色树脂薄层路面应由底涂层和面涂层组成。材料中若采用环氧树脂，一般选用改性环氧树脂，以保证一定的强度和抗变形能力。

4.3.22 彩色树脂薄层路面用硬质骨料一般是陶粒或彩砂等材料。骨料一般选用呈颗粒状、粒径均匀的材料。颗粒状或接近立方体的形状能减少与树脂封层胶结料的粘接面积，有效地减少树脂封层胶结料的使用量，控制材料成本。为排除色差，保证颜色的均匀性，通常要求使用带有颜色的骨料，骨料的颜色应与路面设计的颜色相近。骨料的颜色一般是经过特殊工艺烧制而成，由内到外，颜色均匀，保证颜色耐久性，而不是经过简单的染色。

除硬质骨料外，一般学校操场、跑道、园区路面等特殊铺面的铺筑多采用软质骨料。软质骨料多为三元乙丙橡胶颗粒、聚氨酯颗粒或复合橡胶颗粒等，其应用场合多为人群密集的地方。对于化学合成的材料，环保方面的指标要求严格，尤其是对一些有害物质的含量需进一步检查才能应用。在常规的彩色路面施工中采用软质骨料的较少，本标准未引入软质骨料。

4.4 结构设计

4.4.1 彩色路面结构设计在保证路用功能的前提下，应突出其色彩功能。

4.4.3 彩色沥青路面、彩色水泥混凝土路面主要应用于路面上面层，为表面功能层，起到抗滑、警示、提示、引导及美化环境等作用。彩色沥青混合料在路面结构设计指标、结构层计算与普通沥青路面一致。对于设计寿命较低的非机动车道、人行道，彩色沥青混合料可直接铺筑在基层上。

4.4.6 彩色树脂薄层路面作为封层仅起功能层作用，不考虑结构层作用。

5 施 工

5.1 一般规定

5.1.2 彩色路面施工条件与普通路面相同，均不得在低温和恶劣的天气条件下施工，要合理安排工期，做好施工的组织设计。

5.1.3 彩色路面正式施工前应做试验段，以确定混合料配合比和施工工艺，并验证路面色彩；若不满足要求，应重新调整配合比。

5.1.4 安全环保是路面施工的重要问题，应引起足够重视。任何工程施工均应注意人员等安全问题，做好现场施工人员的防护工作。在彩色路面施工过程中，若对环境造成不利影响，应注意环境及生态保护。

5.2 彩色沥青路面

5.2.3～5.2.5 彩色沥青混合料的在拌和、运输、摊铺过程中应特别注意防止黑色沥青及其他杂物的污染。

5.2.6 路面施工完成后，喷洒防护剂可起到预防性养护作用，建议对路面色彩要求较高、有条件的路段喷洒防护剂。

5.3 彩色水泥混凝土路面

5.3.1 彩色水泥混凝土路面对施工条件要求较高，施工时的气候对施工质量有很大程度的影响。应避免在雨、雪、风沙及冰冻的天气下施工。日夜温差大的地方，晚上也应禁止施工。良好的施工环境才能保证施工的质量。彩色水泥混凝土路面施工时应尽量避免同其他的施工作业队伍交叉施工,必要时应对施工现场采取封闭措施。

5.3.3 为降低原材料成本,彩色露骨料水泥混凝土一般选择双层摊铺,即上面层采用色彩效果好的原材料制备混凝土,下面层采用普通混凝土。上下面层施工优选湿接工艺进行施工,有利于上下面层之间的结合和上下面层的整体受力。如施工单位无法满足"湿接工艺"的施工组织要求,亦可采用干接法进行施工,但必须对下面层表面进行处理,即对下面层表面进行拉毛或抛丸处理,在铺筑上面层前应进行洒水润湿(不得有明水存在),且宜涂刷界面胶结料,保障上下面层的粘结效果。

5.3.4 为节省材料成本,彩色透水水泥混凝土一般采用复合式双层铺筑,上面层采用彩色透水水泥混凝土,下面层可按设计要求进行处理。当路面设计采用全透式路面结构时,下面层可采用普通透水水泥混凝土;当路面设计采用半透式路面结构时,下面层可采用普通水泥混凝土。

5.4 彩色树脂薄层路面

5.4.1 彩色树脂薄层路面的耐久性不仅与彩色面层材料及技术指标有关,还与原路面质量相关。若出现颜色褪去、起皮或严重掉粒情况,属于彩色树脂封层材料的问题;若出现整块翘起、整块剥落、路面高鼓、返潮的情况,一般是因为原路面的质量问题。彩色树脂薄层路面施工前应对原基面进行全面检测,确保无任何质量问题才能施工。彩色树脂薄层路面的施工中,彩色树脂封层胶结料起着至关重要的作用,材料的粘接性能直接影响着路面的耐久性。粘结性能还与基层的环境密切相关,一般对新旧路面均要确保干燥、清洁,旧的钢桥面应做好除锈工作。

5.4.2 目前广泛应用的彩色树脂封层胶结料有环氧体系、丙烯酸体系及聚氨酯体系等，均是A、B组分按照一定比例混合，二者发生化学反应并成型。施工环境温度对固化剂起重要作用，对固化反应影响较大。因此，彩色树脂封层的施工应选择较为适宜的环境。

6 质量检查与验收

6.1 一般规定

6.1.1 彩色路面质量检验控制应突出路面色彩质量控制。色彩验证是彩色沥青路面检查的关键环节，因为设计选择的材料与现场工程使用可能存在差异，即使同一厂家的材料，不同批次也有偏差。

6.1.3 除颜料、路面色彩检查与验收外，彩色路面其他质量检查与验收可根据路面类型按现行的行业标准或上海市工程建设规范的相关规定执行。

7 养护

7.1 一般规定

7.1.1 预防性养护主要是恢复彩色路面的颜色，维持色彩指示等功能。彩色路面色彩易受环境污染物遮盖或腐蚀，应加强路面清洗等预防性养护。

7.1.2 矫正性养护主要是维修路面结构性病害，恢复彩色路面的路用功能和路面色彩。

7.2 彩色沥青路面

7.2.2 彩色沥青路面矫正性修补材料的色彩应与原路面色彩匹配一致。彩色沥青路面出现轻微病害时应及时修复，以减少较大裂缝、坑槽等病害的出现。

7.3 彩色水泥混凝土路面

7.3.1 彩色水泥混凝土路面出现病害后维修困难，且修补颜色不易与原路面匹配，因此，应加强预防性、经常性养护工作。

7.4 彩色树脂薄层路面

7.4.2 彩色树脂薄层路面剥落对路面色彩影响严重，应注意对彩色树脂薄层路面的检测，分析剥落和磨损病害原因，及时修复，防止出现大面积剥落。

上海市工程建设规范

轨道交通及隧道工程混凝土结构耐久性设计施工技术标准

Standard for durability design and construction of concrete structures in rail transport and tunnel engineering

DG/TJ 08—2128—2021

J 12444—2021

主编单位：上海市建筑科学研究院（集团）有限公司

批准部门：上海市住房和城乡建设管理委员会

施行日期：2021 年 11 月 1 日

同济大学出版社

2021　上海

图书在版编目(CIP)数据

轨道交通及隧道工程混凝土结构耐久性设计施工技术标准 / 上海市建筑科学研究院(集团)有限公司主编. —上海：同济大学出版社，2021.10

ISBN 978-7-5608-8803-3

Ⅰ. ①轨… Ⅱ. ①上… Ⅲ. ①隧道施工–混凝土结构–结构设计–技术标准 Ⅳ. ①U455-65

中国版本图书馆 CIP 数据核字(2021)第 191938 号

轨道交通及隧道工程混凝土结构耐久性设计施工技术标准

上海市建筑科学研究院(集团)有限公司　主编

策划编辑　张平官
责任编辑　朱　勇
责任校对　徐春莲
封面设计　陈益平

出版发行　同济大学出版社　www.tongjipress.com.cn
(地址：上海市四平路 1239 号　邮编：200092　电话：021-65985622)
经　　销　全国各地新华书店
印　　刷　浦江求真印务有限公司
开　　本　889mm×1194mm　1/32
印　　张　2.625
字　　数　71 000
版　　次　2021 年 10 月第 1 版　2021 年 10 月第 1 次印刷
书　　号　ISBN 978-7-5608-8803-3
定　　价　30.00 元

上海市住房和城乡建设管理委员会文件

沪建标定〔2021〕352 号

上海市住房和城乡建设管理委员会
关于批准《轨道交通及隧道工程混凝土结构耐久性设计施工技术标准》为上海市工程建设规范的通知

各有关单位：

由上海市建筑科学研究院(集团)有限公司主编的《轨道交通及隧道工程混凝土结构耐久性设计施工技术标准》，经我委审核，现批准为上海市工程建设规范，统一编号为 DG/TJ 08—2128—2021，自 2021 年 11 月 1 日起实施。

本规范由上海市住房和城乡建设管理委员会负责管理，上海市建筑科学研究院(集团)有限公司负责解释。

特此通知。

上海市住房和城乡建设管理委员会

二〇二一年五月三十一日

前言

根据上海市住房和城乡建设管理委员会《关于印发〈2018 年上海市工程建设规范、建筑标准设计编制计划〉的通知》（沪建交〔2017〕898 号）的要求，本标准编制组在深入调研、认真总结实践经验、参考国外先进标准和广泛征求意见的基础上，对《轨道交通及隧道工程混凝土结构耐久性设计施工技术规范》DG/TJ 08—2128—2013 进行了修订。

本标准共 7 章，主要内容有：总则；术语；基本规定；材料技术要求；耐久性设计及构造要求；生产、施工及验收；使用阶段维护与检测要求。

本标准主要结合轨道交通及隧道工程应用现状、原材料情况、现行技术措施及与现行标准的协调性等方面进行修订，修订的主要技术内容是：

1. 修改了混凝土原材料的技术要求。
2. 修改了混凝土保护层厚度指标。
3. 补充了混凝土配合比设计要求。
4. 增加了混凝土抗裂技术措施。
5. 增加了混凝土生产和施工的技术要求。
6. 修改了验收批次要求。
7. 更新了原材料和混凝土性能参数及其测试方法。

各单位及相关人员在执行本标准过程中，如有意见和建议，请反馈至上海市交通委员会（地址：上海市世博村路 300 号 1 号楼；邮编：200125；E-mail：shjtbiaozhun@126.com），上海市建筑科学研究院（集团）有限公司（地址：上海市宛平南路 75 号；邮编：200032；E-mail：jkyclgc@sribs.com.cn），或上海市建筑建材业市场管理总站

（地址：上海市小木桥路 683 号；邮编：200032；E-mail：shgcbz@163.com），以供修订时参考。

主 编 单 位：上海市建筑科学研究院（集团）有限公司

参 编 单 位：上海申通地铁集团有限公司
上海市建科学研究院有限公司
上海市隧道工程轨道交通设计研究院
同济大学
上海申通轨道交通研究咨询有限公司
上海建科检验有限公司
上海城建物资有限公司
上海建工建材科技集团股份有限公司
武汉源锦建材科技有限公司
埃肯国际贸易（上海）有限公司
上海兆捷实业发展有限公司
上海申昆混凝土集团有限公司
上海骏豪混凝土有限公司
上海宝生新型建材有限公司
上海城投航道建设有限公司
上海城投水务工程项目管理有限公司
上海市市政工程设计研究院集团
上海市城建设计研究院集团有限公司
上海陆家嘴金融贸易区开发股份有限公司
宁波科鑫腐蚀控制工程有限公司
宁波中淳高科股份有限公司

主 要 起 草 人：俞海勇 王 琼 陆 明 刘 朝 陈嘉敏
李欢欢 朱敏涛 王秀志 鞠丽艳 蒋正武
吴 凯 张 贺 朱亚楠 刘朝明 苑立东
纪宪坤 钱 平 蒋 鑫 余学良 程先海
周 渊 杨 磊 司家宁 王诗雨 孙艾薇

范　倩　刘　楠　汤　炼　吴　猛　顾　赟
韩凤兰　许　东　白占伟　黄　斌　董禹路
吴欣航　许国林　谢　明　包鹤立　陈铭辉

主要审查人: 施惠生　朱祖熹　陈　兵　刘卫东　李珊珊
谷坤鹏　左俊卿

上海市建筑建材业市场管理总站

目　次

1　总　则 …………………………………………………… 1
2　术　语 …………………………………………………… 2
3　基本规定 ………………………………………………… 4
4　材料技术要求 …………………………………………… 7
4.1　一般规定……………………………………………… 7
4.2　胶凝材料……………………………………………… 7
4.3　骨　料………………………………………………… 8
4.4　外加剂………………………………………………… 9
4.5　其他材料 …………………………………………… 10
5　耐久性设计及构造要求 ………………………………… 11
5.1　混凝土保护层厚度及强度等级 …………………… 11
5.2　混凝土配合比设计要求 …………………………… 16
5.3　混凝土耐久性性能技术要求 ……………………… 20
5.4　构造要求 …………………………………………… 24
5.5　混凝土结构抗裂控制措施 ………………………… 24
5.6　耐久性设计附加措施……………………………… 25
5.7　杂散电流预防附加措施 …………………………… 26
6　生产、施工及验收 ……………………………………… 28
6.1　一般规定 …………………………………………… 28
6.2　预制构件生产技术要求 …………………………… 29
6.3　混凝土施工技术要求 ……………………………… 31
6.4　验　收 ……………………………………………… 34
7　使用阶段维护与检测要求 ……………………………… 36

附录 A　混凝土耐久性检测评估方法 …………………………… 37
本标准用词说明 ………………………………………………… 40
引用标准名录 …………………………………………………… 41
条文说明 ………………………………………………………… 43

Contents

1 General provisions ······ 1
2 Terms ······ 2
3 Basic requirements ······ 4
4 Technical requirements of materials ······ 7
4.1 General requirements ······ 7
4.2 Cementing materials ······ 7
4.3 Aggregates ······ 8
4.4 Admixture ······ 9
4.5 Other materials ······ 10
5 Durability design and construction requirements ······ 11
5.1 Cover thickness and strength grade of concrete ······ 11
5.2 Mix proportion design requirements ······ 16
5.3 Durability requirements ······ 20
5.4 Construction requirements ······ 24
5.5 Control measures for crack resistance of concrete structures ······ 24
5.6 Additional measures for durability ······ 25
5.7 Preventive measures of stray current ······ 26
6 Production, construction and acceptance ······ 28
6.1 General requirements ······ 28
6.2 Technical requirements of production for prefabricated component ······ 29
6.3 Technical requirements of concrete construction ······ 31
6.4 Acceptance ······ 34

7 Maintenance and detection requirements ······················ 36
Appendix A Methods for detection and evaluation of concrete durability ·· 37
Explanation of wording in this standard ························ 40
List of quoted standards ·· 41
Explanation of provisions ·· 43

1 总 则

1.0.1 为规范本市轨道交通及隧道工程混凝土结构耐久性设计和施工要求，保证轨道交通及隧道工程混凝土结构质量，特制定本标准。

1.0.2 本标准适用于本市轨道交通及隧道工程混凝土结构在一般环境或氯化物环境作用下的耐久性设计和施工。

1.0.3 本标准规定的耐久性设计和施工要求，为结构达到设计使用年限并具有必要保证率的最低要求。

1.0.4 轨道交通及隧道工程混凝土结构的耐久性设计与施工，除应符合本标准外，尚应符合国家、行业和本市现行有关标准的规定。

2 术 语

2.0.1 混凝土结构耐久性 durability of concrete structure

在环境作用和正常维护、使用条件下，混凝土结构或构件在设计使用年限内保持其适用性和安全性的能力。

2.0.2 环境作用 environmental action

温、湿度及其变化及二氧化碳、氧、盐、酸等环境因素对结构的作用。

2.0.3 一般环境 atmospheric environment

无冻融、氯化物和其他化学腐蚀物质作用的混凝土结构或构件的暴露环境。

2.0.4 氯化物环境 chloride environment

混凝土结构或构件受到氯盐侵入作用并引起内部钢筋锈蚀的暴露环境，具体包括海洋氯化物环境和除冰盐等其他氯化物环境。

2.0.5 设计使用年限 design working life

设计规定的结构或结构构件不需要进行大修即可按预定目的使用的年限。

2.0.6 混凝土保护层厚度 concrete cover to reinforcement

从混凝土表面到钢筋(包括纵向钢筋、箍筋和分布钢筋)公称直径外边缘之间的最小距离；对后张法预应力筋，为套管或孔道外边缘到混凝土表面的距离。

2.0.7 氯离子扩散系数 chloride diffusion coefficient

表示氯离子在混凝土中从高浓度区向低浓度区扩散速率的参数。

2.0.8 附加防腐蚀措施 additional protective measures

在改善混凝土密实性、增加保护层厚度和利用防排水措施等常规手段的基础上，为进一步提高混凝土结构耐久性所采取的补充措施，包括混凝土表面涂层、环氧涂层钢筋、钢筋阻锈剂和阴极保护等其他措施。

2.0.9 抗裂专项设计 special anti-cracking design

针对易开裂、有特殊要求的混凝土结构，从原材料、配合比设计、构造、施工等环节开展的混凝土抗裂性能提升专项举措。

3 基本规定

3.0.1 轨道交通及隧道工程混凝土结构的耐久性应在满足结构设计要求的前提下，根据结构的设计使用年限、结构所处的环境类别及作用等级进行设计；同一混凝土结构的不同构件或同一构件中不同部位所处的局部环境条件有差异时，应分别进行设计。

3.0.2 混凝土结构应按照便于施工、检查和维护并能减少环境因素对结构的不利影响的原则进行耐久性设计。混凝土结构处于严重腐蚀环境时，应采取必要的附加防腐蚀措施。

3.0.3 轨道交通及隧道工程混凝土结构的耐久性设计应包括下列内容：

1 结构的设计使用年限、环境类别及其作用等级。

2 有利于减轻环境作用的结构形式、布置和构造。

3 结构耐久性要求的混凝土原材料品质、配合比参数限值以及耐久性指标要求。

4 结构耐久性要求的构造措施。

5 与结构耐久性有关的裂缝控制、主要施工控制及验收要求。

6 针对严酷环境作用的多重防护措施与防腐蚀附加措施。

7 结构使用阶段的维护与检测要求。

3.0.4 厚度大于 800 mm 明挖车站的底板(含底梁)、暗挖车站的底梁和顶梁以及厚度大于 500 mm(含)的车站、区间(含折返线)的侧墙和顶板(或拱部衬砌)，应按大体积混凝土的有关规定采取抗裂控制措施。

3.0.5 宜针对地下车站侧墙、顶板等易出现开裂、渗水现象的部位进行混凝土结构抗裂专项设计。抗裂专项设计宜包括抗裂构造措施、混凝土的收缩及温度等引起开裂的控制措施。

3.0.6 大体积混凝土或有抗裂性要求的混凝土结构，可采用 60 d 或设计规定龄期的混凝土抗压强度值作为检验评定混凝土强度的依据。

3.0.7 轨道交通及隧道工程结构的设计使用年限应符合设计要求；若设计无要求，应符合下列规定：

1 轨道交通的地下结构、高架结构及隧道工程整体设计使用年限不应少于 100 年。

2 附属地面建筑结构的整体设计使用年限不应少于 50 年。

3.0.8 轨道交通及隧道工程混凝土结构所处的环境类别和环境作用等级的确定，应根据工程地质勘查报告和环境调查报告等相关资料，按现行国家标准《混凝土结构耐久性设计规范》GB/T 50476 执行。无相关环境调查资料时，可按表 3.0.8 执行。

表 3.0.8 混凝土结构所处的环境类别和环境作用等级划分

环境类别	作用等级	环境条件	结构构件示例
一般环境	Ⅰ-A	室内干燥环境	隧道内部、高架车站以及附属地面建筑结构内部处于常年干燥环境的构件
	Ⅰ-B	长期湿润环境	处于水下或长期接触湿润土体的隧道、道床构件、地下车站结构； 长期接触湿润土体的高架结构与附属地面建筑结构的基础构件
		非干湿交替的室内潮湿环境	隧道内部、高架车站以及附属地面建筑结构内部处于中、高湿度环境中的构件
		非干湿交替的露天环境	高架、附属地面建筑和高架段道床结构中暴露在大气中，但不受雨淋、不接触水的构件
	Ⅰ-C	干湿交替环境	隧道、道床结构中接触有干湿交替土体的构件； 隧道一面接触水，另一面干燥的薄壁构件； 高架、附属地面建筑结构中频繁受雨淋和接触水的构件

续表3.0.8

环境类别	作用等级	环境条件	结构构件示例
氯化物环境[a]	Ⅳ-C	较低氯离子浓度	处于含有氯化物的水下或接触含有较低浓度氯化物长期湿润土体的隧道、道床构件； 接触含有较低浓度氯化物长期湿润土体的高架结构与附属地面建筑结构的基础构件
	Ⅳ-D	较高氯离子浓度	处于含有氯化物的水下或长期接触含有较高浓度氯化物湿润土体的隧道、道床构件； 长期接触含有较高浓度氯化物湿润土体的高架结构与附属地面建筑结构的基础构件
	Ⅳ-E	高氯离子浓度，或干湿交替引起氯离子积累	隧道、道床结构中接触含有高浓度氯化物的构件； 隧道、道床结构中接触含有氯化物且有干湿交替土体的构件； 隧道一面接触含有氯化物的水，另一面干燥的薄壁构件

注：[a]氯化物环境下氯离子浓度的高低区分：较低为 100 mg/l～500 mg/l；较高为 501 mg/l～5 000 mg/l；高为大于 5 000 mg/l。如构件周边永久浸没水(或土)中不存在干湿交替或接触大气，可按环境作用等级Ⅳ-C 考虑。

3.0.9 轨道交通地下结构(含车站与区间)及隧道结构中壁厚小于 350 mm 的构件视为薄壁构件；对于壁厚大于 600 mm，一面临水、另一面干燥的构件，可按照长期湿润环境考虑；对于壁厚 350 mm～600 mm 的构件，由设计人员根据具体情况确定作用等级。

3.0.10 对于存在冻融或其他化学腐蚀的环境，由设计人员根据具体情况确定作用等级。

3.0.11 在长期潮湿或接触水的环境条件下，轨道交通及隧道工程混凝土结构的耐久性设计应考虑混凝土可能发生的碱-骨料反应、钙矾石延迟反应和软水对混凝土的溶蚀，在设计中采取相应的措施。

3.0.12 存在杂散电流腐蚀的轨道交通及隧道工程结构，应综合考虑杂散电流腐蚀对耐久性的影响。

4 材料技术要求

4.1 一般规定

4.1.1 所选用原材料除应符合国家现行相关标准的规定外，还应考虑环境条件的影响，具有所需的耐久性能，满足设计要求。

4.1.2 原材料在运输和存储过程中应设标识，按品种、规格分别堆放，不得混杂，并防止材料被污染。

4.2 胶凝材料

4.2.1 宜选用普通硅酸盐或硅酸盐水泥，其品质应符合现行国家标准《通用硅酸盐水泥》GB 175 的规定，水泥熟料中 C_3A 含量不应大于 8%，水泥比表面积不应超过 400 m^2/kg，碱含量不应大于 0.60%。

4.2.2 粉煤灰应符合现行国家标准《用于水泥和混凝土中的粉煤灰》GB/T 1596 的规定，宜采用 F 类Ⅱ级或Ⅰ级。

4.2.3 粒化高炉矿渣粉应符合现行国家标准《用于水泥、砂浆和混凝土中的粒化高炉矿渣粉》GB/T 18046 的规定，应采用 S95 或以上级别。

4.2.4 硅粉应符合现行国家标准《砂浆和混凝土用硅灰》GB/T 27690 的规定，且其二氧化硅含量不应小于 90%，比表面积（BET 法）不应小于 18 m^2/g，氯离子含量不应大于 0.08%。

4.2.5 若采用复合胶凝材料或复合掺合料，必须经过有资质的第三方认证。所选用的原材料种类较多时，宜采用工厂集中配制的方式进行生产。

4.3 骨 料

4.3.1 粗骨料应选用级配合理、粒形良好、质地坚固的洁净碎石。粒径宜为5 mm～25 mm连续级配。碎石除应符合现行行业标准《普通混凝土用砂、石质量及检验方法标准》JGJ 52的规定外，还应符合表4.3.1的规定。

表4.3.1 粗骨料技术要求

项目 \ 强度等级	≥C55	C50～C30
含泥量(%)	≤0.5	≤1.0
泥块含量(%)	≤0.2	≤0.3
针、片状颗粒含量(%)	≤8	≤10
坚固性指标(%)	≤5	≤8
氯离子含量(%)	≤0.02	
吸水率(%)	≤1	

4.3.2 细骨料应使用中砂，不得单独使用细砂和特细砂，不得使用海砂、山砂及风化严重的多孔砂。中砂除应符合现行行业标准《普通混凝土用砂、石质量及检验方法标准》JGJ 52的要求外，还应符合表4.3.2的规定。细度模数应为2.3～2.9，且符合Ⅱ区颗粒级配要求。

表4.3.2 细骨料技术要求

项目 \ 强度等级		≥C55	C50～C30
天然砂	含泥量(%)	≤2.0	≤3.0
	泥块含量(%)	≤0.5	≤1.0
	坚固性指标(%)	≤5	≤8

续表4.3.2

<table>
<tr><th colspan="3">强度等级
项目</th><th>≥C55</th><th>C50～C30</th></tr>
<tr><td rowspan="4">人工砂或混合砂</td><td rowspan="2">石粉含量（%）</td><td>MB＜1.4 或合格</td><td>≤5.0</td><td>≤7.0</td></tr>
<tr><td>MB≥1.4 或不合格</td><td>≤2.0</td><td>≤3.0</td></tr>
<tr><td colspan="2">泥块含量（%）</td><td>≤0.5</td><td>≤1.0</td></tr>
<tr><td colspan="2">压碎值指标（%）</td><td colspan="2">≤25</td></tr>
</table>

4.3.3 预应力混凝土、钢纤维混凝土、装配整体式混凝土结构、设计年限 100 年或以上的混凝土结构及其他有特殊要求的钢筋混凝土结构用细骨料的氯离子含量不应大于 0.01%。附属设施或设计年限小于 100 年的混凝土结构用细骨料的氯离子含量不应大于 0.02%。

4.3.4 宜选用不具有碱活性的骨料。当骨料存在潜在的碱-硅酸盐反应危害时，应控制混凝土中碱含量不超过 3.0 kg/m^3，并采取能抑制碱-骨料反应的有效措施，通过试验验证后使用；当骨料存在潜在的碱-碳酸盐反应危害时，不应用作混凝土骨料。

4.4 外加剂

4.4.1 外加剂的质量和使用要求应符合现行国家标准《混凝土外加剂》GB 8076、《混凝土外加剂应用技术规范》GB 50119 和其他国家及行业标准的规定。

4.4.2 应根据混凝土性能要求，合理选择与混凝土原材料相容的外加剂。

4.4.3 轨道交通及隧道工程混凝土宜采用有防收缩功能的聚羧酸高性能减水剂。

4.4.4 现浇混凝土用减水剂的混凝土减水率宜大于 18%，预制构件混凝土用减水剂的混凝土减水率宜大于 22%。

4.4.5 混凝土中采用的化学外加剂中的氯离子（按折固含量计）应小于 0.6%。

4.5 其他材料

4.5.1 混凝土拌和用水应符合现行行业标准《混凝土用水标准》JGJ 63 的要求。

4.5.2 纤维材料应具有与混凝土结合良好的性能，宜采用合成纤维或钢纤维，应符合现行国家标准《水泥混凝土和砂浆用合成纤维》GB/T 21120 及现行行业标准《混凝土用钢纤维》YB/T 151、《钢纤维混凝土》JG/T 472 和《纤维混凝土应用技术规程》JGJ/T 221 的规定。

4.5.3 环氧涂层钢筋应符合现行行业标准《环氧树脂涂层钢筋》JG/T 502 的要求。

4.5.4 当采用具有抑制温升、微膨胀功能的防裂抗渗材料或其他材料时，应具有与混凝土良好的相容性能，且通过检验验证，相关性能符合国家和行业标准及设计要求。

5 耐久性设计及构造要求

5.1 混凝土保护层厚度及强度等级

5.1.1 一般环境或较低氯离子浓度环境条件下的混凝土结构保护层厚度应满足钢筋的防锈、耐火以及与混凝土之间粘结力传递要求，且其设计值不得小于钢筋的公称直径。最低混凝土强度等级及保护层最小厚度应符合表5.1.1的规定。

表5.1.1 一般环境或较低氯离子浓度环境条件下最低混凝土强度等级及保护层最小厚度

<table>
<tr><th colspan="5">结构类别</th><th>最低混凝土强度等级</th><th>保护层最小厚度[a](mm)</th></tr>
<tr><td rowspan="13">地下结构</td><td rowspan="6">地下连续墙</td><td colspan="2" rowspan="2">单层墙</td><td>迎土/水面</td><td rowspan="2">C35</td><td>55</td></tr>
<tr><td>背土/水面</td><td>55</td></tr>
<tr><td colspan="2" rowspan="2">叠合墙</td><td>迎土/水面</td><td rowspan="2">C35</td><td>55</td></tr>
<tr><td>背土/水面</td><td>35</td></tr>
<tr><td colspan="2" rowspan="2">复合墙</td><td>迎土/水面</td><td rowspan="2">C35</td><td>55</td></tr>
<tr><td>背土/水面</td><td>55</td></tr>
<tr><td colspan="4">钻孔灌注桩</td><td>C35</td><td>60</td></tr>
<tr><td rowspan="6">明挖法结构</td><td colspan="2" rowspan="2">顶、底板</td><td>迎土/水面</td><td rowspan="2">C35</td><td>40</td></tr>
<tr><td>背土/水面</td><td>35</td></tr>
<tr><td rowspan="4">侧墙</td><td rowspan="2">叠合墙</td><td>迎土/水面</td><td rowspan="2">C35</td><td>30</td></tr>
<tr><td>背土/水面</td><td>35</td></tr>
<tr><td rowspan="2">复合墙</td><td>迎土/水面</td><td rowspan="2">C35</td><td>40</td></tr>
<tr><td>背土/水面</td><td>35</td></tr>
</table>

续表5.1.1

结构类别				最低混凝土强度等级	保护层最小厚度[a]（mm）
地下结构	明挖法结构	中板	上、下侧	C35	30
		顶、底梁	迎土/水面	C35	40
			背土/水面		30
		中板梁	上、下侧	C35	30
		柱		C40	30
		站台板	上、下侧	C30	20
	盾构法结构	钢筋混凝土管片	迎土/水面	C55（C50）[b]	35
			背土/水面		25
		连接通道	迎土/水面	C35	40
			背土/水面		35
		道床	上、下侧	C30	30
	沉管法结构	顶、底板	迎土/水面	C35	40
			背土/水面		35
		侧墙	迎土/水面	C35	40
			背土/水面		35
		中隔墙	左、右侧	C35	30
	顶管法结构	钢筋混凝土管节	迎土/水面	C50	35
			背土/水面		25
	箱涵顶进法结构	顶、底板	迎土/水面	C35	40
			背土/水面		35
		侧墙	迎土/水面	C35	40
			背土/水面		35
		中隔墙	左、右侧	C35	30
	沉井法结构	顶、底板	迎土/水面	C35	40
			背土/水面		35
		侧墙	迎土/水面	C35	40
			背土/水面		35
		中隔墙	左、右侧	C35	30

续表5.1.1

<table>
<tr><th colspan="5">结构类别</th><th>最低混凝土强度等级</th><th>保护层最小厚度[a](mm)</th></tr>
<tr><td rowspan="19">地上结构</td><td rowspan="3">高架车站框架式结构</td><td colspan="2">建筑梁、柱</td><td rowspan="3">—</td><td>C30</td><td>30</td></tr>
<tr><td colspan="2">建筑板</td><td>C30</td><td>25</td></tr>
<tr><td colspan="2">灌注桩</td><td>C35</td><td>60</td></tr>
<tr><td rowspan="8">高架车站桥梁式结构及高架区间结构</td><td colspan="2" rowspan="2">混凝土主梁</td><td rowspan="4">—</td><td rowspan="2">C40</td><td>≥d[c]，且≥50(顶面及侧面预应力钢筋)；60(底面预应力钢筋)</td></tr>
<tr><td>35(普通钢筋)</td></tr>
<tr><td colspan="2">盖梁</td><td>C40</td><td>35</td></tr>
<tr><td colspan="2">立柱、桥台</td><td>C40</td><td>35</td></tr>
<tr><td colspan="2" rowspan="2">承台</td><td>上表面、侧面</td><td rowspan="2">C35</td><td>35</td></tr>
<tr><td>下表面[d]</td><td>100</td></tr>
<tr><td colspan="2">整体道床</td><td rowspan="2">—</td><td>C40</td><td>35</td></tr>
<tr><td colspan="2">灌注桩</td><td>C35</td><td>60</td></tr>
<tr><td rowspan="4">设计年限为100年的附属建筑</td><td colspan="2">建筑梁、柱</td><td rowspan="4">—</td><td>C30</td><td>30</td></tr>
<tr><td colspan="2">建筑板</td><td>C30</td><td>25</td></tr>
<tr><td rowspan="2">建筑基础</td><td>桩基础</td><td rowspan="2">C35</td><td>60</td></tr>
<tr><td>浅基础</td><td>60</td></tr>
<tr><td rowspan="4">设计年限为50年的附属建筑</td><td colspan="2">建筑梁、柱</td><td rowspan="4">—</td><td>C30</td><td>20</td></tr>
<tr><td colspan="2">建筑板</td><td>C30</td><td>15</td></tr>
<tr><td rowspan="2">建筑基础</td><td>灌注桩</td><td rowspan="2">C30</td><td>50</td></tr>
<tr><td>浅基础</td><td>40</td></tr>
</table>

注：[a] 本表中的混凝土最小保护层厚度已包括施工误差值。
[b] 括号内的数值为双圆管片的混凝土最低强度等级。
[c] d 为预应力管道的直径。
[d] 承台下表面混凝土保护层应设置钢筋网片。

5.1.2 较高或高氯离子浓度环境条件下最低混凝土强度等级及保护层最小厚度应符合表 5.1.2 的规定。

表 5.1.2　较高或高氯离子浓度环境条件下最低混凝土强度等级及保护层最小厚度

结构类别					最低混凝土强度等级	保护层最小厚度[a](mm)
地下结构	地下连续墙	单层墙		迎土/水面	C45	60
				背土/水面		55
		叠合墙		迎土/水面	C45	60
				背土/水面		35
		复合墙		迎土/水面	C40	60
				背土/水面		60
	钻孔灌注桩				C40	65
	明挖法结构	顶、底板		迎土/水面	C45	45
				背土/水面		35
		侧墙	叠合墙	迎土/水面	C45	35
				背土/水面		35
			复合墙	迎土/水面		45
				背土/水面		35
		中板		上、下侧	C45	30
		顶、底梁		迎土/水面	C45	45
				背土/水面		30
		中板梁		上、下侧	C45	30
		柱			C40	30
		站台板		上、下侧	C30	20
	盾构法结构	钢筋混凝土管片		迎土/水面	C55(C50)[b]	40
				背土/水面		25
		连接通道		迎土/水面	C45	45
				背土/水面		35
		道床		上、下侧	C30	30
	沉管法结构	顶、底板		迎土/水面	C45	45
				背土/水面		35

续表5.1.2

结构类别				最低混凝土强度等级	保护层最小厚度[a](mm)
地下结构	沉管法结构	侧墙	迎土/水面	C45	45
			背土/水面		35
		中隔墙	左、右侧	C45	30
	顶管法结构	钢筋混凝土管节	迎土/水面	C50	40
			背土/水面		25
	箱涵顶进法结构	顶、底板	迎土/水面	C45	45
			背土/水面		35
		侧墙	迎土/水面	C45	45
			背土/水面		35
		中隔墙	左、右侧	C45	30
	沉井法结构	顶、底板	迎土/水面	C45	45
			背土/水面		35
		侧墙	迎土/水面	C45	45
			背土/水面		35
		中隔墙	左、右侧	C45	30
地上结构	高架车站框架式结构	建筑梁、柱	—	C30	30
		建筑板		C30	25
		灌注桩		C45	65
	高架车站桥梁式结构及高架区间结构	混凝土主梁	—	C40	≥d^c，且≥50(顶面及侧面预应力钢筋)；60(底面预应力钢筋)
					35(普通钢筋)
		盖梁	—	C40	35
		立柱、桥台		C40	45
		承台	上表面、侧面	35	45
			下表面[d]		100

续表5.1.2

<table>
<tr><th colspan="5">结构类别</th><th>最低混凝土强度等级</th><th>保护层最小厚度[a](mm)</th></tr>
<tr><td rowspan="10">地上结构</td><td rowspan="2">高架车站桥梁式结构及高架区间结构</td><td colspan="2">整体道床</td><td rowspan="2">—</td><td>C40</td><td>35</td></tr>
<tr><td colspan="2">灌注桩</td><td>C45</td><td>65</td></tr>
<tr><td rowspan="4">设计年限为100年的附属建筑</td><td colspan="2">建筑梁、柱</td><td rowspan="4">—</td><td>C30</td><td>30</td></tr>
<tr><td colspan="2">建筑板</td><td>C30</td><td>25</td></tr>
<tr><td rowspan="2">建筑基础</td><td>桩基础</td><td rowspan="2">C45</td><td>65</td></tr>
<tr><td>浅基础</td><td>65</td></tr>
<tr><td rowspan="4">设计年限为50年的附属建筑</td><td colspan="2">建筑梁、柱</td><td rowspan="4">—</td><td>C30</td><td>20</td></tr>
<tr><td colspan="2">建筑板</td><td>C30</td><td>15</td></tr>
<tr><td rowspan="2">建筑基础</td><td>灌注桩</td><td rowspan="2">C30</td><td>55</td></tr>
<tr><td>浅基础</td><td>45</td></tr>
</table>

注：[a] 本表中的混凝土最小保护层厚度已包括施工误差值。
[b] 括号内的数值为双圆管片的混凝土最低强度等级。
[c] d 为预应力管道的直径。
[d] 承台下表面混凝土保护层应设置钢筋网片。

5.2 混凝土配合比设计要求

5.2.1 一般环境或较低氯离子浓度环境条件下不同结构构件的混凝土主要耐久性配合比参数应符合表5.2.1的要求。

表5.2.1 一般环境或较低氯离子浓度环境条件下混凝土水胶比和胶凝材料用量[a]

结构部位			最低强度等级	最大水胶比	最小胶凝材料用量[b](kg/m³)	最大胶凝材料用量[b](kg/m³)
地下结构	明挖法结构	地下连续墙、钻孔灌注桩	C35	0.50(0.45)[c]	300(350)[c]	400(420)[c]

续表5.2.1

结构部位			最低强度等级	最大水胶比	最小胶凝材料用量[b]（kg/m^3）	最大胶凝材料用量[b]（kg/m^3）
地下结构	明挖法结构	顶板、中板、底板、顶梁、中板梁、底梁、侧墙	C35	0.45(0.43)[c]	350(360)[c]	420(430)[c]
		柱	C40	0.43(0.40)[c]	360(400)[c]	440(480)[c]
		站台板	C30	0.45	350	420
	盾构法结构	管片	C55	0.35(0.33)[c]	380(400)[c]	500(520)[c]
		连接通道	C35	0.45(0.43)[c]	350(360)[c]	420(430)[c]
		道床	C30	0.45	350	420
	沉管法结构	顶板、底板、侧墙、中隔墙	C35	0.45(0.43)[c]	350(360)[c]	420(430)[c]
	顶管法结构	管节	C50	0.35(0.33)[c]	380(400)[c]	500(520)[c]
	箱涵顶进法结构	顶板、底板、侧墙、中隔墙	C35	0.45(0.43)[c]	350(360)[c]	420(430)[c]
	沉井法结构	顶板、底板、侧墙、中隔墙	C35	0.45(0.43)[c]	350(360)[c]	420(430)[c]
地上结构	高架车站框架式结构	建筑梁、柱	C30	0.45	350	420
		建筑板	C30	0.45	350	420
		灌注桩	C35	0.45(0.43)[c]	350(360)[c]	420(430)[c]
	高架车站桥梁式结构及高架区间结构	混凝土主梁	C40	0.43	360	440
		盖梁	C40	0.43	360	440
		立柱、桥台	C40	0.43	360	440
		承台	C35	0.45	350	420
		整体道床	C40	0.43	360	440
		灌注桩	C35	0.45(0.43)[c]	350(360)[c]	420(430)[c]

续表5.2.1

结构部位			最低强度等级	最大水胶比	最小胶凝材料用量[b]（kg/m^3）	最大胶凝材料用量[b]（kg/m^3）
地上结构	设计年限为100年的附属建筑	建筑梁、柱	C30	0.45	350	420
		建筑板	C30	0.45	350	420
		建筑基础	C35	0.45(0.43)[c]	350(360)[c]	420(430)[c]
	设计年限为50年的附属建筑	建筑梁、柱	C30	0.45	350	420
		建筑板	C30	0.45	350	420
		建筑基础	C30	0.45	350	420

注：[a] 水胶比和胶凝材料用量应以满足结构设计对混凝土的各项指标为前提。

[b] 最小和最大胶凝材料用量以强度等级42.5的普通硅酸盐水泥为基准；若使用更高标号的水泥，可根据实际情况调整。

[c] 括号内的数值为较低氯离子浓度环境条件下混凝土所对应的最大水胶比、最小和最大胶凝材料的用量。

5.2.2 处于较高或高氯离子浓度环境条件下不同结构构件的混凝土主要耐久性配合比参数应符合表5.2.2的要求。

表5.2.2 较高或高氯离子浓度环境条件下混凝土水胶比和胶凝材料用量[a]

结构部位			最低强度等级	最大水胶比	最小胶凝材料用量[b]（kg/m^3）	最大胶凝材料用量[b]（kg/m^3）
地下结构	地下连续墙	单层墙、叠合墙	C45	0.40	400	480
		复合墙	C40	0.43	360	440
	钻孔灌注桩		C40	0.43	360	440
	明挖法结构	顶板、中板、底板 顶梁、中板梁、底梁、侧墙	C45	0.40	400	480
		柱	C40	0.43	360	440
		站台板	C30	0.45	350	420

续表5.2.2

结构部位			最低强度等级	最大水胶比	最小胶凝材料用量[b]（kg/m³）	最大胶凝材料用量[b]（kg/m³）
地下结构	盾构法结构	管片	C55	0.33	400	520
		连接通道	C45	0.40	400	480
		道床	C30	0.45	350	420
	沉管法结构	顶板、底板、侧墙、中隔墙	C45	0.40	400	480
	顶管法结构	管节	C50	0.33	400	520
	箱涵顶进法结构	顶板、底板、侧墙、中隔墙	C45	0.40	400	480
	沉井法结构	顶板、底板、侧墙、中隔墙	C45	0.40	400	480
地上结构	高架车站框架式结构	建筑梁、柱	C30	0.45	350	420
		建筑板	C30	0.45	350	420
		灌注桩	C45	0.40	400	480
	高架车站桥梁式结构及高架区间结构	混凝土主梁	C40～C50	0.43	360	440
		盖梁	C40～C50	0.43	360	440
		立柱、桥台	C40	0.43	360	440
		承台	C35	0.45	350	420
		整体道床	C40	0.43	360	440
		灌注桩	C45	0.40	400	480
	设计年限为100年的附属建筑	建筑梁、柱	C30	0.45	350	420
		建筑板	C30	0.45	350	420
		建筑基础	C45	0.40	400	480
	设计年限为50年的附属建筑	建筑梁、柱	C30	0.45	350	420
		建筑板	C30	0.45	350	420
		建筑基础	C40	0.43	360	440

注：[a] 水胶比和胶凝材料用量应以满足结构设计对混凝土的各项指标为前提。

[b] 最小和最大胶凝材料用量以强度等级42.5的普通硅酸盐水泥为基准；若使用更高标号的水泥，可根据实际情况调整。

5.2.3 混凝土应按高性能混凝土的要求配制，并应在不同季节作相应调整。

5.2.4 混凝土中应掺用粉煤灰或矿粉等矿物掺和料或矿物复合掺和料，一般环境下的掺量总和不宜小于总胶凝材料的30%，氯化物环境下的掺量不宜小于总胶凝材料的40%。混凝土配合比中最小水泥用量宜为220 kg/m^3，掺合比例在不同季节宜作调整。

5.2.5 混凝土配合比中胶凝材料水化热3 d不宜大于220 kJ/kg，水化热7 d不宜大于280 kJ/kg。

5.2.6 混凝土中氯离子含量应符合现行国家标准《混凝土结构设计规范》GB 50010、《预制混凝土衬砌管片》GB/T 22082的规定。

5.2.7 混凝土原材料引入的碱含量不应大于3.0 kg/m^3。

5.2.8 混凝土的配合比设计和配制，在满足施工和易性及强度等级要求外，应以混凝土抗氯离子渗透性能、抗裂性能和抗碳化性能为主要控制指标。

5.2.9 当使用人工砂或混合砂时，应适当增加减水剂用量，降低混凝土单方用水量，调节混凝土拌合物性能，并符合现行行业标准《人工砂混凝土应用技术规程》JGJ/T 241和现行上海市工程建设规范《人工砂在混凝土中的应用技术规程》DG/TJ 08—506的规定。

5.3 混凝土耐久性性能技术要求

5.3.1 一般环境或较低氯离子浓度环境条件下混凝土耐久性性能指标要求应符合表5.3.1的要求。

5.3.2 处于较高或高氯离子浓度环境条件下混凝土耐久性性能指标要求应符合表5.3.2的要求。

表 5.3.1　一般环境或较低氯离子浓度环境条件下混凝土耐久性性能指标

结构部位			混凝土抗离子渗透性能			抗碳化性能	抗裂性能
			电通量（C）	氯离子扩散系数（$10^{-12}m^2/s$）		快速碳化深度（mm）	抗裂等级
				自然扩散法指标值	RCM 法指标值		
地下结构	明挖法结构	地下连续墙、钻孔灌注桩	≤2 000	—	—		L-Ⅳ
		梁、板	≤2 000	≤1.8	≤4	—	L-Ⅳ
		侧墙	≤2 000	≤1.8	≤4	—	L-Ⅳ
		柱	≤2 000	—	—	—	L-Ⅳ
		排风井	≤2 000	—	—	≤20	L-Ⅳ
	盾构法结构	管片	≤1 000	≤1.2	≤3	≤10	L-Ⅴ
		连接通道	≤2 000	—	—	—	L-Ⅳ
		道床	≤2 000	—	—	—	L-Ⅳ
	沉管法结构	板、侧墙	≤2 000	≤1.8	≤4	—	L-Ⅳ
	顶管法结构	管节	≤1 000	≤1.2	≤3	≤10	L-Ⅴ
	箱涵顶进法结构	板、侧墙	≤2 000	≤1.8	≤4	—	L-Ⅳ
	沉井法结构	板、侧墙	≤2 000	≤1.8	≤4	—	L-Ⅳ
地上结构	高架车站框架式结构	建筑梁、柱	≤2 000	—		—	L-Ⅳ
		建筑板					
		灌注桩	≤2 000	≤1.8	≤4		
	高架车站桥梁式结构及高架区间结构	混凝土主梁	≤2 000	—	—	—	L-Ⅳ
		盖梁					
		立柱、桥台					
		整体道床					
		承台	≤2 000	≤1.8	≤4		
		灌注桩					

续表5.3.1

<table>
<tr><td colspan="3" rowspan="3">结构部位</td><td colspan="3">混凝土抗离子渗透性能</td><td>抗碳化性能</td><td>抗裂性能</td></tr>
<tr><td rowspan="2">电通量（C）</td><td colspan="2">氯离子扩散系数（$10^{-12}m^2/s$）</td><td rowspan="2">快速碳化深度（mm）</td><td rowspan="2">抗裂等级</td></tr>
<tr><td>自然扩散法指标值</td><td>RCM法指标值</td></tr>
<tr><td rowspan="6">地上结构</td><td rowspan="3">设计年限为100年的附属建筑</td><td>建筑梁、柱</td><td rowspan="2">≤2 000</td><td rowspan="2">—</td><td rowspan="2">—</td><td rowspan="3">—</td><td rowspan="3">L-Ⅳ</td></tr>
<tr><td>建筑板</td></tr>
<tr><td>建筑基础</td><td>≤2 000</td><td>≤1.8</td><td>≤4</td></tr>
<tr><td rowspan="3">设计年限为50年的附属建筑</td><td>建筑梁、柱</td><td rowspan="3">≤2 800</td><td rowspan="3">—</td><td rowspan="3">—</td><td rowspan="3">—</td><td rowspan="3">L-Ⅳ</td></tr>
<tr><td>建筑板</td></tr>
<tr><td>建筑基础</td></tr>
</table>

表 5.3.2　较高或高氯离子浓度环境条件下氯化物环境下混凝土耐久性性能指标

<table>
<tr><td colspan="3" rowspan="3">结构部位</td><td colspan="3">混凝土抗离子渗透性能</td><td>抗碳化性能</td><td>抗裂性能</td></tr>
<tr><td rowspan="2">电通量（C）</td><td colspan="2">氯离子扩散系数（$10^{-12}m^2/s$）</td><td rowspan="2">快速碳化深度（mm）</td><td rowspan="2">抗裂等级</td></tr>
<tr><td>自然扩散法指标值</td><td>RCM法指标值</td></tr>
<tr><td rowspan="8">地下结构</td><td rowspan="5">明挖法结构</td><td>地下连续墙、钻孔灌注桩</td><td>≤1 500</td><td>≤1.5</td><td>≤3.5</td><td>—</td><td>L-Ⅳ</td></tr>
<tr><td>梁、板</td><td>≤1 500</td><td>≤1.5</td><td>≤3.5</td><td>—</td><td>L-Ⅳ</td></tr>
<tr><td>侧墙</td><td>≤1 500</td><td>≤1.5</td><td>≤3.5</td><td>—</td><td>L-Ⅳ</td></tr>
<tr><td>柱</td><td>≤1 500</td><td>≤1.5</td><td>≤3.5</td><td>—</td><td>L-Ⅳ</td></tr>
<tr><td>排风井</td><td>≤1 500</td><td>≤1.5</td><td>≤3.5</td><td>≤20</td><td>L-Ⅳ</td></tr>
<tr><td rowspan="3">盾构法结构</td><td>管片</td><td>≤1 000</td><td>≤1.2</td><td>≤3</td><td>≤10</td><td>L-Ⅴ</td></tr>
<tr><td>联络通道</td><td>≤1 500</td><td>≤1.5</td><td>≤3.5</td><td>—</td><td>L-Ⅳ</td></tr>
<tr><td>道床</td><td>≤1 500</td><td>≤1.5</td><td>≤3.5</td><td>—</td><td>L-Ⅳ</td></tr>
</table>

续表5.3.2

<table>
<tr><th colspan="3" rowspan="3">结构部位</th><th colspan="3">混凝土抗离子渗透性能</th><th>抗碳化性能</th><th>抗裂性能</th></tr>
<tr><th rowspan="2">电通量（C）</th><th colspan="2">氯离子扩散系数（$10^{-12}m^2/s$）</th><th rowspan="2">快速碳化深度（mm）</th><th rowspan="2">抗裂等级</th></tr>
<tr><th>自然扩散法指标值</th><th>RCM法指标值</th></tr>
<tr><td rowspan="4">地下结构</td><td>沉管法结构</td><td>板、侧墙</td><td>≤1 500</td><td>≤1.5</td><td>≤3.5</td><td>—</td><td>L-Ⅳ</td></tr>
<tr><td>顶管法结构</td><td>管节</td><td>≤1000</td><td>≤1.2</td><td>≤3</td><td>≤10</td><td>L-Ⅴ</td></tr>
<tr><td>箱涵顶进法结构</td><td>板、侧墙</td><td>≤1 500</td><td>≤1.5</td><td>≤3.5</td><td>—</td><td>L-Ⅳ</td></tr>
<tr><td>沉井法结构</td><td>板、侧墙</td><td>≤1 500</td><td>≤1.5</td><td>≤3.5</td><td>—</td><td>L-Ⅳ</td></tr>
<tr><td rowspan="16">地上结构</td><td rowspan="3">高架车站框架式结构</td><td>建筑梁、柱</td><td rowspan="2">≤2 000</td><td rowspan="2">≤1.8</td><td rowspan="2">≤4</td><td rowspan="2">—</td><td rowspan="2">L-Ⅳ</td></tr>
<tr><td>建筑板</td></tr>
<tr><td>灌注桩</td><td>≤1 500</td><td>≤1.5</td><td>≤3.5</td><td>—</td><td>L-Ⅳ</td></tr>
<tr><td rowspan="6">高架车站桥梁式结构及高架区间结构</td><td>混凝土主梁</td><td rowspan="5">≤2 000</td><td rowspan="5">≤1.8</td><td rowspan="5">≤4</td><td rowspan="5">—</td><td rowspan="5">L-Ⅳ</td></tr>
<tr><td>盖梁</td></tr>
<tr><td>立柱、桥台</td></tr>
<tr><td>承台</td></tr>
<tr><td>整体道床</td></tr>
<tr><td>灌注桩</td><td>≤1500</td><td>≤1.5</td><td>≤3.5</td><td>—</td><td>L-Ⅳ</td></tr>
<tr><td rowspan="3">设计年限为100年的附属建筑</td><td>建筑梁、柱</td><td rowspan="2">≤2 000</td><td rowspan="2">≤1.8</td><td rowspan="2">≤4</td><td rowspan="2">—</td><td rowspan="2">L-Ⅳ</td></tr>
<tr><td>建筑板</td></tr>
<tr><td>建筑基础</td><td>≤1 500</td><td>≤1.5</td><td>≤3.5</td><td>—</td><td>L-Ⅳ</td></tr>
<tr><td rowspan="3">设计年限为50年的附属建筑</td><td>建筑梁、柱</td><td rowspan="2">≤2 000</td><td rowspan="2">≤1.8</td><td rowspan="2">≤5</td><td rowspan="2">—</td><td rowspan="2">L-Ⅳ</td></tr>
<tr><td>建筑板</td></tr>
<tr><td>建筑基础</td><td>≤1 500</td><td>≤1.5</td><td>≤3.5</td><td>—</td><td>L-Ⅳ</td></tr>
</table>

5.3.3 掺纤维混凝土的抗氯离子渗透性能应采用自然扩散法进行测试。

5.3.4 混凝土抗氯离子渗透性能发生争议时以自然扩散法为准。

5.4 构造要求

5.4.1 所有结构接缝处应采取抗裂防渗的加强措施。

5.4.2 当工程的设计使用年限为 100 年时，不得使用冷加工钢筋和直径小于或等于 6 mm 的钢筋作为受力钢筋。

5.4.3 钢筋混凝土构件中有部分长期暴露在外的吊环或紧固件、连接件等金属部件，应采取可在使用阶段与外部环境有效隔离的附加防护措施。

5.4.4 地下结构各层楼板与侧墙接界处（设置钢筋连接器处）的竖向钢筋净距不应小于 50 mm。

5.4.5 施工缝、变形缝、诱导缝与各种连接缝的位置应尽量避开处于最不利环境作用的部位，并应有专项的接缝防水设计。

5.4.6 叠合墙的内衬施工应预先对钢支撑部位采取防水构造措施并有专项设计。

5.5 混凝土结构抗裂控制措施

5.5.1 对于有抗裂、防渗等特殊要求的混凝土结构，应进行抗裂专项设计，宜进行混凝土结构的裂缝控制专项咨询或论证，并采用实际工程用的原材料及配合比进行必要的试验验证。

5.5.2 超长、大体积结构以及具有特殊控裂要求的结构，应控制非荷载裂缝发生，采取裂缝控制综合技术降低混凝土结构开裂风险。

5.5.3 对有非荷载裂缝控制要求的混凝土结构，应结合抗裂专项设计在混凝土配合比设计时采用补偿收缩混凝土技术、纤维阻裂技术、水化热调控技术等裂缝控制综合技术措施，改善混凝土结构抗裂性。

5.5.4 开展专项设计的混凝土结构，应根据混凝土的绝热温升、温控等施工方案的要求，提出混凝土制备时粗细骨料、拌和用水及入模温度控制的技术措施；混凝土制备前，应进行常规配合比试验，并应进行水化热、泌水率、可泵性等对混凝土控制裂缝有影响的技术参数的试验；必要时，其配合比设计应通过试泵送。

5.5.5 有特殊要求时，混凝土内应留测温孔或埋设温度传感器，监测混凝土浇筑温度、内部最高温度、环境温度等参数，同时监控内表温差和降温速率，及时记录监测数据，并从混凝土原材料的温度、入模温度、缓凝措施、掺合料的掺量和保温养护等方面及时调整和优化温控措施。

5.5.6 明挖车站采用叠合墙体系时，应注意分块、分段施工缝的位置、浇筑顺序和后浇带的设置，减小新浇混凝土硬化收缩过程中的约束拉应力，减少混凝土收缩开裂。

5.5.7 宜控制横向施工缝上下混凝土、侧墙与施工缝的浇筑时间间隔。

5.6 耐久性设计附加措施

5.6.1 混凝土结构耐久性的设计附加措施选择应根据其使用环境条件的特殊要求、使用部位以及工程技术经济要求进行。

5.6.2 混凝土结构受氯离子和 CO_2 等侵蚀影响较大的部位应采取涂覆有防腐蚀特性的表面涂层或硅烷浸渍等附加措施。

5.6.3 公路隧道排风井内侧混凝土表面宜采取涂抗碳化涂层的附加措施。抗碳化涂层宜为硅烷或硅氧烷类材料。

5.6.4 对结构裂缝渗水应按结构补强、止水和耐久性等要求，采用亲水性环氧等材料进行注浆补强、止渗处理；聚氨酯一般用于非结构裂缝堵漏处理；当结构裂缝渗水量较大时，宜先采用聚氨酯浆液做止水处理，然后再用亲水性环氧做补强处理。

5.6.5 混凝土结构破损需要修复补强时，宜采用结构胶粘剂、快速修补材料等做修补处理；管片破损时，宜采用高强环氧胶泥修补。

5.6.6 当单层衬砌喷射防水混凝土作为衬砌内侧防水加强层时，混凝土中宜掺加合成纤维；对于工作井吊装孔等填孔混凝土也宜添加合成纤维。当结构顶板开设直径大于 5 m 的圆孔或面积大于 24 m^2 的方孔，且孔口永久、直接暴露于大气环境时，孔周边混凝土宜添加钢纤维材料。

5.6.7 位于承压水层和微承压水层的盾构法隧道的联络通道结构层与支护层之间可不设置防水层，其拱顶与侧墙宜采用预拌自密实混凝土，并与结构内表面防水砂浆组合施用。非承压水层的联络通道结构层与支护层之间应设置塑料防水板与土工布组成的复合防水层。

5.6.8 盾构法隧道管片混凝土有特殊要求时，应在管片的外弧面涂覆防水、防腐蚀涂层。

5.6.9 轨道交通及隧道工程的废水和雨水泵房的集水池底板、侧墙内表面宜使用聚合物水泥防水砂浆。

5.6.10 对存在化学腐蚀环境下的混凝土结构构件，应结合当地环境条件，必要时可在混凝土表面施加环氧树脂涂层、设置水溶性树脂砂浆抹面层或铺设其他防腐蚀面层。

5.7 杂散电流预防附加措施

5.7.1 在道床内设立杂散电流主排流网，排流网截面积应满足杂散电流防护设计要求。

5.7.2 隧道内的结构钢筋应连接成一个整体，建立杂散电流辅助收集网。

5.7.3 针对变电所杂散电流回流点附近（极化电压的正向偏移峰值点），应采取下列防范措施：

1 排流网的钢筋总截面面积应大于钢筋钝化电流密度所要

求的面积，并同时提高排流网本身的抗电化学腐蚀能力。

2 回流点附近 1 m 范围内的局部混凝土结构增强外部防水绝缘，必要时可局部掺入阻锈剂提高结构钢筋抗电化学腐蚀能力。

3 道床可采用环氧涂层钢筋提升钢筋耐电化学腐蚀能力。

5.7.4 全线排流网及辅助收集网应全线连通，具体按杂散电流防护专业要求实施。

6 生产、施工及验收

6.1 一般规定

6.1.1 轨道交通及隧道工程混凝土结构现场施工应采用预拌混凝土。

6.1.2 混凝土生产宜满足现行行业标准《预拌混凝土绿色生产及管理技术规程》JGJ/T 328 的相关规定。

6.1.3 夏季生产混凝土时，应对胶凝材料、细骨料、粗骨料的储存仓、料堆等采取遮阳防晒措施；必要情况下，也可采取其他有效措施以降低混凝土拌合物的温度。冬季施工时，骨料中不得含有冰、雪。

6.1.4 混凝土施工配合比应经有关人员批准。配合比使用过程中，应根据反馈的混凝土动态质量信息，及时对配合比进行调整。遇有下列情况时，应重新进行配合比设计：

1 混凝土性能指标有变化或有其他特殊要求时。

2 原材料品质发生显著改变时。

3 同一配合比的混凝土生产间断 3 个月以上时。

6.1.5 混凝土在搅拌时，应满足下列规定：

1 粗、细骨料的实际含水量发生变化时，应及时调整粗、细骨料与拌和用水的用量。

2 原材料应控制计量精度，其允许偏差应符合表 6.1.5-1 的规定。

表 6.1.5-1 混凝土材料计量允许偏差(%)

原材料品种	水泥	细骨料	粗骨料	水	掺合料	外加剂
允许偏差	±1	±2	±2	±1	±1	±1

3　混凝土应搅拌均匀，搅拌时间可按表 6.1.5-2 采用。

表 6.1.5-2　混凝土搅拌的最短时间

混凝土坍落度(mm)	最短搅拌时间(s)
≥120	60
<120	90

6.1.6　混凝土采用搅拌运输车运输时，应满足下列规定：

1　接料前，搅拌运输车应排净罐内积水。

2　在运输途中及等候卸料时，应保持搅拌运输车罐体正常转速，不得停转。

3　卸料前，搅拌运输罐体应快速旋转搅拌 20 s 以上后再卸料。

6.1.7　混凝土坍落度设计应满足施工要求。当混凝土坍落度不满足要求时，可在运输车罐内加入适量与原配合比相同成分的外加剂。外加剂加入量应事先由试验确定，并应作记录。加入外加剂后，混凝土罐车应快速旋转搅拌均匀，并达到要求的工作性能后再泵送或浇筑。混凝土运输、输送、浇筑过程中严禁加水。

6.1.8　大型预应力梁、沉管等现场预制构件的生产除应执行本章中相应条款外，还应制定施工组织设计方案，明确混凝土耐久性施工技术要求。

6.1.9　耐久性设计采用的混凝土保护层厚度已计入了施工允许偏差，除地下连续墙外，保护层厚度施工允许偏差为＋5 mm～＋10 mm，其中柱、梁取 0 mm～＋10 mm，板、墙取 0 mm～＋ 5 mm；若不符合要求，应采取补救措施。垫块和垫块布置必须有可确保保护层精度的专门设计。

6.2　预制构件生产技术要求

6.2.1　用于生产预制构件的模具应满足下列要求：

1 宜采用钢质模具。

2 模具安装应牢固、严密、不漏浆，并符合模具拼装精度要求。

3 钢模内浇筑混凝土前，应在不损伤钢模本体的前提下进行彻底清理，钢模内表面和拼接缝不应留有残浆和微小颗粒。

4 模板脱模剂应用专门工具均匀抹刷在钢模与混凝土的所有接触面上，不得使用腐蚀性或受污染的材料，且不应在混凝土浇筑时渗入混凝土中。

5 非承重侧模、芯模应在混凝土抗压强度不小于 2.5 MPa 且保证混凝土表面及棱角不致因拆模而受损坏时方可拆除。

6 承重模板应在混凝土强度达到设计要求后方可拆除。

6.2.2 用于生产预制构件的钢筋骨架应满足下列要求：

1 钢筋骨架尺寸偏差，骨架中钢筋、配件和埋件的品种、规格、数量和位置等，应符合有关标准规定和设计文件的要求。

2 钢筋骨架在使用时，应放置不低于构件混凝土设计强度的水泥基垫块。

3 钢筋骨架不得沾有油污和脱模剂。

6.2.3 用于生产预制构件的混凝土应满足下列要求：

1 混凝土坍落度应合理控制，且混凝土应无分层、离析、泌水现象。

2 混凝土应连续浇筑，浇筑时不得扰动预埋件，并应根据生产条件选择适当的振捣方式，振捣应密实，不得漏振或过振。

3 混凝土入模温度夏季不宜高于 28℃，冬季不宜低于 5℃。

4 混凝土浇筑成型后，在初凝前应再次进行压面。

5 针对大规模管片生产，可使用桁架式自动化抹面设备。

6.2.4 预制构件采用蒸汽养护时，应符合下列要求：

1 混凝土表面应覆盖薄膜。

2 宜采用低温蒸汽养护方式，养护温度不宜超过 60℃，养护湿度宜控制在 95%以上。静停时间不宜少于 2.5 h，升温速度不宜大于15℃/h，降温速度不宜大于10℃/h。冬季可适当延长静定时间，减慢升、降温速率。

3 在撤出养护间前，应进行温度测量。混凝土构件表面温度与外界温差不超过20℃时方可撤出养护间。

6.2.5 混凝土浇筑完成或加热养护后应覆盖薄膜保湿保温养护，且应满足下列要求：

1 湿养护时间不应少于14 d，每天洒水次数以能保持混凝土表面处于润湿状态为准。

2 隧道管片、顶管管节等在脱模起吊后，应浸没于水中养护不少于7 d。管片、顶管管节等入水养护前，构件与水的温度差不得大于20℃，定期测量水的pH值不应大于11。

6.2.6 预制构件的堆放应满足下列要求：

1 堆放时宜采用柔性材料衬垫。

2 管片类预制构件允许叠放，但叠放高度不宜大于4层。

3 堆放期间，夏季应定期喷水。

4 堆放时间较长时，宜采用塑料布遮蔽防护。

6.2.7 预制构件在起吊、堆放、运输及施工过程中，应采取防止碰撞、损坏的措施。

6.2.8 管片类预制构件生产能耗应符合现行上海市地方标准《轨道交通用预制混凝土衬砌管片单位产品能源消耗限额》DB31/969的要求。

6.3 混凝土施工技术要求

6.3.1 现浇混凝土结构应采用可提高钢筋施工安装精度的定位垫块，浇筑混凝土前，应仔细检查定位垫块的位置、数量及紧固程度。定位垫块需满足下列要求：

1 竖向结构或构件的侧立钢筋可采用工程塑料垫块进行定位，底部钢筋则应采用纤维砂浆或混凝土垫块进行定位。

2 当使用细石混凝土垫块时，垫块宜做成工字形或锥形，垫块尺寸应满足钢筋保护层厚度和定位的允许偏差要求。

3 垫块的强度应高于结构或构件混凝土强度，且水胶比不应大于0.4。

4 结构侧面和底面的垫块数量不应少于4个/m^2，绑扎垫块和钢筋的铁丝头不得伸入保护层内。

6.3.2 现浇结构混凝土浇筑期间应满足下列要求：

1 应保证模板牢靠、平整，且接缝严密。

2 夏季施工时混凝土入模温度不宜高于28℃，冬季施工时混凝土入模温度不宜低于5℃，且应对混凝土采用适当的保温养护措施。

3 新浇混凝土与钢模、邻接的已硬化混凝土或周边介质之间的温差不得超过15℃。

4 炎热天气浇筑混凝土时，应避免模板和新浇混凝土受阳光直射。

5 在低温条件下(当昼夜平均气温低于5℃或最低气温低于−3℃时)浇筑混凝土时，应采取适当的保温防冻措施，保温防冻措施应满足施工安全要求。

6 在相对湿度较小、风速较大的环境下浇筑混凝土时，应采取适当的挡风措施，防止混凝土失水过快，此时应避免浇筑有较大暴露面积的构件。雨季施工时，必须有防雨措施。

7 混凝土浇筑应连续进行，如因故间断，间断时间应小于前层混凝土的初凝时间。因故中断浇筑，应按施工缝要求对界面混凝土进行凿毛处理后方可浇筑上层混凝土。

8 不同强度等级，不同配合比的混凝土不能混合浇筑。当不同强度等级混凝土必须接茬浇筑时，应先浇高强度等级混凝土。

6.3.3 明挖车站、通道、风道等结构混凝土应设施工缝分段浇筑，底板分段长度不宜超过24 m，侧墙和顶板分段长度应符合设计要求，宜采用分段跳槽或设后浇带的方法施工。

6.3.4 现浇结构混凝土的振捣应能保证混凝土的充分密实，且应避免因过振产生骨料下沉引起结构混凝土质量差异。对结构易产生渗漏的部位应加强振捣施工，同时应避免跑模、漏浆。

6.3.5 在混凝土浇筑后的抹面压平工序中，严禁向混凝土表面洒水，并应防止过度操作影响表层混凝土的质量。

6.3.6 现浇结构混凝土应有充分的潮湿养护时间。在整个潮湿养护过程中，应根据混凝土温度与气温的差别及变化，及时采取措施，控制混凝土的升温和降温速率。

6.3.7 现浇大体积结构混凝土养护期间，混凝土芯部温度与表面温度、表面温度与环境温度之差均不应大于 20℃。混凝土表面温度与养护水温度之差不得大于 15℃，混凝土芯部的温度不宜超过 60℃，最大不得超过 65℃。

6.3.8 现浇结构混凝土冬季时应采取保温措施进行浇筑和养护，并宜使用低水胶比的混凝土，不宜采用防冻剂。

6.3.9 混凝土拆模时，芯部与表面、表面与环境之间温差不得大于 20℃。混凝土结构未达到设计规定强度及养护时间时，严禁提前拆模。

6.3.10 后浇带混凝土采用微膨胀混凝土或者增设构造加强筋，采用微膨胀混凝土时应蓄水养护，养护时间不少于 14 d。

6.3.11 气温超过 30℃的炎热季节浇筑混凝土，建议采取下列措施来降低混凝土开裂风险：

1 不应使用出厂不到 7 d 的新鲜水泥。

2 集料堆场宜采用遮阳、堆高或喷淋（针对粗集料）等降温措施。

3 宜使用缓凝型外加剂。

4 当使用低温水拌和混凝土时，混凝土中不应有未融化的冰块或冰屑。

5 合理安排浇筑时间，混凝土施工尽量避开高温，利用温度较低时段施工。

6.3.12 无砟轨道板填充宜使用自密实混凝土，并应根据要求对混凝土配合比性能进行专项技术论证。

6.4 验 收

6.4.1 轨道交通及隧道工程混凝土结构耐久性验收内容应包括：外观质量、混凝土材料耐久性和混凝土保护层厚度。

6.4.2 外观质量验收应按现行国家标准《混凝土结构工程施工质量验收规范》GB 50204 的规定执行。

6.4.3 混凝土材料耐久性应按同分项工程、同结构形式、同配合比进行分批验收。预制类混凝土以 3 000 m^3 为一验收批，管片以 1 000 环为一验收批，现浇混凝土以 5 000 m^3 为一验收批，不足者记为一验收批。每批混凝土的性能检测指标应符合本标准表 5.3.1 和表 5.3.2 的规定，检测频度应满足下列要求：

1 每批混凝土的各性能指标检测 1 次。

2 混凝土的原材料、配合比发生变化时，应重新进行耐久性检测。

3 轨道交通车站排风井需进行快速碳化深度检测，检测频度为 1 次/个。

4 直径大于 8 m 的盾构法隧道或断面面积大于 320 m^2 的沉管法隧道，可酌情增加检测频度。

6.4.4 混凝土耐久性性能指标应按照下列标准和龄期进行测试：

1 混凝土电通量试验方法应按现行国家标准《普通混凝土长期性能和耐久性能试验方法标准》GB/T 50082 的规定执行，以混凝土 56 d 龄期的测试值作为工程质量控制指标。混凝土待测试件可在龄期 28 d 前送至检测单位，若 28 d 龄期检测合格，则视为检验合格。

2 混凝土氯离子扩散系数（自然扩散法）应将标准养护 56 d 后的混凝土试件在 3% 的 NaCl 标准溶液中浸泡 90 d，测定浸泡后混凝土中不同深度的氯离子浓度，建立氯离子浓度分布曲线，用最小二乘法进行非线性回归，分析计算出混凝土氯离子扩散系数，作为工程质量控制指标；混凝土氯离子扩散系数（RCM 方法）试验方法应按现行国家标准《普通混凝土长期性能和耐久性能试验方法标准》GB/T 50082 执行，以混凝土 56 d 龄期的测试值作为工程质量控制指标。混凝土氯离子扩散系数符合两个指标中的一个指标即可。

3 混凝土抗碳化性能试验方法应按现行国家标准《普通混凝土长期性能和耐久性能试验方法标准》GB/T 50082 执行，以标准养护 28 d 的混凝土快速碳化 28 d 后的测试值作为工程质量控制指标。

4 混凝土抗裂性能试验方法应按现行国家标准《普通混凝土长期性能和耐久性能试验方法标准》GB/T 50082 执行，以自加水搅拌（24±0.5）h 内混凝土裂缝测定值作为工程质量控制指标，抗裂等级评定依据应按现行行业标准《混凝土耐久性检验评定标准》JGJ/T 193 的规定执行。

6.4.5 保护层厚度验收按现行国家标准《混凝土结构工程施工质量验收规范》GB 50204 的规定执行。

7 使用阶段维护与检测要求

7.0.1 轨道交通及隧道工程混凝土结构使用阶段应对其耐久性状况进行定期检查或检测，其频度和内容应符合表7.0.1的要求。

表7.0.1 使用阶段耐久性检测频度及内容

类别	频度	内容
常规检查	(1～2)次/年	对混凝土结构总体的外观损伤、地下工程渗漏水状态作一般的、定性的检查
重点检查	1次/年	定性检查所检查区段的钢筋腐蚀情况，并测定地下工程的漏水量
检测评估	按需	混凝土耐久性指标、钢筋腐蚀状态、保护层厚度等，并进行专项检测评估

7.0.2 地下工程渗漏水状态和漏水量的检查检测及地下工程渗漏水治理的设计、施工及验收，应按现行国家标准《地下防水工程质量验收规范》GB 50208的规定执行。

7.0.3 使用阶段的混凝土耐久性检测评估应按照本标准附录A进行。检测时，应同时记录现场的温度、湿度等环境条件情况。

7.0.4 混凝土结构使用阶段应根据定期检查和耐久性检测评估结果采取相应的维护措施进行维护。

7.0.5 混凝土结构存在安全隐患时，应在结构修复后再进行维护施工。对混凝土结构补强和加固的设计、施工和验收应符合现行国家标准《混凝土结构加固设计规范》GB 50367和《建筑结构加固工程施工质量验收规范》GB 50550的规定。

7.0.6 混凝土结构受损时，宜采用早强、微膨胀、自密实混凝土进行维护修复。

附录A　混凝土耐久性检测评估方法

A.0.1　混凝土结构耐久性检测评估的内容和时间应根据定期检查结果、结构所处环境及结构的技术状况等要求确定。在下列情况下应开展耐久性评估：

1　业主或设施使用者有耐久性评估需要时。

2　常规检查发现有分布较广或程度较深的，可能对结构使用性能或安全性造成危害的缺陷时。

3　混凝土结构新建、改造或维修施工完成后累计使用年限超过10年，或者距离上一次耐久性检测评估时间超过10年时。

A.0.2　混凝土结构耐久性检测评估应按下列程序进行：

1　专业评估机构接受委托后，首先对评估对象的设计、施工、用途、使用历史、使用环境、设计使用年限等基本情况进行初步调查。

2　根据初步调查结果，制定详细调查检测方案，调查检测内容应包括环境荷载参数、构件外观质量、混凝土材料物理参数(包括保护层厚度、抗压强度、碳化深度、裂缝及缺陷、氯离子含量和抗渗性)和钢筋锈蚀状态(包括混凝土表面电阻率、钢筋半电池电位和腐蚀电流)。

3　按照先构件、后结构的层次逐级进行评估，必要时进行补充调查检测。

4　给出评估对象的耐久性状态等级划分结论。

A.0.3　构件外观质量检查采用目测的方法，其分类按照表A.0.3进行。

表 A.0.3　构件分类

序号	构件外观	构件类别
1	无裂缝、无锈迹、无破损	基本正常构件
2	保护层开裂，无剥落	局部损伤构件
3	有锈斑，局部保护层剥落	损伤构件
4	大面积保护破损，钢筋外露	损坏构件

A.0.4　现场混凝土抗氯离子渗透性能检测按现行国家标准《混凝土结构现场检测技术标准》GB/T 50784 的规定执行。

A.0.5　混凝土中钢筋的锈蚀状况按下列要求检测：

1　混凝土中钢筋锈蚀状况的检测可根据测试条件和测试要求选择剔凿检测方法、电化学测试方法和综合分析判定法。

2　钢筋锈蚀状况的剔凿检测方法：剔凿出钢筋，直接测定钢筋锈蚀后剩余直径。

3　钢筋锈蚀状况的电化学测试方法和综合分析判定法宜配合剔凿检测方法的验证。

4　钢筋锈蚀状况的电化学测试方法：可采用极化电极检测方法测定钢筋锈蚀电流和混凝土的电阻率，也可采用半电池电位检测方法测定钢筋的电位。测试方法和钢筋锈蚀状况判别按现行国家标准《建筑结构检测技术标准》GB/T 50344 的规定执行。

5　钢筋锈蚀状况的综合分析判定方法：检测的参数应包括裂缝宽度、保护层厚度、混凝土强度、混凝土碳化深度、混凝土表面电阻率、钢筋半电池电位、钢筋锈蚀电流、混凝土中有害物质含量及混凝土含水率，根据综合情况判定钢筋的锈蚀状况。

A.0.6　混凝土保护层厚度应按现行国家标准《混凝土结构工程施工质量验收规范》GB 50204 的规定执行。

A.0.7　混凝土抗压强度可采用间接法中的回弹法、超声-回弹综合法，也可采用直接测定抗压强度的钻芯法，并分别按现行行业标准《回弹法检测混凝土抗压强度技术规程》JGJ/T 23 以及现行上海市工程建设规范《结构混凝土抗压强度检测技术规程》DG/TJ 08—2020 的规定执行。

A.0.8 混凝土碳化深度按现行国家标准《混凝土结构现场检测技术标准》GB/T 50784 的规定执行。

A.0.9 混凝土裂缝及缺陷可采用超声法，按现行国家标准《混凝土结构现场检测技术标准》GB/T 50784 的规定执行。

A.0.10 混凝土氯离子含量按现行行业标准《混凝土中氯离子含量检测技术规程》JGJ/T 322 执行。

A.0.11 混凝土构件的耐久性状态等级应根据现场检测结构进行划分，并按照表 A.0.11 确定其等级。

表 A.0.11 构件耐久性状态分级

序号	构件类别	检测评价指标							构件耐久性状态分析	
		X_{ch}	X_{co}	R	E_{corr}	J_{corr}	W	A_{corr}	等级	极限状态
1	基本正常	$<c$	$<c$	>100	—	—	—	—	1	侵蚀介质到达钢筋表面
2		$<c$	$<c$	$\leqslant 100$	>-200	—	—	—		
3		—	—	$\leqslant 100$	$\leqslant -200$	<0.2	—	—	2	钢筋锈蚀
4	局部损伤	—	—	$\leqslant 100$	$\leqslant -200$	$\geqslant 0.2$	$\leqslant W_{max}$	—	3	最大裂缝宽度
5	损伤	—	—	—	—	$\geqslant 0.2$	$>W_{max}$	$<5\%$	4	保护层大面积剥落
6	损坏	—	—	—	—	—	—	$>5\%$	5	承载力不足

注：1 X_{ch}—氯离子渗透深度(mm)。
2 X_{co}—碳化深度(mm)。
3 J_{corr}—腐蚀电流密度($\mu A/cm^2$)。
4 A_{corr}—主筋截面损失率(%)。
5 c—钢筋保护层厚度(mm)。
6 R—混凝土表面电阻率(kΩ·cm)。
7 E_{corr}—钢筋半电池电位(mV)。
8 W—裂缝宽度(mm)。
9 W_{max}—裂缝最大允许宽度(mm)。

本标准用词说明

1 为便于在执行本标准条文时区别对待，对要求严格程度不同的用词说明如下：

1）表示很严格，非这样做不可的用词：
正面词采用"必须"；
反面词采用"严禁"。

2）表示严格，在正常情况下均应这样做的用词：
正面词采用"应"；
反面词采用"不应"或"不得"。

3）表示允许稍有选择，在条件许可时首先应这样做的用词：
正面词采用"宜"；
反面词采用"不宜"。

4）表示有选择，在一定条件下可以这样做的用词，采用"可"。

2 条文中指明应按其他有关标准执行时的写法为"应符合……的规定"或"应按……执行"。

引用标准名录

1 《通用硅酸盐水泥》GB 175
2 《用于水泥和混凝土中的粉煤灰》GB/T 1596
3 《混凝土外加剂》GB 8076
4 《用于水泥、砂浆和混凝土中的粒化高炉矿渣粉》GB/T 18046
5 《水泥混凝土和砂浆用合成纤维》GB/T 21120
6 《预制混凝土衬砌管片》GB/T 22082
7 《砂浆和混凝土用硅灰》GB/T 27690
8 《混凝土结构设计规范》GB 50010
9 《普通混凝土长期性能和耐久性能试验方法标准》GB/T 50082
10 《混凝土外加剂应用技术规范》GB 50119
11 《混凝土结构工程施工质量验收规范》GB 50204
12 《地下防水工程质量验收规范》GB 50208
13 《建筑结构检测技术标准》GB/T 50344
14 《混凝土结构加固设计规范》GB 50367
15 《混凝土结构耐久性设计标准》GB/T 50476
16 《建筑结构加固工程施工质量验收规范》GB 50550
17 《回弹法检测混凝土抗压强度技术规程》JGJ/T 23
18 《普通混凝土用砂、石质量及检验方法标准》JGJ 52
19 《混凝土用水标准》JGJ 63
20 《混凝土耐久性检验评定标准》JGJ/T 193
21 《纤维混凝土应用技术规程》JGJ/T 221
22 《人工砂混凝土应用技术规程》JGJ/T 241

23 《混凝土中氯离子含量检测技术规程》JGJ/T 322
24 《预拌混凝土绿色生产及管理技术规程》JGJ/T 328
25 《钢纤维混凝土》JG/T 472
26 《环氧树脂涂层钢筋》JG/T 502
27 《混凝土用钢纤维》YB/T 151
28 《切断型钢纤维混凝土应用技术规程》DG/TJ 08—011
29 《钢锭铣削型钢纤维混凝土应用技术规程》DG/TJ 08—59
30 《人工砂在混凝土中的应用技术规程》DG/TJ 08—506
31 《结构混凝土抗压强度检测技术规程》DG/TJ 08—2020

上海市工程建设规范

轨道交通及隧道工程混凝土结构耐久性设计施工技术标准

DG/TJ 08—2128—2021

J 12444—2021

条文说明

2021　上海

目　次

1　总　则 ………………………………………………………… 47
3　基本规定 ……………………………………………………… 49
4　材料技术要求 …………………………………………………… 53
　4.1　一般规定 …………………………………………………… 53
　4.2　胶凝材料 …………………………………………………… 53
　4.3　骨　料 ……………………………………………………… 54
　4.4　外加剂 ……………………………………………………… 55
　4.5　其他材料 …………………………………………………… 55
5　耐久性设计及构造要求 ………………………………………… 57
　5.1　混凝土保护层厚度及强度等级 …………………………… 57
　5.2　混凝土配合比设计要求 …………………………………… 57
　5.3　混凝土耐久性性能技术要求 ……………………………… 59
　5.4　构造要求 …………………………………………………… 59
　5.5　混凝土结构抗裂控制措施 ………………………………… 60
　5.6　耐久性设计附加措施 ……………………………………… 60
　5.7　杂散电流预防附加措施 …………………………………… 61
6　生产、施工及验收 ……………………………………………… 62
　6.1　一般规定 …………………………………………………… 62
　6.2　预制构件生产技术要求 …………………………………… 63
　6.3　混凝土施工技术要求 ……………………………………… 65
　6.4　验　收 ……………………………………………………… 66
7　使用阶段维护与检测要求 ……………………………………… 68

Contents

1 General provisions ········ 47
3 Basic requirements ········ 49
4 Technical requirements of materials ········ 53
4.1 General requirements ········ 53
4.2 Cementing materials ········ 53
4.3 Aggregates ········ 54
4.4 Admixture ········ 55
4.5 Other materials ········ 55
5 Durability design and construction requirements ········ 57
5.1 Cover thickness and strength grade of concrete ········ 57
5.2 Mix proportion design requirements ········ 57
5.3 Durability requirements ········ 59
5.4 Construction requirements ········ 59
5.5 Control measures for crack resistance of concrete structures ········ 60
5.6 Additional measures for durability ········ 60
5.7 Preventive measures of stray current ········ 61
6 Production, construction and acceptance ········ 62
6.1 General requirements ········ 62
6.2 Technical requirements of production for prefabricated component ········ 63
6.3 Technical Requirements of concrete construction ········ 65
6.4 Acceptance ········ 66
7 Maintenance and detection requirements ········ 68

1 总　则

1.0.1 现行全国耐久性设计规范标准中涉及的工程范围更广，环境条件也更多，针对上海地区特有环境及轨道交通及隧道工程耐久性设计施工的特殊需求，本标准通过规范轨道交通及隧道工程混凝土结构的耐久性设计、施工及验收，可确保轨道交通及隧道工程混凝土结构满足设计使用年限需要，有利于节约资源，符合国家可持续发展的战略。本标准主要结合轨道交通及隧道工程应用现状、原材料情况、现行技术措施及与现行标准的协调性等方面进行修订。

1.0.2 本条确定了本标准的适用范围，本标准针对对象以城市轨道交通为主，隧道工程为辅。与全国同类规范不同的是，本标准除耐久性设计外，还考虑了施工及后期验收、维护等方面的要求。

鉴于上海地区滨海的地理、气候特点，长江入海口等地方的轨交及隧道工程所处环境含有氯化物的几率较大，但冻融环境很少存在。本标准仅考虑常见环境因素对混凝土结构的腐蚀作用，包括碳化、氯离子侵蚀等，不对混凝土的抗冻性能作要求。其中，氯化物环境指混凝土结构处于含有氯化物的水下、接触含有氯化物长期浸润或干湿交替的土体环境，包括一般氯化物环境和海洋氯化物环境。当混凝土结构处于特殊环境作用时，如有机污水、微生物、辐射、泄漏电流、电磁作用以及极端恶劣自然环境等，其耐久性技术措施需要专门进行研究和论证。

1.0.3 混凝土结构耐久性设计的主要目标，是为了确保主体结构能够达到规定的设计使用年限，满足建筑物的合理使用年限要求。主体结构的设计使用年限虽然与建筑物的合理使用年限源于相同的概念，但数值并不相同。合理使用年限是一个确定的期望值，而设计使用年限则必须考虑环境作用、材料性能等因素的变异性对于结构耐久性的影响，需要有足够的保证率。设计和施工中可根据工程的具体特点、环境条件、实践经验和施工条件等适当提高。

1.0.4 本条明确了本标准与其他相关标准规范的关系。

我国现行标准、规范中有关混凝土结构耐久性的规定，在一些方面并不能完全满足轨道交通及隧道工程混凝土结构设计施工的要求，这是编制本标准的主要目的，并建议轨道交通及隧道工程混凝土结构的耐久性设计施工按照本标准执行。对于本标准未提及的与耐久性设计有关的其他内容，按照国家现有技术标准的有关规定执行。

3 基本规定

3.0.1 轨道交通及隧道工程混凝土的结构耐久性设计是在传统的经验方法基础上加以改进的。首先，按照材料的劣化机理确定不同的环境类别，在每一类别下再按温、湿度及其变化等不同环境条件区分其环境作用等级，从而更为详细地描述环境作用；其次是对不同设计使用年限的混凝土结构构件耐久性质量要求中，既规定了不同环境类别与作用等级下的混凝土最低强度等级、最大水胶比和混凝土原材料组成，又提出了混凝土电通量、氯离子扩散系数等耐久性参数的量值指标；最后，从耐久性要求出发，对结构构造方法、施工质量控制以及工程使用阶段的维修检测作出了比较具体的规定。设计使用年限所需的安全度已隐含在标准规定的上述要求中。

当混凝土结构构件所处环境复杂，其条件有差异时，同一混凝土结构的不同构件或同一结构中不同构件的不同部位，应按其所处的局部环境实际情况，分别进行耐久性设计。当混凝土结构构件受到两类或两类以上的环境作用时，原则上均应考虑，通常由作用程度较高的环境类别决定或控制混凝土构件的耐久性要求，同时需满足各自单独作用下的耐久性要求。在混凝土原材料选择、结构构造、施工养护等方面也需根据实际情况进行规定。

3.0.2 本条提出混凝土耐久性设计的通用要求，混凝土的耐久性与结构所处环境息息相关，因而其耐久性设计必须充分考虑环境因素的影响。

3.0.3 本条提出混凝土结构耐久性设计的基本内容，强调耐久性设计不仅仅是确定材料的耐久性能指标与钢筋的混凝土保护层厚度。适当的防排水构造措施能够非常有效地减轻环境作用，应作为耐久性设计的重要内容。混凝土结构的耐久性在很大程度上还取决于混凝土的施工养护质量与钢筋保护层厚度的施工误差，由于国内现行的施工规范较少考虑耐久性的需要，所以必须提出基于耐久性的施工养护与保护层厚度的质量验收要求。

在严重的环境作用下，仅靠提高混凝土保护层的材料质量与厚度，往往还不能保证设计使用年限。这时，就应采取一种或多种防腐蚀附加措施组成合理的多重防护策略。对于使用过程中难以检测和维修的关键部件如预应力钢绞线，应采取多重防护措施。

混凝土结构的设计使用年限是建立在预定的维修与使用条件下的。因此，耐久性设计需要明确结构使用阶段的维护、检测要求，包括设置必要的检测通道、预留检测维修的空间和装置等；对于重要工程，需预置耐久性监测和预警系统。

3.0.4 实践发现，混凝土结构的开裂是影响其耐久性的重要因素，故应对混凝土结构的裂缝控制采取措施。厚度大于 800 mm 明挖车站的底板（含底梁）、暗挖车站的底梁和顶梁，厚度大于 500 mm（含）的车站、区间（含折返线）的侧墙和顶板（或拱部衬砌）都是属于易开裂部位，需要对这些重点部位采取抗裂控制措施。

3.0.5 对于易裂部位进行混凝土结构抗裂专项设计是裂缝控制的重要内容，专项设计包括构造抗裂措施、混凝土的收缩及温度等引起开裂的控制措施。

3.0.7 混凝土结构的设计使用年限应按建筑物的合理使用年限确定。对于轨道交通及隧道工程主要结构耐久性设计的使用年限，“重要的附属地面建筑结构”是指设计年限为 100 年的附属建筑，如地铁控制中心的梁、板、柱、墙、基础；“一般的附属地面建筑结构”是指设计年限为 50 年的附属建筑，如普通房屋建筑的梁、板、柱、墙、基础和车辆段等地下构筑物。

3.0.8 表 3.0.8 列出了每类环境在不同环境条件下的作用等级。

1 一般环境。主要指碳化引起的钢筋锈蚀环境，不存在冻融和盐、酸等化学物质的作用，需要考虑的环境因素主要是湿度（水）、温度和 CO_2 与 O_2 的供给程度。如果相对湿度较高，混凝土始终处于湿润的饱水状态，则空气中的 CO_2 难以扩散到混凝土内，碳化就不能或只能非常缓慢地进行。如果相对湿度甚低，混凝土比较干燥，虽然 CO_2 能比较顺利地通过孔隙向混凝土内部迁移，但是参与碳化反应的另一物质，即溶解在混凝土孔隙水中的 $Ca(OH)_2$，因孔隙水的缺少而缺少，因此碳化反应也很难进行。同时，钢筋发生锈蚀是一种电化学反应过程，要求混凝土有一定的电导率，当混凝土内部的相对湿度低于 70％时，碳化引起的钢筋锈蚀就会因混凝土导电率太低而很难进行。锈蚀电化学反应过程需有水和 O_2 的参与，当混凝土处于水下或湿度接近饱和时，O_2 难以扩散到钢筋表面，锈蚀会因为缺氧而难以发生。因此，最易造成钢筋碳化锈蚀的环境是干湿交替。在这种环境条件下，我国现行混凝土结构设计规范所规定的混凝土保护层最小厚度与最大水胶比，都难以满足设计使用年限内的适用性要求，往往出现钢筋的严重锈蚀和保护层剥落。而炎热、潮湿环境会加速钢筋锈蚀，更易造成破坏。

2 氯化物环境。主要指含有氯化物的水体或接触含有一定浓度氯化物长期湿润土体。氯离子可从混凝土表面迁移到混凝土内部。当到达钢筋表面的氯离子积累到一定浓度（临界浓度）后，也能引发钢筋的锈蚀。氯离子引起的钢筋锈蚀程度要比一般环境下单纯由碳化引起的锈蚀严重得多，是耐久性设计的重点问题。处于干湿交替环境下的混凝土结构构件，混凝土表面的氯离子可通过吸收（当混凝土表面干燥时）、扩散、渗透等多种途径侵入混凝土内部，而干湿交替的环境条件使得钢筋脱钝所需的氯离子临界浓度也降到最低，同时供氧、供水充足，具备锈蚀发展的充分条件，是混凝土氯离子腐蚀最严重的环境。

3.0.9～3.0.10 对于特殊构件形式及存在其他类型环境情况的，

由设计人员根据具体情况确定作用等级。

3.0.11 发生碱-骨料反应的充分条件是混凝土有较高的碱含量，骨料有较高的活性，水的参与。限制混凝土含碱量，在混凝土中加入足够掺量的粉煤灰、矿渣或沸石岩等掺合料，能够抑制碱-骨料反应；采用密实的低水胶比混凝土也能有效地阻止水分进入混凝土内部，有利于阻止反应发生。

钙矾石在生成过程中体积会膨胀，导致混凝土开裂。混凝土早期蒸养过度或内部温度较高，会增加延迟生成钙矾石的可能性。防止延迟生成钙矾石反应的主要途径是降低养护温度，限制水泥的硫酸盐和铝酸三钙（C_3A）含量及避免混凝土在使用阶段与水分接触。在混凝土中引气也能缓解其破坏作用。

流动的软水能将水泥浆体中的氢氧化钙溶出，使混凝土密实性下降并影响其他含钙水化物的稳定。酸性地下水也有类似的作用。增加混凝土密实性有助于减轻氢氧化钙的溶出。

3.0.12 杂散电流对轨道交通及隧道工程具有较大的腐蚀作用，对于存在杂散电流腐蚀的混凝土结构，其设计与施工应按照工程设计的要求，完成限制杂散电流的各项措施和腐蚀防护。

4 材料技术要求

4.1 一般规定

4.1.1 混凝土材料根据结构所处的环境类别、作用等级和结构设计使用年限，选用优质原材料配制混凝土。

4.1.2 本条规定了原材料运输和存储的要求。

4.2 胶凝材料

4.2.1 当用户使用加有矿物混合材料的水泥时，往往不清楚混合材料的具体品种、数量、质量与粉磨工艺。因此，为了有效控制混凝土的质量并发挥矿料的作用，在配制耐久性混凝土时，宜采用普通硅酸盐或硅酸盐水泥。

水泥熟料中 C_3A 的 3 d 水化热量分别约为 C_3S 的 3.7 倍和 C_2S 的 17.7 倍，7 d 水化热量则分别约为 C_3S 的 7 倍和 C_2S 的 37 倍；C_3A 的收缩率大约是 C_3S 和 C_2S 的 3 倍。而环境中的化学腐蚀物质对混凝土的侵蚀对象主要就是水化 C_3A 和硅酸盐水化产物中的 $Ca(OH)_2$，因此，有必要对水泥熟料中 C_3A 的含量加以限制。

限制水泥比表面积，主要是为了控制水泥水化速率，降低和延缓水化放热峰值的出现，降低开裂的可能性。根据现有水泥材料的实际情况，规定水泥比表面积不应超过 400 m^2/kg，且不宜超过 380 m^2/kg。

限制水泥的含碱量，主要是为了防止混凝土发生碱-骨料反应。但工程实践发现，不管是否有活性骨料存在，高含碱量引起的收缩能使混凝土开裂。为防止混凝土开裂，水泥中的碱含量不应超过 0.6% Na_2O 当量。

4.2.2～4.2.4 一般情况下，矿物掺合料应作为耐久性混凝土的必需组分，粉煤灰、粒化高炉矿渣微粉、硅粉应分别符合相关标准的规定。为了达到混凝土耐久性良好的目的，应选用品质较好的矿物掺合料。当使用 C 类粉煤灰时，其游离氧化钙含量不应大于 2.8%。粉煤灰进场时，应采用碱液浸泡方式确认气体释放情况，有气体释放的粉煤灰应严禁使用。

4.2.5 若采用复合胶凝材料或复合掺合料，为了保障混凝土质量，并降低混凝土配制过程中的复杂程度，宜采用工厂集中配制的方式进行生产。

4.3 骨 料

4.3.1～4.3.2 此两条规定了轨道交通及隧道工程混凝土用粗骨料和细骨料的技术要求。粗骨料的氯离子含量测定依据现行行业标准《铁路混凝土工程施工质量验收标准》TB 10424 的规定进行。由于近年来人工砂和混合砂有规模应用的趋势，故对人工砂和混合砂提出技术要求。

4.3.3 钢筋锈蚀是引起混凝土结构失效和耐久性的危害之一，而引起钢筋锈蚀的主要原因是混凝土及其原材料中的氯离子。因此，控制混凝土及其原材料，尤其是细骨料的氯离子含量，尤为重要。本条规定了细骨料中氯离子含量的要求。上海市 2020 年发布的《关于加强本市建设用砂管理的暂行意见》（沪建建材联〔2020〕81 号）中对砂的氯离子含量进行了明确的规定，本标准中予以引用。

4.3.4 为有效控制潜在的碱-骨料反应，本条规定了骨料的使用要求。

4.4 外加剂

4.4.1 本条规定了外加剂的质量和使用要求。

4.4.2 掺外加剂是制备高性能混凝土的关键技术之一，外加剂的性能、匀质性和与水泥的相容性是成功配制高性能混凝土的基本条件。

4.4.3 聚羧酸系减水剂是由含有羧基的不饱和单体和其他单体共聚而成，是减水、保坍、增强、收缩及环保等方面具有优良性能的系列减水剂。近年来，随着技术的发展，聚羧酸系减水剂发展出了具备防收缩功能的种类，是配制高性能、高耐久混凝土的理想减水剂品种。在制备轨道交通及隧道工程混凝土时，建议优先采用有减水、防收缩功能的聚羧酸系减水剂。

4.4.4 本条规定了混凝土用减水剂的减水率要求，由于近年来聚羧酸减水剂的技术发展，标准修订中提高了减水剂减水率的要求。

4.4.5 混凝土中氯离子含量是指混凝土中各种原材料带进混凝土的氯离子总量，当氯离子含量在钢筋周围达到某临界值时，钢筋的钝化膜开始破坏进而锈蚀。因此，要求混凝土原材料中的氯离子含量应尽可能低，本条参考铁路混凝土外加剂的相关规定，规定了混凝土外加剂中氯离子的含量上限。

4.5 其他材料

4.5.1 混凝土拌和用水除应符合现行行业标准《混凝土用水标准》JGJ 63 的要求外，应尽量降低混凝土拌和水用量，可以同时达到低水胶比和低浆体用量的要求，能多方面满足耐久性的需要。

4.5.2～4.5.3 规定了轨道交通及隧道工程混凝土结构构件中纤维材料和环氧涂层钢筋的技术要求。

4.5.4 混凝土中具有抑制温升和微膨胀作用的防裂抗渗材料和其他材料的应用的种类不断增多，其他材料在应用时，为保证混凝土质量，应与混凝土有良好的相容性，通过检验验证以符合相关标准和设计要求。

5　耐久性设计及构造要求

5.1　混凝土保护层厚度及强度等级

5.1.1　在参考现行国家标准《混凝土结构耐久性设计规范》GB/T 50476、现行行业标准《铁路混凝土结构耐久性设计规范》TB 10005、现行上海市工程建设规范《道路隧道设计规范》DG/TJ 08—2033、《上海轨道交通工程技术规范》DG/TJ 08—2232—2017 的条文基础上，形成了表 5.1.1。

针对地下结构所采用的不同工法，按照结构的各类组成构件提出了通常采用的混凝土强度等级和保护层最小厚度要求。地下连续墙作为上海地区主要采用的围护结构形式，也将其列入地下结构的组成部分。高架车站按照不同的结构形式分为框架式结构、桥梁式结构，且各自按照不同的组成构件提出了混凝土强度等级和保护层最小厚度要求。地上结构按照不同的设计年限，对混凝土强度等级和保护层最小厚度提出了不同的要求。

5.1.2　根据近年来的地质分析报告，上海在今后若干年内地下水中的氯离子浓度可能会有提高的趋势，因此，增加处于较高或高氯离子浓度环境条件下的混凝土强度等级和保护层最小厚度要求。"较高或高氯离子浓度"环境条件的界定范围见本标准表 3.0.8 的注解。

5.2　混凝土配合比设计要求

5.2.1～5.2.2　根据各类结构不同部位的强度等级差异，对混凝土配比中的最低强度等级、最大水胶比、最小与最大胶凝材料指标提出了具体用量要求，且具体划分了一般环境与低氯离子浓度环境、较高或高氯离子浓度环境条件下的用量要求。

5.2.4 本条对混凝土中水泥和矿物掺合料的使用进行了规定。大量工程实践表明，低水胶比的掺矿物掺合料的混凝土比同水胶比的硅酸盐水泥具有更高的抗氯盐侵蚀性能。为了获得高耐久性的混凝土，在高性能混凝土的组成材料中，宜含有微细粉矿物掺合料，它们在混凝土中起填充作用，可增大流化效应，强度应用和耐久性效应。与此同时，实践发现水泥用量过低时会降低早期强度，拆模时容易产生由于强度偏度导致的开裂。因此，制定了混凝土配合比中最小水泥用量应为 220 kg/m^3 的要求，并应根据季节作调整。

5.2.5 混凝土水化放热是影响混凝土结构开裂的重要因素，本条规定了混凝土中胶凝材料的放热限值。与水泥水化放热不同，本标准规定的是胶凝材料的水化放热，检测时需要根据混凝配合比中各胶凝材料比例制备样品。

5.2.6 本条规定了混凝土中原材料引入的氯离子总量限值，对于预应力混凝土结构，由于预应力筋对氯盐腐蚀非常敏感，更容易发生腐蚀，应严格控制混凝土的氯离子含量。

5.2.7 为了控制混凝土潜在碱-骨料反应的危险，本条对混凝土原材料引入的碱含量总量进行了规定。

5.2.8 混凝土中氯离子浓度达到临界浓度、混凝土保护层被碳化后，钢筋保护层将失去作用，钢筋开始锈蚀，这对混凝土结构而言是致命的。而一旦混凝土表面出现裂缝，各类腐蚀介质可以轻易抵达混凝土内部，腐蚀进程加快，大大缩短混凝土服役寿命。因此，混凝土抗氯离子渗透性能、抗裂性能和抗碳化性能对于抵抗环境作用腐蚀尤为重要。

5.2.9 为规范人工砂和混合砂的使用，本条对该两种砂的应用技术作了规定。

5.3 混凝土耐久性性能技术要求

5.3.1～5.3.4 条文针对不同工法的混凝土耐久性规定了电通量、氯离子扩散系数、快速碳化深度以及抗裂等级等项目检测指标。混凝土配合比中水胶比小于0.4时，宜采用RCM法对混凝土质量进行确认。

5.4 构造要求

5.4.1 此处加强措施主要指设置止水带、遇水膨胀材料、预埋式注浆系统、涂布水泥基渗透结晶型防水涂料等措施。

5.4.2 冷加工钢筋或者直径偏小的钢筋的安全储备较小，当设计使用年限为100年时，混凝土构件对耐久性的要求更高，在其构造中不得使用。

5.4.3 应避免外露金属部件的锈蚀造成混凝土的胀裂，影响构件的承载力。这些金属部件宜与混凝土中的钢筋隔离或进行绝缘处理。

5.4.4 本条参照现行国家标准《混凝土结构设计规范》GB 50010的规定执行，对设有钢筋连接器区段的混凝土构造进行了规定。

5.4.5 结构的施工缝、变形缝、诱导缝与各种连接缝是水、盐等各种有害物质最易侵入的薄弱环节，在其周围的混凝土和钢筋往往腐蚀最为严重，故在设计与施工中应尽量避让局部环境作用比较不利的部位，并应采用有效的专项抗裂、防水措施。

5.4.6 叠合墙结构采用的钢支撑体系通常在完成内衬混凝土浇筑后拆除，然后对钢支撑拆除后形成的内衬空洞采用二次充填混凝土的方式完成结构浇筑。二次充填的混凝土与先前浇筑的混凝土之间形成的施工缝极有可能成为渗水通道，因此须采取防水构造措施。

5.5 混凝土结构抗裂控制措施

5.5.1～5.5.7 混凝土是一种易裂材料，混凝土的结构开裂是影响其耐久性的重要因素。本标准提出了混凝土抗裂专项设计，本节则依据抗裂专项设计要求，从材料、设计、施工等方面具体提出了混凝土结构抗裂的综合控制方法。

5.6 耐久性设计附加措施

5.6.1 本条规定了选择耐久性附加措施的场合与方法。

5.6.2 氯离子侵蚀和碳化对钢筋锈蚀危害最大，在混凝土结构中影响较大的部位，应采取额外耐久性附加措施。

5.6.3 排风井内气流较大，对混凝土结构的抗碳化性能有更高的要求，因而应采取相应的抗碳化附加措施。

5.6.4 本条对混凝土结构裂缝渗水时的处理措施作了规定。

5.6.5 本条对混凝土维护过程中的修复补强处理措施进行了规定。

5.6.6 本条对纤维材料种类和使用条件进行了规定。

5.6.7 本条对盾构法隧道的联络通道防水要求进行了规定。

5.6.8 隧道管片与腐蚀性土壤接触，且其构件维修困难，宜采取附加防腐措施。

5.6.9 聚合物水泥防水砂浆的施工厚度可参考现行国家标准《地下工程防水技术规范》GB 50108 的要求，其性能指标应符合现行行业标准《聚合物水泥防水砂浆》JC/T 984 的要求。

5.6.10 本条对存在化学腐蚀环境下的混凝土结构构件的附加措施作了规定。

5.7 杂散电流预防附加措施

5.7.1 本条规定了道床杂散电流防护设计要求。

5.7.2 利用整体道床内的结构钢筋构成杂散电流收集网，可有效阻止杂散电流流向其他结构。

5.7.3 本条详细规定了变电所杂散电流回流点附近的混凝土结构防范措施。

5.7.4 全线排流网与辅助收集网是预防杂散电流腐蚀的有效措施，其设计实施参照现行行业标准《地铁杂散电流腐蚀防护技术标准》CJJ/T 49 的规定进行。

6 生产、施工及验收

6.1 一般规定

6.1.1 预拌混凝土包括预拌混凝土搅拌站、预制混凝土构件厂和施工现场搅拌站生产的混凝土,具体定义为:在搅拌站生产,通过运输设备送至使用地点,交付时为拌合物的混凝土。

6.1.2 混凝土生产能耗高、污染大,近年来环境保护日益受到重视,混凝土生产应符合现行行业标准《预拌混凝土绿色生产及管理技术规程》JGJ/T 328 的规定。

6.1.3 本条对夏季和冬季混凝土生产过程中原材料的存储和要求进行了规定。

6.1.4 混凝土性能与最终施工配合比有密切关系,本条旨在加强混凝土生产企业对生产配合比的重视,从生产源头上保证混凝土的质量,提高整个行业的质量控制水平。在混凝土性能指标有变化或有其他特殊要求时,如大体积混凝土、抗冻混凝土等,应根据混凝土设计性能要求,增加性能验证参数并充分验证。混凝土生产长期间断以后,原材料的性能、品种、批次可能会发生变化,对混凝土性能造成影响,故应根据原材料的实际状况对混凝土配合比进行重新设计。

6.1.5 混凝土生产时,砂、石等粗骨料的实际含水率可能与配合比设计时存在差异,故应测定实际含水率,并及时对骨料、拌和用水的用量进行调整。由于拌和用水和外加剂用量对混凝土性能影响较大,所以对拌和用水和外加剂计量的控制要求较高。目前,预拌混凝土搅拌站、预制混凝土构件和施工现场搅拌站基本采用双卧轴强制式搅拌机，采用的搅拌时间可参照表6.1.5-2的规定选取，但只要保证混凝土搅拌均匀，对搅拌时间进行适当调整也是允许的。

6.1.6 本条规定搅拌运输方式应尽量采用搅拌车。搅拌运输车罐内积水会给混凝土性能造成影响，应在接料前排尽。为了防止混凝土在运输过程中发生分层离析现象，应保证运输罐体按照正常转速转动，确保混凝土质量。卸料之前采用快速档旋转搅拌的目的是将拌合物搅拌均匀，利于施工。

6.1.7 混凝土拌合物中加水会严重影响混凝土性能，对混凝土工程质量危害极大，必须严格禁止。当拌合物坍落度不满足施工要求时，可通过添加外加剂进行调整。

6.1.8 本章提出的生产、施工技术要求主要是针对工厂内的预制构件，对于大型预应力梁、沉管等现场预制构件的生产与施工，除应满足本章提出的基本要求外，还应专门制定施工组织设计方案，明确混凝土耐久性要求。

6.1.9 保护层厚度的施工偏差会对耐久性造成很大的影响，因此在耐久性设计所要求的保护层厚度中，必须计入施工允许偏差。本条对各类构件保护层厚度施工偏差允许范围进行了规定。混凝土垫块的强度和密实度以及布置方式对结构整体性的维护至关重要，因此需特别强调。

6.2 预制构件生产技术要求

6.2.1 在构件生产的精度控制中，模具是一个重要组成部分。模具加工、运输与存放应有防止其变形、受损的措施。模具采用钢材材料，可耐久重复使用，符合节能降耗要求，应提倡，并优先选用钢材。保持模板清洁，特别是浇灌混凝土前和拆模后，及时做好清理工作，是保证构件质量的措施。均匀涂刷脱模剂，可以使构件接触面在脱模时平整、不脱皮、不损坏，但所涂脱模剂不得渗入混凝土中给混凝土性能造成影响。各类模具应在混凝土具有合适的强度后方可拆除,以避免给混凝土造成损害。

6.2.2 钢筋骨架使用时,在四周安放水泥基垫块可用于保证混凝土保护层厚度符合设计要求。钢筋骨架沾有油污、脱模剂时,易造成钢筋与混凝土握紧力不足,应予以避免。

6.2.3 合理控制混凝土坍落度,既可以减少构件成品裂缝的出现,也有利于保证混凝土质量。降低入模温度对控制混凝土的裂缝非常重要,同样的混凝土,入模温度高的裂缝宽度要比入模温度低的大许多。为了避免混凝土早期受冻,冬期混凝土应具有一定的出机温度和入模温度,目前比较可靠的技术措施为,冬期施工混凝土的入模温度不宜低于5℃。因此,本标准从耐久性角度考虑,将混凝土的入模温度从严控制在5℃～28℃。施工经验表明:初凝前压面有利于减少混凝土表面的塑性裂缝。

6.2.4 预制构件可采用蒸汽养护或自然养护方式进行养护。当采用蒸汽养护时,在可接受生产效率范围内,混凝土静停时间长一些,有利于减少混凝土在蒸养过程中的内部损伤;控制升温速度和降温速度慢一些,可减小温度应力对混凝土内部结构的不利影响;控制最高和恒温温度不宜超过60℃比较合适。

预制构件撤出养护间时,混凝土表面与外界温差不能太大,否则过大的温差引起的温度应力极易导致大体积混凝土开裂。

6.2.5 在充分湿润养护的情况下,水泥可以达到最大程度地水化。相对湿度小于80%时,水泥的水化将停止。如果混凝土在早期干燥,混凝土的强度和耐久性能将受到不利的影响。

6.2.6～6.2.7 预制构件在起吊、堆放、运输及施工过程中,采取适当防护措施,可避免碰撞破损及局部被压碎、拉裂、崩角、崩边等缺陷的产生。

6.2.8 混凝土衬砌管片生产向低能化、绿色化转变,需对管片生产的能耗限额提出要求。

6.3 混凝土施工技术要求

6.3.1 在浇筑混凝土前，应仔细检查垫块的位置、数量极其紧固程度，并重复检查以提高保护层厚度尺寸的施工质量保证率。

6.3.2 浇筑混凝土期间，应检查模板支撑的稳定性以及接缝的密合情况，保证混凝土浇筑过程中不失稳、不跑模和不漏浆。混凝土拌合物入模温度过高，对混凝土硬化过程有影响，加大了控制难度，因此避免高温条件浇筑混凝土是比较合理的选择；混凝土拌合物入模温度过低，对水泥水化和混凝土强度发展不利，混凝土在冬期容易被冻伤。混凝土的收缩在浇筑早期最为明显，且随着龄期增长，混凝土的收缩率会逐渐减小，当新拌混凝土浇注于已硬化的混凝土表面时，由于二者的收缩不能同步，新浇混凝土往往由于收缩受到硬化混凝土的限制而产生开裂，这种现象在二者温差过大时更为明显。炎热天气时，新浇混凝土受阳光直射，易造成局部温度高、失水快，导致开裂。

6.3.3 本条规定了明挖车站、通道、风道等结构的施工要求。

6.3.4 混凝土的振捣方式和振捣时间应根据拌合物特性和混凝土结构形式来确定。一般结构混凝土通常使用振捣棒进行插入振捣，较薄的平面结构可采用平板振捣器进行表面振捣，竖向薄壁且配筋较密的结构或构件可采用附壁振动器进行附壁振动。振捣时间要适宜，避免混凝土密实不够或分层。

6.3.5 在混凝土终凝前对浇筑面进行抹面处理，可有效抑制混凝土表面裂缝，提高表面质量情况。但通过表面洒水方式来帮助抹面，会引起混凝土质量的劣化，应严格禁止。

6.3.6 混凝土养护是水泥水化及混凝土硬化正常发展的重要条件，养护应同时注意湿度和温度，原则是：湿度要充分，温度要适宜。

6.3.7 大体积混凝土养护期间，应对有代表性的结构进行温度监控，定时测定混凝土中心温度、表面温度以及环境的气温、相对湿度、风速等参数，并根据混凝土温度和环境的变化情况及时调整养护制度，严格控制混凝土的内外温差。控制混凝土的各种温差主要是为了防止过大温差引起混凝土产生裂缝。

6.3.8 混凝土冬季施工时，原则上不推荐使用防冻剂。如气温低于－15℃而不得不用时，则必须对防冻剂的性能进行严格的检验，防冻剂中有害物质的含量必须低于规定的限值。

6.3.9 拆模时，混凝土内部与表面的温差不能太大，过大的温差引起的温度应力极易导致混凝土开裂。大风或气温急剧变化时不宜拆模。混凝土内部开始降温以前以及混凝土内部温度最高时不得拆模。拆除模板或撤除保温防护后，如表面温度骤降，混凝土就可能会产生龟裂。只有当混凝土各部位的温度都处于逐渐下降状态时，才能撤除保温防护。

6.3.10 后浇带的施工处理是混凝土结构施工重要环节，应采用微膨胀混凝土或者增设构造加强筋。采用微膨胀混凝土时，由于材料自身特性需在水养条件下才能更好地起到膨胀效果，根据实践经验，水养时间不应少于 14 d，水养时间过短会降低膨胀效果，甚至产生收缩。

6.3.12 无砟轨道板自密实混凝土填充料近年来应用较多，在工程应用前应根据要求对混凝土配合比性能进行专项技术论证。

6.4 验 收

6.4.1 本条规定了轨道交通及隧道工程混凝土结构耐久性验收的主要内容。

6.4.2 本条规定了轨道交通及隧道工程混凝土结构外观质量验收要求。

6.4.3 本条规定了混凝土结构耐久性检测频度及检验指标要求，并根据应用实践对检测频度进行了修订。

6.4.4 本条对电通量、氯离子扩散系数、快速抗碳化深度以及抗裂等级明确提出了对应的检测方法，氯离子扩散系数（自然扩散法）的检测方法等同于"Concrete，Harded：Accelerated Chloride Penetration"NT BUILD443；抗裂性能试验方法与抗裂等级判定参照不同的标准执行。

6.4.5 本条规定了轨道交通及隧道工程混凝土结构保护层厚度验收要求。

7 使用阶段维护与检测要求

7.0.1 轨道交通及隧道工程混凝土结构在使用阶段，应定期对其耐久性状况进行常规检查、重点检查或检测评估。针对混凝土结构易裂部位，如车站侧墙、顶板等，应加强观察和监测。

7.0.2 本条规定了地下工程渗漏水状态、漏水量的检查检测及地下工程渗漏水治理的设计、施工和验收的要求。

7.0.3 本条规定了轨道交通及隧道工程混凝土结构在使用阶段的耐久性检测评估要求。耐久性检测评估可参照图1所示程序进行。

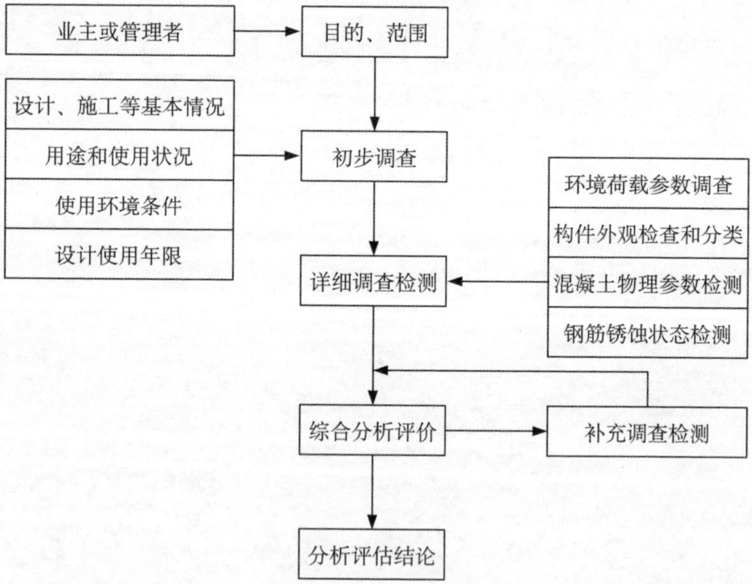

图1 评估程序

混凝土结构耐久性状态分析评估一般是由业主或管理者提出评估的目的、范围和内容要求，其可针对整体结构，也可针对结构的一部分或单个构件。耐久性状态评估的主要内容一般包括初步调查、详细调查检测和综合分析评估三部分，其基本程序一般按照分项、构件和结构三个层次进行逐级分析评估。

7.0.4～7.0.6 轨道交通及隧道工程混凝土结构在使用阶段，应根据定期检查、耐久性专项检测和评估结果，制定针对性的维护措施。维护施工后，应按照相关标准进行验收。

上海市工程建设规范

公共建筑能源审计标准

Standard for energy audit of public buildings

DG/TJ 08－2114－2020

J 12192－2020

主编单位：上海市建筑科学研究院（集团）有限公司

上海市建筑建材业市场管理总站

批准部门：上海市住房和城乡建设管理委员会

施行日期：2020 年 9 月 1 日

同济大学出版社

2020　上海

图书在版编目(CIP)数据

公共建筑能源审计标准/上海市建筑科学研究院(集团)有限公司,上海市建筑建材业市场管理总站主编. --上海:同济大学出版社,2020.9

ISBN 978-7-5608-9276-4

Ⅰ.①公… Ⅱ.①上… ②上… Ⅲ.①公共建筑—能源—审计—标准—上海 Ⅳ.①F239.63-65

中国版本图书馆 CIP 数据核字(2020)第 102051 号

公共建筑能源审计标准

上海市建筑科学研究院(集团)有限公司
上海市建筑建材业市场管理总站 主编

策划编辑 张平官
责任编辑 朱 勇
责任校对 徐春莲
封面设计 陈益平
出版发行 同济大学出版社 www.tongjipress.com.cn
(地址:上海市四平路 1239 号 邮编:200092 电话:021－65985622)
经 销 全国各地新华书店
印 刷 浦江求真印务有限公司
开 本 889mm×1194mm 1/32
印 张 1.875
字 数 50000
版 次 2020 年 9 月第 1 版 2020 年 9 月第 1 次印刷
书 号 ISBN 978-7-5608-9276-4
定 价 15.00 元

上海市住房和城乡建设管理委员会文件

沪建标定〔2020〕142 号

上海市住房和城乡建设管理委员会关于批准《公共建筑能源审计标准》为上海市工程建设规范的通知

各有关单位：

由上海市建筑科学研究院(集团)有限公司、上海市建筑建材业市场管理总站主编的《公共建筑能源审计标准》，经我委审核，现批准为上海市工程建设规范，统一编号为 DG/TJ 08－2114－2020，自 2020 年 9 月 1 日起实施。原《公共建筑能源审计标准》(DG/TJ 08－2114－2012)同时废止。

本规范由上海市住房和城乡建设管理委员会负责管理，上海市建筑科学研究院(集团)有限公司负责解释。

特此通知。

上海市住房和城乡建设管理委员会

二〇二〇年三月三十日

前　言

根据上海市住房和城乡建设管理委员会《关于印发〈2018 年上海市工程建设规范、建筑标准设计编制计划〉的通知》(沪建标定〔2017〕898 号),由上海市建筑科学研究院(集团)有限公司、上海市建筑建材业市场管理总站任主编单位,在认真总结实践经验的基础上,会同有关单位对《公共建筑能源审计标准》DG/TJ 08－2114－2012 进行修订。

在修订过程中,编制组总结了近年来能源审计项目经验和相关课题成果,在深入调查研究、广泛征求意见的基础上,经论证和修改,并通过专家审查定稿。

本标准共分 7 章和 4 个附录,主要内容包括:总则、术语、基本规定、审计程序、审计内容、审计方法、审计报告、附录 A 至附录 D。

本次修订的主要内容包括:①修订了建筑能源审计定义;②修订了建筑能源审计分级,将原标准中一般能源审计和深度能源审计修改为一级、二级和三级能源审计,同时确定了一级、二级和三级能源审计的要求和重点工作内容;③新增分项计量系统运行现状检查和数据校验内容;④新增能耗水平对标内容;⑤优化建筑分项能耗指标,新增动力系统、生活热水系统能耗指标,删除了总水耗指标;⑥优化审计方法,突出以分项计量数据为基础的审计方法;⑦对电梯等其他理论计算方法进行了优化;⑧优化了审计程序;⑨新增能源审计报告框架;⑩删除了原标准的评价等级表格内容;⑪修订了附录内容。

各单位及相关人员,在执行本标准过程中,若有意见或建议,请及时反馈至上海市建筑科学研究院(集团)有限公司(地址:上海市宛平南路75号；邮编：200032；E-mail：jiangyoudi@sribs.com.cn或zhuweifeng@sribs.com.cn），或上海市建筑建材业市场管理总站（地址：上海市小木桥路683号；邮编：200032；E-mail：bzglk@zjw.sh.gov.cn），供今后修订时参考。

主 编 单 位：上海市建筑科学研究院（集团）有限公司
上海市建筑建材业市场管理总站

参 编 单 位：上海建科建筑节能技术股份有限公司
上海市房地产科学研究院
同济大学
上海同标质量检测技术有限公司

主要起草人：朱伟峰　张德明　卜　震　王君若　蒋友娣
邓光蔚　白燕峰　李峥嵘　白云飞　张蓓红
古小英　董美琪　王任媛　江　燕　张文宇
付艺菲　徐　瑶　夏　婵　陈　勇　李　翠

主要审查人：连之伟　龙惟定　陈众励　潘　涛　李　静
楼振飞　何广钊

上海市建筑建材业市场管理总站
2020年3月

目　次

1　总　则 …………………………………………………… 1
2　术　语 …………………………………………………… 2
3　基本规定 ………………………………………………… 3
4　审计程序 ………………………………………………… 5
　4.1　审计准备 ……………………………………………… 5
　4.2　审计实施 ……………………………………………… 5
　4.3　报告编写 ……………………………………………… 7
5　审计内容 ………………………………………………… 8
　5.1　一级能源审计 ………………………………………… 8
　5.2　二级能源审计 ………………………………………… 9
　5.3　三级能源审计 ………………………………………… 11
6　审计方法 ………………………………………………… 12
　6.1　建筑面积 ……………………………………………… 12
　6.2　建筑总能耗 …………………………………………… 12
　6.3　建筑分项能耗 ………………………………………… 12
　6.4　暖通空调系统能耗 …………………………………… 13
　6.5　照明、室内用能设备、动力及生活热水系统能耗 …… 16
　6.6　建筑分项能耗平衡检验 ……………………………… 17
7　审计报告 ………………………………………………… 18
附录A　建筑基本信息表 …………………………………… 19
附录B　建筑能耗数据信息表 ……………………………… 21
附录C　建筑能源审计现场巡查表 ………………………… 22
附录D　建筑能源审计报告框架 …………………………… 26
本标准用词说明 …………………………………………… 28

引用标准名录 …………………………………………………………………… 29
条文说明 ……………………………………………………………………… 31

Contents

1 General ······ 1
2 Glossary ······ 2
3 Basic regulations ······ 3
4 Process of audit ······ 5
4.1 Preparation of audit ······ 5
4.2 Implementation of audit ······ 5
4.3 Writing of Audit report ······ 7
5 Contents of audit ······ 8
5.1 Level Ⅰ energy audit ······ 8
5.2 Level Ⅱ energy audit ······ 9
5.3 Level Ⅲ energy audit ······ 11
6 Methods of audit ······ 12
6.1 Building area ······ 12
6.2 Building total energy consumption ······ 12
6.3 Building energy consumption of different items ······ 12
6.4 Energy consumption of HAVC ······ 13
6.5 Energy consumption of lighting, indoor equipment, power and domestic hot-water ······ 16
6.6 Balance testing for building energy consumption of different items ······ 17
7 Audit report ······ 18
Appendix A Basic information of building ······ 19

Appendix B Energy consumption data information of building ·· 21
Appendix C Observation on-the-spot investigation ········ 22
Appendix D Reporting framework of energy audit ········ 26
Explanation of wording in the standard ························ 28
List of quoted standards ··· 29
Explanation of provisions ·· 31

1 总 则

1.0.1 为提高本市公共建筑能源管理水平，促进节能降耗，合理利用资源，规范公共建筑能源审计工作，结合本市实际情况，制定本标准。

1.0.2 本标准适用于本市公共建筑能源审计。

1.0.3 公共建筑能源审计除应符合本标准外，还应符合国家、行业和本市现行有关标准的规定。

2 术 语

2.0.1 建筑能源审计 building energy audit

通过对建筑进行文件和资料审查、用能调研测试以及用能单位能源利用状况定量分析，对用能单位的建筑能源消耗水平、利用效率、经济效益和环境效果进行监测、诊断和评价，进而发现建筑节能潜力，提出不同程度的节能优化建议。

2.0.2 建筑能源消耗量 building energy consumption

建筑在使用过程中所消耗的各种能源总量。能源种类包括电力、燃气、燃油、外供冷水、热水（或蒸汽），以及太阳能、地热能和生物质能等可再生能源。

2.0.3 特殊功能区域 special function zone

使用特殊专业设备且能耗密度高的区域，例如数据中心、洗衣房、厨房、配有大型设备的实验室、洁净室、手术室、室内游泳池、冷冻冷藏室等。

2.0.4 审计期 audit period

能源审计考察的时间区段，通常应包括一个完整的供冷季和供暖季或根据审计委托方的要求确定。

3　基本规定

3.0.1　建筑能源审计按照审计内容和深度要求分为一级能源审计、二级能源审计和三级能源审计。

3.0.2　一级能源审计应符合下列要求：

1　掌握建筑和用能系统信息，了解建筑用能总体现状，并依据国家或本市能耗相关标准进行比对，判断建筑总体用能水平。

2　完成建筑基本信息和用能系统调查；检测评价建筑环境品质基本状况；基于全年及分月用电、天然气、柴油、可再生能源及其他能源等数据，计算建筑年总能耗和单位建筑面积能耗等能耗指标；通过与国家或本市能耗相关标准进行比对，对建筑用能现状进行总体评价。

3　收集至少1年完整的能耗数据。

3.0.3　二级能源审计应符合下列要求：

1　掌握建筑各分项用能规律和运营管理水平，发现存在的问题，提出节能改造方向。

2　在一级能源审计的基础上，分析计算建筑内暖通空调、照明、动力、特殊设备等各分项能耗指标；审阅建筑的能源管理文件和用能设备的运行记录，巡查建筑现场，评价建筑运营与管理水平；对各分项用能系统做出评价，提出节能改进建议。

3　收集至少3年完整的能耗数据。

3.0.4　三级能源审计应符合下列要求：

1　通过建筑围护结构、用能设备及系统性能检测，对建筑性能及用能系统进行详细诊断，分析问题，明确节能改造方案。

2　在二级能源审计基础上，根据建筑实际情况开展针对性专项检测；提出针对性且具备可操作性的节能改造方案；测算其节能量，对实施节能改造所需的费用和回收期进行概算。

3　收集至少3年完整的能耗数据。

3.0.5　被审计单位应提供下列资料：

1　建筑基本信息，包括建筑总面积、不同功能区面积、建筑运行时间等，由被审计单位的所有权人或其委托人填写的建筑基本信息表（附录A）。

2　建筑能耗数据，包括建筑总能耗、逐月能耗以及相关能耗计量或记录数据等，由被审计单位的所有权人或其委托人填写的建筑能耗数据信息表（附录B）。

3　建筑能源管理文件，包括人员管理制度和用能设备管理制度等文件。

4　用能设备相关资料，包括竣工图纸、用能设备档案、运行原始记录等。

5　其他相关资料，包括建筑使用状况、建筑功能发生变化等证明材料。

3.0.6　建筑与设备相关参数检测方法应参考国家、行业或本市相关检测标准。

4 审计程序

4.1 审计准备

4.1.1 审计开始前,应由能源审计的委托单位确定被审计建筑及审计等级。

4.1.2 审计单位应成立审计小组,并在审计开始 10 个工作日之前由委托单位书面通知被审计单位,在审计开始 5 个工作日之前由审计单位向被审计单位发放建筑基本信息表(附录 A)和建筑能耗数据信息表(附录 B),收集审计相关的信息资料。

4.1.3 现场审计工作开始前,被审计单位应将填写好的建筑基本信息表(附录 A)和建筑能耗数据信息表(附录 B)提交审计单位,并应确定配合能源审计工作的责任人和联络人。

4.2 审计实施

4.2.1 审计小组应首先主持召开建筑能源审计座谈会,与被审计建筑的业主代表、物业管理代表以及能源管理代表进行沟通,确定建筑能源审计的具体要求和实施内容,以及审计过程中必要的工作条件和辅助条件,并核对发放表格中的数据和信息,共同完善表格内容。

4.2.2 被审计单位应向审计小组提供与审计工作相关的文件资料,并提供与审计工作相关的现场工作支持。

4.2.3 审计小组的现场审计工作应包括文件审查和调研测试两部分。

1 文件审查主要包括对被审计建筑的竣工图、能源账单、能耗监测数据、主要设备的台账、运行记录和维修保养记录、已采取的节能措施、能源管理等文件资料进行审查和核实，并做好记录，对必要文件进行复印、扫描或拍照。

2 调研测试主要包括建筑巡查、与相关人员进行沟通交流、建筑环境品质检测、专项检测（三级能源审计）以及信息采集，并应做好现场记录和必要文件的复印、扫描或拍照。

4.2.4 审计小组应按照图 4.2.4 所示工作流程实施能源审计工作。

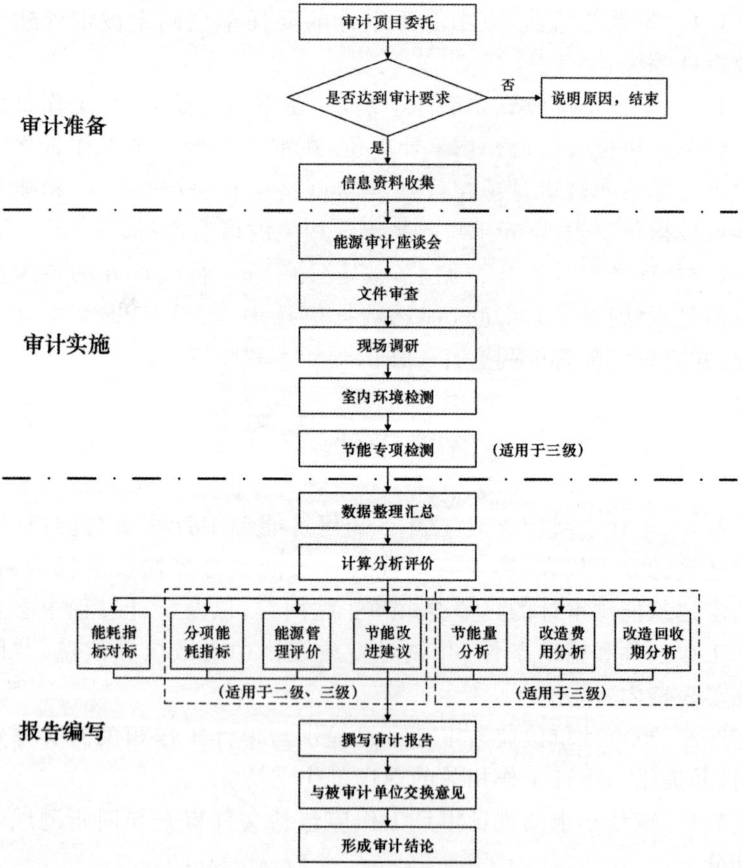

图 4.2.4 审计工作流程

4.3 报告编写

4.3.1 审计小组应对建筑的用能数据、用能水平、节能潜力、能源管理水平进行分析，并编写能源审计报告。

4.3.2 审计小组应就审计报告结论与被审计单位交换意见，形成最终审计结论。

5 审计内容

5.1 一级能源审计

5.1.1 建筑一级能源审计工作应包括下列内容：

1 检查建筑基本概况。

2 检查建筑用能设备基本信息。

3 检查建筑能耗数据信息。

4 计算、分析建筑总能耗指标并对标。

5 检测评价建筑环境品质基本状况。

5.1.2 建筑基本概况检查应包括审阅并记录建筑面积、围护结构、不同功能区域面积及其运行时间等建筑基本信息。

5.1.3 建筑用能设备基本信息检查应包括审阅并记录建筑内主要用能设备的名称、型号、数量、出厂日期、额定参数等基本信息以及运行模式。

5.1.4 建筑能耗数据信息检查应包括审阅并记录建筑全年能源账单数据、计量数据、运行记录、分析报告、建筑自动化系统存储的记录数据以及能源分摊协议等资料。

5.1.5 当有分项能耗计量系统时，应检查建筑能耗分项计量、监测管理系统现状，并对能耗监管和计量现状进行评价。

5.1.6 计算、分析建筑总能耗指标，应将建筑能源消耗量统一折算为标准煤耗量，并依据国家或本市能耗相关标准进行对标。

5.1.7 审计单位应分别对建筑内不同功能、有代表性的房间或区域至少 3 处；在正常使用情况下的建筑室内环境品质进行检测，检测内容包括室内温度、相对湿度、CO_2浓度、照度等；还应评判检测区域的室内环境品质是否符合国家、行业或本市现行标准中的相关规定。

5.2 二级能源审计

5.2.1 二级能源审计是指在一级能源审计的基础上，对建筑能源管理状况进行分析，找出建筑能源系统存在的问题并提出改进建议。二级能源审计工作应增加下列内容：

1 检查建筑能源管理状况。

2 检查建筑用能设备运行状况。

3 计算、分析建筑分项能耗指标。

4 提出合理化的节能改进建议。

5.2.2 建筑能源管理状况检查应包括下列内容：

1 能源管理制度、节能管理文件，本单位节能计划和节能措施等。

2 节能运行管理团队、节能工作责任制，节能工作岗位及其任务和责任，节能宣传与培训等。

3 能源计量、监测管理制度，能源计量器具、仪表与定期校验等。

4 用能设备档案、原始记录、巡回检查等设备管理相关制度。

5.2.3 建筑用能设备运行状况检查应包括下列内容：

1 检查建筑内主要用能设备的运行状况和存在的问题。

2 对建筑现场进行逐项检查，填写建筑能源审计现场巡查表(附录C)。

5.2.4 建筑能耗指标应按图5.2.4进行计算，并符合下列要求：

1 建筑总能耗指标：建筑的能耗总量与建筑面积的比值。

2 常规总能耗指标：建筑的常规能耗总量与建筑面积(扣除特殊功能区域面积)或建筑常驻人数(或建筑内床位数)或建筑运行时间的比值。

3 特殊功能区域总能耗指标：建筑中各类特殊功能区域设

备能耗量与建筑特殊功能区域面积的比值。

4 暖通空调系统能耗指标:用于供冷、供暖和通风的能耗量与建筑空调面积的比值。

5 照明系统能耗指标:照明系统能耗量与建筑面积的比值。

6 室内用能设备系统能耗指标:室内用能设备系统能耗量与建筑面积的比值。

7 动力系统能耗指标:动力系统能耗量与建筑面积的比值。

8 生活热水系统能耗指标:生活热水系统能耗量与建筑面积的比值。

9 其他系统能耗指标:除暖通空调系统、照明系统、室内用能设备系统、动力系统、生活热水系统外,其他系统能耗量与建筑面积的比值。

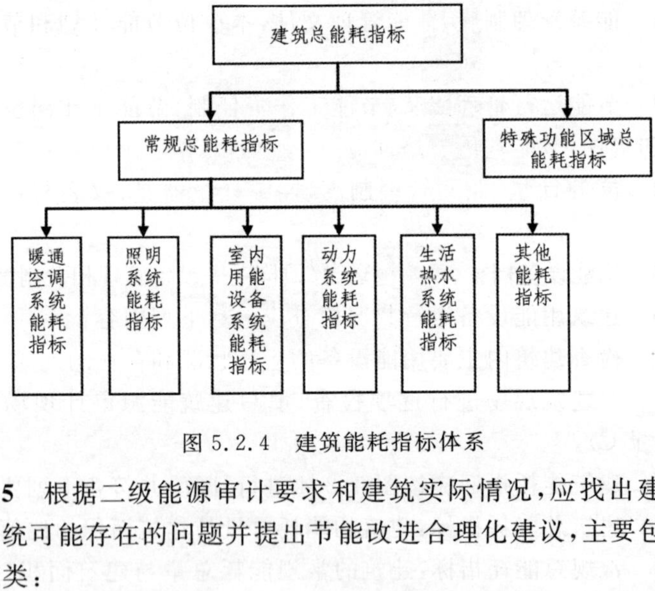

图 5.2.4 建筑能耗指标体系

5.2.5 根据二级能源审计要求和建筑实际情况,应找出建筑能源系统可能存在的问题并提出节能改进合理化建议,主要包括下列三类:

1 能源管理体系存在的问题及改进建议。

2 用能系统存在的问题及改进建议。

3 行为节能存在的问题及改进建议。

5.3 三级能源审计

5.3.1 三级能源审计是指在二级能源审计的基础上，还应根据建筑实际情况开展建筑主要用能系统性能或围护结构热工性能针对性专项检测；提出针对性且具备可操作性的节能改造方案；测算其节能量，对实施节能改造所需的费用和回收期进行概算。

5.3.2 建筑主要用能系统的性能检测应根据实际情况进行其中一项或多项检测，检测范围应包括以下几个方面：

1 空调冷水机组性能检测参数：冷水机组能效比、冷水机组耗电功率、冷水供回水温度和流量、冷却水供回水温度和流量等。

2 热泵机组性能检测参数：热泵机组性能系数、热泵机组耗电功率、冷水和热水供回水温度和流量等。

3 燃气、燃油锅炉性能检测参数：锅炉效率、锅炉耗气量（耗油量）、热水供回水温度和流量等。

4 电锅炉性能检测参数：锅炉效率、锅炉耗电功率、热水供回水温度和流量等。

5 水泵性能检测参数：水泵效率、水泵电功率、水泵流量、水泵进出口压力等。

6 空调箱性能检测参数：空调箱风量及风压、空调箱风机输入功率、空调箱风机单位风量耗功率、空调箱送回风温度、空调箱进出水温度和流量、水阻力等。

7 照明系统性能检测参数：照度、照明功率密度等。

8 太阳能热水器性能检测参数：集热系统效率、集热系统得热量、贮热水箱热损因数、热水供水温度等。

9 集中供应的生活热水系统和洗衣房等工艺用热系统的性能检测参数：热源效率、管网循环漏热量、生活热水和洗衣房等用热系统补水量。

10 双方商定的其他检测项目。

6 审计方法

6.1 建筑面积

6.1.1 建筑面积应根据实际使用情况确定，建筑面积取外墙外边界围成面积的总和，包括半地下室、地下室的面积。

6.1.2 不同功能区的建筑面积应分别统计。

6.2 建筑总能耗

6.2.1 建筑总能耗的数据来源可包括审计期的建筑能源账单数据、台账数据、运行记录、分析报告、建筑自动化系统存储的记录数据等。

6.2.2 建筑总能耗应根据附录B统计建筑全年逐月的所有能源种类的消耗量，并按上海市统计局当年公布的各类能源标准煤折算系数进行折算累计。

6.3 建筑分项能耗

6.3.1 建筑分项能耗数据可根据下述内容进行统计：

1 分项计量数据。

2 变配电系统原理图及运行记录。

3 设备运行记录。

4 主要设备、主要支路的现场实测能耗。

5 设备铭牌信息。

6 工作日、非工作日天数统计信息等。

6.3.2 当建筑有能耗分项计量系统时，应优先根据计量结果确定分项能耗。

1 分项计量数据应进行有效性检验，补充缺省数据、剔除无效数据。

2 分项计量系统的总电耗数据与电力账单数据应进行相对误差校核。

6.3.3 当建筑中无分项计量系统时，可根据变配电系统原理图及运行记录、设备运行记录、主要设备、主要支路的现场实测能耗、设备铭牌等信息统计得到分项能耗数据。

1 暖通空调系统分项能耗按第6.4节中规定的方法测算。

2 照明、室内用能设备、动力及生活热水系统能耗按第6.5节中规定的方法测算。

3 其余设备或系统的能耗，可测量典型工作日和典型非工作日能耗，再根据统计得到的全年工作日天数和非工作日天数进行计算。

6.4 暖通空调系统能耗

6.4.1 空调冷热源能耗应按照下列方法进行测算。

1 电驱动冷热源设备能耗测算方法

方法1：有运行记录时，根据电驱动冷热源设备全年运行记录中的信息，按照公式(6.4.1-1)或公式(6.4.1-2)测算单台电驱动冷热源设备全年运行耗电量Q，通过各台电驱动冷热源设备全年运行耗电量求和，测算电驱动冷热源设备全年运行总耗电量。

三相用电设备：

$$Q=\sum_{i=1}^{n}\sqrt{3}U_i I_i\cos\varphi_i/1000 \qquad (6.4.1\text{-}1)$$

式中：Q——单台电驱动冷热源设备全年运行耗电量(kW·h)；

U_i——单台电驱动冷热源设备第i小时实际运行电压(V)；

I_i——单台电驱动冷热源设备第 i 小时实际运行电流(A)；

$\cos\varphi_i$——单台电驱动冷热源设备第 i 小时功率因数；

n——单台电驱动冷热源设备全年运行小时数。

单相用电设备：

$$Q=\sum_{i=1}^{n} U_i I_i \cos\varphi_i / 1000 \qquad (6.4.1\text{-}2)$$

方法 2：对于运行记录不全或无运行记录时，直接根据电驱动冷热源设备的额定功率，以及根据现场调研得到的设备运行时间、设备平均负载率等信息测算电驱动冷热源设备全年运行总耗电量。

方法 3：对于运行记录不全或无运行记录时，通过现场实测校核电驱动冷热源设备额定功率，以及根据现场调研得到的设备运行时间、设备平均负载率等信息测算电驱动冷热源设备全年运行总耗电量。

2 燃气、燃油或蒸汽驱动的冷热源设备能耗测算方法

方法 1：有单独计量表时，根据单独计量表数据计算冷热源设备能耗。

方法 2：无单独计量表时，根据以下方法测算：

1）根据冷热源设备全年运行记录或燃料费账单统计得到燃料总消耗量。若冷热源设备和生活热水系统采用同一热源时，应扣除生活热水系统所消耗的燃料量，得到冷热源设备全年运行总能耗。

2）采用外供蒸汽时，若换热器二次侧为定流量系统，且有二次水系统逐时进出口水温或温差的运行记录，则可实测二次水系统的流量，获得冷热源设备全年运行总能耗。

6.4.2 输配系统能耗应按照下列方法进行测算。

1 水泵能耗测算方法

方法 1：有运行记录时，根据水泵运行记录中的信息，按照公

式(6.4.2-1)测算单台水泵全年运行耗电量Q_p，通过各台水泵全年运行耗电量求和，测算水泵全年运行总耗电量。

$$Q_p = \sum_{i=1}^{n} \sqrt{3} U_{pi} I_{pi} \cos\varphi_{pi} / 1000 \quad (6.4.2\text{-}1)$$

式中：Q_p——单台水泵全年运行耗电量(kW·h)；

U_{pi}——单台水泵第i小时实际运行电压(V)；

I_{pi}——单台水泵第i小时实际运行电流(A)；

$\cos\varphi_{pi}$——单台水泵第i小时功率因数；

n——单台水泵全年运行小时数。

方法2：对于定流量水泵，无运行记录时，直接根据水泵额定功率，并调查各台水泵在各典型工况下的运行时间，测算水泵全年运行总耗电量。

方法3：对于变流量水泵，无运行记录时，实测各台水泵实际运行功率，并调查各台水泵的典型运行工况和调查各典型工况下的运行时间，按照公式(6.4.2-2)测算单台水泵的全年总耗电量Q_p，通过各台水泵全年运行耗电量求和，测算水泵全年运行总耗电量。

$$Q_p = \sum_{i=1}^{m} P_{pi} t_{pi} \quad (6.4.2\text{-}2)$$

式中：Q_p——单台水泵全年运行耗电量(kW·h)；

P_{pi}——第i种运行工况下单台水泵的实际运行功率(kW)；

t_{pi}——第i种运行工况下单台水泵的运行时间(h)；

m——单台水泵运行工况的数量。

2 定风量空调箱/新风机组能耗测算方法

调查定风量空调箱/新风机组型号、数量、额定功率、运行时间等信息，测算空调箱/新风机组总耗电量。

6.4.3 空调末端能耗应按照下列方法进行测算。

1 风机盘管能耗测算方法

调查风机盘管型号、数量、典型运行工况、典型工况下的运行功率和运行时间等信息，测算风机盘管总耗电量。

2 变风量末端设备能耗测算方法

调查变风量末端设备型号、数量、典型运行工况、典型工况下的运行功率和运行时间等信息，测算变风量末端设备总耗电量。

6.4.4 冷却塔能耗测算方法与水泵能耗测算方法相同。

6.4.5 房间空调器能耗测算方法与风机盘管能耗测算方法相同。

6.5 照明、室内用能设备、动力及生活热水系统能耗

6.5.1 照明系统能耗应按照下列方法进行测算。

方法1：调查照明灯具类型、数量、额定功率、运行时间等信息，测算照明系统总耗电量。

方法2：根据配电箱支路或照明系统电表读，数测算照明系统总耗电量。

6.5.2 室内用能设备系统能耗应按照下列方法进行测算。

方法：调查室内用能设备类型、数量、额定功率、运行时间等信息，测算室内用能设备系统总耗电量。

6.5.3 动力系统能耗应按照下列方法进行测算。

1 电梯能耗可依据现行国家标准《电梯技术条件》GB/T 10058进行测算。

2 其他动力系统能耗根据设备类型、数量、额定功率、运行时间等信息进行测算。

6.5.4 生活热水系统能耗应按照下列方法进行测算。

方法1：生活热水系统有单独计量表时，根据单独计量表数据计算生活热水能耗。

方法2：生活热水系统无单独计量表时，根据以下方法测算：

1）根据设备额定功率和运行时间测算生活热水全年运行总耗电量。

2）根据全年运行记录或燃料费账单统计得到生活热水全年运行总能耗。

6.6 建筑分项能耗平衡检验

6.6.1 建筑分项能耗拆分结果应以能源账单的总能耗为依据，进行分项能耗平衡检验。

6.6.2 建筑分项能耗平衡检验时，分项能耗和总能耗的偏离率不应超过总能耗的15％。

7 审计报告

7.0.1 一级能源审计报告应列出审计目的、范围、依据及审计过程的简介;应结合被审计单位的建筑基本信息、用能设备信息和用能现状,给出建筑总能耗指标并进行对标分析。

7.0.2 二级能源审计报告除应满足第 7.0.1 条规定外,还应结合被审计单位的能源管理状况、主要用能设备和系统的特性、运行状况,根据审计要求和建筑实际存在的问题给出审计结果和节能改进建议。

7.0.3 三级能源审计报告除应满足第 7.0.1、第 7.0.2 条规定外,还应提出节能改造措施,并量化分析其节能量、投资额及投资回收期等技术经济指标。

7.0.4 审计报告的扉页应注明审计日期、报告编制单位和审计小组主要成员名单,同时应有编写人、审核人和批准人签字。

7.0.5 能源审计过程中收集到的重要资料可作为审计报告的附件。

7.0.6 审计单位可按照附录 D 编写能源审计报告。

附录 A　建筑基本信息表

<table>
<tr><td colspan="3">建筑名称：</td><td colspan="3">详细地址：</td></tr>
<tr><td colspan="3">建筑产权人：</td><td colspan="3">物业管理单位：</td></tr>
<tr><td colspan="3">联系人：</td><td colspan="3">联系方式：</td></tr>
<tr><td colspan="3">竣工年份：________</td><td colspan="3">建筑高度：________ m</td></tr>
<tr><td colspan="3">建筑层数：____层；地上____层；
地下____层</td><td colspan="3">总建筑面积：____ m^2；
地上面积：____ m^2；地下面积____ m^2</td></tr>
<tr><td colspan="3">建筑类型：
□办公建筑　　□体育建筑
□商场建筑　　□通信建筑
□宾馆饭店建筑　□交通运输
□文化教育建筑　□其他(注明)：____
□医疗卫生建筑</td><td colspan="3">建筑运行时间：
一天运行____小时：从____到____
一周运行____天：　从____到____
一年运行____月：　从____到____</td></tr>
<tr><td colspan="6">建筑功能区域面积：</td></tr>
<tr><td colspan="6">办公______ m^2　商场______ m^2　宾馆______ m^2
餐饮______ m^2　车库______ m^2　设备层______ m^2　仓库______ m^2
其他(注明)：______ m^2</td></tr>
<tr><td colspan="6">建筑围护结构：</td></tr>
<tr><td colspan="2">外墙是否保温：
□是　□否</td><td colspan="2">屋顶是否保温：
□是　□否</td><td colspan="2">是否采用外遮阳：
□是　□否</td></tr>
<tr><td colspan="2">门窗类型：
□幕墙
□局部幕墙
□普通门窗
□其他(注明)：______</td><td colspan="2">玻璃类型：
□单层玻璃
□中空玻璃
□镀膜玻璃
□其他(注明)：______</td><td colspan="2">窗框材料：
□钢窗
□铝合金
□木窗
□塑钢
□其他(注明)：______</td></tr>
</table>

续表

冷热源设备(可多选):

空调制冷设备:	供热设备:	生活热水热源设备:
□水冷式机组	□燃气/燃油锅炉	□燃油/燃气锅炉
□空气源热泵机组	□电锅炉	□电锅炉
□多联式空调(热泵)机组	□集中热网	□空气源热泵机组
□溴化锂吸收式冷水机组	□空气源热泵机组	□外供蒸汽或热水
□地/水源热泵机组	□溴化锂吸收式热水机组	□热电联产机组
□水环热泵机组	□多联式空调(热泵)机组	□水源热泵机组
□房间空调器	□地/水源热泵机组	□地源热泵机组
□其他(注明):______	□房间空调器	□太阳能热水器
	□热电联产机组	□其他(注明):______
	□太阳能热水器	
	□其他(注明):______	

照明灯具形式(可多选):

室内区域:

灯具类型:□白炽灯 □普通荧光灯 □细管型荧光灯 □紧凑型荧光灯

□钠灯 □汞灯 □LED灯 □金属卤化物灯

镇流器类型:□普通电感镇流器 □节能电感镇流器 □电子镇流器

室外区域:

灯具类型:□白炽灯 □荧光灯 □汞灯 □钠灯 □金属卤化物灯

□LED灯

镇流器类型:□普通电感镇流器 □节能电感镇流器 □电子镇流器

变压器参数:

型号_____;额定容量(kVA)_____;额定电压(V)_____;额定电流(A)_____;

出厂日期_____

型号_____;额定容量(kVA)_____;额定电压(V)_____;额定电流(A)_____;

出厂日期_____

是否有分项计量系统:□是 □否

监测类型:□电 □水 □燃气 □市政蒸汽 □其他(注明):______

开始使用年份:______

填表人:__________ 填表人电话:__________ 日期:__________

附录B 建筑能耗数据信息表

______—______年逐年能源消费量

能源种类 / 年份	电(kW·h)	天然气(m^3)	人工煤气(m^3)	重油(t)	轻质柴油(t)	外供蒸汽/热水(t)	用水量(t)	其他(注明)
____全年累计								
____全年累计								
____全年累计								

______年逐月能源消费量

月份 / 能源种类	1月	2月	3月	4月	5月	6月	7月	8月	9月	10月	11月	12月	总计
电(kW·h)													
天然气(m^3)													
人工煤气(m^3)													
重油(t)													
轻质柴油(t)													
外供蒸汽/热水(t)													
用水量(t)													
其他(注明)													

电力和燃气账单信息

电力账单户号		燃气账单编号	

附录C 建筑能源审计现场巡查表

编号	问题	存在	不存在	备注
	管理			
A-1	供暖空调系统的温控装置不容易调节或失灵			
A-2	温控装置的设定温度不在节能设计标准推荐范围内			
A-3	无人区域或很少使用的区域仍然供暖、供冷或照明			
A-4	下班后少数人加班，无人区域空调系统仍照常运行			
A-5	在无人时间段室内温度不作调整			
A-6	在人员到达之前暖通空调设备已启动，一直运行到所有人都离开			
A-7	未用已安装的百叶帘和窗帘作为建筑物辅助的遮阳措施			
A-8	电动机和其他电动设备无运行维修记录			
A-9	控制系统和装置未作定期检查			
A-10	楼宇设备自控系统未正常运行			
A-11	其他项(如有描述)			
	建筑围护结构			
E-1	外墙屋顶的保温构造不符合节能设计标准			
E-2	围护结构的保温层已破裂或脱落			
E-3	门窗空气渗透较严重			
E-4	其他项(如有请描述)			

续表

供暖系统				
H-1	供暖期室温设定值偏高			
H-2	在供冷季仍然开着供暖锅炉			
H-3	未根据厂家规定定期对锅炉进行检修和维护			
H-4	锅炉容量偏大，与建筑热负荷匹配性差			
H-5	燃油锅炉运行中有过量烟尘			
H-6	锅炉或热水器有故障或低效率的征兆			
H-7	进入锅炉的空气未经预热			
H-8	热水或蒸汽管道无保温或保温层破裂			
H-9	无热回收系统			
H-10	垂直通道或楼梯间热损失较严重			
H-11	供暖泵选型偏大			
H-12	未安装锅炉排烟温度表			
H-13	未安装锅炉烟气含氧量表			
H-14	其他项（如有描述）			
供冷系统				
C-1	供冷期室温设定值偏低			
C-2	建筑内各房间冷热不均			
C-3	无人时间段房间内空调系统末端（如风机盘管或带风机的 VAV 末端）仍照常运行			
C-4	空调系统运行的同时开着门窗			
C-5	空调系统的制冷能力与建筑负荷不匹配，容量过大或偏小			
C-6	暖通空调系统存在冷热抵消的现象			
C-7	未根据厂家规定定期对冷水机组进行检修和维护			
C-8	未安装冷却水处理装置			
C-9	供冷管道或风道没有必要的保温			

续表

C-10	冷水管路、阀门或管件有渗漏			
C-11	制冷机台数及容量配置不合理			
C-12	过渡季或供暖季仍然开启冷机供冷			
C-13	冷水泵或冷却水泵选型偏大			
C-14	冷水机组供冷负荷率偏低(＜70%)			
C-15	冷水机组台数、容量匹配不合理			
C-16	空调系统与水泵变频装置未正常运行			
C-17	其他项(如有描述)			
通风系统				
V-1	室内人员感觉沉闷、空气不新鲜,有人反映“病态建筑物综合征”			
V-2	过渡季节未充分利用室外新风			
V-3	建筑内无新风量按需控制系统			
V-4	未提前开启新风系统或利用夜间通风			
V-5	其他项(如有描述)			
生活热水系统				
W-1	生活热水温度过高			
W-2	储水箱、管道、阀门和热水器的保温不合理或保温层受损			
W-3	在供暖季,电热水器的使用无时间限制			
W-4	无热水储存装置			
W-5	热水系统跑冒滴漏现象明显			
W-6	大楼有热水供应,但大楼热水需求较小,或几乎没有需求			
W-7	其他项(如有描述)			

续表

照明				
L-1	在无人区域开着灯或照度偏大			
L-2	工作区域的照度水平高于推荐值			
L-3	在工作区域使用白炽灯			
L-4	在工作区使用传统的荧光灯			
L-5	使用高压汞灯			
L-6	灯泡和灯具不干净			
L-7	未充分利用自然采光			
L-8	照明系统未分区控制			
L-9	室外照明系统未分时控制			
L-10	其他项(如有描述)			

填表人:__________ 填表人电话:__________ 日期:__________

附录D　建筑能源审计报告框架

第1章　能源审计概况

- 审计目的
- 审计依据
- 审计期
- 审计范围
- 审计等级
- 审计过程

第2章　能源审计概况

2.1　建筑基本信息

2.2　用能系统概况

2.3　建筑能源管理(适用于二级、三级)

- 用能管理制度
- 用能设备使用、能耗计量
- 已有节能改造

第3章　建筑能耗分析

3.1　建筑总能耗分析

3.2　建筑能耗指标及对标分析

3.3　能源种类构成及占比分析

3.4　逐月能耗分析

3.5　分项能耗拆分(适用于二级、三级)

续表

第4章　建筑室内环境检测 　　4.1　室内温湿度检测分析 　　4.2　室内二氧化碳浓度检测分析 　　4.3　室内照度检测分析 　　4.4　其他必要的检测 第5章　建筑节能专项检测(适用于三级) 　　5.1　围护结构热工性能检测分析 　　5.2　建筑用能系统性能检测分析 　　5.3　可再生能源系统性能检测分析 　　5.4　其他必要的检测 第6章　节能潜力分析及建议(适用于二级、三级) 　　6.1　节能潜力分析 　　6.2　节能改造建议 　　6.3　节能改造方案(适用于三级) 第7章　审计结论 附录A　建筑基本信息表 附录B　建筑能耗数据信息表 附录C　建筑能源审计现场巡查表 其他附件

本标准用词说明

1　为便于在执行本标准条文时区别对待，对要求严格程度不同的用词说明如下：

1）表示很严格，非这样做不可的用词：
正面词采用“必须”；
反面词采用“严禁”。

2）表示严格，在正常情况下均应这样做的用词：
正面词采用“应”；
反面词采用“不应”或“不得”。

3）表示允许稍有选择，在条件许可时首先应这样做的用词：
正面词采用“宜”；
反面词采用“不宜”。

4）表示有选择，在一定条件下可以这样做的用词，采用“可”。

2　标准中指明应按其他有关标准执行时，写法为：“应符合……的规定”或“应按……执行”。

引用标准名录

《电梯技术条件》GB/T 10058

上海市工程建设规范

公共建筑能源审计标准

DG/TJ 08－2114－2020
J 12192－2020

条 文 说 明

2020　上海

目　次

1　总　则 …………………………………………………… 35
3　基本规定 ………………………………………………… 36
4　审计程序 ………………………………………………… 38
　4.1　审计准备 ……………………………………………… 38
　4.2　审计实施 ……………………………………………… 38
5　审计内容 ………………………………………………… 40
　5.1　一级能源审计 ………………………………………… 40
　5.2　二级能源审计 ………………………………………… 41
　5.3　三级能源审计 ………………………………………… 42
6　审计方法 ………………………………………………… 44
　6.1　建筑面积 ……………………………………………… 44
　6.2　建筑总能耗 …………………………………………… 44
　6.3　建筑分项能耗 ………………………………………… 44
　6.4　暖通空调系统能耗 …………………………………… 46
　6.5　照明、室内用能设备、动力及生活热水系统能耗 …… 48
　6.6　建筑分项能耗平衡检验 ……………………………… 49
7　审计报告 ………………………………………………… 50

Contents

1 General ······ 35
3 Basic regulations ······ 36
4 Process of audit ······ 38
4.1 Preparation of audit ······ 38
4.2 Implementation of audit ······ 38
5 Contents of audit ······ 40
5.1 Level Ⅰ energy audit ······ 40
5.2 Level Ⅱ energy audit ······ 41
5.3 Level Ⅲ energy audit ······ 42
6 Methods of audit ······ 44
6.1 Building area ······ 44
6.2 Building total energy consumption ······ 44
6.3 Building energy consumption of different items ······ 44
6.4 Energy consumption of HAVC ······ 46
6.5 Energy consumption of lighting, indoor equipment, power and domestic hot-water ······ 48
6.6 Balance testing for building energy consumption of different items ······ 49
7 Audit report ······ 50

1 总 则

1.0.1 随着国民经济持续增长，建筑能源消耗日益增加，建筑节能工作显得愈加重要，能源审计在建筑行业中的重要性也日益突出。上海市工程建设规范《公共建筑能源审计标准》DG/TJ 08—2114—2012(简称“原标准”)自2012年12月实施至今，已满5年，在实际执行过程中，存在原标准与当前技术不匹配、部分内容与国家或本市其他相关标准不协调等问题，有必要对原标准进行修订完善。因此，参考住房和城乡建设部《公共建筑能源审计导则》(建办科〔2016〕65号)，对原标准进行了修订，使其与国家或本市其他相关标准相吻合，同时更具可操作性。

1.0.2 本条规定了本标准的适用范围。开展一级能源审计的公共建筑应至少连续正常运行1年，开展二级、三级能源审计的公共建筑应至少连续正常运行3年。

1.0.3 在能源审计工作中，由于涉及内容多、专业范围广，因此除执行本标准外，尚应符合国家、行业和本市现行有关标准的规定。

3 基本规定

3.0.1 本条规定了建筑能源审计的等级，根据建筑能源审计目标要求，将建筑能源审计分为一级能源审计、二级能源审计和三级能源审计。

3.0.3 各分项用能主要包括暖通空调、照明、室内用能设备、动力、生活热水和特殊功能区设备的用能，除此之外的用能包含在其他项中，如充电桩的用电。需要说明的是，当被审计建筑使用光伏发电装置、太阳能热水系统等可再生能源装置设施，条件具备时，需要对发电量、冷量或热量进行分析。当被审计建筑采用了余热资源利用的，需要对余热资源利用情况进行分析。

3.0.4 根据被审计建筑实际情况，专项检测可以是建筑用能设备性能检测、围护结构热工性能检测、室内空气品质检测等。

3.0.5 本条规定了被审计单位应提供的主要文件资料类别。建筑能源管理文件是对公共建筑能源管理活动的原则、职责权限、办事程序、协调联系方法等所作的规定。人员管理制度文件包括节能运行管理团队相关的职责和权限的规定，如节能团队组织架构的设置、工作任务的规定。用能设备管理制度文件指的是根据公共建筑用能系统和管理特点，可分为空调通风系统节能运行管理制度、照明系统节能运行管理制度等，包括巡回检查制度、定期分析评价制度和计量设备定期校验制度等内容。建筑使用状况主要指入住率、客流量、接待量和运行时间等，如办公建筑的常驻使用人数、宾馆饭店建筑的客房数和出租率、商场建筑的日均客流量等。由于建筑功能和建筑使用状况发生变化对能耗会产生影响，能源审计时需要收集和分析。

3.0.6 检测工况和检测条件应反映建筑实际运行情况，检测工作应参考国家、行业或本市相关检测标准规定。

4 审计程序

4.1 审计准备

4.1.1 本条规定了开展建筑能源审计的前提。能源审计的委托单位可包括政府主管部门、建筑业主单位或相关管理部门。被审计单位应能提供与能源审计相关的资料、数据以及检测条件。对不满足审计条件的建筑，由审计单位向委托单位说明原因，不对其实施能源审计，并由委托单位发出整改通知，要求被审计单位加强管理。

4.1.2～4.1.3 规定了开展能源审计前的组织与准备工作，主要包括成立审计小组，发放和回收建筑基本信息表，确定能源审计工作的责任人和联络人。

4.2 审计实施

4.2.2 强调了被审计单位对建筑能源审计工作重视和支持程度的重要性。被审计单位应积极配合审计单位的工作，并提供相关资料、信息及相应工作条件。

4.2.3 规定了能源审计实施过程中文件审查和调研测试工作范围和内容。其中，调研测试工作应结合建筑基本信息表和文件资料审查结果，调查建筑能耗和能源管理的总体情况，查找不合理用能现象。审计小组应对建筑内的制冷机房、锅炉房等主要设备机房进行巡查，核对主要用能设备的铭牌信息和数量，掌握主要用能设备的运行时间及调节方式；应对照明系统、室内用能设备系统、动力系统等进行核查；应对室内环境参数的设定、控制和调节方式等进行现场调查。

4.2.4 审计工作流程图中提到的“是否达到审计要求”具体指的是本标准第3章基本规定中明确的一级能源审计、二级能源审计和三级能源审计的要求。“室内环境检测”主要指的是室内温度、相对湿度、CO_2浓度、照度等检测，同时还应评判检测结果是否符合国家、行业或本市现行标准中的相关规定。“节能专项检测”主要指根据建筑实际情况开展围护结构热工性能或建筑主要用能系统性能的针对性专项检测，检测内容可包括空调冷水机组性能、热泵机组性能、锅炉性能、照明系统性能等。

5 审计内容

5.1 一级能源审计

5.1.1 建筑能耗数据信息，包括能源账单数据、台账数据、运行记录、分析报告、建筑自动化系统存储的记录数据等。

5.1.5 分项计量数据现状检查和评价，主要指监测数据是否稳定上传，数据是否正常。分项计量系统管理现状，主要指该系统是否配置专人负责和管理，设备与软件是否定期维护与保养，数据是否定期进行分析和评价。

5.1.6 建筑用能对标所采用的参数或系数应和相应对标标准一致。本市对标标准主要包括《机关办公建筑合理用能指南》DB31/T 550、《星级饭店建筑合理用能指南》DB31/T 551、《大型商业建筑合理用能指南》DB31/T 552、《市级医疗机构建筑合理用能指南》DB31/T 553、《综合建筑合理用能指南》DB31/T 795、《高校建筑合理用能指南》DB31/T 783、《大型公共文化设施建筑合理用能指南》DB31/T 554、《大中型体育场馆建筑合理用能指南》DB31/T 989、《养老机构建筑合理用能指南》DB31/T 1080 等。

5.1.7 “不同功能、有代表性的房间或区域至少 3 处”举例说明：如某建筑功能包含办公区、餐饮区两种功能，则建筑室内环境品质检测需抽取办公区代表性的房间或区域至少 3 处；餐饮区代表性的房间或区域至少 3 处。

5.2 二级能源审计

5.2.2 对被审计单位能源管理现状进行检查，主要包括人员和设备两方面的检查。针对人员，是否设立节能运行管理团队、配备相应的管理岗位、实行岗位责任制、指定能源管理负责人；是否开展过节能宣传与培训等。针对用能设备，是否建立用能设备档案、运行参数记录、巡回检查、定期分析评价和计量设备定期校验等。

5.2.3 对建筑内主要用能设备需检查其运行状况，包括被审计单位的运行时间、主要用能系统及设备(包括空调系统、照明系统、动力设备等)运行状况等，以便发现被审计单位是否存在管理不善、运行不当、能源浪费、不合理用能、无法调节等问题，并提出改进建议。进行二级能源审计时，需要填写建筑能源审计现场巡查表，一级能源审计则无此项要求。

5.2.4 本条规定了建筑总能耗指标、常规总能耗指标及特殊功能区域总能耗指标的计算方法。能耗指标中涉及的建筑面积、建筑空调面积和建筑供暖面积的计算方法应与现行国家标准或规范一致。

1 在计算常规总能耗指标时，可根据建筑的实际功能，按建筑的常规能耗总量与建筑面积(扣除特殊功能区域面积)或建筑常驻人数(或建筑内床位数)或建筑运行时间的比值计算。例如，建筑的常规能耗总量与建筑内床位数的比值可以作为医疗卫生建筑的常规总能耗指标之一；建筑常规能耗总量与建筑常驻人数的比值可以作为政府办公建筑的常规总能耗指标之一。

2 常规能耗是指建筑能耗总量减去特殊功能区域能耗。

3 特殊功能区域设备能耗是指该区域内的专业设备及其专用辅助设备的能耗；该区域与其他区域共享的辅助设备(如集中空调系统设备等)能耗应按各自消费的服务量折算到该区域的能耗中。

4 暖通空调系统能耗可分为供冷、通风系统能耗和供暖系统能耗。其中，供冷、通风系统能耗包括冷源、输配系统、末端及末端再热设备、通风换气设备、热回收设备、分散式空调设备等所有与供冷、通风相关的分项能耗。供暖系统能耗包括热源、输配系统、末端设备、热回收设备等所有与供暖系统相关的分项能耗。

5 按不同功能，照明系统可分为以下三类：

1）普通照明：用于满足室内照度需求的照明。

2）应急照明：建筑内部用于疏散、安全以及备用的照明。

3）景观照明：建筑外部泛光照明与外部装饰用照明。

6 室内用能设备，是指满足建筑一般功能性要求的用能设备，包括通常从插座取电的各类设备，如计算机、打印机、饮水机、电冰箱、电视机、台灯等。

7 动力系统能耗，主要包括电梯、给排水水泵以及卫生间等非空调区域通风设备消耗的能耗。

8 生活热水系统能耗，是指满足建筑内人员洗浴、盥洗、饮用等各类生活热水需求的能耗，它包括输配生活热水所需的循环泵用能，不包括与生活冷水共用的加压泵能耗。

除以上能耗指标外，条件具备情况下，还可以增加冷源能耗指标、热源能耗指标、单位面积供冷量、单位面积供热量等指标计算。

5.2.5 节能改进合理化建议主要包括能源管理体系、用能系统和行为节能三个方面。用能系统指的是暖通空调系统、照明系统、动力系统、生活热水系统以及变配电系统等，针对各系统设备选型、实际运行和控制存在的不合理现象，提出针对性改进建议。

5.3 三级能源审计

5.3.1 审计单位可根据被审计单位的实际情况按需开展三级能源审计，挖掘建筑能耗问题，有针对性地对建筑用能系统或围护结构热工性能开展专项检测。专项性能检测的目的在于进一步掌握被审计单位的能源使用情况,发现能耗存在的问题。

对相关设备进行性能检测时,可参考的相关标准如下:

1)《采暖通风与空气调节工程检测技术规程》JGJ/T 260

2)《通风与空调工程施工质量验收规范》GB 50243

3)《建筑节能工程施工质量验收规范》GB 50411

4)《建筑节能工程施工质量验收规程》DGJ 08－113

5)《水泵流量的测量方法》GB/T 3214

6)《交流电器传动机(泵类、空气压缩机)系统经济运行通则》GB/T 13466

7)《照明测量方法》GB/T 5700

8)《组合式空调机组》GB/T 14294

三级能源审计时,节能量可以通过模拟、测试分析或其他合理的方法进行测算,可参考的相关标准如下:

1)《节能量测量和验证实施指南》GB/T 32045

2)《节能量测量和验证技术要求　照明系统》GB/T 31348

3)《节能量测量和验证技术要求　中央空调系统》GB/T 31349

4)《建筑改造项目节能量核定标准》DG/TJ 08－2244

5)《公共建筑节能改造节能量核定导则》建办科函〔2017〕510 号

5.3.2　制冷机组等性能检测,如果制冷机组检测工况偏离标准工况较大时,需要换算至标准工况。空调箱性能检测的参数包括空调箱风量及风压测试。测试现场条件具备情况下,如果为新风空调箱,则测其总风量;如果为组合空调机组,则测其新风量和回风量。

6 审计方法

6.1 建筑面积

6.1.1 本条规定了建筑面积主要数据来源与计算方法，可参考建筑竣工图等竣工资料确定。

6.1.2 建筑不同功能区的用能特征存在较大差异，为便于用能统计和分析，除统计总建筑面积外，还应分别统计不同功能区的建筑面积。按照建筑不同功能区，可将总建筑面积拆分为办公区面积、商场区面积（包括百货、餐饮、超市等）、宾馆餐饮区面积、文化教育区面积、医疗卫生区面积、地下车库面积、设备层面积、特殊功能区面积以及其他功能区面积，以上各功能区面积之和应等于总建筑面积。

6.2 建筑总能耗

6.2.1 本条规定了建筑总能耗数据来源。

6.2.2 目前我国各类能源折算成标准煤的折算系数存在一定差异，且随着技术的进步，电力折标准煤的折算系数也会不断更新。为便于统一分析和评价，本条规定各类能源折算成标准煤的折算系数以上海市统计局当年公布的数据为准。

6.3 建筑分项能耗

6.3.1 本条列出了建筑分项能耗计算数据的来源。

6.3.2 本条对建筑分项能耗的基本计算方法进行了规定。建筑总能耗应为建筑实际运行中各分项能耗之和，为全面把握各分项能耗占比，便于节能诊断分析，建筑总能耗应按照主要用能环节分为暖通空调系统能耗、照明系统能耗、室内用能设备系统能耗、动力系统能耗、生活热水系统能耗及其他能耗。

1 分项计量数据的校验可根据分项计量装置量程范围进行检验。凡超出计量装置量程范围采集到的读数属于无效数据，应予以剔除；也可根据计量回路负载额定容量进行检验，凡超出所计量回路负载额定容量的采集读数属于无效数据，应予以剔除。

分项计量数据缺失时，可采用一维插值方法补全缺失数据，或采用相同室内外工况下的数据进行补充。

2 对比分项计量全年数据（主要是变压器低压侧数据）与账单全年数据，按照公式（1）计算分项计量数据与账单数据之间的相对误差绝对值。若相对误差绝对值大于15%，则应对分项计量数据重新进行校验。

$$E_r=\frac{D_{\text{sub-metering}}-D_{\text{electric-bill}}}{D_{\text{electric-bill}}}\times 100\% \tag{1}$$

式中：E_r——分项计量数据与电力账单数据之间的相对误差；

$D_{\text{sub-metering}}$——分项计量全年累计数据（kW·h）；

$D_{\text{electric-bill}}$——电力账单全年累计数据（kW·h）。

6.3.3 针对建筑无分项计量系统时，通过设备铭牌参数、运行记录、主要支路的现场实测能耗等信息来测算分项能耗，以下几种情况需要注意：

1 若建筑内变压器型号老旧、功耗较大，应对变压器功耗进行单独核算。

2 医院等发电机油耗较大的特殊建筑，应对发电机组油耗进行单独核算。

3 本条中典型工作日的概念是指被审计建筑正常运行的一天，节假日、节能改造期间、室内装修期间等不属于典型工作日的范围。

6.4 暖通空调系统能耗

6.4.1～6.4.5 在无法根据分项计量与变配电系统运行记录得到暖通空调系统能耗时，应采用第 6.4.1～6.4.5 条所列方法计算。根据暖通空调系统运行特点，其能耗拆分方法按不同设备区分，审计单位可根据实际情况选择适合方法。

6.4.1 本条对空调冷热源能耗测算方法进行了规定，在实际操作过程中，需要注意以下事项：

1 电驱动冷热源设备能耗测算。

电驱动冷热源设备，如离心式冷水机组、螺杆式冷水机组、活塞式冷水机组、风冷热泵机组、电锅炉等。电驱动冷热源设备有运行记录数据的，应根据设备典型年全年的运行记录，获得设备实际运行电流、电压、功率因数、运行台数和运行时间等参数的历史记录，测算得到冷热源全年的实际运行能耗；对于运行记录不全或无运行记录的，可通过设备额定功率或现场实测校核设备额定功率，再根据现场调研得到的设备运行时间、设备平均负载率等信息测算得到运行总能耗。

若电驱动冷热源设备的功率因数无运行记录，则可通过实测获得；在电驱动冷热源设备负载率大于 80％时，其功率因数可按 0.9 取。

根据运行记录，电驱动冷热源设备逐月的运行能耗可按以下简化方法统计：

按每月每隔 4 天统计冷热源设备全年逐时运行功率，即每个月仅统计 1 号、5 号、9 号、13 号、17 号、21 号、25 号、29 号这 8 天的冷热源设备逐时功率，并将这 8 天的冷热源设备日平均能耗作为该月冷热源设备的日平均能耗数据。

2 燃气、燃油或蒸汽驱动的冷热源设备能耗测算。

燃气、燃油或蒸汽驱动的冷热源设备，如直燃型机组、蒸汽吸收型机组、燃油或燃气锅炉等。

若冷热源设备和生活热水系统采用同一热源时，应对冷热源设备能耗与生活热水能耗进行拆分。可将建筑全年燃料消耗最低的2个月的月平均燃料消耗量视为建筑全年平均每月生活热水的燃料消耗量，剩余燃料消耗则视为冷热源设备的燃料消耗量。

拆分依据为热源设备运行记录、燃料费账单、热量表读数、供暖水泵供回水温度及流量、生活热水水泵供回水温度及流量等。

3 当建筑内冷热源来自集中区域供冷/热系统时，如建筑有冷热量计量表，则读取冷热量计量表读数，并根据集中冷热源的系统效率折算该建筑所消耗的冷热源能耗；如建筑内无冷热量计量表，则需要对冷热量进行现场实测，并根据集中冷热源的系统效率折算该建筑所消耗的冷热源能耗。

4 采用分布式冷热电能源系统供能的建筑，能耗计算方法参考现行国家标准《分布式冷热电能源系统的节能率　第1部分：化石能源驱动系统》GB/T 33757.1。

6.4.2 变频水泵能耗测算时，可选取几个典型频率进行实测，根据公式(6.4.2-2)计算典型频率下变频水泵的能耗，然后根据变频水泵全年频率分布情况进行加权平均，测算变频水泵全年运行总能耗。

若水泵功率因数无运行记录，则可通过实测获得；在水泵负载率大于80%时，其功率因数可按0.9取。

6.4.3 风机盘管能耗测算时，风机盘管可按高、中、低三档风速统计典型工况下的运行功率和运行时间。

6.4.4 冷却塔能耗测算时，冷却塔典型运行工况可按开风机、不开风机和部分开风机进行统计。

6.4.5 对于变频空调器能耗测算，可根据实际情况需要，选取典型工况进行测试。基于测试结果，对变频空调器全年运行总能耗进行测算。

6.5 照明、室内用能设备、动力及生活热水系统能耗

6.5.1～6.5.4 照明灯具、室内用能设备系统能耗测算，可调研单台设备额定功率、设备数量、每天运行时间和全年运行天数，进而测算获得耗能设备全年总能耗。

6.5.3 电梯能耗测算依据现行国家标准《电梯技术条件》GB/T 10058 中的计算方法，按照公式(2)计算：

$$E=(K_1\times K_2\times K_3\times H\times F\times P)/(V\times 3600)+E_s \qquad (2)$$

式中：E——电梯使用一年的能耗(kW·h/年)；

K_1——驱动系统系数；

$K_1=1.6$(交流调压调速驱动系统时)

$K_1=1.0$(VVVF 驱动系统时)

$K_1=0.6$(带能量反馈的 VVVF 驱动系统时)

K_2——平均运行距离系数；

$K_2=1.0$(2 层时)

$K_2=0.5$(单台或 2 台电梯并联并且多于 2 层时)

$K_2=0.3$(3 台及 3 台以上电梯群控时)

K_3——轿内平均载荷系数，$K_3=0.35$；

H——最大运行距离(m)；

F——年启动次数，一般在 100000 到 300000 之间；

P——电梯的额定功率(kW)；

V——额定速度(m/s)；

E_s——一年内待机总能耗(kW·h/年)。

6.6 建筑分项能耗平衡检验

6.6.2 分项能耗和总能耗的偏离率表示各分项能耗之和与总能耗的差值绝对值，数值15%参考了住房和城乡建设部《公共建筑能源审计导则》（建办科〔2016〕65号）的规定。

7 审计报告

7.0.1～7.0.3 规定了一级、二级和三级能源审计报告内容的不同要求。审计报告是能源审计工作的重要部分，是审计单位对审计委托方的工作交付。

7.0.5 重要资料包括室内环境和专项检测报告、主要设备台账清单、能源分摊和转供协议等。

上海市工程建设规范

城市轨道交通乘客信息系统技术标准

Technical standard for passenger information system of urban rail transit

DG/TJ 08－2313－2020

J 15031－2020

主编单位:上海申通地铁集团有限公司

批准部门:上海市住房和城乡建设管理委员会

施行日期:2020 年 7 月 1 日

同济大学出版社

2020 上海

图书在版编目(CIP)数据

城市轨道交通乘客信息系统技术标准/上海申通地铁集团有限公司主编. --上海:同济大学出版社,2020.6

ISBN 978-7-5608-9201-6

Ⅰ. ①城… Ⅱ. ①上… Ⅲ. ①城市铁路－轨道交通－旅客－信息系统－技术标准－上海 Ⅳ. ①U239.5-65

中国版本图书馆 CIP 数据核字(2020)第 036770 号

城市轨道交通乘客信息系统技术标准

上海申通地铁集团有限公司　主编

策划编辑　张平官

责任编辑　朱　勇

责任校对　徐春莲

封面设计　陈益平

出版发行　同济大学出版社　www.tongjipress.com.cn

(地址:上海市四平路 1239 号　邮编:200092　电话:021－65985622)

经　　销　全国各地新华书店

印　　刷　浦江求真印务有限公司

开　　本　889mm×1194mm　1/32

印　　张　1.5

字　　数　40000

版　　次　2020 年 6 月第 1 版　　2020 年 6 月第 1 次印刷

书　　号　ISBN 978-7-5608-9201-6

定　　价　15.00 元

上海市住房和城乡建设管理委员会文件

沪建标定〔2020〕38 号

上海市住房和城乡建设管理委员会关于批准《城市轨道交通乘客信息系统技术标准》为上海市工程建设规范的通知

各有关单位：

由上海申通地铁集团有限公司主编的《城市轨道交通乘客信息系统技术标准》，经我委审核，现批准为上海市工程建设规范，统一编号 DG/TJ 08－2313－2020，自 2020 年 7 月 1 日起实施。

本规范由上海市住房和城乡建设管理委员会负责管理，上海申通地铁集团有限公司负责解释。

特此通知。

上海市住房和城乡建设管理委员会

二〇二〇年一月十七日

前　言

本标准是根据上海市城乡建设和管理委员会《关于印发〈2015年上海市工程建设规范编制计划〉的通知》(沪建管〔2014〕966号)的要求,由上海申通地铁集团有限公司等单位共同编制完成的。

标准编制组基于国家标准《地铁设计规范》GB 50157－2013为编制依据,结合上海城市轨道交通网络化乘客信息系统建设指导意见(STB/TX－010005－2011),开展了相关调研,总结了上海轨道交通多年来在乘客信息系统工程建设、运营维护管理中积累的丰富经验,结合多年来相关科研成果和系统网络化建设管理的特点,并广泛征求意见,修订形成了本标准。

本标准的主要内容有:总则、术语、系统组成、系统设置、系统功能、系统接口、系统性能、其他。

各单位及相关人员在执行本标准过程中,如有意见和建议,请反馈至上海申通地铁集团有限公司(地址:上海市桂林路909号;邮编:201103),或上海市建筑建材业市场管理总站(地址:上海市小木桥路683号;邮编:200032;E-mail:bzglk@zjw.sh.gov.cn),以便今后修订时参考。

主 编 单 位:上海申通地铁集团有限公司

参 编 单 位:中铁上海设计院集团有限公司

上海市隧道工程轨道交通设计研究院

主要起草人:洪　翔　张立东　孙　煜　郑燕燕　李　炜　顾正宜

主要审查人:郑国莘　薛小平　李永利　付　鹏　邹劲柏
阮　文　曹家玉

上海市建筑建材业市场管理总站
2020年1月

目　次

1　总　则 ………………………………………………………… 1
2　术　语 ………………………………………………………… 2
3　系统组成 ……………………………………………………… 4
3.1　系统架构 …………………………………………………… 4
3.2　系统构成 …………………………………………………… 4
4　系统设置 ……………………………………………………… 6
4.1　业务设置 …………………………………………………… 6
4.2　通道设置 …………………………………………………… 6
4.3　设备设置 …………………………………………………… 7
4.4　软件设置 …………………………………………………… 8
5　系统功能 ……………………………………………………… 10
5.1　基本功能 …………………………………………………… 10
5.2　COCC 级系统功能 ………………………………………… 11
5.3　OCC 级系统功能 …………………………………………… 12
5.4　车站级系统功能 …………………………………………… 13
6　系统接口 ……………………………………………………… 14
6.1　COCC 级接口 ……………………………………………… 14
6.2　OCC 级接口 ………………………………………………… 15
6.3　车站级接口 ………………………………………………… 15
7　系统性能 ……………………………………………………… 16
7.1　系统性能要求 ……………………………………………… 16
7.2　可靠性指标 ………………………………………………… 16
7.3　设备硬件要求 ……………………………………………… 16
7.4　兼容性要求 ………………………………………………… 17

8 其 他 …………………………………………………………… 18
本标准用词说明 ………………………………………………… 19
引用标准名录 …………………………………………………… 20
条文说明 ………………………………………………………… 21

Contents

1 General provisions 1
2 Terms 2
3 System compositon 4
3.1 System architecture 4
3.2 System constitution 4
4 System provision 6
4.1 Service provision 6
4.2 Channel provision 6
4.3 Hardware provision 7
4.4 Software provision 8
5 System function 10
5.1 Basic function 10
5.2 COCC function 11
5.3 OCC function 12
5.4 Station function 13
6 System interface 14
6.1 COCC interface 14
6.2 OCC interface 15
6.3 Station interface 15
7 System performance 16
7.1 Basic requirement of system performance 16
7.2 Relability index 16
7.3 Hardware requirements 16
7.4 Compatibility requirements 17

8 Others 18
Explanation of wording in this code 19
List of quoted standards 20
Explanation of provisions 21

1 总 则

1.0.1 城市轨道交通乘客信息系统(简称乘客信息系统)是为轨道交通乘客和运营管理者提供各类信息,提高运营效率和管理水平、改善服务质量的信息服务系统。为统一乘客信息系统的技术标准,特制定本标准。

1.0.2 本标准适用于上海城市轨道交通新建线路乘客信息系统的规划、设计和建设,既有线路的改造、扩建在技术条件相同的情况下可按本标准执行。

1.0.3 乘客信息系统的建设应重视节能减排和环境保护。

1.0.4 乘客信息系统的规划、设计、建设,除应执行本标准外,还应符合国家和本市现行有关标准的规定。

2 术 语

2.0.1 网络化乘客信息系统 Network-Passenger Information System(N-PIS)

面向轨道交通网络化运营和维护管理,以网络化三色状态信息为核心,整合轨道交通内部、外部多种载体、媒体,为市民和轨道交通运营管理、维护保障方面各层次的管理者提供全方位、全覆盖的信息服务系统。

2.0.2 网络运营协调中心 Comprehensive Operation Control Center(COCC)

在轨道交通网络中,负责整个网络级日常运营协调监控与应急指挥工作的所在地。

2.0.3 线路控制中心 Operation Control Center(OCC)

在轨道交通网络中,负责线路级日常运营监控、调度、指挥和管理等工作的所在地。

2.0.4 三色运营状态 Tricolor Operating Status(TOS)

以绿色(运营畅通)、黄色(运营拥挤)、红色(运营中断)表示轨道交通网络运营状态。

2.0.6 自动列车监控 Automatic Train Supervision(ATS)

根据列车时刻表为列车运行自动设定进路、指挥行车、列车运行管理等技术的总称。

2.0.7 网络时间协议 Network Time Protocol(NTP)

用来使计算机时间同步化的一种协议。

2.0.8 地理信息系统 Geographic Information System(GIS)

一种能提供存储、显示、分析地理数据功能的软件。

2.0.9 信息化通信服务平台 IP Multimedia Subsystem(IMS)

建立以软交换技术为核心的统一通信服务平台，整合语音、即时通信、视频会议等多种通信手段，实现轨道交通网多媒体交互的公务通信功能，并有效衔接无线宽带系统的接入。

2.0.10 简易信息聚合 Really Simple Syndication(RSS)

一种基于可扩展标记语言标准，在互联网上被广泛采用的内容包装和投递协议。

3　系统组成

3.1　系统架构

3.1.1　系统应根据轨道交通特点，实现路网级应用、线路级应用。系统应包括路网级核心系统、线路级系统等。

3.1.2　系统架构自上而下，采用“COCC 级－OCC 级－车站级”进行物理分级，实现分层信息处理、发布。

3.1.3　COCC 级与 OCC 级通过网络级信息传输系统进行通信承载；OCC 级与车站级通过线路级信息传输系统进行通信承载。

3.1.4　系统应具有信息收集能力，在 COCC 级、OCC 级系统通过内部和外部接口获得客流、行车、车辆、关键设施设备、票务、地铁电视等的各类数据，综合分析、处理。

3.1.5　系统宜具有多媒体、媒介的信息显示及推送能力，通过车站级的各类显示终端进行主动显示，通过信息查询终端、移动终端等进行被动查询和主动推送。

3.1.6　线路级系统、车站级系统宜与广播系统实现系统融合。

3.2　系统构成

3.2.1　系统应包括 COCC 级系统、OCC 级系统、车站级系统。

3.2.2　COCC 级系统宜包括路网级核心平台、播控子系统、数据管理子系统、处理子系统、接口子系统、网管终端等。

3.2.3　OCC 级系统宜配置中心应用服务器、网管服务器、通信前置服务器、操作员工作站、打印机等设备。车站级系统应配置服务器、播放控制器、工作站及各类显示终端。

3.2.4 各级系统间应通过信息传输系统承载数据交互。

4 系统设置

4.1 业务设置

4.1.1 COCC级系统应完成各类数据的收集处理、编辑、存储和下发、内容审计等工作，并实现对路网所有设备的监控和管理功能。

4.1.2 OCC级系统应完成接收COCC级系统下发的数据，并通过适当处理，转换为本线路的数据，下发至车站级系统。

4.1.3 车站级系统应完成接收OCC级系统下发的数据，经适配后传送至前端显示终端进行显示，及交互式查询终端进行数据查询。

4.2 通道设置

4.2.1 系统应以基于以太网的网络架构为主要通信通道，组成“COCC级—OCC级—车站级”的三层拓扑结构。

4.2.2 COCC级系统与线路OCC级系统间应通过路网级高速数据网承载交互数据，OCC级系统与车站级系统间应通过线路级信息传输系统承载交互数据。

4.2.3 车站级系统的控制设备与各显示、查询终端应采用光纤连接的方式，宜采用星型拓扑结构。

4.3 设备设置

4.3.1 COCC 级系统设备宜包含以下配置：

1 核心平台主要承担各类信息的接收、处理、编辑以及发布功能，宜配置核心服务器、视频流服务器、操作员工作站、播出控制工作站等设备。

2 播控子系统主要承担各类节目的录制、定期直播、应急直播、策划演播、录音等功能，宜配置直播摄录及编辑设备等。

3 数据管理子系统主要承担存储系统运行所产生的数据，宜配置存储服务器、磁盘阵列等设备。

4 处理子系统主要承担对收集数据的过滤、筛选以及处理，应配置各类服务器等设备。

5 媒体编辑子系统主要承担对视频、音频的编辑处理，应配置非线性编辑设备、视音频切换矩阵、编解码设备、视频流服务器、播出预览装置等。

6 广告子系统主要承担广告的编辑、审核及发布功能，宜配置非线性编辑设备、编辑录像机和屏幕编辑预览装置等设备。

7 接口子系统主要承担系统与路网级内部生产系统，以及外部系统的数据传送，宜配置前端处理器等设备。

8 系统应提供系统安全保障，具备信息安全处置能力，宜配置路由网关、防火墙、网闸、入侵检测等设备。

4.3.2 OCC 级系统主要承担接收 COCC 级下发的视音频内容，与线路级行车 ATS 信号的合成与发布，以及线路级人工信息发布等功能。宜配置中心应用服务器、视频流服务器、线路网管服务器、工作站、视音频切换矩阵、视音频编解码器、存储设备等。

4.3.3 车站级系统主要承担接收 OCC 级系统下发的视音频内容，并发布至各类终端。应配置各类播放控制器设备、终端设备。

4.3.4 车站乘客信息显示屏应采用满足地铁环境的设备，应包括：

1 车站每侧站台终端显示设备数量应不大于线路的列车编组数。地下车站宜采用平板显示屏，高架及地面车站宜采用点阵式显示板。

2 可在大型车站的站厅设置终端显示设备，宜设置在自动售票机上方，并可设置多媒体触摸查询设备。

3 宜在换乘车站的换乘通道两端配置 LED 终端显示设备，并合并固定导向牌及其功能。

4 在不影响正常运营的情况下，乘客信息显示的方式可不拘泥于传统的显示方式和显示数量。

4.3.5 COCC 级系统与 OCC 级系统使用的服务器应采用冗余热备。

4.3.6 系统的核心处理设备、播放控制设备及显示终端设备均应支持不低于高清的标准。显示设备应配有远程控制接口，在满足性能要求前提下，选用低功耗产品。

4.3.7 LED 显示板应采用不低于双基色显示模块，应与所处环境相匹配。

4.3.8 安装于室外的终端设备，防护等级应不低于 IP65。

4.4 软件设置

4.4.1 系统软件应采用正版、稳定运行的操作系统。

4.4.2 系统平台应具备安全防护策略与措施，包括防火墙、防病毒软件、数据备份、入侵检测、访问控制策略等。

4.4.3 系统应在中心和车站设置不同级别网络管理软件，可以对系统运行状态实时监视，出现不同等级的故障时会有不同的提示及告警，方便运营维护人员迅速定位故障及排除故障。

4.4.4 系统平台宜具备二次开发的功能，易于扩展升级。

4.4.5 系统宜提供基于网页、推送移动终端平台的信息接口能力。

4.4.6 所有乘客信息显示终端，应具有远程网管功能，具备将故障信息上传至各级网管终端，以及进行远程设备维护管理的功能。

5 系统功能

5.1 基本功能

5.1.1 系统应以全数字的形式实现信息收集、传输、处理、分析、发布和显示的功能。

5.1.2 系统应能收集全路网客流信息、关键设施设备状态信息、紧急状态信息等，经分析处理形成实时的网络运营状态三色信息(TOS)并发布。

5.1.3 系统应通过信息推送方式使乘客、管理者获取多媒体运营信息，并应同时具备多媒体查询的功能。

5.1.4 系统宜具有常态和紧急救灾两种运行模式，紧急救灾模式下应向乘客和其他人员提供快速撤离的提示信息，具有最高等级。

5.1.5 系统应具有自动播出预制节目列表的功能；对于来自外部接口的直播信息，应具有缓存播出功能。

5.1.6 系统应针对所发布的各类信息进行优先级别的定义，并支持优先处理级别较高的数据信息。

5.1.7 系统应具有发布内容审核与统计功能。

5.1.8 系统终端显示设备应具备多区域屏幕分割并单独播出、控制的功能。

5.1.9 系统应具有支持文字、图片、视频、动画等多媒体格式以及高清信号播出的能力。

5.1.10 系统应具有 COCC 级、OCC 级、车站级的人工/自动三级播出控制与管理功能。

5.1.11 系统应具备完善的软件及软件管理功能，宜包括网管功能、设备参数管理、系统设备状态管理、设备维修管理、用户及权限管理、更新管理、安全模式管理、接口管理等。

5.1.12 系统应具备系统安全保障功能：

1 系统应不低于计算机信息系统等级保护二级基本要求，应符合现行国家标准《信息安全技术 信息系统安全等级保护基本要求》GB/T 22239和《信息安全技术 信息系统安全等级保护安全设计技术要求》GB/T 25070的规定。

2 系统应具备单向隔离功能，能实现访问控制、边界完整性检查、入侵防范、恶意代码防范、备份与恢复等功能。

5.1.13 系统应具备信息安全处置功能，包括身份鉴别、访问控制、通信完整性、软件容错和数据备份恢复等功能。

5.2 COCC级系统功能

5.2.1 COCC级系统应具有收集与汇聚信息的功能，数据类型宜包括且不限于：

1 路网的实时客流数据和历史客流数据。

2 路网内关键设施设备、装备的运行状态、维护、维修状态信息。

3 网络首、末班车动态可达信息。

4 各运营线路的服务信息。

5 地铁移动电视信号。

6 重大新闻、灾害、社会事件、公告、实时气象等外部信息。

7 与轨道交通相衔接的航空、水务、地面公交、铁路等公共交通系统的状态信息。

8 其他或有必要的相关信息。

5.2.2 COCC级系统应具有信息中央处理的功能，宜包括且不限于：

1 网络化实时运营状态分析。

2 多源、异构数据的数据融合、建模。

3 与相关决策支持与策略系统的应急联动。

4 支持对地理信息、换乘信息、动态可达信息、票务信息等的查询功能。

5.2.3 COCC级系统应具有信息发布的功能，宜包括且不限于：

1 确定信息发布的内容并向全路网或指定线路进行发布。

2 制定并管理信息发布的规则及策略，包括发布的制式、发布载体、发布方式等。

3 实现对信息发布的内容审核、监控及闭环控制。

4 向轨道交通内部各类媒体进行信息发布，包括通信服务平台、门户网站、移动终端推送平台、客服系统等。

5 向轨道交通外部媒体进行信息发布，包括上海市交通信息中心（或上级主管单位）、交通广播电台、文广电视台、地铁电视台等。

5.2.4 COCC级系统宜具有实时编播、剪辑、演播的功能，包括：

1 轨道交通现场实况。

2 三色运营状态（TOS）媒体流。

3 企业及行业展示信息。

4 公益广告等。

5.2.5 COCC级系统应具有全网数据的管理、存储、检索等功能。

5.3 OCC级系统功能

5.3.1 系统应具有数据收集并上传的功能，包括：

1 线路级运营、行车相关信息。

2 线路级关键设施设备、装备的运行状态、维护、维修状态信息。

3 地铁移动电视信号。

5.3.2 系统应具有线路级信息发布及发布控制功能，包括：

1 系统应能接收 COCC 级下发的信息及播控策略，并转发至各车站。

2 系统应具有信息发布的监控功能，能实现下发信息的预览、发布执行情况的监视和视频节目的管理，并具有汇总本线路车站级系统上传的日志信息的功能。

5.4 车站级系统功能

5.4.1 车站级系统应具有信息发布及发布控制功能，包括：

1 接收 OCC 级系统下发的所有信息及播放列表，并在本站的显示终端进行信息发布。

2 管理车站级播放控制设备、显示终端设备、查询设备等。

3 具有完整的日志记录并上传至 OCC 级系统的功能。

5.4.2 车站级系统应具有紧急信息编辑及发布功能。

5.4.3 车站级系统应具有与广播系统联动的功能。

5.4.4 车站级系统显示终端应实现多区域屏幕分割并独立播出、控制的功能，在不同的显示终端可显示不同的播放内容。

6 系统接口

6.1 COCC 级接口

6.1.1 COCC 级系统应设置与轨道交通内部相关专业的接口，包括：

1 与票务清分的接口，以获取各线路实时的进、出站客流数据及历史数据。

2 与设施、设备安监平台的接口，以获取路网级关键设施、设备的运行、维护、维修状态等数据。

3 与网络中心时间同步系统的接口，以 NTP 协议获取标准时间信息。

4 与信号系统的接口，以获取路网内各线路列车运行的时刻信息。

5 与信息化通信服务平台的接口，以实现相关信息的发布。

6.1.2 COCC 级系统应与轨道交通网络级信息传输系统建立接口，实现 COCC 级系统与 OCC 级系统间的数据交互，包括：

1 COCC 级系统向全网络或指定线路的 OCC 级系统发布 TOS 信息、系统设备状态信息、首末班车时间信息、网络动态可达信息、网络票价信息、GIS 信息、客服管理信息、维修状态信息等。

2 OCC 级系统向 COCC 级系统上传线路级收集数据、线路级设备监控信息、发布预览信息、人工录入信息、查询信息等。

6.1.3 COCC 级系统应设置相关外部接口，实现与上海市交通信息中心、交通广播电台、电视台、地铁移动电视、门户网站等外部信息源的数据交互。

6.2 OCC 级接口

6.2.1 OCC 级系统应建立与网络级信息传输系统的接口，实现与 COCC 级系统的数据交互。

6.2.2 OCC 级系统应建立与线路级信息传输系统的接口，实现与车站级系统间的数据交互。

6.2.3 OCC 级系统应建立与网络中心时间同步系统的接口，获取标准时间信息。

6.2.4 OCC 级系统应建立与信号系统的接口，获取本线路列车运行时刻信息。

6.2.5 对于设有综合监控系统的线路，应建立与综合监控系统的接口，以获取列车运行时刻信息，以及本线路关键设施、设备的运行、维护、维修状态信息。同时应将本系统的设备状态、故障报警信息等上传至综合监控系统。

6.2.6 OCC 级系统应建立与地铁移动电视的接口，接收地铁电视音、视频信号，并在车站显示终端上播放。

6.3 车站级接口

6.3.1 车站级系统应设置与传输系统、广播系统和综合监控系统等地铁内部专业接口。

6.3.2 车站级系统应建立与线路级信息传输系统的接口，实现与 OCC 级系统的数据交互。

6.3.3 车站级系统宜建立与车站火灾报警系统的接口(或通过广播系统转发)接收紧急状态下的触发信息，并实现紧急信息的播放。

6.3.4 对于设有综合监控系统的线路，车站级系统应建立与综合监控系统的接口，并保证在自身完整性和独立性的基础上，实现将系统的操作界面集成在综合监控系统中。

7 系统性能

7.1 系统性能要求

7.1.1 系统接受控制命令的响应时间满足如下要求：

1 中心操作工作站响应操作人员操作：不大于0.2s。

2 信息发布到显示终端：实时方式不大于0.5s。

3 直播视频的延迟时间：0～15min可调。

7.1.2 正常运行状态下，车站信息显示终端的到站时间误差率不应大于20s。

7.2 可靠性指标

7.2.1 系统关键设备的平均无故障时间不应低于13000h。

7.2.2 系统关键设备的平均修复时间不应超过0.5h。

7.2.3 系统可用率不应低于99.9%。

7.2.4 显示终端平均无故障时间不应低于50000h。

7.3 设备硬件要求

7.3.1 LED显示屏应具备一定的扩展性。LED显示屏应与LED显示控制器配合，可以显示图片、文本等信息。

7.3.2 LCD/LED播放控制器应采用工业控制用计算机。可适配多种形式的输出接口，包括光口、HDMI、SDI、DVI等，应符合所控制LCD显示屏的最佳分辨率要求。

7.3.3 直播数字电视编码器应配置高清码流。宽高比4∶3和

16∶9 可选，接口应可以支持 HDMI 或者 CVBS。

7.3.4 核心服务器应采用主备方式，主、备核心服务器上运行系统数据库，保存系统配置信息、用户信息、播表信息、系统日志等。主、备核心服务器切换应稳定、有效、快速，同时不影响系统的正常运作。

7.4 兼容性要求

7.4.1 系统建设应按照数字视频的标准建设，从编码器、播控设备到中间的传输链路，以及最终的显示终端设备，应以不低于数字高清信号的支持，后期仅需增加节目源就可以实现高清信号的播出。

7.4.2 多媒体控制器应采用独立设计，完全兼容 LCD、双基色 LED、全彩色 LED 等多种屏幕，通过系统升级扩容可以支持多种主流多媒体播放设备。

7.4.3 系统应具有播控扩展能力，系统网管可实现对新接入设备的监控管理。

7.4.4 显示终端应采用 HDMI、DVI、OPS 等标准数字接口。

8 其 他

8.0.1 系统核心控制设备由通信电源系统用电，并经由 UPS；终端设备宜采用 UPS 供电。

8.0.2 系统应采用综合接地，与专用通信系统合用接地箱；接地电阻不大于 1Ω；同时现场设备及机柜均应接地。

8.0.3 系统的信号线与电源线不应共用电缆，也不应敷设在同一根金属套管内。

8.0.4 系统布线应考虑周围环境电磁干扰的影响。采用屏蔽布线系统时，应保持系统中屏蔽层的连续性，以满足系统接地的可靠性。其电缆屏蔽层宜采用一点接地。

8.0.5 数据线应采用无卤、低烟的阻燃屏蔽电缆。

本标准用词说明

1 为便于在执行本标准条文时区别对待，对要求严格程度不同的用词说明如下：

1）表示很严格，非这样做不可的用词：

正面词"必须"；

反面词采用"严禁"。

2）表示严格，在正常情况下均应这样做的用词：

正面词采用"应"；

反面词采用"不应"或"不得"。

3）表示允许稍有选择，在条件许可时首先应这样做的用词：

正面词采用"宜"；

反面词采用"不宜"。

4）表示有选择，在一定条件下可以这样做的用词，采用"可"。

2 本标准中指明应按其他有关标准、规范执行的写法为"应符合……的规定（或要求）"或"应按……执行"。

引用标准名录

1 《地铁设计规范》GB 50157

2 《信息安全技术　信息系统安全等级保护基本要求》GB/T 22239

3 《信息安全技术　信息系统安全等级保护安全设计技术要求》GB/T 25070

4 《电磁兼容》GB/T 17626

5 《城市轨道交通设计规范》DG/TJ 08－109

上海市工程建设规范

城市轨道交通乘客信息系统技术标准

DG/TJ 08－2313－2020

J 15031－2020

条文说明

2020　上海

目　次

1　总　则 ………………………………………………………… 25
3　系统组成 ……………………………………………………… 26
3.1　系统架构 …………………………………………………… 26
3.2　系统构成 …………………………………………………… 26
4　系统设置 ……………………………………………………… 27
4.1　业务设置 …………………………………………………… 27
4.3　设备设置 …………………………………………………… 27
4.4　软件设置 …………………………………………………… 28
5　系统功能 ……………………………………………………… 29
5.1　基本功能 …………………………………………………… 29
5.2　COCC 级系统功能 ………………………………………… 31
5.3　OCC 级系统功能 …………………………………………… 32
5.4　车站级系统功能 …………………………………………… 32
6　系统接口 ……………………………………………………… 34
6.1　COCC 级接口 ……………………………………………… 34
6.2　OCC 级接口 ………………………………………………… 34
6.3　车站级接口 ………………………………………………… 34
7　系统性能 ……………………………………………………… 36
7.4　兼容性要求 ………………………………………………… 36

Contents

1 General provisions 25
3 System compositon 26
3.1 System architecture 26
3.2 System constitution 26
4 System provision 27
4.1 Service provision 27
4.3 Hardware provision 27
4.4 Software provision 28
5 System function 29
5.1 Basic function 29
5.2 COCC function 31
5.3 OCC function 32
5.4 Station function 32
6 System interface 34
6.1 COCC interface 34
6.2 OCC interface 34
6.3 Station interface 34
7 System performance 36
7.4 Compatibility requirements 36

1 总　则

1.0.1 N-PIS 作为轨道交通网络化运营的系统设施，是迅速、准确地向轨道交通管理者和乘客传递信息的有效工具。基于网络化运营，对既有线路乘客信息系统进行整合、提升和优化。

3 系统组成

3.1 系统架构

3.1.6 乘客信息系统与广播系统宜实现系统融合是指业务上与系统上的融合。业务上，融合广播语音播报所涉及的音频信息与乘客信息系统所涉及的视频信息融合为统一的播报列表，为播报操作提供统一的信息源；同时，融合广播系统和乘客信息系统的系统处理及控制功能，达到音视频信息内容一致、播报控制与操作的统一。

3.2 系统构成

3.2.4 信息传输系统是乘客信息系统的信息传递工具，本标准仅作系统完整性描述，其技术标准、建设模式本标准不作硬性规定和要求。信息传输系统宜包括网络级信息传输系统、线路级信息传输系统、车地无线系统等。

4 系统设置

4.1 业务设置

4.1.2 适当处理指的是将通用化信息进行格式转换，适配本线路的显示标准。

4.3 设备设置

4.3.1 COCC级系统设备配置

1 核心平台的信息接收、编辑、处理、分析等功能，系统上可与轨道交通其他系统进行融合。

2 条件成熟时，可以考虑设置统一编播中心。编播中心统一制定联网运行有关的制度、规则和流程，包括运营模式、信息发布规则、用户权限管理规则及广告管理规则。编播中心提供联网运行的对外信息接口。负责实现媒体素材信息的统一输入、存储、转换、制作、编辑、审核及发布功能；实现播表和版式的统一编辑、存储、预览、审核及发布功能；实现节目直播的延迟播出功能；实现全路网播出时段、播出素材名称及播出区域的统计功能；实现编播中心与各线路播控中心间接口通信状态的监视功能。

4.3.2 若线路的综合监控系统（或类似的集成平台）集成本系统操作工作站的功能，可不单设操作工作站。

4.3.4 车站终端设备

1 显示设备，每侧站台的显示屏数量宜与列车车厢数量相适应，以保证乘客有足够的信息接收面，高架车站应充分考虑室外光线强度及外部设备使用环境。

2　设于售票机上方，可向乘客提供实时路网信息、线网票价信息、线网首末班车时间以及紧急人工发布信息。

3　显示终端应能显示外部主要地理信息，以及车站内部客流状况。多媒体触摸查询设备宜设置在外来导入客流较大的车站，如机场、火车站、长途汽车站、游轮码头等附近的车站，由于这些客源存在对本地交通不够熟悉的特点，因此可通过查询设备来检索更加详细的信息。

4.3.8　平板显示屏背光源可采用发光效率较高的产品；远程控制接口可提供定时开关机功能，提倡环保节能。

4.4　软件设置

4.4.5　系统应基于开放式的协议，方便其他系统接口的输入及信息的输出，如 Webservice、RSS 等。

5 系统功能

5.1 基本功能

5.1.2 全路网实时运营状态信息应包括车站实时客流数据、在线列车的实时运行数据、在线运营车辆的实时客流数据、关键设施设备的运营状态信息、动态可达信息等的整合；宜包含设备维修管理信息、其他交通运输方式实时运行信息、气象信息等。

5.1.3 系统应采用符合人体工程学、易于为大多数乘客所接受的多媒体形式主动播报。为满足乘客对地铁及相关信息的不同需求，也应设置查询机，系统能被动地接受乘客的咨询和查询。

5.1.6 系统应能设置信息的优先级别，对信息的传输、内容显示、媒体播放等进行优先传输和优先显示。具体表现为：

1 系统支持数据传送优先级别定义，对定义级别高的数据优先处理。

2 系统内部显示信息具备不同的优先级属性，当各种信息在同一时间、同一个显示设备、同一区域需要显示时，高优先级的信息能够取代低优先级的信息优先显示在屏幕上；同级别的信息按照“先进先出”的原则进行显示（最高优先级除外）。

5.1.7 审核功能应包括对预存信息的审核，以及临时发布信息的审核。系统应具备对发布内容进行审核的功能，经审核人员确认后方可发布。审核的发布内容应遵守国家法律法规，不得发布与运营信息无关的以下内容：

1 违反我国宪法所规定的基本原则的。

2 危害国家安全、泄露国家机密、颠覆国家政权、破坏国家统一的。

3 损害国家或集体荣誉和利益的。

4 煽动民族仇恨、民族歧视，破坏民族团结的。

5 破坏国家宗教政策，宣扬邪教和封建迷信的。

6 散布谣言，扰乱社会秩序，破坏社会稳定以及地铁正常业务的。

7 散布淫秽、色情、赌博、暴力、凶杀、恐怖或者教唆犯罪的。

8 侮辱或者诽谤他人，侵害他人合法权益的。

9 含法律、行政法规禁止的其他内容的。

5.1.8 系统部分终端显示设备需要同屏显示多重信息，应对显示设备划分固定的显示区域，这样可以保证地铁乘客的观察习惯性和延续性，并保证乘客能够快速选定所需要的信息。划分的区域应考虑独立控制和单独的播放列表，这样能够实现不同区域的独立更新。

5.1.11 系统软件功能宜包括网管功能、客服支持功能、设备参数管理功能、系统设备状态管理功能、设备维修管理功能、用户及权限管理功能、更新管理功能、安全模式管理功能等。

5.1.12 系统安全保障功能具体定义如下：

1 访问控制：应能根据业务访问需求建立访问控制列表，并对违反访问控制策略的行为进行记录，应能对重要网段采取技术手段防止地址欺骗。

2 边界完整性检查：应能实现允许唯一网络出口的功能，提供对非授权设备私自联到内部网络或内部网络用户私自联到外部网络的行为进行检查、定位和阻断功能。

3 入侵防范：应能监视以下攻击行为——端口扫描、强力攻击、木马后门攻击、拒绝服务攻击、缓冲区溢出攻击、IP 碎片攻击和网络蠕虫攻击等，并对攻击行为进行记录和报警。

4 恶意代码防范：应能提供对恶意代码进行防范的能力，并配套完成恶意代码更新。

5 备份与恢复：应能提供设备配置以及日志信息、鉴别信息等重要信息的本地和异地备份功能。

5.1.13 系统信息安全处置功能具体功能定义如下：

1 身份鉴别：应能提供专用的登陆控制模块对登陆用户进行身份表示和鉴别和登陆失败处理功能。

2 访问控制：应能提供访问控制功能控制用户组/用户对系统功能和用户数据的访问以及由授权主体配置访问控制策略的功能。

3 通信完整性：宜采用约定通信会话方式的方法保证通信过程中数据的完整性。

4 软件容错：应能提供数据有效性检验功能，保证通过人机接口输入或通过通信接口输入的数据格式和长度符合系统设定要求。

5 数据备份恢复：应能提供重要信息备份和恢复的功能。

5.2 COCC 级系统功能

5.2.1 路网的实时客流数据宜包含车辆称重数据；COCC 级系统收集汇聚的其他交通运输系统的运行信息宜包括地面公交运营信息、铁路运行信息、航空运行信息、水运运行信息等。

5.2.2 信息中央处理功能是 N-PIS 的运作核心，对各类信息、数据进行编辑和处理，辅助 COCC 决策。信息中央处理功能从逻辑上宜分为系统分析、数据聚类、决策支持及策略管理功能。

1 系统分析：对所收集、汇聚的源数据以及历史数据进行分析及有效处理，并进行着色计算，形成轨道交通网络运营基本状态信息。

2 数据聚类：对所收集、汇聚的原始数据以及经系统分析的结果数据进行归类，形成基础性的数据聚类，供全路网各级 N-PIS 所使用。

3 决策支持及策略管理：对收集、汇聚的数据及数据分析的结果数据进行深入数据挖掘，并形成各类状态预测（如客流预测、网络运营运行状态预测及其对车站、线路的相关性影响等），辅助COCC应急处置决策，并与COCC运营管理的各类网络化处置预案、决策相适应。

4 系统可查询的信息宜包括运营状态信息、网络动态可达信息、票务信息、地理信息、换乘信息、商铺信息、时间信息、紧急信息等。

5.3 OCC级系统功能

5.3.3 OCC级系统紧急信息的发布有三种：

1 具备有OCC操作人员即时编辑并发布文本信息，在全线或相关车站/载的显示终端全屏播放的能力。

2 由综合监控系统紧急触发，在显示终端全屏播放预制紧急信息。

3 由OCC操作员通过操作工作站人工触发，在显示终端全屏播放预制紧急信息。

5.4 车站级系统功能

5.4.2 车站级系统应支持紧急信息发布功能，分为四类：

1 接收车站综合监控系统（或广播系统）的紧急触发，并在所有显示终端全屏播放预制紧急信息。

2 由车站操作员通过操作员工作站人工触发，并在所有显示终端全屏播放预制紧急信息。

3 由车站操作人员即时编辑并发布文本信息，在所有显示终端全屏播放。

4 接收OCC下发的紧急信息，并在所有显示终端全屏播放。

5.4.3 车站级系统应能通过与广播系统的接口,实现以下功能:

1 自动接收车站值班员通过广播控制盒按键发出的预制指令,使紧急信息显示的内容和广播内容相同。

2 在广播系统进行广播时,系统的 LCD 显示屏需降低或关闭声音,待广播系统播音结束后,再恢复系统终端的正常音量。

6 系统接口

6.1 COCC 级接口

6.1.1 COCC 级系统主要负责收集处理并发布路网运营状态相关信息、公共信息、电视节目和广告等内容。本条规定了与所需发布内容相关的系统应与乘客信息系统设置接口。系统应至少与传输、时间、信号、自动售检票和综合监控系统设置接口，以保证地铁内部相关信息的发布。COCC 级系统与其他系统的接口宜采用 TCP/IP 方式。

6.2 OCC 级接口

6.2.1 OCC 级系统主要负责收集、转发路网运营状态相关信息、公共信息、电视节目和广告等内容。

6.2.5 本条规定了与所需发布内容相关的系统应与乘客信息系统设置接口。系统应至少与传输、时间、信号、综合监控、车地无线系统设置接口，以保证地铁内部相关信息的发布。OCC 级系统与其他系统的接口宜采用 TCP/IP 方式。

6.3 车站级接口

6.3.1 车站级系统主要负责接收并发布路网运营状态相关信息、公共信息、电视节目和广告等内容。本条规定了与所需发布内容相关的系统应与乘客信息系统设置接口。系统应至少与传输、广播和综合监控系统设置接口，以保证地铁内部相关信息的发布及紧急信息的同步。OCC级系统与传输和综合监控系统的接口宜采用TCP/IP方式，与广播系统的接口宜采用串口方式。

7 系统性能

7.4 兼容性要求

7.4.1 高清信号指分辨率不低于 1920×1080 的 25 帧/s 逐行扫描的数字视频图像。

上海市工程建设规范

钢桥面铺装工程应用技术标准

Technical standard for application of pavement on steel deck bridge

DG/TJ 08—2353—2020

J 15742—2021

主编单位：上海市市政规划设计研究院有限公司
批准部门：上海市住房和城乡建设管理委员会
施行日期：2021 年 9 月 1 日

同济大学出版社

2021　上海

图书在版编目(CIP)数据

钢桥面铺装工程应用技术标准 / 上海市市政规划设计研究院有限公司主编. —上海：同济大学出版社，2021.8

ISBN 978-7-5608-9717-2

Ⅰ. ①钢… Ⅱ. ①上… Ⅲ. ①钢面板-桥面铺装-技术标准 Ⅳ. ①U443.33

中国版本图书馆 CIP 数据核字(2021)第 127092 号

钢桥面铺装工程应用技术标准

上海市市政规划设计研究院有限公司 **主编**

策划编辑 张平官
责任编辑 朱 勇
责任校对 徐春莲
封面设计 陈益平

出版发行 同济大学出版社 www.tongjipress.com.cn
(地址：上海市四平路 1239 号 邮编：200092 电话：021－65985622)
经　　销 全国各地新华书店
印　　刷 浦江求真印务有限公司
开　　本 889mm×1194mm 1/32
印　　张 4
字　　数 110 000
版　　次 2021 年 8 月第 1 版 2021 年 8 月第 1 次印刷
书　　号 ISBN 978-7-5608-9717-2
定　　价 40.00 元

上海市住房和城乡建设管理委员会文件

沪建标定〔2021〕183 号

上海市住房和城乡建设管理委员会
关于批准《钢桥面铺装工程应用技术标准》
为上海市工程建设规范的通知

各有关单位：

由上海市市政规划设计研究院有限公司主编的《钢桥面铺装工程应用技术标准》，经我委审核，现批准为上海市工程建设规范，统一编号为 DG/TJ 08—2353—2020，自 2021 年 9 月 1 日起实施。

本规范由上海市住房和城乡建设管理委员会负责管理，上海市市政规划设计研究院有限公司负责解释。

特此通知。

上海市住房和城乡建设管理委员会

二〇二一年三月二十九日

前　言

根据上海市住房和城乡建设管理委员会《关于印发2019年上海市工程建设规范、建筑标准设计编制计划的通知》(沪建标定〔2018〕753号)的要求,由上海市市政规划设计研究院有限公司会同有关单位组成的规范编制组经深入调查研究,认真总结大量科研成果和实践经验,并在广泛征求意见的基础上,制定本标准。

本标准共分7章和6个附录,主要内容有:总则、术语和符号、铺装结构设计、材料、混合料、施工、施工质量管理与验收。

各单位及相关人员在执行本标准过程中,如有意见或建议,请反馈至上海市交通委员会(地址:上海市世博村路300号1号楼;邮编:200125;E-mail:shjtbiaozhun@126.com)、上海市市政规划设计研究院有限公司(地址:上海市建国西路609号;邮编:200031;E-mail:496024331@qq.com)、上海市建筑建材业市场管理总站(地址:上海市小木桥路683号;邮编:200032;E-mail:shgcbz@163.com),以供今后修订时参考。

主 编 单 位:上海市市政规划设计研究院有限公司
参 编 单 位:上海城投公路投资(集团)有限公司
上海市政工程设计研究总院(集团)有限公司
上海公路桥梁(集团)有限公司
同济大学
宁波路宝科技实业集团有限公司
主要起草人:过震文　黄国斌　黄少文　刘小方　冀振龙
段昕智　陆青清　陈　磊　刘玉擎　徐　速
何昌轩　孙文州　刘经熠　杨媛媛　向　磊
王　强　乐海淳　曾　源　葛景春　徐　斌

颜爱华　白午龙　王　倩　蔡　明　庄恺琳
王　欢　柴冲冲　吕建华　盛荣荣

主要审查人: 钱寅泉　周　良　李　青　邓青儿　施曙东
王　琼　朱天同

上海市建筑建材业市场管理总站

目　次

1　总　则 …………………………………………………………… 1
2　术语和符号 ………………………………………………………… 2
　2.1　术　语…………………………………………………………… 2
　2.2　符　号…………………………………………………………… 4
3　铺装结构设计 ……………………………………………………… 5
　3.1　一般规定………………………………………………………… 5
　3.2　结构层设计……………………………………………………… 5
　3.3　界面功能层设计………………………………………………… 7
　3.4　组合设计与验证………………………………………………… 9
　3.5　特殊部位及人行、非机动车桥梁铺装方案……………… 12
　3.6　边缘防排水设计 …………………………………………… 13
4　材　料 …………………………………………………………… 14
　4.1　界面功能层材料 …………………………………………… 14
　4.2　沥青混合料原材料 ………………………………………… 20
　4.3　聚氨酯混合料原材料 ……………………………………… 24
　4.4　超高性能混凝土原材料 …………………………………… 25
　4.5　其他材料 …………………………………………………… 26
5　混合料 …………………………………………………………… 28
　5.1　沥青混合料 ………………………………………………… 28
　5.2　聚氨酯混合料 ……………………………………………… 31
　5.3　超高性能混凝土 …………………………………………… 31
6　施　工 …………………………………………………………… 33
　6.1　一般规定 …………………………………………………… 33
　6.2　钢桥面板除锈及防腐层施工 ……………………………… 34

6.3 剪力钉施工 …………………………………………………… 35
6.4 防水黏结层施工 ……………………………………………… 35
6.5 黏层施工 ……………………………………………………… 38
6.6 缓冲层施工 …………………………………………………… 39
6.7 改性沥青混合料施工 ………………………………………… 39
6.8 浇注式沥青混合料施工 ……………………………………… 40
6.9 热拌和温拌环氧沥青混合料施工 …………………………… 41
6.10 冷拌环氧沥青混合料施工…………………………………… 43
6.11 聚氨酯混合料施工…………………………………………… 44
6.12 超高性能混凝土施工………………………………………… 45
7 施工质量管理与验收 ……………………………………………… 48
7.1 施工质量管理 ………………………………………………… 48
7.2 验 收 ………………………………………………………… 56
附录A 超高性能混凝土铺装界面黏结强度试验方法 ……… 59
附录B 超高性能混凝土铺装界面剪切强度试验方法 ……… 63
附录C 超高性能混凝土铺装复合梁疲劳试验方法 ………… 67
附录D 超高性能混凝土铺装边缘构造与排水结构示意图 ………………………………………………………… 70
附录E 超高性能混凝土拌合物中钢纤维体积率的检验方法 ………………………………………………………… 71
附录F 超高性能混凝土抗拉性能试验方法 ………………… 73
本标准用词说明 ……………………………………………………… 78
引用标准名录 ………………………………………………………… 79
条文说明 ……………………………………………………………… 81

Contents

1 General provisions ········· 1
2 Terms and symbols ········· 2
2.1 Terms ········· 2
2.2 Symbols ········· 4
3 Design of paving structures ········· 5
3.1 General rules ········· 5
3.2 Design of pavement structure layer ········· 5
3.3 Design of functional layer ········· 7
3.4 Design and verification of combination schemes ········· 9
3.5 Paving schemes of special parts, footbridges and non-motor bridges ········· 12
3.6 Waterproof and drainage design at edges ········· 13
4 Materials ········· 14
4.1 Original materials of functional layer ········· 14
4.2 Original materials of asphalt mixtures ········· 20
4.3 Original materials of polyurethane mixtures ········· 24
4.4 Original materials of ultra high performance concrete ········· 25
4.5 Other materials ········· 26
5 Mixtures ········· 28
5.1 Asphalt mixtures ········· 28
5.2 Polyurethane mixtures ········· 31
5.3 Ultra high performance concrete ········· 31

6 Construction ······ 33
6.1 General rules ······ 33
6.2 Construction of derusting and anti-corrosion coat on steel deck ······ 34
6.3 Construction of shear studs ······ 35
6.4 Construction of waterproof-bonding layer ······ 35
6.5 Construction of tack coat ······ 38
6.6 Construction of cushioning layer ······ 39
6.7 Construction of modified asphalt mixtures ······ 39
6.8 Construction of gussasphalt ······ 40
6.9 Construction of hot mix and warm mix epoxy asphalt mixtures ······ 41
6.10 Construction of cold mix epoxy asphalt mixtures ······ 43
6.11 Construction of polyurethane mixtures ······ 44
6.12 Construction of ultra high performance concrete ······ 45
7 Quality management of construction and acceptance ······ 48
7.1 Quality management of construction ······ 48
7.2 Acceptance ······ 56
Appendix A Test method for bonding strength of UHPC pavement interface ······ 59
Appendix B Test method for shear strength of UHPC pavement interface ······ 63
Appendix C Test method for composite beam fatigue performance of UHPC pavement ······ 67
Appendix D Diagrams of edge structures and drainage structures of UHPC pavement ······ 70

Appendix E Test method for volume ratio of steel fiber in UHPC mixtures ······························· 71
Appendix F Test method for tensile performance of UHPC ·· 73
Explanation of wording in this standard ······················ 78
List of quoted standards ·· 79
Explanation of provisions ··· 81

1 总 则

1.0.1 为规范和指导本市城镇道路及公路钢桥面铺装工程应用，保障工程质量，提高工程耐久性，按照安全、耐久、适用、环保、经济的原则，制定本标准。

1.0.2 本标准适用于本市城镇道路及公路钢桥面铺装工程的设计、施工及验收。

1.0.3 钢桥面铺装工程的应用，除应符合本标准的规定外，尚应符合国家、行业和本市现行有关标准的规定。

2 术语和符号

2.1 术 语

2.1.1 结构层 pavement structure layer

提供粗糙界面供车辆行走，同时也起到保护钢桥面板作用、具有一定厚度的层次。

2.1.2 界面功能层 functional layer

主要起防腐、防水、黏结等功能作用的层次。一般包括防水黏结层和黏层，根据需要可设置防腐层和缓冲层。

2.1.3 环氧沥青 epoxy asphalt

由环氧树脂、沥青及固化剂按一定比例混合、形成的一种不可逆转的固化物。

2.1.4 环氧树脂黏结剂 epoxy adhesive

由环氧树脂和固化剂等材料组成的起防水、黏结作用的溶液。

2.1.5 溶剂型沥青黏结剂 solvent asphalt adhesive

由可完全挥发溶剂溶解黏结材料形成的具有低黏度、可常温施工的溶液。

2.1.6 聚氨酯黏结剂 polyurethane adhesive

由聚氨酯和固化剂等材料组成的起防水、黏结作用的溶液。

2.1.7 改性沥青砂胶 modified asphalt mastic

由聚合物改性沥青、矿粉和小于 2.36 mm 细集料在高温下混合而成的具有良好流动性的胶浆。

2.1.8 浇注式沥青混合料 gussasphalt

由集料、矿粉和沥青结合料组成、经高温拌和后具有一定流动性、无需碾压的沥青混合料。

2.1.9 环氧沥青混合料 epoxy asphalt mixtures

由环氧沥青与一定级配的集料拌和形成的一种热固性沥青混合料，按照拌和温度可分为热拌环氧沥青混合料、温拌环氧沥青混合料和冷拌环氧沥青混合料。

2.1.10 聚氨酯混合料 polyurethane mixtures

由聚氨酯与一定级配的集料在常温下拌和形成的一种热固性聚合物混合料。

2.1.11 超高性能混凝土 ultra-high performance concrete

由水泥、矿物掺合料、硬质集料、钢纤维和外加剂等材料或由上述材料先制成干混料，加水拌和固化形成的一种具有超高力学性能、高耐久性和高体积稳定性的水泥基复合材料。

2.1.12 聚氨酯混合料铺装 polyurethane mixtures pavement

结构层下层或整个结构层均采用聚氨酯混合料的钢桥面铺装结构。

2.1.13 超高性能混凝土铺装 ultra-high performance concrete pavement

结构层下层或整个结构层均采用超高性能混凝土的钢桥面铺装结构。

2.1.14 抗滑表层 anti-skid surface

由沥青胶结料或树脂胶结料和一定级配碎石混合而成的具有良好的抗滑等路用性能的铺装表面功能薄层，一般用于结构层无法兼具抗滑等路用性能要求的情况。

2.1.15 容留时间 reserved time range

在规定温度条件下，反应性材料性能能够满足技术要求的施工时间范围。

2.2 符　号

GA——浇注式沥青混合料，Gussasphalt；

EA——环氧沥青混合料，Epoxy Asphalt Mixtures；

TLA——天然湖沥青，Trinidad Lake Asphalt；

MMA——甲基丙烯酸甲酯树脂，Methyl Methacrylate Resin；

PU——聚氨酯混合料，Polyurethane Mixtures；

UHPC——超高性能混凝土，Ultra-high Performance Concrete。

3 铺装结构设计

3.1 一般规定

3.1.1 钢桥面铺装结构设计应根据桥梁结构特点、道路等级与交通荷载等因素，结合类似条件的铺装工程经验进行；对于大修工程，还应考虑恒载限制等因素。

3.1.2 钢桥面铺装（不含抗滑表层）的设计使用年限不宜少于15年。聚氨酯混合料铺装中聚氨酯混合料结构层与防水黏结层的设计使用年限不宜少于20年。超高性能混凝土铺装中超高性能混凝土结构层与防水黏结层的设计使用年限不宜少于30年。

3.1.3 钢桥面铺装的交通荷载分级标准应符合现行行业标准《公路沥青路面设计规范》JTG D50的规定。

3.1.4 铺装结构设计应包括结构层设计、界面功能层设计、组合设计与验证、特殊部位设计和边缘防排水设计等部分。

3.2 结构层设计

3.2.1 铺装结构层总厚度（当使用抗滑表层时，还应考虑其厚度）应满足桥梁主体结构设计的恒载要求，结构层单层适宜厚度应根据材料类型分别符合表3.2.1-1的规定，抗滑表层适宜厚度应符合表3.2.1-2的规定。

表 3.2.1-1　结构层单层适宜厚度

材料类型	公称最大粒径(mm)	适宜厚度(mm)
SMA	9.5	35～40
	13.2	40～45
GA	9.5	30～40
	13.2	35～45
EA	4.75	20～30
	9.5	25～35
	13.2	30～40
UHPC	5	45～60
PU	9.5	25～50

表 3.2.1-2　抗滑表层适宜厚度

类型	适宜厚度(mm)
沥青类	15～25
树脂类	3～10

3.2.2　铺装结构层组合方案可按照表 3.2.2 进行选择。

表 3.2.2　铺装结构层组合方案

铺装方案 / 铺装材料	方案 1		方案 2		方案 3		方案 4		方案 5		方案 6		方案 7	方案 8		方案 9
	上层	下层	上层	下层	上层	下层	上层	下层	上层	下层	上层	下层	单层设计	上层	下层	单层设计
SMA	✓	—	—	—	✓	—	—	—	✓	✓	✓	—	—	✓	—	—
GA	—	✓	—	—	—	—	—	✓	—	—	—	—	—	—	—	—
EA	—	—	✓	✓	—	✓	✓	—	—	—	—	—	—	—	—	—
UHPC	—	—	—	—	—	—	—	—	—	—	—	✓	✓	—	—	—
PU	—	—	—	—	—	—	—	—	—	—	—	—	—	—	✓	✓

注:当方案 7 和方案 9 的表面抗滑等路用性能不满足本标准要求时,应在结构层上方设置抗滑表层。

3.2.3 对于超高性能混凝土铺装,宜根据桥型结构特点,在超高性能混凝土结构层高拉应力区域设置横桥向构造断缝,构造断缝高度应与超高性能混凝土层厚度相同,宽度不应大于 20 mm。构造断缝中应填充密封防水材料,其上方宜设置防裂措施,密封防水材料技术要求应符合本标准第 4.5.2 条的规定。

3.2.4 对于超高性能混凝土铺装,在主梁腹板(或局部刚度突变较大的纵隔板)区域,应根据受力需求进行超高性能混凝土结构层局部配筋设计;在其他区域,不宜设置受力钢筋网。

3.3 界面功能层设计

3.3.1 铺装界面功能层应与结构层相匹配,其设置应符合下列规定:

1 应在钢桥面板上设置具备防腐功能的防水黏结层;当防水黏结层不具备防腐功能时,应设置防腐层。

2 结构层层间、抗滑表层与结构层层间宜设置黏层。

3 在防水黏结层与结构层下层之间,有隔热、缓冲荷载、提供施工平台等要求时,应设置缓冲层。

4 对于超高性能混凝土铺装,应在结构层四周边缘及构造断缝附近区域的钢桥面板上设置剪力钉。

3.3.2 铺装界面功能层材料和用量宜按表 3.3.2 选择。

表 3.3.2 界面功能层材料和用量

界面功能层类型	序号	材料名称	材料用量(或厚度[2])[1]
防腐层	1	环氧富锌漆	50 μm～100 μm
	2	丙烯酸防腐漆	0.10 kg/m^2～0.20 kg/m^2
防水黏结层	1	甲基丙烯酸甲酯树脂	2.50 kg/m^2～3.50 kg/m^2
	2	丙烯酸树脂黏结剂	0.15 kg/m^2～0.20 kg/m^2
	3	环氧树脂黏结剂	0.40 kg/m^2～1.60 kg/m^2

续表3.3.2

界面功能层类型	序号	材料名称	材料用量(或厚度[2])[1]
防水黏结层	4	环氧沥青黏结剂	0.65 kg/m^2～0.75 kg/m^2
	5	溶剂型沥青黏结剂	0.20 kg/m^2～0.40 kg/m^2
	6	聚氨酯黏结剂	0.10 kg/m^2～0.20 kg/m^2
缓冲层	1	改性沥青砂胶	3 mm～5 mm
黏层	1	改性乳化沥青	0.30 kg/m^2～0.50 kg/m^2
	2	环氧树脂黏结剂	0.50 kg/m^2～0.60 kg/m^2
	3	环氧沥青黏结剂	0.42 kg/m^2～0.48 kg/m^2
	4	改性沥青	1.00 kg/m^2～1.20 kg/m^2
	5	高黏高弹改性沥青	1.60 kg/m^2～2.00 kg/m^2

注：1. 如同种材料需分多层施工，材料用量(或厚度)指总用量(或总厚度)。
2. 厚度指完全固化后或完全干燥后的厚度。

3.3.3 铺装界面功能层组合方案宜按表 3.3.3-1 和表 3.3.3-2 选择。

表 3.3.3-1 防腐层、防水黏结层和缓冲层组合方案

结构层下层类型	GA		热拌 EA	温拌 EA	冷拌 EA	SMA	UHPC	PU
缓冲层类型	—		—	—	—	改性沥青砂胶	—	—
防水黏结层类型	1. 丙烯酸树脂黏结剂； 2. 甲基丙烯酸甲酯树脂	溶剂型沥青黏结剂	环氧树脂黏结剂	环氧沥青黏结剂	环氧树脂黏结剂，撒碎石	1. 溶剂型沥青黏结剂； 2. 第二层环氧树脂黏结剂，撒碎石； 3. 第一层环氧树脂黏结剂，撒碎石	1. 第二层环氧树脂黏结剂(湿黏结)； 2. 第一层环氧树脂黏结剂，撒碎石	聚氨酯黏结剂
防腐层类型	丙烯酸防腐漆	—	环氧富锌漆		—	环氧富锌漆	—	—

表 3.3.3-2　黏层方案

结构层上层类型	结构层下层类型	可选择的黏层类型
SMA	GA	改性乳化沥青
EA	EA	环氧树脂黏结剂
		环氧沥青黏结剂
SMA	EA	环氧树脂黏结剂
		环氧沥青黏结剂
		改性沥青
EA	GA	环氧树脂黏结剂
		环氧沥青黏结剂
SMA	SMA	改性乳化沥青
SMA	UHPC	高黏高弹改性沥青，加预拌碎石
SMA	PU	改性沥青
		环氧沥青黏结剂
		环氧树脂黏结剂

3.4　组合设计与验证

3.4.1　完成结构层设计和界面功能层设计后，应初拟铺装方案并进行组合设计与验证。

3.4.2　对钢桥面板和铺装的组合刚度应进行验算。对于城镇道路桥梁，应采用现行行业标准《城市桥梁设计规范》CJJ 11 中对应的城-A 级荷载；对于公路桥梁，应采用现行行业标准《公路工程技术标准》JTG B01 中对应的公路-I 级荷载。组合刚度的技术要求应符合表 3.4.2 的规定。

表 3.4.2　钢桥面板和铺装的组合刚度技术要求

指标	单位	技术要求
桥面变形曲率半径	m	≥20
纵向加劲肋肋间相对挠度	mm	≤D/1 000

注：D 为相邻纵向加劲肋中心距离。

3.4.3　正交异性钢桥面顶板厚度小于 14 mm 时，宜采用超高性能混凝土铺装；当采用其他铺装结构时，应采取提高铺装结构层材料性能等技术措施。

3.4.4　对铺装组合结构应进行相关试验验证其高温稳定性能、界面联结性能和疲劳性能。其中，高温稳定性能应符合现行行业标准《公路钢桥面铺装设计与施工技术规范》JTG/T 3364—02 的相关规定（气候分区为夏炎热区），其他应符合本标准第 3.4.5 条和第 3.4.6 条的规定。

3.4.5　铺装组合结构界面联结性能验证试验包括界面黏结强度试验和界面剪切强度试验，试验结果应分别满足式（3.4.5-1）和式（3.4.5-3）的要求。

$$\bar{\sigma}_{rm} \geqslant \sigma_d + Z_\alpha S \qquad (3.4.5\text{-}1)$$

式中：$\bar{\sigma}_{rm}$——实测组合结构试件界面黏结强度平均值（MPa），对于超高性能混凝土铺装，应按照本标准附录 A 进行，其余应按现行行业标准《公路钢桥面铺装设计与施工技术规范》JTG/T 3364—02 的相关试验方法进行，试验温度均为 25 ℃。

σ_d——组合结构界面黏结强度设计值（MPa）。

$$\sigma_d = K_C K_J \sigma_{st} \qquad (3.4.5\text{-}2)$$

K_C——道路等级系数，依据桥梁所属线路的公路等级或城市道路等级按表 3.4.5-1 确定。

表 3.4.5-1 道路等级系数取值

公路等级/城镇道路等级	高速公路/快速路	一级公路/主干路	二级公路/次干路	三、四级公路/支路
K_C	1.4	1.35	1.2	1.0

K_J ——交通荷载等级修正系数，依据交通荷载等级按表 3.4.5-2 确定。

表 3.4.5-2 交通荷载等级修正系数取值

交通荷载等级	极重、特重交通	重交通	中等交通	轻交通
K_J	1.4～1.5	1.3～1.4	1.1～1.2	1.0

σ_{st} ——最不利作用下，实桥中对应于 $\bar{\sigma}_{rm}$ 的最大界面正应力需求(MPa)。

Z_α ——标准正态分布表中随保证率(或置信度 α)而变的系数，高速公路和一级公路取保证率 95%，即 $Z_\alpha=1.645$；其他公路取保证率 90%，即 $Z_\alpha=1.282$。

S ——实测组合结构试件强度标准差。

$$\bar{\tau}_{rm} \geqslant \tau_d + Z_\alpha S \tag{3.4.5-3}$$

$\bar{\tau}_{rm}$ ——实测组合结构试件界面剪切强度平均值(MPa)，对于超高性能混凝土铺装，应按照本标准附录 B 进行，其余应按现行行业标准《公路钢桥面铺装设计与施工技术规范》JTG/T 3364—02 的相关试验方法进行，试验温度为 25 ℃。

τ_d ——结构层下层与钢桥面板间的界面剪切强度设计值(MPa)。

$$\tau_d = K_C K_J \tau_{st} \tag{3.4.5-4}$$

τ_{st} ——最不利作用下，实桥中对应于 $\bar{\sigma}_{rm}$ 的最大界面剪应力需求(MPa)。

3.4.6 沥青类铺装疲劳性能应符合现行行业标准《公路钢桥面铺装设计与施工技术规范》JTG/T 3364—02 的相关规定。对于聚氨酯混合料铺装，应采用三点加载复合梁疲劳试验验证其组合结构疲劳性能。对于超高性能混凝土铺装，应按本标准附录 C 验证其组合结构疲劳性能。三点加载复合梁疲劳试验应符合现行行业标准《公路钢桥面铺装设计与施工技术规范》JTG/T 3364—02 的相关规定。复合梁疲劳试验次数要求应符合表 3.4.6 的规定。

表 3.4.6 复合梁疲劳试验次数要求

交通荷载等级	单位	极重、特重交通	重交通	中等、轻交通	试验方法
三点加载复合梁疲劳试验	万次	≥1 200	≥1 000	≥800	JTG/T 3364—02
UHPC 铺装复合梁疲劳试验	万次	≥200			本标准附录 C

3.5 特殊部位及人行、非机动车桥梁铺装方案

3.5.1 中央分隔带、索区、人行道、非机动车道和检修道等特殊部位的铺装方案应符合第 3.5.2～3.5.4 条的规定，人行、非机动车桥梁的桥面铺装方案宜按照本节中人行道、非机动车道的相关规定执行。

3.5.2 钢桥面板应进行喷砂除锈，并设置防水黏结层。铺装层厚度可根据行车道铺装层进行设计，并满足桥面横向排水的需求。

3.5.3 中央分隔带和索区等非通行区域铺装应密实、不透水，并具备一定的防滑功能，可选用浇注式沥青混合料、砂粒式沥青混合料、水泥混凝土等方案。

3.5.4 人行道、非机动车道和检修道铺装应密实、不透水，并具备一定的防滑和景观功能，可选用聚氨酯塑胶、硫化橡胶板等方案。

3.6　边缘防排水设计

3.6.1　桥面铺装边缘部位、桥面构造物与铺装接触部位宜设置防排水构造。

3.6.2　对于超高性能混凝土铺装，防排水构造设计可按照本标准附录 D 执行；对于其他类型铺装，可按现行行业标准《公路钢桥面铺装设计与施工技术规范》JTG/T 3364—02 的相关规定执行。

4 材 料

4.1 界面功能层材料

4.1.1 防腐层材料宜按本标准表 3.3.2 选择，各类材料技术要求应分别符合表 4.1.1-1 和表 4.1.1-2 的规定，其中，环氧富锌漆技术要求还应符合现行行业标准《富锌底漆》HG/T 3668 的有关规定。

表 4.1.1-1 环氧富锌漆技术要求

技术指标	单位	技术要求	试验方法
材料外观	—	色泽均匀，搅拌后无凝胶、结块，呈均匀状态	目视
不挥发分	%	≥70	GB/T 16777
不挥发分中金属锌含量	%	≥70	HG/T 3668
黏度(ISO 6 号杯)	s	≥6	GB/T 6753.4
表干时间(23 ℃)	min	≤15	GB/T 16777
实干时间(23 ℃)	h	≤24	
黏结强度(与钢板，25 ℃)	MPa	≥7.0	JTG/T 3364—02

表 4.1.1-2 丙烯酸防腐漆技术要求

技术指标	单位	技术要求	试验方法
材料外观	—	色泽均匀，搅拌后无凝胶、结块，呈均匀状态	目视
固体含量	%	≥30	GB/T 16777
表干时间(23 ℃)	h	≤0.5	
实干时间(23 ℃)	h	≤1.0	
黏结强度(与钢板，25 ℃)	MPa	≥5.0	JTG/T 3364—02

4.1.2 防水黏结层材料宜按本标准表 3.3.2 选择，各类材料技术要求应分别符合表 4.1.2-1～表 4.1.2-6 的规定。

表 4.1.2-1 甲基丙烯酸甲酯树脂技术要求

技术指标	单位	技术要求	试验方法
固体含量	%	≥95	GB/T 16777
表干时间(23 ℃)	h	≤0.5	
实干时间(23 ℃)	h	≤1.0	
拉伸强度(23 ℃)	MPa	≥12	
断裂伸长率(23 ℃)	%	≥130	
不透水性(0.3 MPa,24 h)	—	不透水	
低温柔性(−20 ℃,ϕ20 mm 圆筒)	—	无裂纹	
硬度(邵 D)	—	50～70	GB/T 2411
抗冲击性(1 kg,50 cm)	—	无裂纹	GB/T 1732
黏结强度(与钢板,25 ℃)	MPa	≥5.0	JTG/T 3364—02

表 4.1.2-2 丙烯酸树脂黏结剂材料技术要求

技术指标	单位	技术要求	试验方法
固体含量	%	≥30	GB/T 16777
表干时间(23 ℃)	h	≤0.5	
实干时间(23 ℃)	h	≤1.0	
黏结强度(结构层与钢板间,25 ℃)	MPa	≥1.0	JTG/T 3364—02

表 4.1.2-3 环氧树脂黏结剂技术要求

技术指标	单位	技术要求	试验方法
拉伸强度(23 ℃)	MPa	≥3.0	GB/T 16777
断裂伸长率(23 ℃)	%	≥100	
不透水性(0.3 MPa,24 h)	—	不透水	
吸水率	%	≤0.3	GB/T 1034

续表 4.1.2-3

技术指标		单位	技术要求	试验方法
黏结强度(与钢板,25 ℃)		MPa	≥3.0	JTG/T 3364—02
黏结强度(结构层与钢板间,25 ℃)	环氧沥青混合料	MPa	≥1.5	
	改性沥青混合料或浇注式沥青混合料	MPa	≥1.0	
	UHPC	MPa	≥1.8	本标准附录 A

表 4.1.2-4 环氧沥青黏结剂技术要求

技术指标		单位	技术要求	试验方法
拉伸强度(23 ℃)		MPa	≥6.0	GB/T 16777
断裂伸长率(23 ℃)		%	≥190	
不透水性(0.3 MPa,24 h)		—	不透水	
吸水率(7d,25 ℃)		%	≤0.3	GB/T 1034
热固性(300 ℃)		—	不熔化	GB/T 30598
热挠曲温度		℃	≤−10	
容留时间		min	≥10	
耐柴油性		%	≤5	
耐饱和盐水性		%	≤1	
黏度增加至 1 Pa·s 的时间(120 ℃)		min	≥20	JTG E20 中 T 0625
黏结强度(与钢板,25 ℃)		MPa	≥4.5	JTG/T 3364—02
黏结强度(结构层与钢板间,25 ℃)	环氧沥青混合料	MPa	≥2.0	
	改性沥青混合料	MPa	≥1.0	

表 4.1.2-5 溶剂型沥青黏结剂技术要求

技术指标	单位	技术要求	试验方法
固体含量	%	≥42	GB/T 16777
表干时间	h	≤2.0	
实干时间	h	≤8.0	
不透水性(0.3 MPa,30 min)	—	不透水	
黏结强度(与钢板,25 ℃)	MPa	≥2.0	JTG/T 3364—02

表 4.1.2-6 聚氨酯黏结剂技术要求

技术指标	单位	技术要求	试验方法
表干时间(25 ℃)	min	>360	GB/T 16777
吸水率	%	≤0.3	GB/T 1034
不透水性(0.3 MPa,24 h)	—	不透水	GB/T 16777
黏度(固化前)	Pa·s	≤0.03	GB/T 1034
密度(固化前,25 ℃)	g/cm^3	≤1.2	GB/T 611
黏结强度(与钢板,25 ℃)	MPa	≥4.0	JTG/T 3364—02
黏结强度(结构层与钢板间,25 ℃)	MPa	≥2.0	

注:改性聚氨酯黏结剂应搅拌均匀,涂刷完成后固化前摊铺改性聚氨酯混合料,二者反应形成整体,一次成型。

4.1.3 缓冲层材料宜采用改性沥青砂胶,改性沥青砂胶的油石比宜为 18%~24%,用于生产改性沥青砂胶的改性沥青和矿粉的质量应符合现行行业标准《公路沥青路面施工技术规范》JTG F40 中的有关规定。改性沥青砂胶高温性能技术要求应符合表 4.1.3的规定。

表 4.1.3 改性沥青砂胶高温性能技术要求

技术指标	单位	技术要求	试验方法
软化点(环球法)	℃	≥120	JTG E20 中 T 0606
热稳流淌性(75°倾角,75 ℃,1 h)	mm	≤0	JT/T 203
低温柔性	—	−10 ℃无裂纹	GB/T 16777
刘埃尔流动性(220 ℃)	s	≤3	JTG/T 3364—02
黏结强度(结构层与钢板间,25 ℃)	MPa	≥1.0	

注:低温柔性试验采用结合料进行。

4.1.4 黏层材料宜按本标准表 3.3.2 选择,环氧树脂黏结剂和环氧沥青黏结剂技术要求应分别符合本标准表 4.1.2-3 和表 4.1.2-4 的有关规定,其他材料技术要求应符合表 4.1.4-1~表 4.1.4-3 的规定。

表 4.1.4-1 改性乳化沥青技术要求

<table>
<tr><th colspan="2">技术指标</th><th>单位</th><th>技术要求</th><th>试验方法</th></tr>
<tr><td colspan="2">1.18 mm 筛上余量</td><td>%</td><td>≤0.1</td><td>T 0652</td></tr>
<tr><td colspan="2">贮存稳定性(5d)</td><td>%</td><td>≤5</td><td>T 0655</td></tr>
<tr><td colspan="2">黏度 $C_{25,3}$</td><td>s</td><td>8～25</td><td>T 0621</td></tr>
<tr><td colspan="2">蒸发残留物含量</td><td>%</td><td>≥55</td><td>T 0651</td></tr>
<tr><td rowspan="3">蒸发残留物性质</td><td>针入度(25 ℃, 100 g, 5 s)</td><td>0.1 mm</td><td>40～100</td><td>T 0604</td></tr>
<tr><td>延度(5 ℃, 5 cm/min)</td><td>cm</td><td>≥20</td><td>T 0605</td></tr>
<tr><td>软化点(环球法)</td><td>℃</td><td>≥55</td><td>T 0606</td></tr>
<tr><td rowspan="2">贮存稳定性</td><td>1 d,不大于</td><td>%</td><td>1</td><td rowspan="2">T 0655</td></tr>
<tr><td>5 d,不大于</td><td>%</td><td>5</td></tr>
</table>

注:试验方法按照现行行业标准《公路工程沥青及沥青混合料试验规程》JTG E20 规定的方法执行。

表 4.1.4-2 改性沥青技术要求

<table>
<tr><th colspan="2">技术指标</th><th>单位</th><th>技术要求</th><th>试验方法</th></tr>
<tr><td colspan="2">针入度(25 ℃,100 g,5 s)</td><td>0.1 mm</td><td>30～60</td><td>T 0604</td></tr>
<tr><td colspan="2">延度(5 ℃,5 cm/min)</td><td>cm</td><td>≥25</td><td>T 0605</td></tr>
<tr><td colspan="2">软化点(环球法)</td><td>℃</td><td>≥85</td><td>T 0606</td></tr>
<tr><td colspan="2">弹性恢复率(25 ℃)</td><td>%</td><td>≥90</td><td>T 0662</td></tr>
<tr><td rowspan="3">TFOT(或RTFOT)后残留物</td><td>质量变化</td><td>%</td><td>−1.0～+1.0</td><td>T 0610/T 0609</td></tr>
<tr><td>针入度比(25 ℃,100 g,5 s)</td><td>%</td><td>≥65</td><td>T 0604</td></tr>
<tr><td>延度(5 ℃,5 cm/ min)</td><td>cm</td><td>≥15</td><td>T 0605</td></tr>
</table>

注:试验方法按照现行行业标准《公路工程沥青及沥青混合料试验规程》JTG E20 规定的方法执行。

表 4.1.4-3 高黏高弹改性沥青技术要求

技术指标	单位	技术要求	试验方法
针入度(25 ℃,100 g,5 s)	0.1 mm	40～70	T 0604

续表 4.1.4-3

技术指标		单位	技术要求	试验方法
延度(5 cm/min,5 ℃)		cm	≥40	T 0605
软化点(环球法)		℃	≥90	T 0606
黏度(60 ℃)		Pa·s	≥60 000	T 0620
运动黏度(150 ℃)		Pa·s	≤3.0	T 0625
闪点		℃	≥260	T 0611
弹性恢复率(25 ℃)		%	≥90	T 0662
贮存稳定性离析(48 h 软化点差)		℃	≤2.5	T 0661
黏韧性(25 ℃)		N·m	≥25	T 0624
韧性(25 ℃)		N·m	≥20	
TFOT(或RTFOT)后残留物	质量变化	%	−1.0～+1.0	T 0610
	针入度比(25 ℃)	%	≥65	T 0604
	延度(5 ℃)	cm	≥30	T 0605

注:试验方法按照现行行业标准《公路工程沥青及沥青混合料试验规程》JTG E20 规定的方法执行。

4.1.5 环氧树脂防水黏结层用撒布碎石技术要求除应符合现行行业标准《公路沥青路面施工技术规范》JTG F40 的有关规定外,还应符合表 4.1.5 的规定。

表 4.1.5 环氧树脂防水黏结层用撒布碎石技术要求

技术指标			单位	技术要求	试验方法
含泥量			%	≤1	T 0333
含水率			%	≤0.3	T 0332
通过率	0.3 mm～0.6 mm 碎石	0.3 mm	%	≤10	T 0327
		0.6 mm	%	≥90	
	1.18 mm～2.36 mm 碎石	1.18 mm	%	≤10	
		2.36 mm	%	≥90	
	2.36 mm～4.75 mm 碎石	2.36 mm	%	≤10	
		4.75 mm	%	≥90	

注:试验方法按照现行行业标准《公路工程集料试验规程》JTG E42 规定的方法执行。

4.1.6 剪力钉材料应符合现行国家标准《电弧螺柱焊用圆柱头焊钉》GB 10433的规定。焊接材料应与钢桥面板钢材相匹配，其质量要求与焊缝的强度要求应符合现行行业标准《公路钢结构桥梁设计规范》JTG D64 的规定。

4.1.7 对于超高性能混凝土铺装，其防水黏结层材料还应符合现行国家标准《工程结构加固材料安全性鉴定技术规范》GB 50728 中关于耐湿热老化能力和耐长期应力作用能力的相关规定。

4.2 沥青混合料原材料

4.2.1 改性沥青 SMA 用改性沥青技术要求应符合表 4.2.1 的规定。

表 4.2.1 改性沥青 SMA 用改性沥青技术要求

技术指标		单位	高黏型	高弹型	试验方法
针入度(25 ℃,100 g,5 s)		0.1 mm	30～50	60～80	T 0604
软化点(环球法)		℃	≥90	≥85	T 0606
延度(5 cm/min,5 ℃)		cm	≥20	≥50	T 0605
弹性恢复率(25 ℃)		%	≥90	≥90	T 0662
闪点		℃	≥240		T 0611
135 ℃黏度		Pa・s	≤3.0		T 0621
TFOT(或RTFOT)后残留物	质量变化	%	−1.0～+1.0	−0.6～+0.6	T 0610/T 0609
	针入度比(25 ℃)	%	≥65		T 0604
	延度(5 ℃)	cm	≥15	≥30	T 0605

注：试验方法按照现行行业标准《公路工程沥青及沥青混合料试验规程》JTG E20 规定的方法执行。

4.2.2 浇注式沥青混合料用改性沥青技术要求应符合表 4.2.2 的规定。

表 4.2.2 浇注式沥青混合料用改性沥青技术要求

技术指标		单位	技术要求			试验方法
			Ⅰ	Ⅱ	Ⅲ	
针入度(25 ℃,100 g,5 s)		0.1 mm	20～40	10～40	15～30	T 0604
软化点(环球法)		℃	≥85	≥95	58～68	T 0606
延度(5 cm/ min)	25 ℃	cm	—	—	≥10	T 0605
	10 ℃	cm	—	≥10	—	
	5 ℃	cm	≥10	—	—	
闪点		℃	≥280			T 0611
溶解度(%)		%	≥99	85～95	80～91	T 0607
密度(15 ℃)		g/cm^3	≥1.00			T 0603
TFOT(或RTFOT)后残留物	质量变化	%	−1.0～+1.0			T 0610
	针入度比(25 ℃)	%	≥70			T 0604

注:试验方法按照现行行业标准《公路工程沥青及沥青混合料试验规程》JTG E20 规定的方法执行。

4.2.3 环氧沥青胶结料性能应符合表 4.2.3 的规定。

表 4.2.3 环氧沥青胶结料性能要求

技术指标	单位	技术要求			试验方法
		热拌环氧沥青胶结料	温拌环氧沥青胶结料	冷拌环氧沥青胶结料	
拉伸强度(23 ℃)	MPa	≥2.5	≥1.5	≥2.0	GB/T 16777
断裂伸长率(23 ℃)	%	≥100	≥200	≥50	
吸水率(7 d,25 ℃)	%	≤0.3			GB/T 1034
热固性(300 ℃)	—	不熔化			GB/T 30598
热挠曲温度	℃	≤−10			
容留时间	min	≥10			
耐柴油性	%	≤5			

续表4.2.3

技术指标		单位	技术要求			试验方法
			热拌环氧沥青胶结料	温拌环氧沥青胶结料	冷拌环氧沥青胶结料	
耐饱和盐水性		%	≤1			GB/T 30598
黏度增加至 1 Pa·s的时间	(23 ℃)	min	—	—	≥60	JTG E20 中 T 0625
	(120 ℃)		—	≥50	—	

注:环氧沥青胶结料拌和均匀,养护后进行试验。热拌环氧沥青胶结料养护温度和时间按下列顺序:在(150±1) ℃下放置 3 h,在(60±1) ℃下放置 4 d;温拌环氧沥青胶结料养护温度为(120 ±1) ℃,养护时间为 4 h;冷拌环氧沥青胶结料养护温度为(60±1) ℃,养护时间为 16 h。所有环氧沥青胶结料养护完毕后,在室温下放置 1 d 方可保温进行试验。

4.2.4 沥青混合料粗集料技术要求应符合现行行业标准《公路沥青路面施工技术规范》JTG F40 和现行上海市工程建设规范《道路、排水管道成品与半成品施工及验收规程》DG/TJ 08—87 的有关规定。浇注式沥青混合料粗集料 220 ℃保温 4 h 后的压碎值不应大于 22%。环氧沥青混合料粗集料技术要求还应符合表 4.2.4 的规定。

表 4.2.4 环氧沥青混合料用粗集料技术要求

技术指标	单位	技术要求	试验方法[1]
压碎值	%	≤22	T 0316
洛杉矶磨耗	%	≤26	T 0317
磨光值[2] PSV	—	≥42	T 0321
针片状含量	%	≤5	T 0312
与沥青的黏附性	级	5	T 0616
软石含量	%	≤2.5	T 0320
小于 0.075 mm 颗粒含量(水洗法)	%	≤1	T 0310

注:1. 试验方法按照现行行业标准《公路工程集料试验规程》JTG E42 规定的方法执行。
2. 磨光值试验仅针对结构层上层用集料。

4.2.5 沥青混合料细集料宜使用机制砂，应符合现行行业标准《公路沥青路面施工技术规范》JTG F40 中 S15、S16 规格的有关规定。浇注式沥青混合料的细集料可添加天然砂。环氧沥青混合料所用的细集料性能应符合表 4.2.5 的规定。

表 4.2.5　环氧沥青混合料用细集料技术要求

技术指标	单位	技术要求	试验方法
吸水率	%	≤1.5	T 0330
表观密度	g/cm³	≥2.50	T 0308
坚固性	%	≤5	T 0340
砂当量	%	≥65	T 0334

注：试验方法按照现行行业标准《公路工程集料试验规程》JTG E42 规定的方法执行。

4.2.6 沥青混合料矿粉应采用石灰岩或岩浆岩中的强基性岩石等憎水性石料经磨制的矿粉，不应含泥土杂质和团粒，还应符合现行行业标准《公路沥青路面施工技术规范》JTG F40 的有关规定。用于改性沥青 SMA 混合料时，矿粉 0.075 mm 筛孔通过率宜为 80%～95%。用于浇注式沥青混合料时，矿粉 0.075 mm 筛孔通过率应不低于 80%。不得将粉煤灰和沥青混合料拌和机的回收粉作为沥青混合料填料使用。

4.2.7 浇注式沥青混合料表面撒布预拌碎石应采用坚硬、耐磨的岩石轧制而成，石料应洁净、无灰尘，拌和后应被沥青充分裹附，不应有花白料。浇注式沥青混合料撒布碎石技术要求应符合表 4.2.7的规定。

表 4.2.7　浇注式沥青混合料撒布碎石技术要求

技术指标	单位	技术要求	试验方法
含泥量	%	≤1	T 0333
吸水率	%	≤2.0	T 0352
含水率	%	≤0.3	T 0305

续表4.2.7

<table>
<tr><th colspan="3">技术指标</th><th>单位</th><th>技术要求</th><th>试验方法</th></tr>
<tr><td colspan="3">针片状颗粒含量</td><td>%</td><td>≤8</td><td>T 0312</td></tr>
<tr><td colspan="3">用量</td><td>kg/m²</td><td>5～10</td><td>—</td></tr>
<tr><td rowspan="4">通过率</td><td rowspan="2">4.75 mm～9.5 mm 碎石</td><td>4.75 mm</td><td>%</td><td>≤10</td><td rowspan="4">T 0327</td></tr>
<tr><td>9.5 mm</td><td>%</td><td>≥80</td></tr>
<tr><td rowspan="2">9.5 mm～13.2 mm 碎石</td><td>9.5 mm</td><td>%</td><td>≤10</td></tr>
<tr><td>13.2 mm</td><td>%</td><td>≥80</td></tr>
</table>

注：试验方法按照现行行业标准《公路工程集料试验规程》JTG E42 规定的方法执行。

4.3 聚氨酯混合料原材料

4.3.1 聚氨酯胶结料技术要求应符合表 4.3.1 的规定。

表 4.3.1 聚氨酯胶结料技术要求

<table>
<tr><th>技术指标</th><th>单位</th><th>技术要求</th><th>试验方法</th></tr>
<tr><td>拉伸强度(固化后，25 ℃)</td><td>MPa</td><td>>10</td><td rowspan="2">GB/T 1040.1</td></tr>
<tr><td>断裂伸长率(固化后，25 ℃)</td><td>%</td><td>≥25</td></tr>
<tr><td>热固性(300 ℃)</td><td>—</td><td>不熔化</td><td>—</td></tr>
<tr><td>吸水率</td><td>%</td><td>≤0.3</td><td>GB/T 1034</td></tr>
<tr><td>表干时间(25 ℃)</td><td>min</td><td>≤90</td><td rowspan="2">GB/T 16777</td></tr>
<tr><td>固化时间(25 ℃)</td><td>min</td><td>≤120</td></tr>
<tr><td>黏度(固化前)</td><td>Pa·s</td><td>≤0.3</td><td>GB/T 22235</td></tr>
<tr><td>密度(固化前，25 ℃)</td><td>g/cm³</td><td>≥0.85</td><td>GB/T 611</td></tr>
</table>

注：聚氨酯结合料拌和均匀，常温下成型，在室温下放置 3 d 方可保温进行试验。

4.3.2 聚氨酯混合料集料应采用坚硬、清洁、干燥、无风化、无杂质的石料，粗集料粒径 4.75 mm～9.5 mm，技术要求应符合表 4.3.2-1 的规定，细集料粒径 0～4.75 mm，技术要求应符合表 4.3.2-2 的规定。

表 4.3.2-1 聚氨酯混合料用粗集料技术要求

技术指标	单位	技术要求	试验方法
表观相对密度	g/cm³	≥2.40	T 0304
吸水率	%	≤2.0	
含水率	%	≤0.3	T 0305
坚固性	%	≤12	T 0340
压碎值	%	≤20	T 0316
泥土杂物含量(冲洗法)	%	≤3.0	T 0310
针片状颗粒含量	%	≤5.0	T 0312
洛杉矶磨耗值	%	≤26.0	T 0317
磨光值 PSV	—	≥42	T 0321

注:试验方法按照现行行业标准《公路工程集料试验规程》JTG E42 规定的方法执行。

表 4.3.2-2 聚氨酯混合料用细集料技术要求

技术指标	单位	要求	试验方法
表观相对密度	g/cm³	≥2.40	T 0304
吸水率	%	≤2.0	
含水率	%	≤0.3	T 0305
坚固性(大于 0.3 部分)	%	≤12	T 0340

注:试验方法按照现行行业标准《公路工程集料试验规程》JTG E42 规定的方法执行。

4.4 超高性能混凝土原材料

4.4.1 水泥应符合现行国家标准《通用硅酸盐水泥》GB 175 的规定,超高性能混凝土宜采用硅酸盐水泥或普通硅酸盐水泥,强度等级宜选取 42.5 级及以上。

4.4.2 矿物掺合料应符合现行国家标准《高强高性能混凝土用矿物外加剂》GB/T 18736 的规定。其他矿物掺合料应符合相应标准规定，并应通过试验验证，确定满足超高性能混凝土工程应用后方可使用。

4.4.3 集料应符合现行行业标准《普通混凝土用砂、石质量及检验方法标准》JGJ 52 关于细集料的相关规定，并应符合表 4.4.3-1 与表 4.4.3-2的规定。细集料的氯离子含量不得大于 0.01%（以干砂的质量百分率计）。

表 4.4.3-1 天然砂的含泥量和泥块含量

技术指标	含泥量	泥块含量
技术要求	≤0.5%	0

表 4.4.3-2 机制砂的石粉含量和压碎值

<table>
<tr><td colspan="2">技术指标</td><td colspan="2">技术要求</td></tr>
<tr><td>亚甲蓝 MB 值</td><td>1.0≤MB≤1.4</td><td>石粉含量</td><td>≤5.0%</td></tr>
<tr><td colspan="2">压碎值</td><td colspan="2"><20%</td></tr>
</table>

注：当集料用于超高性能混凝土干混料时，应进行烘干处理，烘干后的含水率应小于 1%。

4.4.4 外加剂应符合现行国家标准《混凝土外加剂》GB 8076 和《混凝土外加剂应用技术规范》GB 50119 的规定。宜选用高性能减水剂，减水剂的减水率宜大于 30%。

4.4.5 钢纤维应符合现行国家标准《活性粉末混凝土》GB/T 31387 的规定；当采用螺旋型、扭转型和端钩形钢纤维等时，应经试验确定满足超高性能混凝土使用要求后方可使用。

4.4.6 拌和用水应符合现行行业标准《混凝土用水标准》JGJ 63 的规定。

4.5 其他材料

4.5.1 沥青混合料中掺加的纤维稳定剂、桥面铺装埋设的螺旋排水管和沥青混凝土铺装的贴缝条及其与钢桥边缘结合部位的填缝料的技术要求应符合现行行业标准《公路钢桥面铺装设计与施工技术规范》JTG/T 3364—02 的相关规定。

4.5.2 对于超高性能混凝土铺装，构造断缝填充的密封防水材料宜采用聚氨酯类或硅酮类材料，技术要求应符合表 4.5.2 的规定。

表 4.5.2 密封防水材料技术要求

技术指标	单位	技术要求	试验方法
拉伸强度(100 ℃×7 d)	MPa	≥2.0	GB/T 528
断裂伸长率(100 ℃×7 d)	%	≥500	
弹性恢复率	%	≥90	JC/T 881
定伸黏结性(23 ℃)	—	无破坏/100%	
最大拉伸黏结强度	MPa	≥0.9	GB/T 13477.8
最大拉伸黏结强度时伸长率	%	≥400	

5 混合料

5.1 沥青混合料

5.1.1 改性沥青混合料的配合比设计应按照现行行业标准《公路沥青路面施工技术规范》JTG F40 的规定进行，其技术要求应符合表 5.1.1 的规定。

表 5.1.1 改性沥青混合料技术要求

技术指标	单位	技术要求	试验方法
击实次数(双面)	次	75	T 0702
试件尺寸	mm	ϕ101.6×63.5	
空隙率	%	3～4	T 0705
马歇尔稳定度	kN	≥6.0	T 0709
马歇尔流值	mm	—	
矿料间隙率	%	≥16.5	T 0705
粗集料骨架间隙率 VCA_{mix}	%	$\leqslant VCA_{DRC}$	
沥青饱和度	%	75～85	
沥青混合料析漏损失	%	≤0.1	T 0732
沥青混合料飞散损失	%	≤15	T 0733
动稳定度(70 ℃)	次/mm	≥3 000	T 0719
冻融劈裂强度比	%	≥85	T 0729
极限破坏应变(−10 ℃,50 mm/ min)	$\mu\varepsilon$	≥3 000	T 0715

注:试验方法按照现行行业标准《公路工程沥青及沥青混合料试验规程》JTG E20 规定的方法执行。

5.1.2 改性沥青 SMA 中的纤维掺量以纤维占混合料质量百分率计算，木质素纤维掺量宜为 0.3%～0.4%，聚合物纤维掺量宜为 0.2%～0.3%。

5.1.3 浇注式沥青混合料级配范围应符合表 5.1.3 的规定。

表 5.1.3 浇注式沥青混合料级配范围

级配类型	通过下列筛孔(mm)的质量百分率(%)									
	16	13.2	9.5	4.75	2.36	1.18	0.6	0.3	0.15	0.075
GA-10	100	100	80～100	63～80	48～63	38～52	32～46	27～40	24～36	20～30
GA-13	100	95～100	80～95	60～80	45～62	38～55	35～50	28～42	25～32	20～27

5.1.4 浇注式沥青混合料配合比设计应符合现行行业标准《公路钢桥面铺装设计与施工技术规范》JTG/T 3364—02 的规定，其技术要求应符合表 5.1.4 的规定。试验室拌制时，温度在 230 ℃～240 ℃间，刘埃尔流动性宜控制在 5 s～20 s，现场流动性可适当降低要求，以能够满足施工和易性为准。浇注式沥青混合料用于本标准第 3.5 节规定的铺装方案时，贯入度和贯入度增量技术要求可酌情降低。

表 5.1.4 浇注式沥青混合料技术要求

技术指标	单位	技术要求	试验方法
贯入度	mm	1.0～4.0(60 ℃)	JTG/T 3364—02
贯入度增量	mm	≤0.4(60 ℃)	
极限破坏应变(−10 ℃,50 mm/min)	με	≥3 000	JTG E20 中 T 0715

5.1.5 环氧沥青混合料级配范围宜符合表 5.1.5 的规定。

表 5.1.5 环氧沥青混合料级配范围

级配类型	通过下列筛孔(mm)的质量百分率(%)								
	13.2	9.5	4.75	2.36	1.18	0.6	0.3	0.15	0.075
EA13	90～100	80～90	65～85	50～70	39～55	28～40	21～32	14～23	7～14
EA10	100	95～100	65～85	50～70	39～55	28～40	21～32	14～23	7～14
EA05	100	100	90～100	45～65	25～45	20～40	12～28	7～18	5～10

注：EA10 宜用于热拌环氧沥青混合料和温拌环氧沥青混合料，EA05 宜用于冷拌环氧沥青混合料。

5.1.6 环氧沥青混合料配合比设计应按现行行业标准《公路钢桥面铺装设计与施工技术规范》JTG/T 3364—02 的规定进行，其技术要求应符合表 5.1.6 的规定。

表 5.1.6 环氧沥青混合料技术要求

技术指标		单位	技术要求	试验方法[3]
马歇尔稳定度(60 ℃)	固化试件[2]	kN	≥40	T 0709
	未固化试件[1]		≥5.5	
马歇尔流值(60 ℃)	固化试件[2]	mm	1.5～5.0	
	未固化试件[1]		1.5～5.0	
沥青饱和度[2]		%	≥75	T 0705
残留稳定度[2]		%	≥90	T 0709
动稳定度(70 ℃)[2]		次/mm	≥6 000	T 0719
空隙率[2]		%	1～3	T 0705
冻融劈裂强度比[2]		%	≥80	T 0729
极限破坏应变(−10 ℃，50 mm/min)[2]		$\mu\varepsilon$	≥3 000	T 0715

注：1. 仅温拌环氧沥青混合料需进行未固化试件的马歇尔试验，未固化试件的试验方式：马歇尔试件成型后，室温下放置 24 h，再保温进行试验。
2. 除未固化试件的马歇尔稳定度和流值外，其他试验项目均在养护完成后进行。
3. 环氧沥青混合料养护温度及时间：热拌环氧沥青混合料养护温度为(60±1) ℃，养护时间为 3 h；温拌环氧沥青混合料养护温度为(120±)1 ℃，养护时间为 4 d；冷拌环氧沥青混合料养护温度为(60±1) ℃，养护时间为 16 h。所有环氧沥青混合料养护完毕后在室温下放置 1 d 后方可保温进行试验。

5.2 聚氨酯混合料

5.2.1 聚氨酯混合料级配应符合表 5.2.1 的规定。

表 5.2.1 聚氨酯混合料推荐级配范围

通过下列筛孔(mm)的质量百分率(%)						
9.5	4.75	2.36	0.6	0.3	0.15	0.075
100	60～88	41～72	15～50	6～22	3～10	0～6

5.2.2 聚氨酯混合料配合比设计宜以抗压强度为控制指标确定最佳胶石比,其技术要求应符合表 5.2.2 的规定。

表 5.2.2 聚氨酯混合料性能要求

技术指标	单位	技术要求	试验方法
马歇尔稳定度	kN	≥40.0	JTG E20 中 T 0709
动稳定度(70 ℃)	次/mm	≥6 000	JTG E20 中 T 0719
抗压强度	MPa	≥30.0	GB/T 50107
冻融劈裂强度比	%	≥85	JTG E20 中 T 0729
极限破坏应变(−10 ℃,50 mm/min)	$\mu\varepsilon$	≥3 000	JTG E20 中 T 0715

注:聚氨酯混合料拌和均匀,常温下成型,在室温下放置 3 d 后方可保温进行试验。

5.3 超高性能混凝土

5.3.1 超高性能混凝土拌合物性能应满足设计和施工要求。混凝土拌合物性能试验方法应符合现行国家标准《普通混凝土拌合物性能试验方法标准》GB/T 50080 和现行上海市工程建设规范《高性能混凝土应用技术标准》DG/TJ 08—2276 的有关规定。

5.3.2 超高性能混凝土拌合物的工作性可采用坍落扩展度表示。

当钢桥面坡度不小于3%时，坍落扩展度不宜大于500 mm；当钢桥面坡度小于3%时，坍落扩展度宜为500 mm～650 mm；当适用条件出现其他情况时，可通过试验确定拌合物扩展度的范围。坍落扩展度经时损失不应影响混凝土的正常施工；当采用泵送方式施工时，坍落扩展度经时损失不宜大于100 mm/h。

5.3.3 超高性能混凝土应具有良好的和易性，不得出现钢纤维结团、沉降离析或泌水，拌合物中钢纤维含量的检测按照本标准附录E执行。超高性能混凝土的凝结时间应满足施工要求。

5.3.4 超高性能混凝土的力学性能应满足设计要求。轴拉力学性能等级划分应符合表5.3.4的规定，试验方法应按照本标准附录F进行。抗压强度不应小于100 MPa，弹性模量不应小于40 GPa，试验方法应符合现行国家标准《活性粉末混凝土》GB/T 31387的有关规定。

表5.3.4 超高性能混凝土轴拉力学性能分级

性能等级	弹性极限抗拉强度(MPa)	抗拉强度(MPa)	抗拉应变(με)
UT7	≥7	≥8	≥1 500
UT8	≥8	≥9	≥2 000

5.3.5 超高性能混凝土的长期性能和耐久性能应满足设计要求，并应符合表5.3.5的规定。

表5.3.5 超高性能混凝土长期性能和耐久性能要求

技术指标	单位	技术要求	试验方法
氯离子扩散系数	10^{-12} m²/s	≤0.4	GB/T 50082
28 d收缩率(接触法)	με	≤300	

6 施 工

6.1 一般规定

6.1.1 钢桥面铺装施工前，应进行施工组织设计，建立质量保证体系、质量管理体系和安全生产管理体系。

6.1.2 钢桥面铺装施工宜避开雨季，严禁在下雨、下雪、结露等不利气候条件下施工。

6.1.3 喷砂除锈、防腐层和防水黏结层施工环境温度不应低于10 ℃且钢板表面温度应高于空气露点3 ℃以上，空气相对湿度应不高于85%。

6.1.4 钢桥面铺装施工宜全桥封闭，应避免与可能污染铺装界面的其他工序交叉施工。

6.1.5 施工工作面上钢箱梁的焊缝高差不得大于5 mm。

6.1.6 铺装结构层施工宜避免设置施工缝。当无法避免时，横向施工缝应距横肋或横梁位置1 m以上，且结构层上、下层的横缝应错开1 m以上；纵向接缝应距纵腹板位置30 cm以上，且上、下层的纵缝应错开30 cm以上。超高性能混凝土铺装的施工缝设置应符合本标准第6.12节的规定。

6.1.7 施工前应检验进场材料，不符合本标准技术要求的材料不得进场。材料试样的取样数量与频度应按现行试验规程和设计要求的规定进行。

6.1.8 施工前，应对各种施工机械和设备进行调试，对设备配套情况、技术性能、计量精度等进行认真检查、标定。

6.1.9 施工前，应对各个工序实施试验段，包括钢桥面板的喷砂除锈、防水黏结层涂布、混合料铺筑等工序，实施前，应制定试验段实施方案。

6.2 钢桥面板除锈及防腐层施工

6.2.1 钢桥面铺装工程应进行喷砂除锈处理。如设置防腐层，应在除锈后 4 h 内完成钢桥面板上第一层涂层施工。

6.2.2 喷砂除锈前，应先用工具打磨平整钢桥面板表面锐边、飞溅、不光滑焊缝等缺陷。

6.2.3 喷砂除锈前，应全面调查记录全桥锈蚀和污染状况，被油脂污染的钢板表面除锈前应采用溶剂法或碱洗法去除油污，并按 ISO 8502—9 标准的试纸测试，氯化物含量不应超过 0.014%（约 7 $\mu g/cm^2$）。在钢桥面板锈蚀较严重的地方，应按 ISO 8502—1 标准以铁氰化钾试纸测试，以无蓝点视为合格。

6.2.4 行车道喷砂除锈应采用全自动无尘喷砂设备，桥面边角部位、吊索区等特殊部位可采用手持压缩空气喷砂设备施工。

6.2.5 喷砂除锈用金属磨料应符合现行国家标准《涂覆涂料前钢材表面处理》GB/T 18838 的有关规定，应采用颗粒形状为丸粒和砂粒的金属磨料配合使用，其比例应视粗糙度要求、钢桥面板表面状况在施工前通过试验段确定。

6.2.6 喷砂除锈后的钢桥面板清洁度应达到 Sa 2.5 级，粗糙度应达到 60 μm～140 μm；人工小范围打磨工艺除锈的清洁度应达到 St 3.0 级。

6.2.7 防腐层涂布应均匀，对于漏涂、龟裂、流坠、针眼和气泡等缺陷应及时修补。

6.2.8 防腐层表干前，严禁接触；实干前，应采取措施防止受损，且应避免淋雨、浸水及其他介质污染。

6.3 剪力钉施工

6.3.1 超高性能混凝土铺装应在防水黏结层施工前在钢桥面上焊接剪力钉。

6.3.2 焊接前，钢桥面应清洁干燥，无水、氧化皮、锈蚀、非可焊涂层、油污、灰尘等杂质。

6.3.3 焊接前，应清除剪力钉上的油污、锈迹等杂质。瓷环应保持干燥状态；如受潮，应在使用前经 120 ℃～150 ℃烘干 2 h。

6.3.4 不应将剪力钉直接焊接在拼接焊缝的顶面。当剪力钉的设计位置与钢主梁拼接焊缝位置冲突时，应将剪力钉偏离焊缝边界 2 cm～3 cm。

6.3.5 焊接前，应采用手磨机对每个剪力钉位置进行局部打磨，打磨范围直径 3 cm～5 cm，确保焊接处钢面板表面平整、光滑、洁净。

6.3.6 剪力钉焊接应采用电弧螺柱焊机，焊接完成后，应清除墨线、焊渣、瓷环和杂物。

6.3.7 剪力钉焊接其他施工要求应满足现行国家标准《电弧螺柱焊用圆柱头焊钉》GB 10433 和现行行业标准《公路桥涵施工技术规范》JTG/T F50 的相关规定。

6.4 防水黏结层施工

6.4.1 防水黏结层施工应符合下列规定：

1 施工前，应对工作面进行清洁处理，清除油污、水分及其他污染物。

2 如设置防腐层，应在防腐层彻底固化并检验合格后，进行防水黏结层施工。如未设置防腐层，应在喷砂除锈后 4 h 内完成第一层防水黏结层施工。

3 防水黏结层材料在涂布前应采用动力搅拌器充分搅拌均匀。

4 涂布应均匀，对于漏涂、龟裂、流坠、针眼和气泡等缺陷应及时修补。

6.4.2 甲基丙烯酸甲酯树脂防水黏结层施工应符合下列规定：

1 甲基丙烯酸甲酯树脂应采用高压无气喷涂设备进行喷涂作业。

2 甲基丙烯酸甲酯树脂可采用一层或两层施工，干膜总厚度应不小于 2 mm。当采用两层施工时，每层湿膜厚度应不小于 1.2 mm，应在第一层涂膜实干后间隔适当时间喷涂第二层。

3 甲基丙烯酸甲酯树脂新旧接头处，新涂层应在旧涂层上至少搭接 50 mm。

4 应在甲基丙烯酸甲酯树脂固化后辊涂施工丙烯酸树脂黏结剂。

5 应在丙烯酸树脂黏结剂实干后进行下一道工序施工。

6.4.3 环氧树脂黏结剂防水黏结层施工应符合下列规定：

1 环氧树脂混合后应在要求的容留时间内完成涂布，超过容留时间的环氧树脂应废弃。

2 在坡度较大的地段施工时，如发生环氧树脂流淌现象导致胶膜厚度不均，应进行补涂处理。

3 当用作热拌环氧沥青混凝土铺装的防水黏结层时，不需要撒布碎石，用量 0.4 kg/m^2～0.5 kg/m^2。环氧树脂使用前应按比例混合，并采用动力搅拌器搅拌均匀；环氧树脂混合后应在容留时间内完成涂布；当钢桥面有坡度施工发生流淌时，应从上至下涂布施工；如发生流淌现象导致胶膜厚不均时，应进行补涂处理。

4 当用作冷拌环氧沥青混凝土铺装的防水黏结层时，环氧树脂黏结剂宜分两层涂布，下层涂布量为 0.1 kg/m^2～0.15 kg/m^2，待下层胶料基本固化后施工上层环氧树脂，用量 0.5 kg/m^2～

0.95 kg/m^2，在上层环氧树脂黏结剂未固化前撒布 2.36 mm～4.75 mm 单一粒径碎石，所撒布碎石应符合本标准表 4.1.5 的技术要求，用量2.5 kg/m^2～3.5 kg/m^2。

5 当用作超高性能混凝土铺装的防水黏结层时，环氧树脂黏结剂宜分两层涂布，下层适宜用量 0.4 kg/m^2～0.8 kg/m^2，下层环氧树脂黏结剂应紧跟在钢板抛丸除锈后进行，在环氧树脂黏结剂未固化前撒布 2.36 mm～4.75 mm 单一粒径碎石，所撒布碎石应符合表 4.1.5 的技术要求，用量 1.5 kg/m^2～2.0 kg/m^2，成型好的环氧树脂碎石层兼具有防腐与提供粗糙表面的功能。在下层环氧树脂施工后 48 h 内进行上层环氧树脂黏结剂的施工，适宜用量 0.4 kg/m^2～0.8 kg/m^2，应在上层环氧树脂表干固化之前完成超高性能混凝土的摊铺。

6 养护结束后，现场检测指标满足要求后方可进行下道工序施工。

6.4.4 环氧沥青黏结剂防水黏结层施工应符合下列规定：

1 在洒布作业前，应将环氧沥青黏结剂两组分按照产品说明书中的规定进行加热和保温。

2 宜采用具有计量、搅拌、喷涂等功能的专用洒布机进行施工，对不便喷洒的部位可采用人工均匀涂刷。

3 喷洒后 48 h 内应完成其上的结构层下层施工；若因故不能按时施工或黏结层遇雨淋，应在摊铺结构层下层之前按产品说明书中规定的用量补洒黏结料。

6.4.5 溶剂型沥青黏结剂防水黏结层施工应符合下列规定：

1 宜采用辊涂或喷涂法施工。

2 用于浇注式沥青混合料与钢板之间的黏结层时，应涂布两层，每层用量宜为 100 g/m^2～200 g/m^2。第一层宜沿顺桥方向涂布，实干后方可涂布第二层，第二层涂布方向应与第一层垂直。

3 用于缓冲层底涂层时，可只涂布一层，用量不应小于 200 g/m^2。

4 应在溶剂型沥青黏结剂完全干燥后施工结构层下层。

6.4.6 聚氨酯黏结剂防水黏结层施工应符合下列规定：

1 应与聚氨酯混合料摊铺同步进行，应根据现场情况合理控制涂布的提前量。

2 宜采用电动搅拌机搅拌均匀，搅拌时间宜为 50 s～70 s，搅拌完成后，应在 1 h 内完成涂布。

3 宜采用人工涂布或机械喷涂等方式将搅拌好的黏结剂均匀地摊铺在抛丸好的桥面板上，涂布要求均匀、无堆积、无流滴。黏结剂用量宜为 0.15 kg/m^2～0.3 kg/m^2。

4 黏结剂涂刷之后，应做好防尘、防水措施。

6.5 黏层施工

6.5.1 改性乳化沥青黏层施工应符合下列规定：

1 宜采用沥青洒布车施工，应保证喷洒的均匀性。喷洒时，如有漏喷，应及时进行人工补洒。气温低于 10 ℃或基面潮湿时，不得施工。

2 乳化沥青破乳、水分完全蒸发后应及时铺筑沥青混合料，避免黏层被污染。

6.5.2 改性沥青黏层施工应符合下列规定：

1 宜采用沥青洒布车施工，应保证喷洒的均匀性。喷洒时，如有漏喷，应及时进行人工补洒。

2 改性沥青喷洒温度不宜低于 170 ℃。

6.5.3 环氧树脂黏结剂黏层施工应按照本标准第 6.4.3 条执行。

6.5.4 环氧沥青黏结剂黏层施工应按照本标准第 6.4.4 条执行。

6.5.5 高黏高弹改性沥青黏层施工应符合下列规定：

1 宜采用同步碎石封层车洒布高黏高弹改性沥青和碎石，高黏高弹改性沥青洒布量宜为 1.6 kg/m^2～2.0 kg/m^2，喷洒温度宜控制在 190 ℃～200 ℃；预拌碎石宜采用 SBS 改性沥青和粒径为 4.75 mm～9.5 mm或者 9.5 mm～13.2 mm 的玄武岩或辉绿岩碎石，油石比宜为 0.3%～0.5%，其撒铺面积占铺装面积宜为 65%～75%；高黏高弹改性沥青和预拌碎石应撒铺均匀，不应堆积。

2 高黏高弹改性沥青和预拌碎石撒布后，应采用胶轮压路机跟进碾压 1～2 遍。

3 施工完成后，应封闭交通。

6.6 缓冲层施工

6.6.1 改性沥青砂胶缓冲层的施工应符合现行行业标准《公路钢桥面铺装设计与施工技术规范》JTG/T 3364—02 的相关规定。

6.6.2 改性沥青砂胶缓冲层施工完毕后，应及时修补气泡和脱空等缺陷。

6.7 改性沥青混合料施工

6.7.1 改性沥青混合料拌和应符合下列规定：

1 改性沥青加热温度宜为 175 ℃～185 ℃，同时保持不间断地搅拌或泵送循环，避免改性剂离析，集料加热温度宜为 195 ℃～220 ℃。

2 改性沥青 SMA 混合料的干拌时间宜为 10 s～15 s，保证纤维在集料中分散均匀；加入改性沥青后，混合料拌和时间宜为 35 s～40 s。拌和前 2 拌的混合料应观察混合料均匀程度、色泽和用油量；如拌和不均匀，应适当延长拌和时间。改性沥青混合料出料温度宜为 180 ℃～190 ℃；超过 195 ℃，应予以废弃。

6.7.2 改性沥青混合料运输和摊铺应按现行行业标准《公路沥青路面施工技术规范》JTG F40 中改性沥青混合料施工方法的规定执行，且改性沥青混合料摊铺温度不应低于 170 ℃。

6.7.3 改性沥青混合料碾压宜采用不小于 10 t 的水平震荡压路机。初压开始内部温度不应低于 160 ℃，碾压终了温度不应低于

90 ℃,开放交通路表温度不应高于 50 ℃。

6.8 浇注式沥青混合料施工

6.8.1 浇注式沥青混合料拌和应符合下列规定:

1 宜采用具有矿粉加热干燥功能的拌和设备,矿粉加热温度宜为 80 ℃～120 ℃。矿粉加热的情况下,集料加热温度宜为 260 ℃～280 ℃;矿粉不加热的情况下,集料加热温度宜为 290 ℃～320 ℃。

2 矿粉干拌时间宜为 10 s～20 s,加入沥青混合料后拌和时间宜为 60 s～90 s,拌和后出料温度宜为 200 ℃～240 ℃。

6.8.2 浇注式沥青混合料运输应符合下列规定:

1 应采用具有加热、拌和功能的专用运输设备。

2 搅拌运输设备应预热至 130 ℃～140 ℃,待混合料装入后应连续搅拌升温。搅拌运输设备的限制温度宜设定为 220 ℃～240 ℃,最高不应超过 250 ℃。

3 装入运输设备后宜在 4 h 内完成运输、摊铺施工。如无法在规定时间内完成摊铺施工时,应适当降低混合料温度,且储存时间不应超过 6 h。超过规定时间的混合料应予以废弃。

4 搅拌运输设备的数量应根据运距及拌和站的拌和能力确定,应保持施工现场与拌和站之间的有效联系和施工的连续性。

6.8.3 浇注式沥青混合料摊铺应符合下列规定:

1 应采用专用摊铺机械摊铺;在摊铺机无法摊铺到的边带、中央分隔带及人行道位置,宜采用人工摊铺。

2 摊铺前,宜采用不低于摊铺厚度的钢板或木板设置侧向模板。

3 运输车宜在摊铺机行走方向的前方将混合料卸在桥面板上。摊铺机的布料器左右移动使熨平板前充满混合料,并前行摊铺混合料至规定厚度。

4　接缝应进行预热处理或使用预制贴缝条。

5　摊铺速度宜为 1.5 m/min～3 m/min，并按照拌和站的拌和能力调整，摊铺过程中不应停机待料。

6　混合料应满足摊铺和易性要求，240 ℃时，刘埃尔流动性不宜大于 60 s。

7　摊铺中出现气泡或鼓包等缺陷时，应立即用钢针由气泡顶部插入放气，避免遗留质量隐患。

6.8.4　碎石撒布应符合下列规定：

1　碎石宜采用基质沥青预拌裹覆，沥青含量宜为 0.2%～0.5%。

2　宜采用与摊铺一体化撒布碎石，或自行式撒布机撒布。

3　碎石撒布量应根据现场试验确定，覆盖率宜控制在 50%～70%。

4　碎石撒布后，应及时压入浇注式沥青混合料中。

6.9　热拌和温拌环氧沥青混合料施工

6.9.1　热拌和温拌环氧沥青混合料拌和应符合下列规定：

1　热拌环氧沥青混合料拌和前，应将环氧树脂主剂和固化剂分别加热至 50 ℃～60 ℃，沥青应加热至 150 ℃～165 ℃。温拌环氧沥青混合料拌和前，应将环氧树脂主剂加热至 82 ℃～92 ℃，固化剂和沥青的混合物加热至 125 ℃～135 ℃。集料预拌温度不应低于 80 ℃。

2　热拌和温拌环氧沥青混合料拌和时，应符合表 6.9.1 的规定。

表 6.9.1　热拌和温拌环氧沥青混合料拌和条件

混合料类型	干拌时间(s)	湿拌时间(s)	出料温度(℃)
热拌环氧沥青混合料	5～20	35～50	170～185
温拌环氧沥青混合料	3～10		110～140

3　热拌和温拌环氧沥青混合料的出料温度超出容许温度范

围时,应予以废弃。

6.9.2 热拌和温拌环氧沥青混合料运输应符合下列规定:

1 运输车辆应采取防积水、漏水措施。

2 运料车车厢内宜涂薄层植物油,避免环氧沥青混合料黏附车厢内。

3 出料时,均应登记运料单,记录该车各盘料的出料温度及该车第一盘料和最后一盘料的装料时刻。

4 混合料运输中,应采取覆盖保温措施,并在卸料前检测混合料温度。

6.9.3 热拌和温拌环氧沥青混合料摊铺应符合下列规定:

1 宜采用全幅摊铺施工工艺。

2 摊铺过程中,应随时检查摊铺层厚度及路拱、横坡,根据使用的混合料总量与面积校验平均厚度。

3 摊铺机应缓慢、匀速、连续不间断地摊铺。

4 摊铺速度不宜超过 3 m/min,同时应根据供料能力及混合料容留时间适当调整。

5 摊铺过程中,应及时清除螺旋布料器与熨平板之间已结团的混合料。

6 摊铺后的环氧沥青混合料应表面均匀,无离析、波浪、裂缝、拖痕、鱼尾纹等现象。

6.9.4 热拌和温拌环氧沥青混合料碾压应符合下列规定:

1 碾压应紧跟摊铺机进行,碾压过程分为初压、复压、终压三个阶段,压路机组合方案可按照表 6.9.4-1 执行,具体碾压遍数与压路机组合应通过试验段确定,在施工时,可根据现场情况适当调整。

表 6.9.4-1 压路机组合方案

铺装结构层位	初压	复压	终压
结构层下层	轮胎压路机	双钢轮压路机	轮胎压路机
结构层上层	双钢轮压路机	轮胎压路机	双钢轮压路机

2　碾压温度应符合表6.9.4-2的规定。

表6.9.4-2　碾压温度(℃)

混合料类型	初压温度	复压温度	终压温度
热拌环氧沥青混合料	≥155	≥110	≥90
温拌环氧沥青混合料	≥82	—	—

3　碾压应分段控制，压路机隔离剂应采用植物油，严禁采用水、柴油和废机油。

4　碾压时压路机驱动轮面向摊铺机，由低到高，依次连续均匀碾压，相邻碾压带重叠1/3轮宽。

5　碾压过程中，严禁压路机突然转向或掉头。压路机起动、停止必须减速缓行，严禁紧急制动。

6　施工应避免设置接缝，如因特殊原因需设置接缝时，应采用45°～60°的斜接缝。切缝前，应预先画线，且不得带水切割。切割时机应通过试切确定，保证切缝平顺、切面平整。

7　碾压完毕后，应及时检查表面是否有鼓包、已结团的混合料或推挤裂缝等情况，对存在的问题应及时处理。

8　热拌环氧沥青混合料从拌和出料到复压结束时间宜控制在2 h以内，超过3 h应废弃；温拌环氧沥青混合料从拌和出料到复压结束时间应按照产品说明书，超过规定时间应废弃。

6.9.5　温拌环氧沥青混合料养护期宜为25 d～45 d，热拌环氧沥青混合料养护期宜为5 d～10 d，具体时间应根据环境温度与现场马歇尔试件试验结果确定。养护期间严禁车辆通行。

6.9.6　在养护期内应检查是否有鼓包。发现鼓包时，应立即用钢针由包顶插入放气，用环氧胶填满，并用手持夯锤将鼓包击平。

6.10　冷拌环氧沥青混合料施工

6.10.1　冷拌环氧沥青混合料拌和应符合下列规定：

1 集料的含水率不应大于1%。

2 拌和机宜设置在施工现场附近。

3 冷拌环氧沥青结合料各组分应按比例混合并用动力搅拌机搅拌均匀,搅拌时间不应少于120 s。集料和矿粉宜先在拌缸内干拌5 s～10 s,再加入结合料拌和,湿拌时间不宜少于70 s。

6.10.2 冷拌环氧沥青混合料运输和摊铺应符合下列规定:

1 应根据现场冷拌环氧沥青混合料拌和时间、运输时间和摊铺时间确定合理的运料车装料数量,摊铺过程中不宜等料,每车料应在规定的时间内摊铺完毕。

2 混合料的运输和摊铺时间应根据冷拌环氧沥青混合料容留时间确定。

3 宜全幅施工,摊铺速度宜为2 m/min～5 m/min。

6.10.3 冷拌环氧沥青混合料碾压应符合下列规定:

1 初压宜采用钢轮压路机静压1遍～2遍,复压宜采用轮胎压路机碾压3遍～5遍。

2 碾压应分段控制,压路机隔离剂应采用植物油,严禁采用水、柴油和废机油。

6.10.4 冷拌环氧沥青混合料养护期宜为3 d～5 d,具体时间应根据环境温度与现场马歇尔试件试验结果确定。养护期间严禁车辆通行。

6.11 聚氨酯混合料施工

6.11.1 聚氨酯混合料拌和应符合下列规定:

1 宜采用机械设备常温拌和,生产前,应检查搅拌机械运行状态,设备搅拌速率应控制在20 r/min～50 r/min之间,搅拌时间应控制在50 s～70 s之间。

2 应随时对出料抽样检查,确保混合料的均匀稳定、不离析。

6.11.2 聚氨酯混合料摊铺应符合下列规定：

1 宜采用机械摊铺，设备摊铺速度、振捣频率应按照试验段确定的参数严格执行，不得随意调换；在摊铺设备无法摊铺到的局部区域，宜采用人工或小型机械摊铺。

2 人工摊铺作业时，宜使用铁锹扣铲轻轻扑散，不得用扬铲的方法，以防止集料上的结合料流失，铺散后，应及时振平捣实。

3 分幅施工时，应将纵缝根据车道划分留设在标线处，交界面的横断面应作处理，后次施工应在前次施工交界面上涂刷黏结剂。

4 施工时，应尽量避免设置施工横缝；如无法避免，应按照纵缝处理方法执行。

5 对纵坡大于3%的钢桥面，摊铺施工应由低处向高处进行。

6.11.3 聚氨酯混合料表面振捣提浆后，应在30 min内均匀撒布砂，用量不宜小于2 kg/m^2；采用机械设备撒布时，行进速度应控制在1.5 m/s；养护完成后，应及时清除未粘附的砂。

6.11.4 聚氨酯混合料养护完成后，方可进入下一道工序或开放交通，养护温度不应低于0 ℃，养护时间不应少于2 h，养护期内，应注意保护，避免污染破坏。

6.12 超高性能混凝土施工

6.12.1 钢桥面铺装用超高性能混凝土施工应符合现行国家标准《混凝土结构工程施工规范》GB 50666的有关规定。

6.12.2 浇筑混凝土前，应在设计规定的构造断缝位置设置隔断构造。隔断构造应平整、牢固地固定在钢桥面板上，但不能损坏防水黏结层。隔断构造可兼作混凝土浇筑模板。

6.12.3 宜在工厂内将各种固体原料加工成超高性能混凝土干混料，并按下列规定储存：

1 干混料应储存于干燥、通风、防潮、不受雨林的场所，并应按品种、批号分别堆放，不得混用，且应先存先用。

2　当干混料存在受潮风险或存放时间超过 3 个月时，应重新取样复验，复验合格后，方可使用。

6.12.4　超高性能混凝土的拌和应符合下列规定：

1　应采用强制式搅拌机，并应经试验确定满足施工要求后方可使用。拌和前，应根据施工配合比精确计量干混料和水的用量，干混料的允许偏差不应大于 2%，用水量的允许偏差不应大于 1%。

2　搅拌时间不宜少于 4 min，且拌合物流化后继续搅拌不宜少于 2 min。

3　超高性能混凝土拌合物中不得有钢纤维结团现象，钢纤维体积含量参照本标准附录 E 的规定。

6.12.5　超高性能混凝土的运输应符合下列规定：

1　运输过程应保证拌合物均匀，不产生分层、离析。

2　运输应保证混凝土浇筑的连续性，超高性能混凝土经加水拌和至卸料的时间不宜超过 90 min。

6.12.6　超高性能混凝土的摊铺应符合下列规定：

1　宜采用布料机布料。当无布料机时，应保证布料均匀，布料松铺系数宜控制在 1.0～1.1 之间。

2　摊铺过程中，施工人员不得直接踩踏在混凝土表面上。

6.12.7　超高性能混凝土的振捣应符合下列规定：

1　宜采用辅助振捣设备振动密实，不宜采用插捣的方式。

2　振捣过程中，应对超高性能混凝土的成型面进行平整度检测，并检测实际摊铺厚度，作出反馈修正。

3　超高性能混凝土浇筑间歇期不宜超过 2 h。

6.12.8　超高性能混凝土层与护栏等边缘构件的连接施工应符合本标准附录 D 的规定。

6.12.9　超高性能混凝土的养护应符合下列规定：

1　振捣完毕后，应立即开始养护工作，通过喷雾等措施增加超高性能混凝土表面湿度。超高性能混凝土终凝前，宜增加两次抹压过程。

2　养护应覆盖严密，并保持膜内有凝结水。

3　宜采取常温的保湿养护。

6.12.10　当日均环境温度低于 5 ℃时，宜通过加热等措施，控制混凝土出机温度和入模温度不低于 5 ℃。

6.12.11　当施工期日最高气温超过 30 ℃时，施工时间宜选择早晨或傍晚。超高性能混凝土干混料宜采用避光、搅拌用水宜添加冰屑等措施，控制混凝土的出机温度不高于 35 ℃。

6.12.12　待超高性能混凝土抗压强度达到 20 MPa 后，即可拆除隔断构造，并对构造断缝做好保护措施。待超高性能混凝土养护结束后，对构造断缝进行有效清理，填充密封材料，并在其上方设置防裂措施。

6.12.13　超高性能混凝土层施工严禁设置施工纵缝，宜避免设置施工横缝。当施工横缝无法避免时，应符合下列规定：

1　施工横缝的设置位置应在混凝土浇筑前确定。施工横缝宜留设在结构受力较小且便于施工的位置，施工横缝处应设置加强构造保证超高性能混凝土层的整体性。施工横缝的设置应经设计单位确认。

2　施工横缝处应无残渣、碎屑等杂物，湿接缝浇筑前，应对接缝面进行凿毛处理，凿毛后，断面上应有大量钢纤维裸露在外，凿毛宽度不应小于 2 cm。浇筑混凝土前，应对凿毛的断面进行洒水湿润，不得有积水。

6.12.14　超高性能混凝土层养护结束后应进行表面处理，并应符合下列规定：

1　抛丸施工前，应先确定超高性能混凝土表面粗糙度、清除表面杂质的要求。抛丸前，应先通过工艺试验确定关键工艺参数。

2　抛丸施工时，抛丸设备两次施工行车道之间需搭接 1 cm～5 cm 宽度。抛丸后，应清洗桥面，确保混凝土表面具有良好的清洁度，无浮灰、碎屑等杂物，并对桥面进行保护，避免二次污染。

7 施工质量管理与验收

7.1 施工质量管理

7.1.1 施工前，应明确质量方针、质量目标和质量责任，实行严格的目标管理、工序管理与岗位责任制度。

7.1.2 质量控制和质量保证应贯穿整个施工过程，应对每个施工环节严格控制把关，出现问题时应及时纠正，严重时应停工整顿。

7.1.3 施工的原始记录、试验检测及计算数据、汇总表格、影像资料等应如实保存。对于返工的项目，返工前后的所有原始数据应如实记录，不得丢弃。

7.1.4 施工过程中，应按表 7.1.4-1～表 7.1.4-7 的规定对各种原材料、混合料进行抽样试验，其质量应符合本标准规定的技术要求。每个检查项目的平行试验次数或一次试验的试验数量应按相关规定执行。

表 7.1.4-1 喷砂除锈、防腐层和防水黏结层施工质量控制要求

类型及组成		技术指标	检查频度[1]	技术要求	试验方法
喷砂除锈		清洁度	9 点/1 000 m^2	Sa 2.5 级	GB/T 8923.1
		粗糙度		60 μm～140 μm	GB/T 13288.5
防腐层	丙烯酸防腐漆	用量	3 点/1 000 m^2	0.10 kg/m^2～0.20 kg/m^2	JTG E60 中 T 0982
		与钢板黏结强度	3 点/1 000 m^2	≥5.0 MPa	JTG/T 3364—02

续表 7.1.4-1

类型及组成			技术指标	检查频度[1]	技术要求	试验方法
防腐层	环氧富锌漆		厚度	3 点/1 000 m^2	50 μm～100 μm	GB/T 13452.2
			与钢板黏结强度	3 点/1 000 m^2	≥7.0 MPa	JTG/T 3364—02
防水黏结层	环氧树脂黏结剂		拉伸强度	1 次/d	≥3.0 MPa	GB/T 16777
			断裂伸长率		≥100%	
			与钢板黏结强度	3 点/1 000 m^2	≥3.0 MPa	JTG/T 3364—02
			用量	3 点/1 000 m^2	符合本标准规定	JTG E60 中 T 0982
			均匀性	随时[2]	无漏涂	目视
	甲基丙烯酸甲酯树脂	甲基丙烯酸甲酯树脂	拉伸强度	1 次/d	≥12.0 MPa	GB/T 16777
			断裂伸长率		≥130%	
			与钢板黏结强度	3 点/1 000 m^2	≥5.0 MPa	JTG/T 3364—02
			用量		共 2.5 kg/m^2～3.5 kg/m^2	JTG E60 中 T 0982
			均匀性	随时[2]	无漏涂	目视
		丙烯酸树脂黏结剂	与结构层下层黏结强度	3 点/1 000 m^2	≥1.0 MPa	JTG/T 3364—02
			用量		0.15 kg/m^2～0.20 kg/m^2	JTG E60 中 T 0982
			均匀性	随时[2]	无漏涂	目视
	溶剂型沥青黏结剂		与桥面板黏结强度	3 点/1 000 m^2	≥2.0 MPa	JTG/T 3364—02
			与结构层下层黏结强度		≥1.0 MPa	
			用量		0.20 kg/m^2～0.40 kg/m^2	JTG E60 中 T 0982
			均匀性	随时[2]	无漏涂	目视

续表 7.1.4-1

类型及组成		技术指标	检查频度[1]	技术要求	试验方法
防水黏结层	环氧沥青黏结剂	拉伸强度	1 次/d	≥6.0 MPa	GB/T 16777
		断裂伸长率		≥190%	
		与钢板黏结强度	3 点/1 000 m^2	≥3.0 MPa	JTG/T 3364—02
		用量		0.65 kg/m^2～0.75 kg/m^2	JTG E60 中 T 0982
		均匀性	随时[2]	无漏涂	目视
	聚氨酯黏结剂	用量	3 点/1 000 m^2	0.10 kg/m^2～0.20 kg/m^2	JTG E60 中 T 0982
		均匀性	随时[2]	无漏涂	目视
		与结构层下层黏结强度	同期试件	≥2.0 MPa	JTG/T 3364—02

注：1. 施工面积不足 1 000 m^2 的，按 1 000 m^2 计。

2. “随时”是指需要经常检查的项目，其检查频度可根据具体情况确定。

表 7.1.4-2 黏层施工质量控制要求

类型及组成		技术指标	检查频度[2]	技术要求	试验方法[1]
黏层	改性乳化沥青	蒸发残留物含量	1 次/洒布段	≥55%	T 0651
		蒸发残留物针入度		40～100 (0.1 mm)	T 0604
		用量	3 点/1 000 m^2	0.30 kg/m^2～0.50 kg/m^2	JTG E60 中 T 0982
		均匀性	随时[3]	无漏洒	目视
	环氧沥青黏结剂	拉伸强度	1 次/d	≥6.0 MPa	GB/T 16777
		断裂伸长率		≥190%	
		用量	3 点/1 000 m^2	0.42 kg/m^2～0.48 kg/m^2	JTG E60 中 T 0982
		均匀性	随时[3]	无漏涂	目视

续表 7.1.4-2

类型及组成		技术指标	检查频度[2]	技术要求	试验方法[1]
黏层	环氧树脂黏结剂	拉伸强度	1 次/d	≥3.0 MPa	GB/T 16777
		断裂伸长率		≥100%	
		用量	3 点/1 000 m^2	0.50 kg/m^2～0.60 kg/m^2	JTG E60 中 T 0982
		均匀性	随时[3]	无漏涂	目视
	改性沥青	针入度	1 次/d	30～60 (0.1 mm)	T 0604
		延度		≥25 cm	T 0605
		软化点		≥85 ℃	T 0606
		弹性恢复率		≥80%	T 0662
	高黏高弹改性沥青	针入度	1 次/d	40～70 (0.1 mm)	T 0604
		软化点		90 ℃	T 0606
		延度		≥40 cm	T 0605
		黏度(60 ℃)		≥60 000 Pa·s	T 0620
		弹性恢复率(25 ℃)		≥90%	T 0662

注:1. 试验方法按照本标准和现行行业标准《公路工程沥青及沥青混合料试验规程》JTG E20 规定的方法执行。

2. 施工面积不足 1 000 m^2 的,按 1 000 m^2 计。

3. "随时"是指需要经常检查的项目,其检查频度可根据具体情况确定。

表 7.1.4-3 剪力钉施工质量控制要求

技术指标	检查频度	技术要求或允许偏差	试验方法
焊缝外形	检查数量为 1%,且不少于 10 个	外形应饱满,表面无气孔、夹渣、裂纹等明显缺陷,不得有未焊接或熔透的部分	目视
剪力钉焊后高度	检查数量为 1%	≤2 mm	钢尺测量

续表 7.1.4-3

技术指标	检查频度	技术要求或允许偏差	试验方法
剪力钉倾角	检查数量为 1%	≤5°	钢尺及量角器测量
剪力钉间距	检查数量为 1%	≤10 mm	钢尺测量
焊接质量	每批检查数量为 1%，且不少于 10 个	弯曲试验不合格率小于 2%	重锤平击

注：焊接质量弯曲试验以重锤平击钉帽，使剪力钉沿原轴线弯曲 30°时，焊接部位不产生裂纹为合格。

表 7.1.4-4 沥青、集料及沥青混合料施工质量控制要求

类型及组成		技术指标	检查频度	技术要求	试验方法[1]
SMA	沥青	针入度、延度、软化点、弹性恢复率	1 次/d	符合本标准规定	T 0604，T0605，T0606，T0662
	集料	颗粒组成(筛分)、含水率	1 次/d	符合本标准和现行行业标准《公路沥青路面施工技术规范》JTG F40 规定	JTG E42 中 T 0327
	混合料	混合料级配	1 次/d～2 次/d		T 0725
		沥青用量			T 0722，T0721
		混合料出厂温度[2]	逐车检测	符合本标准规定	JTG E60 中 T 0981
		空隙率、马歇尔稳定度、流值	1 次/d～2 次/d		T 0702，T 0709
		车辙动稳定度	必要时[3]		T 0709
		极限破坏应变	必要时[3]		T 0715
GA	沥青	针入度、延度、软化点、弹性恢复率	1 次/d	符合本标准规定	T 0604，T0605，T0606，T0662
	集料	颗粒组成(筛分)、含水率	1 次/d	符合本标准和现行行业标准《公路沥青路面施工技术规范》JTG F40 规定	JTG E42 中 T 0327

续表 7.1.4-4

类型及组成		技术指标	检查频度	技术要求		试验方法[1]
GA	混合料	混合料级配	1 次/d～2 次/d	≥4.75mm	±4%	T 0725
				≤2.36mm	±3%	
				0.075mm	±2%	
		沥青用量		±0.3%		T 0722，T0721
		混合料出厂温度[2]	逐车检测	符合本标准规定		JTG E60 中 T 0981
		刘埃尔流动性	随时[3]			JTG/T 3364－02
		贯入度、贯入度增量	2 次/d～3 次/d			JTG/T 3364－02
		极限破坏应变	必要时[4]			T 0715
EA	环氧沥青	拉伸强度、断裂伸长率	1 次/d	符合本标准规定		GB/T 16777
	集料	颗粒组成（筛分）、含水率	1 次/d	符合本标准和现行行业标准《公路沥青路面施工技术规范》JTG F40 规定		JTG E42 中 T 0327
	混合料	混合料级配	1 次/d～2 次/d	≥4.75mm	±4%	T 0725
				≤2.36mm	±3%	
				0.075mm	±2%	
		沥青用量		±0.3%		T 0722，T 0721
		混合料出厂温度[2]	逐车检测	符合本标准规定		JTG E60 中 T 0981
		空隙率、马歇尔稳定度、流值	2 次/d～3 次/d			T 0702，T 0709
		极限破坏应变	必要时[4]			T 0715

注：1. 试验方法按照本标准和现行行业标准《公路工程沥青及沥青混合料试验规程》JTG E20 规定的方法执行。

2. 对于环氧沥青混合料，“混合料出厂温度”应逐车检测评定；沥青混合料运至施工现场应逐车检测温度。

3. “随时”是指需要经常检查的项目，其检查频度可根据具体情况确定。

4. “必要时”是指施工各方任何一个部门对其质量产生怀疑、提出需要检查时，或是根据需要商定的检查频度。

表 7.1.4-5　聚氨酯、集料及聚氨酯混合料施工质量控制要求

类型及组成	技术指标	检查频度	技术要求	试验方法[1]
聚氨酯	拉伸强度、断裂伸长率	1 次/d	符合本标准规定	GB/T 1040
集料	颗粒组成（筛分）、含水率	1 次/d	符合本标准规定	JTG E42 中 T 0305
混合料	马歇尔稳定度	1 次/d～2 次/d	符合本标准规定	T 0702，T 0709
	动稳定度	必要时[2]		T 0709
	冻融劈裂强度比			T 0729
	极限破坏应变			T 0715
	抗压强度			GB/T 50107

注：1. 试验方法按照本标准和现行行业标准《公路工程沥青及沥青混合料试验规程》JTG E20 规定的方法执行。

2. “必要时”是指施工各方任何一个部门对其质量产生怀疑、提出需要检查时，或是根据需要商定的检查频度。

表 7.1.4-6　超高性能混凝土施工质量控制要求

组成	技术指标	检查频度	技术要求或允许偏差	试验方法
拌合物	钢纤维体积率	1 次/100 m^3	±5％	本标准附录 D
	成球率	1 次/100 m^3	0	目视
	坍落扩展度	1 次/100 m^3	符合设计要求	GB/T 50080
成型混凝土	抗压强度、弹性极限抗拉强度、抗拉强度、抗拉应变	1 次/100 m^3	符合设计要求	GB/T 31387、本标准附录 F
	构造深度	1 处/100 m	高速公路、一级公路、快速路、主干路 0.7 mm～1.1 mm；二、三、四级公路以及次干路、支路 0.5 mm～1.0 mm	JTG E60 中 T 0961

注：施工用量不足 100 m^3 的，按 100 m^3 计。

表 7.1.4-7　钢桥面铺装施工过程质量控制要求

技术指标		检查频度	技术要求或允许偏差	试验方法[1]
压实度		—	符合设计要求	按碾压吨位与遍数检查
外观		随时[3]	表面平整密实，不得有明显的轮迹、裂缝、油包等缺陷，且无明显离析	目视
接缝		随时[3]	平整、顺直、无跳车	目视
		逐条缝检测	≤3 mm	T 0931
施工温度	摊铺温度	逐车检测	符合本标准规定	T 0981
	碾压温度	随时[3]	符合本标准规定	插入式温度计实测
厚度	结构层上层	随时[3]	±3 mm(树脂类抗滑表层要求±1 mm)	施工时采用插入法量取混合料松铺厚度或每日用混合料数量及实铺面积计算平均厚度
	总厚度	随时[3]	−3 mm～+5 mm	
平整度[2]	IRI	连续测定	高速公路、一级公路、快速路、主干路≤2.0 m/km；二、三、四级公路及次干路、支路≤4.2 m/km	T 0933
	σ	连续测定	高速公路、一级公路、快速路、主干路≤1.2 mm；二、三、四级公路及次干路、支路≤2.5 mm	T 0932
	最大间隙 h	每 100 m 测 3 处×3 尺	高速公路、一级公路、快速路、主干路≤3.0 mm；二、三、四级公路及次干路、支路≤3.5 mm	T 0931

续表 7.1.4-7

技术指标	检查频度	技术要求或允许偏差	试验方法[1]
路表渗水系数(不大于)	1点/200 m,每点3处取平均值	改性沥青SMA、沥青类抗滑表层要求为80,环氧沥青混合料、聚氨酯混合料、UHPC要求基本无渗水	T 0971
横坡度	每个断面	±0.3%	T 0911

注:1. 试验方法按照本标准和现行行业标准《公路路基路面现场测试规程》JTG E60规定的方法执行。

2. 对于超高性能混凝土铺装采用最大间隙 h 评价平整度,对于其他类型铺装采用国际平整度IRI和平整度标准差 σ 评价平整度。

3. "随时"是指需要经常检查的项目,其检查频度可根据具体情况确定。

7.2 验　收

7.2.1 钢桥面喷砂除锈处理的验收应按现行国家标准《涂覆涂料前钢材表面处理　表面清洁度的目视评定　第1部分:未涂覆过的钢材表面和全面清除原有涂层后的钢材表面的锈蚀等级和处理等级》GB/T 8923.1和现行国家标准《涂覆涂料前钢材表面处理　喷射清理后的钢材表面粗糙度特性　第5部分:表面粗糙度的测定方法》GB/T 13288.5的相关规定执行。

7.2.2 界面功能层、沥青、沥青混合料、聚氨酯和聚氨酯混合料的验收应按现行行业标准《公路工程质量检验评定标准　第一册　土建工程》JTG F80/1的相关规定执行。

7.2.3 剪力钉焊接的验收应按现行国家标准《钢结构工程施工质量验收标准》GB/T 50205的相关规定执行。钢筋网、超高性能混凝土的验收应按现行国家标准《混凝土结构工程施工质量验收规范》GB 50204的相关规定执行。

7.2.4 钢桥面铺装竣工时的验收应符合表7.2.4的规定,并应符合现行行业标准《城市桥梁工程施工与质量验收规范》CJJ 2、《公路工程质量检验评定标准　第一册　土建工程》JTG F80/1 和现行上海市工程建设规范《城市道路桥梁工程施工质量验收规范》DG/TJ 08—2152、《公路养护工程质量检验评定标准(土建工程)》DG/TJ 08—2144 的相关规定。

表 7.2.4　钢桥面铺装竣(交)工检查验收和质量要求

技术指标		检查频度[3]	技术要求或允许偏差	试验方法[1]
压实度		—	符合设计要求	按碾压吨位与遍数检查
厚度	结构层上层	5 点/1 000 m^2	±3 mm(树脂类抗滑表层要求±1 mm)	T 0913 或采用工程雷达
	总厚度	5 点/1 000 m^2	−3 mm～+5 mm	
平整度[2]	IRI	连续测定	高速公路、一级公路、快速路、主干路≤2.0 m/km;二、三、四级公路及次干路、支路≤4.2 m/km	T 0933
	σ	连续测定	高速公路、一级公路、快速路、主干路≤1.2 mm;二、三、四级公路及次干路、支路≤2.5 mm	T 0932
	最大间隙 h	每 100 m 测 3 处×3 尺	高速公路、一级公路、快速路、主干路≤3.0 mm;二、三、四级公路及次干路、支路≤3.5 mm	T 0931
路表渗水系数(不大于)		1 点/200 m,每点 3 处取平均值	改性沥青 SMA、沥青类抗滑表层要求为 80,环氧沥青混合料、聚氨酯混合料、UHPC 要求基本无渗水	T 0971

续表7.2.4

技术指标	检查频度[3]	技术要求或允许偏差	试验方法[1]
横坡度	5个断面/200 m	±0.3%	T 0911
构造深度	5点/200 m	符合设计要求	T 0961,T 0962,T 0963
摩擦系数	5点/200 m	≥45 BPN	T 0964,T 0965

注:1. 试验方法按照本标准和现行行业标准《公路路基路面现场测试规程》JTG E60 规定的方法执行。

2. 对于超高性能混凝土铺装采用最大间隙 h 评价平整度,对于其他类型铺装采用国际平整度 IRI 和平整度标准差 σ 评价平整度。

3. 施工面积不足 1 000 m^2 的,按 1 000 m^2 计。

附录 A　超高性能混凝土铺装界面黏结强度试验方法

A.1　目的与适用范围

A.1.1　本方法适用于试验室条件下检验超高性能混凝土与钢桥面板之间或超高性能混凝土与结构层上层之间的黏结强度，如图 A.1.1 所示。

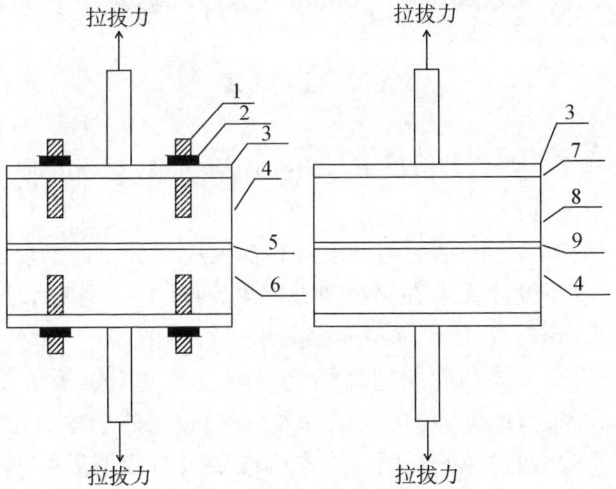

a）超高性能混凝土与钢桥面板之间　b）超高性能混凝土与结构层上层之间

1—带肋钢筋；2—螺帽；3—拉头；4—UHPC 层；5—防水黏结层；6—钢板；7—环氧树脂胶；8—结构层上层；9—黏层

图 A.1.1　黏结强度试验方法示意图

A.2 试验仪具

A.2.1 万能材料试验机：荷载由传感器测定，最大荷载应满足不超过其量程的80%且不小于量程的20%的要求，宜采用50 kN或100 kN，分辨率0.01 kN。应具有环境保温箱，控温准确至±0.1 ℃，加载速率可以选择。试验机宜有伺服系统，在加载过程中速率保持不变。

A.2.2 拉头：采用不锈钢或黄铜制作，形状为边长100 mm正方形，厚度10 mm～12 mm。

A.2.3 带肋钢筋：采用不锈钢制作，直径6 mm～8 mm，长度50 mm～70 mm。

A.2.4 钢板：形状为边长100 mm正方形，厚度为50 mm。

A.3 试验步骤

A.3.1 检验超高性能混凝土与钢桥面板之间黏结强度时，应按照下列顺序进行：

1 钢板喷砂除锈后清洁度和粗糙度应符合设计要求。

2 按照设计要求在喷砂处理后的钢板上成型防水黏结层，并按照本标准或厂家产品说明书要求进行养护。

3 将充分拌和后的超高性能混凝土成型于钢板试件上，周边以模具固定，厚度为50 mm。同时在拉拔头四个角点位置植入带肋钢筋，并通过螺帽紧固。按本标准要求对成型后的试件养护28 d。

A.3.2 检验超高性能混凝土与结构层上层之间黏结强度时，应按照下列顺序进行：

1 将充分拌和后的超高性能混凝土成型于模具中，形状为边长100 mm正方形，厚度为50 mm，并按本标准要求养护28 d。

2　按照设计要求在表面处理后的超高性能混凝土上成型黏层，并按照本标准或厂家产品说明书要求进行养护。

3　将拌和后的结构层上层混合料成型于超高性能混凝土上，周边以模具固定，厚度宜为 40 mm±10 mm，碾压密实后按照本标准要求对组合试件进行养护。

4　通过环氧树脂黏结剂将拉拔头粘贴至组合试件上下表面，放置于室温下养护 1 d 以上。

A.3.3　试验前将固定好拉头的试件放入温度预先设置好的恒温箱中保温，保温时间不应低于 5 h。通常采用的试验温度为 25 ℃、50 ℃和 70 ℃，应在报告中注明试验温度。

A.3.4　将保温后的试件装入试验机。安装试件时，应使试件纵轴与上下拉拔头中心线相重合。

A.3.5　黏结强度试验的拉伸速率采用 10 mm/min。

A.3.6　应匀速加载直至破坏，读取荷载峰值(F)，准确至 0.01 kN，同时观察断裂面情况，记录破坏位置。

A.3.7　从恒温箱中取出试件至测出最大荷载值的时间，不得超过 120 s。

A.4　计　算

A.4.1　按式(A.4.1)计算黏结强度 P。

$$P=\frac{F}{S} \tag{A.4.1}$$

式中：P——试件的黏结强度(MPa)；

F——试件破坏时的最大荷载(N)；

S——拉头底面面积，取 10 000 mm^2。

A.5 试验报告

A.5.1 同一批试件室内平行试验不得少于5个，现场试验不得少于4个。当同一批试件中某个测定值与平均值之差大于标准值的 k 倍时，该测定值应予以舍弃，并以其余测定值的平均值作为试验结果。试件数目为4,5,6个时，k 值分别为1.46,1.67,1.82。

A.5.2 试验后应仔细观察破坏界面的结构层位及其所处的位置，详细记录并在报告中注明，应符合下列规定：

1 检验超高性能混凝土与钢桥面板之间黏结强度时，破坏面可能出现在防水黏结层与钢板之间、防水黏结层内部、防水黏结层与超高性能混凝土之间、超高性能混凝土内部；检验超高性能混凝土与结构层上层之间黏结强度时，破坏面可能出现在黏层与超高性能混凝土之间、黏层内部、黏层与结构层上层之间、结构层上层内部、超高性能混凝土内部等部位。

2 当出现拉拔头与组合构件之间脱层或超高性能混凝土、结构层上层内部断裂时，视为黏结强度大于测试值。

3 若破坏面出现在防水黏结层与钢板之间、防水黏结层与超高性能混凝土之间、黏层与超高性能混凝土之间、黏层与结构层上层之间等部位，应描述黏结层被拉脱的面积占整个黏结层试验面积的百分比。

附录 B　超高性能混凝土铺装界面剪切强度试验方法

B.1　目的与适用范围

B.1.1　本方法适用于试验室条件下采用压剪方法检验超高性能混凝土与钢桥面板之间或超高性能混凝土与结构层上层之间的剪切强度。

B.2　试验仪具

B.2.1　万能材料试验机：荷载由传感器测定，最大荷载满足不超过其量程的 80%且不小于量程的 20%的要求，荷载分辨率0.01 kN。应具有环境保温箱，控温精确至±0.5 ℃，加载速率可以选择。试验机有伺服系统，在加载过程中速率保持不变。

B.2.2　钢板：形状为边长 100 mm 正方形，厚度为 50 mm。

B.2.3　试验模具装置：压剪试验装置如图 B.2.3 所示，试件着力面与加载方向成 45°，模具与压头接触面间应设置辊轴。

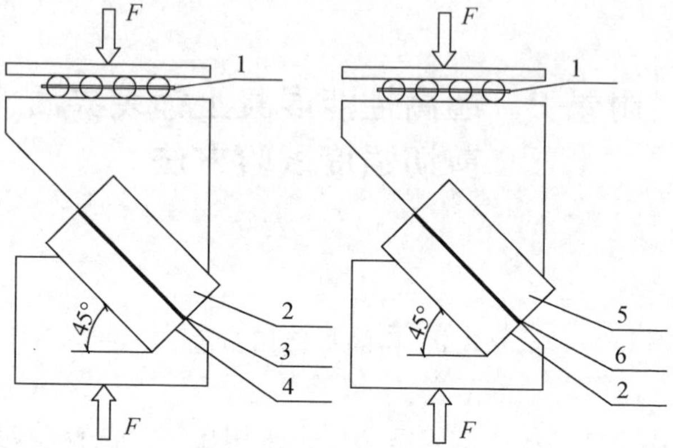

a）超高性能混凝土与钢桥面板之间　b）超高性能混凝土与结构层上层之间

1—辊轴；2—UHPC 层；3—防水黏结层；4—钢板；5—结构层上层；6—黏层

图 B.2.3　剪切强度试验方法示意图

B.3　试验步骤

B.3.1　检验超高性能混凝土与钢桥面板之间剪切强度时，应按照下列顺序进行：

1　钢板喷砂除锈后清洁度和粗糙度应符合设计要求。

2　按照设计要求在喷砂处理后的钢板上成型防水黏结层，并按照本标准或厂家产品说明书要求进行养护。

3　将充分拌和后的超高性能混凝土成型于钢板试件上，周边以模具固定，厚度为 50 mm。按本标准要求对成型后的试件养护 28 d。

B.3.2　检验超高性能混凝土与结构层上层之间剪切强度时，应按照下列顺序进行：

1　将充分拌和后的超高性能混凝土成型于模具中，形状为边长 100 mm 的正方形，厚度为 50 mm，并按本标准要求养护 28 d。

2　按照设计要求在表面处理后的超高性能混凝土上成型黏层，并按照本标准或厂家产品说明书要求进行养护。

3　将拌和后的结构层上层混合料成型于超高性能混凝土上，周边以模具固定，厚度宜为 40 mm±10 mm，碾压密实后按照本标准要求对组合试件进行养护。

B.3.3　将试件放入温度预先设置好的恒温箱中保温，保温时间不应低于 5 h。通常采用的试验温度为 25 ℃、50 ℃和 70 ℃，应在报告中注明试验温度。

B.3.4　加载速率应采用 10 mm/min。

B.3.5　将保温后的试件置于模具中，匀速加载直至破坏。读取荷载峰值(F)，精确至 0.01 kN。记录破坏时的荷载及破坏位置，观察界面情况。

B.3.6　从恒温箱中取出试件至测出最大荷载值的时间，不得超过 120 s。

B.4　计　算

B.4.1　按式(B.4.1)计算剪切强度

$$\tau = F/S \times \sin\alpha \quad \text{(B.4.1)}$$

式中：τ ——试件的剪切强度(MPa)；

F ——试件破坏时的最大荷载(N)；

S ——试件受剪面积(mm^2)；

α ——试件受剪角度(45°)。

B.5　试验报告

B.5.1　同一批试件室内平行试验不得少于 5 个，现场试验不得少于 4 个，当同一批试件中某个测定值与平均值之差大于标准差的

k 倍时，该测定值应予以舍弃，并以其余测定值的平均值作为试验结果。试件数目为 4，5，6 个时，k 值分别为 1.46，1.67，1.82。

B.5.2 试验后应仔细观察破坏界面的结构层位及其所处的位置，详细记录并在报告中注明，应符合下列规定：

1 检验超高性能混凝土与钢桥面板之间黏结强度时，破坏面可能出现在防水黏结层与钢板之间、防水黏结层内部、防水黏结层与超高性能混凝土之间、超高性能混凝土内部；检验超高性能混凝土与结构层上层之间黏结强度时，破坏面可能出现在黏层与超高性能混凝土之间、黏层内部、黏层与结构层上层之间、结构层上层内部、超高性能混凝土内部等部位。

2 当出现超高性能混凝土、结构层上层内部断裂时，视为黏结强度大于测试值。

3 若破坏面出现在防水黏结层与钢板之间、防水黏结层与超高性能混凝土之间、黏层与超高性能混凝土之间、黏层与结构层上层之间等部位，应描述黏结层被破坏的面积占整个黏结层试验面积的百分比。

附录 C　超高性能混凝土铺装复合梁疲劳试验方法

C.1　目的与适用范围

C.1.1　本方法适用于试验室条件下，通过重复荷载弯曲试验评价超高性能混凝土铺装在重复荷载作用下的疲劳性能以及超高性能混凝土结构层与钢桥面板间的结合性能。

C.2　试验仪具

C.2.1　试验装置如图 C.2.1 所示，由 Q345D 钢板组成，钢板两端距边缘 10 cm 处各焊接 1 根直径为 10 mm 的锚固钢筋。

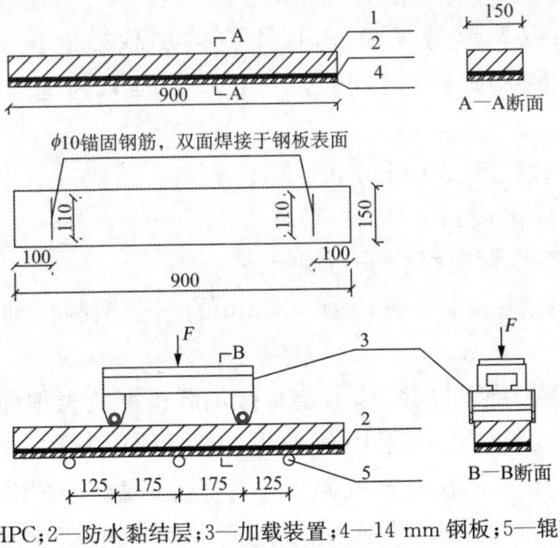

1—UHPC；2—防水黏结层；3—加载装置；4—14 mm 钢板；5—辊轴支座

图 C.2.1　钢桥面铺装组合结构超高性能混凝土复合梁疲劳试验装置示意图(单位:mm)

C.2.2 两脚施力架、辊轴支座(3个)、底座:1套。

C.2.3 加载装置:气动或者液压加载装置、能够为疲劳试验系统提供循环动力荷载,可根据试验要求输出不同频率、不同振幅的正弦加载波形,荷载分辨率0.01 kN。

C.3 试验步骤

C.3.1 试件成型应符合下列规定。

1 钢板喷砂除锈后清洁度和粗糙度需符合设计要求。

2 按照设计要求在喷砂处理后的钢板上成型防水黏结层,并按照本标准或厂家产品说明书要求进行养护。

3 将拌和后的超高性能混凝土材料直接浇注在上一步养护后的钢板试件上。

4 超高性能混凝土成型完毕后,按规定对成型后的试件养护7 d以上。

C.3.2 加载方式应符合下列规定:

1 加载波形为正弦波,以不变的加载幅度在F_g(基本荷载)和F_0(最大荷载)之间变动。F_0取70 kN,基本荷载$F_g = 0.1\ F_0$。

2 加载频率:10 Hz±0.1 Hz。

3 试验温度:20 ℃±2 ℃。

C.3.3 试验步骤应符合下列规定:

1 将试件支承于直径为50 mm的三个钢制辊轴支座上,支承间距为300 mm。

2 加载力通过两脚施力架直接加载于混凝土顶面。

3 试验前试件应采用荷载F_g进行预压三次,每次加载至F_g后保持10 s,两次加载间隔20 s,保证加载点与试件有效接触。

4 均衡状况满足要求后,设定频率和荷载,启动疲劳试验。

5 记录防水黏结层和铺装结构层出现破坏(开裂、脱层)的情况及相对应的重复加载次数。

6 当超高性能混凝土出现贯穿裂缝或超高性能混凝土与钢桥面板间脱层总长度达到混合料周长(2 100 mm)的50%时,疲劳试验停止。

C.4 试验报告

C.4.1 平行试验不得少于2个,当同一批试件中某个测定值与平均值之差大于平均值的10%时,该测定值应予以舍弃,取平均值作为试验结果,最终有效测定值不得少于2个。

C.4.2 在报告上详细记录脱层、裂缝出现的位置与尺寸,防水黏结层和铺装结构层出现破坏(开裂、脱层)时对应的加载次数。

附录D　超高性能混凝土铺装边缘构造与排水结构示意图

D.0.1　在超高性能混凝土层与护栏等边缘构件的界面上均匀涂布环氧树脂黏结剂，用量宜为 0.2 kg/m^2～0.4 kg/m^2。在超高性能混凝土层顶面横坡最低处设置螺旋排水管，排水管位置应与边缘构件密贴，排水管与边缘构件、超高性能混凝土的接触缝隙内应填充密封防水材料，排水管应接入泄水孔，如图 D.0.1 所示。

D.0.2　当边缘构件为混凝土构件时，宜将超高性能混凝土层伸入该构件内部区域 50 mm 以上，如图 D.0.2 所示。

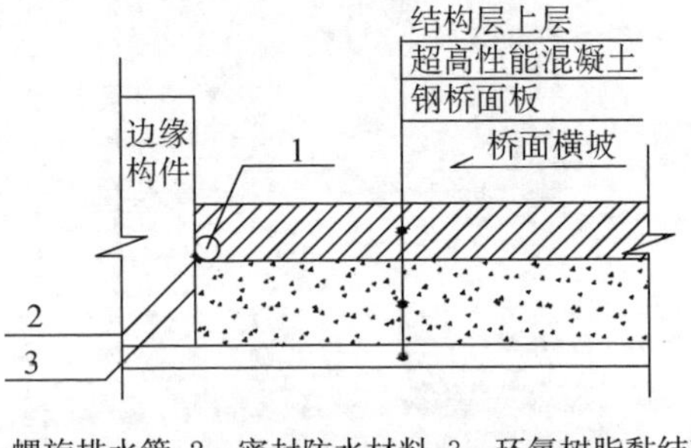

1—螺旋排水管；2—密封防水材料；3—环氧树脂黏结剂

图 D.0.1　边缘构造与排水示意图

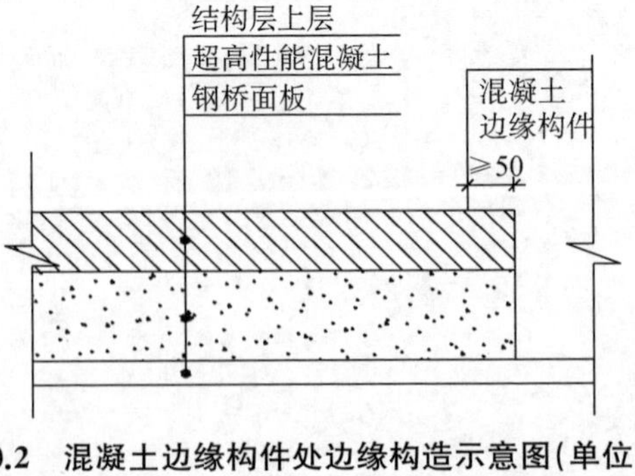

图 D.0.2　混凝土边缘构件处边缘构造示意图(单位:mm)

附录 E 超高性能混凝土拌合物中钢纤维体积率的检验方法

E.0.1 适用范围

本方法适用于测定超高性能混凝土干混料和拌合物中钢纤维所占的体积百分率，即钢纤维体积率。

E.0.2 实验设备

1 电子天平：称重 1 kg，感量不应低于 1 g。

2 容量筒：钢制，容积 5 L，直径和筒高均为 186 mm±2 mm，壁厚 3 mm。

3 振动台：频率宜为 50 Hz ± 3 Hz，空载时振幅宜为 0.5 mm±0.1 mm。

4 不锈钢丝筛网：网孔尺寸应为 2.5 mm×2.5 mm。

5 其他：振槌、铁铲、容器和磁铁等。

E.0.3 检验步骤

1 应把容量筒内外擦拭干净。

2 应一次性将拌合物灌倒高出容量筒口，并利用振动台或振槌进行振实。振动过程中，如拌合物沉落低于筒口，应随时添加，直至表面出浆。

3 刮去多余的拌合物，并填平表面凹陷部分。

4 将拌合物倒入不小于 10 倍拌合物体积的大容器中，加水搅拌，用磁铁收集水中的钢纤维，并仔细洗净粘附在钢纤维上的异物。

5 将收集的钢纤维在 105 ℃±5 ℃的温度下烘干至恒重，烘干时间应不少于 4 h，然后每隔 1 h 称重一次，直至连续 2 次称量之差小于较小值的 0.5%时为止。冷却至室温后称其质量，精确至 1 g。

E.0.4 钢纤维体积率计算

钢纤维体积率按式(E.0.4)计算：

$$V_{sf}=\frac{m_{sf}}{p_{sf}V}\times 100 \tag{E.0.4}$$

式中：V_{sf} ——钢纤维体积率(%)；

m_{sf} ——容量筒中钢纤维质量(g)；

p_{sf} ——钢纤维密度(kg/m^3)；

V——容量筒容积(L)。

E.0.5 试验结果处理

试验应分两次进行，两次测定的偏差应小于两次测量平均值的5%，否则结果无效，应重新检测；取两次测定值的平均值作为钢纤维含量试验结果。

附录 F 超高性能混凝土抗拉性能试验方法

F.1 目的与适用范围

F.1.1 本试验方法适用于超高性能混凝土的单轴拉伸抗拉性能试验,以衡量超高性能混凝土的抗拉强度及拉伸变形行为。

F.2 试件尺寸和数量

F.2.1 抗拉性能试件尺寸如图 F.2.1 所示,抗拉性能试件厚度为 30 mm。

F.2.2 每组试件数量为 6 个。

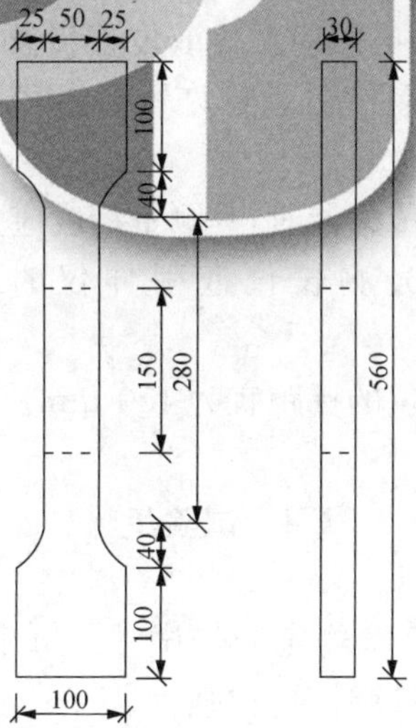

图 F.2.1 抗拉性能试件尺寸示意图(单位:mm)

F.3 试验仪器

F.3.1 拉力试验机应符合下列规定：

1 试件破坏荷载宜大于拉力试验机全量程的20%且宜小于拉力试验机全量程的80%。

2 示值相对误差应为±1%。

3 应具有加荷速度指示装置或加荷速度控制装置，并应能均匀、连续地加荷。

4 其拉伸间距应为800 mm～1 000 mm。

5 其他要求应符合现行国家标准《液压式万能试验机》GB/T 3159和《试验机通用技术要求》GB/T 2611中的有关规定。

F.3.2 用于微变形测量的仪器装置应符合下列规定：

1 用于微变形测量的仪器宜采用电阻应变片测长仪或位移传感器，也可采用激光测长仪、引伸仪等。采用位移传感器时，应备有微变形测量固定架，试件的变形通过微变形测量固定架传递到位移传感器。采用电阻应变片或位移传感器测量试件变形时，应备有数据自动采集系统，条件许可时，可采用荷载和位移数据同步采集系统。

2 当采用位移传感器时，其测量精度应为±0.001 mm；当采用电阻应变片、激光测长仪或引伸仪时，其测量精度应为±0.001%。

3 微变形测量仪的标距宜为150 mm。

F.4 试验步骤

F.4.1 按本标准第7章规定制作试件。每个试件在进行抗拉性能试验时，应同时测试弹性抗拉强度、极限抗拉强度、极限抗拉应变3个参数，以6个试件为一组。

F.4.2 到达试验龄期前，将试件从养护室取出，待表面水分干燥后，将试件放置于试验机上下夹具中，保证上下夹具连接件与混凝土试件的中轴线一致并对中。在试件弧形段与夹具接触部位放置0.5 mm～1 mm厚的橡胶垫片。将试件上端与试验机上夹头固定，升降拉力试验机至合适高度，调整试件方向，将试件下端固定。

F.4.3 当采用位移传感器测量变形时，应将位移传感器固定在变形测量架，并由标距定位杆进行定位，然后将变形测量架通过紧固螺钉固定在试件中部。当采用电阻应变片测量变形时，在试件从养护室取出后，应尽快在试件的两侧中间部位用电吹风吹干表面，然后用502胶粘贴电阻应变片。从试件取出至试验完毕，不宜超过4 h。应提前做好变形测量的准备工作。

F.4.4 开动试验机进行预拉，预拉荷载相当于破坏荷载的15%～20%。预拉时，应测读应变值，计算偏心率，计算方法按照现行国家标准《普通混凝土力学性能试验方法标准》GB/T 50081的轴向拉伸试验方法进行。当试块偏心率大于15%时，应对试块重新进行对中调整。

F.4.5 预拉完毕后，应重新调整测量仪器，进行正式测试。拉伸试验时，对试件进行连续、均匀加荷，宜采用位移控制加荷，加荷速率宜控制在0.2 mm/min。当采用位移传感器测量变形时，试件测量标距内的变形应由数据采集系统自动记录，绘制荷载-位移曲线。

F.4.6 当满足下述条件之一时，应终止加载，停止试验：

1 残余抗拉强度低于抗拉强度的70%时。

2 试件的拉应变大于5 000 $\mu\varepsilon$时。

3 拉断时。

F.5 结果计算及确定

F.5.1 弹性极限点：

在结果计算前，首先应确定抗拉弹性极限点。在位移传感器和数据采集系统绘制的荷载-位移曲线或应变片记录的荷载-应变曲线中，由线性段转为非线性段的点作为弹性极限点。当弹性极限点不明显时，取 200$\mu\varepsilon$ 对应的曲线上的点作为弹性极限点。

F.5.2 弹性极限抗拉强度应按式(F.5.2)计算：

$$f_{te}=\frac{F_{te}}{A} \tag{F.5.2}$$

式中：f_{te} ——弹性极限抗拉强度，计算结果精确至 0.1 MPa；

F_{te} ——弹性极限荷载(N)，取弹性极限点处的荷载；

A ——抗拉试件中部截面积(mm^2)。

F.5.3 弹性极限拉应变应按式(F.5.3)计算：

$$\mu_{te}=\frac{l_{tu}}{L} \tag{F.5.3}$$

式中：μ_{te} ——弹性极限拉应变，计算结果精确至 1×10^{-6}；

l_{tu} ——弹性极限点处变形(mm)；

L ——测试标距(mm)。

当采用应变片测量时，弹性极限拉应变可由应变片记录的荷载-应变曲线直接获取。

F.5.4 抗拉弹性模量应按式(F.5.4)计算：

$$E_{te}=\frac{f_{te}}{\mu_{te}} \tag{F.5.4}$$

式中：E_{te} ——抗拉弹性模量，计算结果精确至 100 MPa；

f_{te} ——弹性极限抗拉强度(MPa)；

μ_{te} ——弹性极限拉应变($\times10^{-6}$)。

F.5.5 抗拉强度应按式(F.5.5)计算：

$$f_{tu}=\frac{F_{max}}{A} \tag{F.5.5}$$

式中：f_{tu} ——抗拉强度，计算结果精确至 0.1 MPa；

F_{max} ——抗拉试验加荷过程中的最大荷载(N)；

A ——抗拉试件中部截面积(mm^2)。

F.5.6 抗拉应变应按式(F.5.6)计算：

$$\mu_{tu}=\frac{l_{tu}}{L} \tag{F.5.6}$$

式中：μ_{tu} ——抗拉应变，计算结果精确至 1×10^{-6}；

l_{tu} ——最大拉应力处变形(mm)；取荷载-变形曲线中最大拉应力处的试件变形；

L ——测试标距(mm)。

当采用应变片测量时，抗拉应变可由应变片记录的荷载-应变曲线直接获取。

F.5.7 试验结果的处理：

试件开裂位置位于标距内试件为有效拉伸试件。弹性极限抗拉强度、弹性极限拉应变、抗拉弹性模量、抗拉强度、抗拉应变以有效拉伸试件测试值的平均值作为试验结果。当有效拉伸试件数量少于 3 个时，该组试件无效。

本标准用词说明

1　为便于在执行本标准条文时区别对待，对要求严格程度不同的用词说明如下：

1）表示很严格，非这样做不可的用词：
正面词采用“必须”；
反面词采用“严禁”。

2）表示严格，在正常情况下均应这样做的用词：
正面词采用“应”；
反面词采用“不应”或“不得”。

3）表示允许稍有选择，在条件许可时首先应这样做的用词：
正面词采用“宜”；
反面词采用“不宜”。

4）表示有选择，在一定条件下可以这样做的用词，采用“可”。

2　条文中指明应按其他有关标准执行的写法为：“应符合……的规定”或“应按……执行”。

引用标准名录

1 《通用硅酸盐水泥》GB 175
2 《试验机通用技术要求》GB/T 2611
3 《液压式万能试验机》GB/T 3159
4 《混凝土外加剂》GB 8076
5 《涂覆涂料前钢材表面处理表面清洁度的目视评定　第1部分:未涂覆过的钢材表面和全面清除原有涂层后的钢材表面的锈蚀等级和处理等级》GB/T 8923.1
6 《电弧螺柱焊用圆柱头焊钉》GB/T 10433
7 《涂覆涂料前钢材表面处理喷射清理后的钢材表面粗糙度特性　第5部分:表面粗糙度的测定方法》GB/T 13288.5
8 《建筑密封材料试验方法》GB/T 13477
9 《高强高性能混凝土用矿物外加剂》GB/T 18736
10 《涂覆涂料前钢材表面处理》GB/T 18838
11 《活性粉末混凝土》GB/T 31387
12 《普通混凝土拌合物性能试验方法标准》GB/T 50080
13 《普通混凝土力学性能试验方法标准》GB/T 50081
14 《普通混凝土长期性能和耐久性能试验方法标准》GB/T 50082
15 《混凝土外加剂应用技术规范》GB 50119
16 《混凝土结构工程施工质量验收规范》GB 50204
17 《钢结构工程施工质量验收标准》GB/T 50205
18 《混凝土结构工程施工规范》GB 50666
19 《工程结构加固材料安全性鉴定技术规范》GB 50728
20 《城市桥梁设计规范》CJJ 11

21 《城市桥梁工程施工与质量验收规范》CJJ 2
22 《城镇桥梁沥青混凝土桥面铺装施工技术标准》CJJ/T 279
23 《富锌底漆》HG/T 3668
24 《混凝土接缝用建筑密封胶》JC/T 881
25 《普通混凝土用砂、石质量及检验方法标准》JGJ 52
26 《混凝土用水标准》JGJ 63
27 《公路钢桥面铺装设计与施工技术规范》JTG/T 3364—02
28 《公路工程技术标准》JTG B01
29 《公路水泥混凝土路面设计规范》JTG D40
30 《公路沥青路面设计规范》JTG D50
31 《公路钢结构桥梁设计规范》JTG D64
32 《公路工程沥青及沥青混合料试验规程》JTG E20
33 《公路工程集料试验规程》JTG E42
34 《公路路基路面现场测试规程》JTG E60
35 《公路沥青路面施工技术规范》JTG F40
36 《公路桥涵施工技术规范》JTG/T F50
37 《公路工程质量检验评定标准　第一册　土建工程》JTG F80/1
38 《公路养护工程质量检验评定标准（土建工程）》DG/TJ 08—2144
39 《城市道路桥梁工程施工质量验收规范》DG/TJ 08—2152
40 《高性能混凝土应用技术标准》DG/TJ 08—2276
41 《道路、排水管道成品与半成品施工及验收规程》DG/TJ 08—87
42 《温拌沥青混合料路面技术标准》DG/TJ 08—2083

上海市工程建设规范

钢桥面铺装工程应用技术标准

DG/TJ 08—2353—2020
J 15742—2021

条 文 说 明

2021 上海

目　次

1　总　则 …………………………………………………… 87
2　术语和符号 ……………………………………………… 88
　2.1　术　语 ……………………………………………… 88
　2.2　符　号 ……………………………………………… 88
3　铺装结构设计 …………………………………………… 89
　3.1　一般规定 …………………………………………… 89
　3.2　结构层设计 ………………………………………… 91
　3.3　界面功能层设计 …………………………………… 93
　3.4　组合设计与验证 …………………………………… 94
　3.5　特殊部位及人行、非机动车桥梁铺装方案 ………… 102
　3.6　边缘防排水设计 …………………………………… 103
4　材　料 …………………………………………………… 104
　4.1　界面功能层材料 …………………………………… 104
　4.2　沥青混合料原材料 ………………………………… 104
　4.3　聚氨酯混合料原材料 ……………………………… 105
　4.4　超高性能混凝土原材料 …………………………… 105
5　混合料 …………………………………………………… 106
　5.2　聚氨酯混合料 ……………………………………… 106
　5.3　超高性能混凝土 …………………………………… 107
6　施　工 …………………………………………………… 109
　6.1　一般规定 …………………………………………… 109
　6.2　钢桥面板除锈及防腐层施工 ……………………… 111

6.4　防水黏结层施工 ………………………………………………… 112
6.7　改性沥青混合料施工 ………………………………………… 113
6.9　热拌和温拌环氧沥青混合料施工 …………………………… 113
6.10　冷拌环氧沥青混合料施工 …………………………………… 113
6.12　超高性能混凝土施工 ………………………………………… 114

Contents

1 General provisions ······ 87
2 Terms and symbols ······ 88
2.1 Term ······ 88
2.2 Symbol ······ 88
3 Design of paving structures ······ 89
3.1 General rules ······ 89
3.2 Design of pavement structure layer ······ 91
3.3 Design of functional layer ······ 93
3.4 Design and verification of combination schemes ··· 94
3.5 Paving schemes of special parts, footbridges and non-motor bridges ······ 102
3.6 Waterproof and drainage design at edges ······ 103
4 Materials ······ 104
4.1 Original materials of functional layer ······ 104
4.2 Original materials of asphalt mixtures ······ 104
4.3 Original materials of polyurethane mixtures ······ 105
4.4 Original materials of ultra high performance concrete ······ 105
5 Mixtures ······ 106
5.2 Polyurethane mixtures ······ 106
5.3 Ultra high performance concrete ······ 107
6 Construction ······ 109
6.1 General rules ······ 109

6.2 Construction of derasting and anti-corrosion coat on steel deck ·· 111
6.4 Construction of waterproof-bonding layer ········ 112
6.7 Construction of modified asphalt mixtures ········ 113
6.9 Construction of hot mixed and warm mixed epoxy asphalt mixtures ·· 113
6.10 Construction of cold mixed epoxy asphalt mixtures ·· 113
6.12 Construction of ultra high performance concrete ·· 114

1 总　则

1.0.1～1.0.3　钢桥面铺装是铺设于钢桥面顶板之上，供车辆安全舒适行驶，对钢桥面板具有保护作用的铺装结构，主要由结构层和界面功能层组成。

考虑到上海地区钢桥面铺装实际应用现状，对于典型的沥青类铺装结构，本标准在已有行业标准(《城镇桥梁沥青混凝土桥面铺装施工技术标准》CJJ/T 279、《公路钢桥面铺装设计与施工技术规范》JTG/T 3364—02)的基础上适度调整，提高部分技术指标和要求，体现上海地区特点；对于近年来涌现出的应用超高性能混凝土、聚氨酯混凝土等新材料的新型铺装结构(两种铺装结构均有成熟的理论支撑、相关数据验证以及成功的工程案例实践)，本标准本着积极稳妥推广新技术、新材料、新工艺的原则予以纳入并进行了相关规定。

2 术语和符号

2.1 术 语

2.1.1,2.1.2 桥面铺装结构应包括铺装结构层和界面功能层两项内容,界面功能层应与铺装结构层相匹配。结构层提供粗糙界面供车辆行走,同时也起到保护钢桥面板作用,一般为双层设计,也可作单层设计。当采用双层设计时,结构层上层起到提供粗糙界面供车辆行走的作用,结构层下层起到分散车辆荷载应力、保护钢桥面板的作用。界面功能层包括防水黏结层、黏层、防腐层和缓冲层等,其各项的定义应符合现行行业标准《公路钢桥面铺装设计与施工技术规范》JTG/T 3364—02 的规定。

2.2 符 号

2.2.1 SMA 符号定义按照现行行业标准《公路沥青路面施工技术规范》JTG F40 执行。

3 铺装结构设计

3.1 一般规定

3.1.1 钢桥面铺装的设计需考虑的因素较多，包括桥梁结构类型、受力特点、道路等级、交通荷载、使用要求、环境气候、施工条件和恒载限制等，且目前尚无完备的设计理论，应多参照已有的类似条件的工程经验进行。

3.1.2 抗滑表层仅作为补充抗滑等路用性能要求的功能层，具体使用时应进行专项设计，抗滑表层及其与结构层间的黏层的设计使用年限应根据每个工程的特定需求单独确定。

研究表明，超高性能混凝土铺装使用寿命的影响因素包括：①铺装结构的强度；②铺装结构的疲劳性能；③防水黏结层材料的耐久性；④结构层上层（如有）和黏层（如有）相关性能。对于因素①，通过本标准相关规定，可靠度理论下的强度破坏的概率极低，不作为控制因素；对于因素②，本标准将其拆解为超高性能混凝土材料的疲劳性能和简化后组合结构的疲劳性能两方面，经文献调研和试验研究，可认为超高性能混凝土材料在应力水平 0.5（疲劳加载最大应力与静载下破坏应力的比值）以下不会疲劳破坏，超过了实桥超高性能混凝土层可能产生的最大应力需求，即材料的疲劳破坏概率极低，而对于简化后组合结构的疲劳性能，本标准专门设计了如附录 B 所示的疲劳试验，通过试验次数来对应实桥的设计使用年限；对于因素③，防水黏结层材料的耐久性包括耐湿热老化能力和耐长期应力作用能力，通过本标准第 4.1.7 条的规定，其设计使用年限不小于 50 年；

对于因素④，经研究，当存在结构层上层和黏层时，其受力状态与其他类型的铺装结构的相应层位没有本质区别。综上，考虑到超高性能混凝土铺装为新型铺装结构，且防水黏结层的使用环境较为恶劣，本标准规定其超高性能混凝土结构层与防水黏结层的设计使用年限不宜小于 30 年，其他部分设计使用年限不宜小于 15 年。

近年来，工程界将超高性能混凝土进行密配筋设计并与钢桥面板通过密布剪力钉形成一种新型的组合桥面结构，大量研究和文献表明，由于按照桥梁结构的要求经过加强设计，该组合桥面的设计使用年限可达 50 年以上。

3.1.3 交通条件是钢桥面铺装结构分析与设计的基础，不同的交通量及交通组成中每一车型比例、额定载重、轴型与轮组及各级轴载分布率作用对桥面铺装的破坏程度是不同的，因此，理想情况是通过交通调查、轴载换算以及预测增长率等方式得出设计年限内的当量设计轴载累计作用次数。但考虑到交通调查工作量较大，交通量增长率的预测也存在诸多不确定性，且每种铺装类型对应的轴载换算系数均不同，为提高本标准的可操作性，参照现行行业标准《公路沥青路面设计规范》JTG D50 的相关规定，以设计使用年限内累计大型客车和货车交通量之和将交通荷载分为极重、特种、重、中等和轻五个等级。

计算分析中采用的汽车荷载等可变作用应根据桥梁主体结构的设计标准确定。

3.1.4 本标准中铺装设计流程参考现行行业标准《公路钢桥面铺装设计与施工技术规范》JTG/T 3364—02 的相关规定，可分为如下步骤：

1 按照桥梁主体结构的设计标准确定桥面铺装的交通荷载，并根据现行行业标准《公路沥青路面设计规范》JTG D50 确定交通荷载等级。

2　结合具体工程特点和类似工程经验，选择铺装材料，根据本标准第4、5章的规定测试铺装材料的性能参数，并进行结构层设计和界面功能层设计。

3　进行铺装组合设计与验证。初步拟定桥面铺装方案，验算钢桥面板和铺装的组合刚度，并验证铺装组合结构的高温稳定性能、界面黏结性能和复合梁疲劳性能。

4　对通过验证的桥面铺装方案进行技术、经济分析，确定最优方案，并完善特殊部位方案及边缘防排水设计。

3.2　结构层设计

3.2.1　为保障工程质量，提高铺装耐久性，本条给出了结构层单层和抗滑表层的适宜厚度，其中，沥青混合料适宜层厚根据压实特性结合公称最大粒径确定，聚氨酯混合料、超高性能混凝土和抗滑表层根据近期研究成果结合工程经验确定。对于大修工程或结构层总厚度受到桥梁主体结构设计恒载限制时，结构层单层厚度可适当减小，但最小厚度应符合表1的规定。

表1　结构层单层最小厚度

材料类型	公称最大粒径(mm)	最小厚度(mm)
改性沥青混合料	9.5	30
	13.2	35
浇注式沥青混合料	9.5	25
	13.2	30
环氧沥青混合料	4.75	15
	9.5	25
	13.2	30
聚氨酯混合料	9.5	20
UHPC	5	40

3.2.2 铺装结构层既要满足抗滑耐磨、抗裂耐久、抗高温变形等路用性能，也要具有抗渗水、随从变形、与防水黏结层良好黏结等性能，考虑到使用功能和维修便利性，一般采用双层设计。

改性沥青混合料(SMA)可用作钢桥面铺装的上、下层材料，目前由改性 SMA 作为结构层下层材料的双层 SMA 结构应用已经逐渐减少，仅在小跨径钢桥上仍在使用。改性 SMA 作为结构层上层时，应综合考虑跨径、荷载的影响。一般，高黏改性沥青适用于中小跨径桥梁中轻交通量的钢桥桥面铺装；高弹改性沥青相对高黏改性沥青而言，能够获得更好的抗裂效果，可适用于大跨径重载交通桥梁的钢桥面铺装。浇注式沥青混合料(GA)一般作为钢桥面结构层下层材料。环氧沥青混合料(EA)一般作为钢桥面铺装的上、下层材料。

聚氨酯混凝土和超高性能混凝土铺装结构属于近年来逐步推广应用并已在上海取得良好使用效果的铺装形式。由于两种新型材料本身的良好综合性能，实际应用中可以将其作为结构层下层使用，也可以进行单层设计，即结构层仅设置一层。当进行单层设计时，如结构层表面抗滑等路用性能不满足本标准要求，应在结构层上方设置抗滑表层。

3.2.3 构造断缝的设置用以释放部分由铺装和钢主梁温差引起的超高性能混凝土结构层温度应力，故其设置位置应选取在高温度应力区域，而高温度应力区域应根据桥型结构特点确定，如对于梁式桥，构造断缝宜设置在桥梁跨中、墩顶等区域。距离横桥向构造断缝边缘 0.8 m 范围内，超高性能混凝土层宜采取有效措施增强刚度和抗裂性能。横桥向构造断缝边缘宜设置隔断构造，并与超高性能混凝土层有效连接。构造断缝上方的防裂措施用于保证结构层上层的连续性，防裂措施可采用聚酯玻纤防裂布。

3.2.4 研究表明，一般情况下，在合理设置构造断缝后，基于超高性能混凝土材料良好的力学性能，超高性能混凝土结构层内不需要设置受力钢筋网。但对于一些特殊情况，在主梁腹板、纵隔板等局部刚度突变的位置，根据分析发现结构层横向应力较大导致超高性能混凝土材料无法满足该区域的疲劳性能需求，应进行配筋设计，合理设置受力钢筋。另外，超高性能混凝土结构层厚度一般不超过 6 cm，钢筋的设置特别是密集的钢筋网极易造成薄层结构浇筑不密实，严重影响其成型质量，威胁长期使用性能。因此，如无受力需要，不建议在超高性能混凝土结构层中设置钢筋。

3.3 界面功能层设计

3.3.1 界面功能层包括防腐层、防水黏结层、缓冲层和黏层。其中，防腐层是涂布在钢桥面板表面，防止钢板生锈腐蚀的界面薄层；防水黏结层是用于钢板与结构层下层之间，起界面黏结作用，并能阻止水分对钢板侵蚀的层位；缓冲层是用于防水黏结层与结构层下层之间，具有一定厚度，起隔热、缓冲荷载、提供施工平台等作用的层位；黏层是用于结构层下层与结构层上层之间，起黏结作用的层位。界面功能层的选择应与铺装结构层相匹配，本标准给出了建议的组合参考方案。

室内试验和工程实践表明，防腐底漆将降低钢桥面板与结构层下层之间的黏结强度，若防水黏结层兼具有防腐功能，可以不设防腐层。

缓冲层主要起隔热、缓冲荷载、提供施工平台等作用，在我国通常用于改性沥青混合料铺装结构层与环氧树脂黏结剂防水黏结层之间。

对于超高性能混凝土铺装，在超高性能混凝土层边缘及构造断缝两侧可布置 3 排以上焊钉。剪力钉宜采用焊钉，焊钉应符合现行国家标准《电弧螺柱焊用圆柱头焊钉》GB/T 10433 的规定。焊钉顶部混凝土保护层厚度不应小于 5 mm，不宜小于 10 mm，焊钉直径宜为 13 mm，焊钉间距宜为 250 mm～350 mm，不应小于 200 mm，不应大于 400 mm，宜布置在超高性能混凝土层边缘及构造断缝两侧。

当超高性能混凝土铺装采用改性沥青混合料 SMA 作为结构层上层时，由于两层刚度差异较大且 SMA 层一般较薄，根据受力分析及工程经验，需重视黏层的选择，本标准建议选用高黏高弹改性沥青加预拌碎石的方案，其抗剪性能较好。

3.4 组合设计与验证

3.4.1 本标准推荐铺装组合设计方案示例如图 1。

结构层上层	改性沥青混合料SMA、AC，厚度：35 mm～45 mm
黏　层	改性乳化沥青，用量：0.30 kg/m^2～0.50 kg/m^2
结构层下层	浇注式沥青混合料，厚度：30 mm～45 mm
防水黏结层	丙烯酸树脂黏结剂，用量：0.15 kg/m^2～0.20 kg/m^2
	两层甲基丙烯酸甲酯树脂，用量：2.50 kg/m^2～3.50 kg/m^2
防腐层	丙烯酸防腐漆，厚度：0.10 kg/m^2～0.20 kg/m^2
钢　板	喷砂除锈，清洁度：Sa 2.5级；粗糙度：60 μm～140 μm

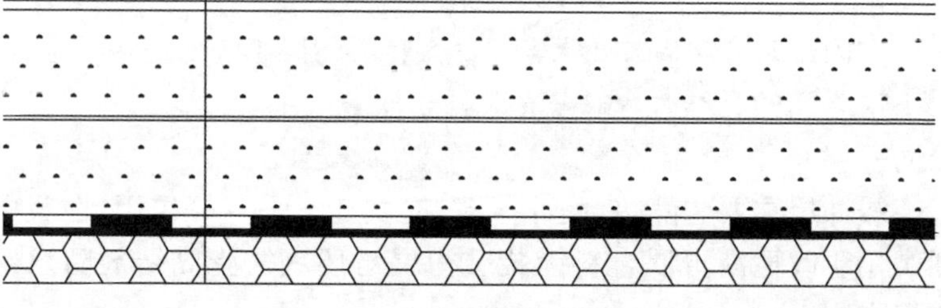

(1) 示例 1

结构层上层	环氧沥青混合料，厚度：25 mm～35 mm
黏　层	环氧沥青黏结剂，用量：0.42 kg/m²～0.48 kg/m²
结构层下层	环氧沥青混合料，厚度：25 mm～35 mm
防水黏结层	环氧沥青黏结剂，用量：0.65 kg/m²～0.75 kg/m²
防腐层	环氧富锌漆，厚度：50 μm～100 μm
钢　板	喷砂除锈，清洁度：Sa 2.5级；粗糙度：60 μm～140 μm

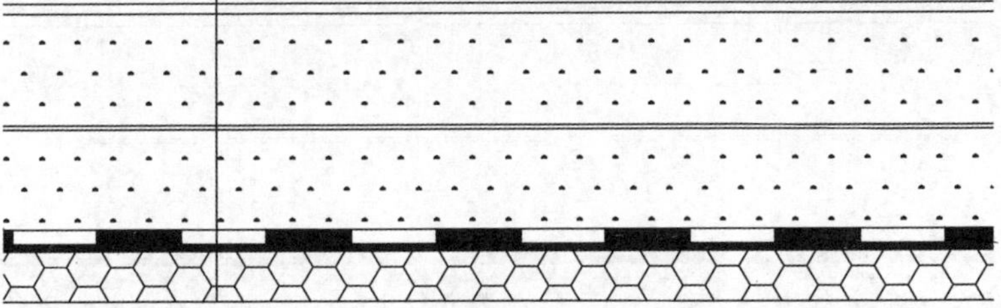

（2）示例 2

结构层上层	改性沥青混合料SMA，厚度：35 mm～45 mm
黏　层	改性沥青，用量：1.00 kg/m²～1.20 kg/m²
结构层下层	环氧沥青混合料，厚度：25 mm～35 mm
防水黏结层	环氧沥青黏结剂，用量：0.65 kg/m²～0.75 kg/m²
防腐层	环氧富锌漆，厚度：50 μm～100 μm
钢　板	喷砂除锈，清洁度：Sa 2.5级；粗糙度：60 μm～140 μm

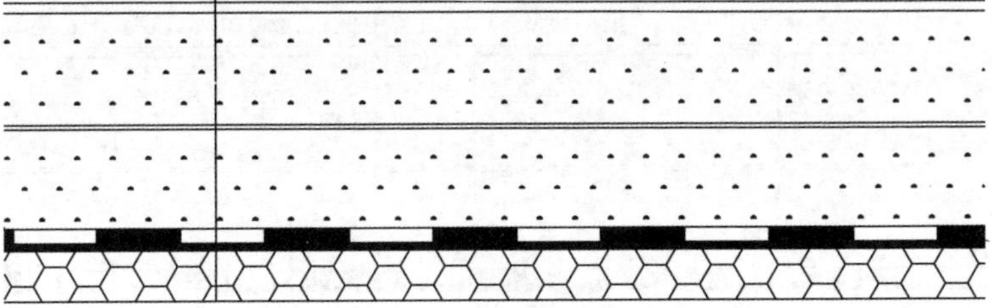

（3）示例 3

结构层上层	环氧沥青混合料,厚度：25 mm～35 mm
黏　层	环氧沥青黏结剂，用量：0.42 kg/m²～0.48 kg/m²
结构层下层	浇注式沥青混合料，厚度：30 mm～45 mm
防水黏结层	丙烯酸树脂黏结剂，用量：0.15 kg/m²～0.20 kg/m²
	两层甲基丙烯酸甲酯树脂，用量：2.50 kg/m²～3.50 kg/m²
防腐层	丙烯酸防腐漆，厚度：0.10 kg/m²～0.20 kg/m²
钢　板	喷砂除锈，清洁度：Sa 2.5级；粗糙度：60 μm～140 μm

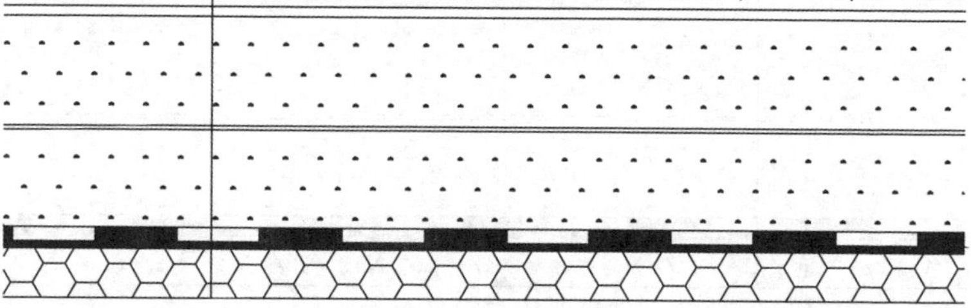

（4）示例 4

结构层上层	改性沥青混合料SMA，厚度：35 mm～45 mm
黏　层	改性乳化沥青，用量：0.30 kg/m²～0.50 kg/m²
结构层下层	改性沥青混合料SMA，厚度：35 mm～45 mm
缓冲层	改性沥青砂胶，厚度：3 mm～5 mm
防水黏结层	溶剂型沥青黏结剂，用量：0.20 kg/m²～0.40 kg/m²
	第二层环氧树脂黏结剂，用量：0.40 kg/m²～0.80 kg/m²，撒碎石
	第一层环氧树脂黏结剂，用量：0.40 kg/m²～0.80 kg/m²，撒碎石
防腐层	环氧富锌漆，厚度：50 μm～100 μm
钢　板	喷砂除锈，清洁度：Sa 2.5级；粗糙度：60 μm～140 μm

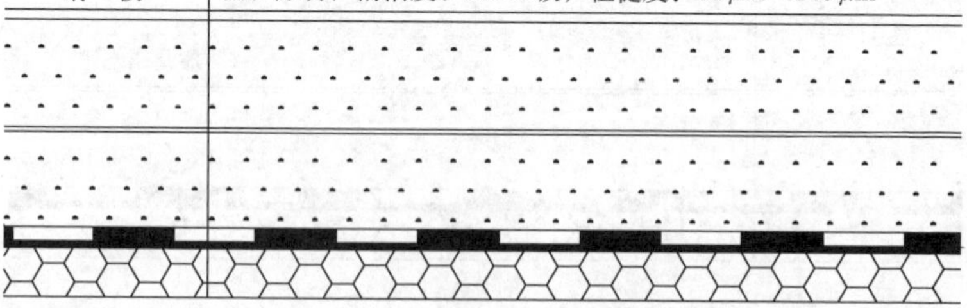

（5）示例 5

结构层上层	改性沥青混合料SMA，厚度：35 mm～45 mm
黏　层	高黏高弹改性沥青，用量：1.60 kg/m²～2.00 kg/m²
结构层下层	超高性能混凝土，厚度：40 mm～60 mm
防水黏结层	第二层环氧树脂黏结剂(湿黏结)，用量：0.40 kg/m²～0.80 kg/m²
	第一层环氧树脂黏结剂(加碎石)，用量：0.40 kg/m²～0.80 kg/m²
钢　板	喷砂除锈，清洁度：Sa 2.5级；粗糙度：60 μm～140 μm

（6）示例 6

抗滑表层	抗滑表层（树脂类），厚度：3 mm～10 mm
结构层	超高性能混凝土，厚度：40 mm～60 mm
防水黏结层	第二层环氧树脂黏结剂(湿黏结)，用量：0.40 kg/m²～0.80 kg/m²
	第一层环氧树脂黏结剂(加碎石)，用量：0.40 kg/m²～0.80 kg/m²
钢　板	喷砂除锈，清洁度：Sa 2.5级；粗糙度：60 μm～140 μm

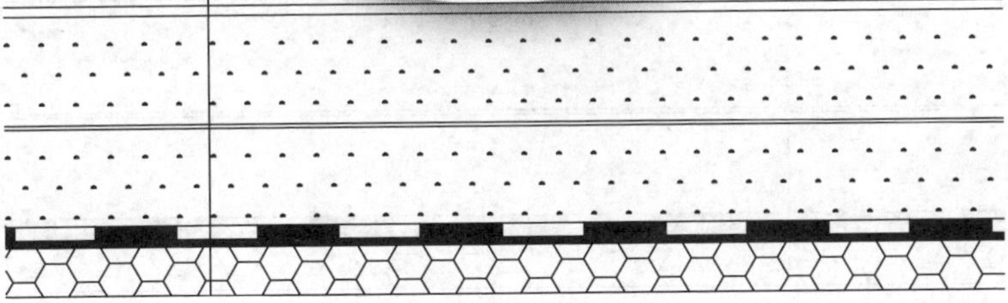

（7）示例 7

抗滑表层	抗滑表层（沥青类），厚度：15 mm～25 mm
黏　层	改性乳化沥青，用量：0.30 kg/m^2～0.50 kg/m^2
结构层	超高性能混凝土，厚度：40 mm～60 mm
防水黏结层	第二层环氧树脂黏结剂(湿黏结)，用量：0.40 kg/m^2～0.80 kg/m^2
	第一层环氧树脂黏结剂(加碎石)，用量：0.40 kg/m^2～0.80 kg/m^2
钢　板	喷砂除锈，清洁度：Sa 2.5级；粗糙度：60 μm～140 μm

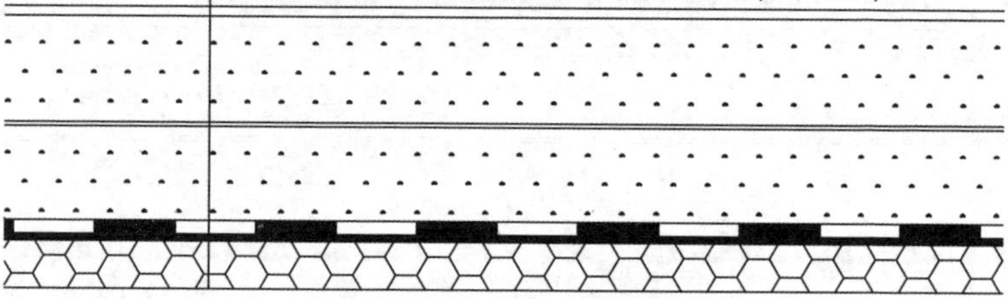

（8）示例 8

结构层上层	改性沥青混合料SMA，厚度：35 mm～45 mm
黏　层	改性沥青，用量：1.00 kg/m^2～1.20 kg/m^2
结构层下层	聚氨酯混合料，厚度：20 mm～50 mm
防水黏结层	聚氨酯黏结剂，用量：0.10 kg/m^2～0.20 kg/m^2
钢　板	喷砂除锈，清洁度：Sa 2.5级；粗糙度：60 μm～140 μm

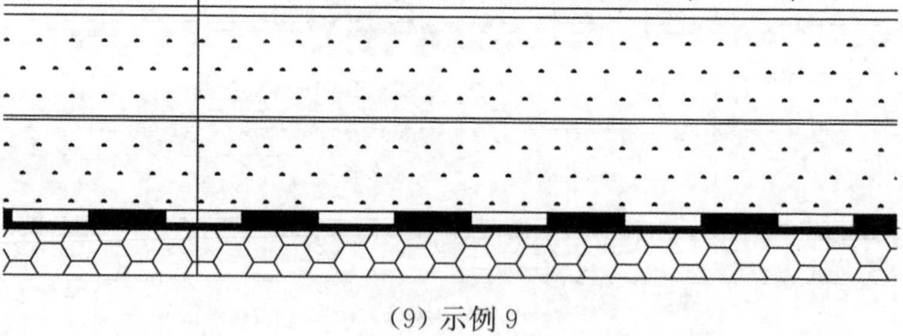

（9）示例 9

图 1　铺装组合设计方案示例图

3.4.2 研究表明，钢桥面铺装的病害多是由于钢桥面板刚度不足引起，钢桥面板和铺装组成的复合结构在车辆荷载作用下产生局部变形，极易导致铺装出现疲劳开裂，影响铺装的使用寿命，故应严格控制钢桥面板和铺装的组合刚度。本标准参考现行行业标准《公路钢桥面铺装设计与施工技术规范》JTG/T 3364—02 和《公路钢结构桥梁设计规范》JTG D64 的相关规定，按照最不利原则，提出刚度验算的技术要求，给出了桥面变形曲率半径和纵向加劲肋肋间相对挠度的图示，见图 2。

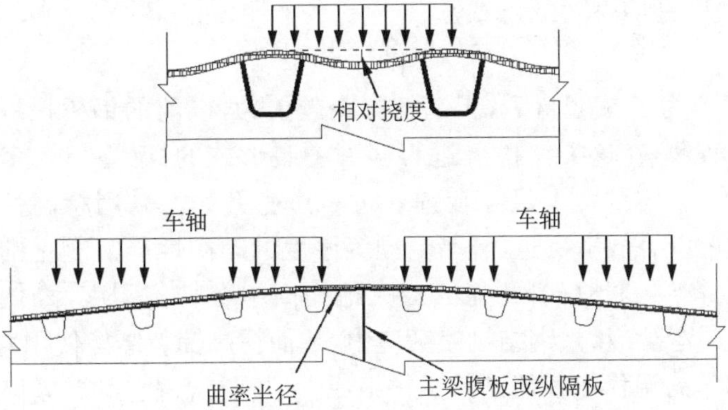

图 2　桥面变形曲率半径和纵向加劲肋肋间相对挠度

考虑到刚度验算的复杂性，建议采用有限元方法，可参照表 2确定钢桥面铺装层计算参数。对于超高性能混凝土铺装，宜考虑防水黏结层的作用，防水黏结层的剪切刚度宜通过试验测得。沥青类铺装也可参照现行行业标准《公路钢桥面铺装设计与施工技术规范》JTG/T 3364—02 和《公路钢结构桥梁设计规范》JTG D64 的相关规定进行简化计算。

超高性能混凝土铺装构造断缝处的钢桥面板和铺装的组合刚度也应满足本条规定。

表 2　有限元建模计算参数取值范围

材料类型	改性沥青混合料 SMA/沥青类抗滑表层	浇注式沥 青混合料	环氧沥青 混合料	聚氨酯 混合料	UHPC
静态模量(GPa)	1.2～1.6	1.2～1.6	1.2～1.6	6～10	40～42
动态模量(GPa)	7.5～12	9～13	17～19	19～22	40～42
泊松比	0.25	0.25	0.25	0.25	0.2

注：1. 动态模量指的是在 10 Hz 条件下的动态压缩模量，我国目前钢桥面铺装领域多采用静态设计的方法，采用动态模量更加能够真实反映行车荷载作用下桥面结构的力学响应。

2. 对沥青混合料和聚氨酯混合料，胶结料黏度大、级配好或空隙率小时动态模量取高值；反之，取低值。

3. 忽略树脂类抗滑表层对组合结构刚度的影响。

3.4.3　为了减轻自重，提高桥梁跨越能力，以前的钢桥顶板厚度往往较薄，在这类钢桥上进行多种铺装形式的探索，但大多都由于组合结构刚度不足导致铺装过早产生开裂。采用超高性能混凝土可以有效解决这类问题，同等厚度的超高性能混凝土铺装不增加桥梁二期恒载，并能够极大地提高组合结构刚度，降低结构层上层弯拉应力、钢结构疲劳应力，从而提高铺装结构使用寿命。

3.4.4　高温稳定性能试验试件组成参照现行行业标准《公路钢桥面铺装设计与施工技术规范》JTG/T 3364—02 的规定。

对于超高性能混凝土铺装，大量分析和工程经验表明，如在超高性能混凝土层上增加沥青类结构层，一方面，由于超高性能混凝土层的刚度远大于上层，导致上层拉应力很小，上层几乎不存在疲劳问题；另一方面，两层间的黏层性能会受到两层刚度差异较大的影响，需进行试验验证。综上，超高性能混凝土铺装的界面黏结性能试验试件宜包含两种类型：①由结构层下层、防水黏结层和钢板组成；②由结构层上层、黏层和超高性能混凝土层组成，其复合梁疲劳性能试验试件宜由超高性能混凝土层、防水黏结层和钢板组成。

3.4.5　本条规定了统计意义上组合结构中防水黏结层或黏层性能

的试验验证方法，其中，式(3.4.5-1)和式(3.4.5-3)根据各种材料界面黏结强度统计分析并考虑公路等级、交通荷载等级的不同要求反算得到，σ_{st}、τ_{st} 需根据实桥情况进行有限元分析，得出最不利状态下的防水黏结层或黏层的界面正应力和剪应力值。表 3.4.5-1 中的系数，对于有限载的城镇道路或公路，可酌情降低取值。

对于超高性能混凝土铺装，大量分析和工程经验表明，如在超高性能混凝土层上增加沥青类结构层，两层间的黏层性能会受到两层刚度差异较大的影响，需进行试验验证。因此，超高性能混凝土铺装的界面联结性能试验试件宜包含两种类型：①由超高性能混凝土层、防水黏结层和钢板组成；②由结构层上层、黏层和超高性能混凝土层组成。考虑到超高性能混凝土铺装不同于沥青类铺装的特点，为提高试验可操作性，通过大量室内试验研究，得出了如本标准附录 A 和本标准附录 B 所示的试验方法。

经研究，聚氨酯混凝土铺装的受力特点与结构下层采用环氧沥青混合料的铺装结构类似，其界面联结性能试验参照现行行业标准《公路钢桥面铺装设计与施工技术规范》JTG/T 3364—02 的规定进行。

3.4.6 研究表明，采用聚氨酯混凝土铺装时，其薄弱位置在铺装结构层表面，对应的病害为结构层顶面开裂，与结构下层采用环氧沥青的铺装结构类似，建议按现行行业标准《公路钢桥面铺装设计与施工技术规范》JTG/T 3364—02 中规定的三点加载复合梁疲劳试验进行铺装组合结构疲劳性能验证。

研究表明，对于超高性能混凝土铺装，如在超高性能混凝土层上增加沥青类结构层，由于超高性能混凝土层的刚度远大于上层，导致上层拉应力很小，上层几乎不存在开裂风险和疲劳问题，因此，进行疲劳性能研究时不考虑该部分的影响。另一方面，设计使用年限内，超高性能混凝土层的最大应力小于材料的疲劳极限，因此疲劳性能的关注重点为重复荷载作用下，铺装结构的协同变形能力及防水黏结层与超高性能混凝土层、钢板间的结合性能。考虑到与本标准其他类型的铺装结构的不同特点，为提高试验可操作性，通过大量室内试验研究，得出了适合于超高性能混凝土铺装的复合梁疲劳试验方法，详见本标准附录C。从室内试验结果发现，该复合结构的静载承载能力远超过实桥需求，考虑到极重交通下设计使用年限内的轴载换算，通过将试验加载力放大的方式减少所需试验次数，以疲劳试验中常用的200万次作为拟定的试验次数，反算加载力，再考虑试验中未模拟到的防水黏结层性能退化，将加载力定为70 kN。考虑到超高性能混凝土铺装为新型铺装结构，对其他几种交通荷载等级下均采用与极重交通相同的要求。

3.5 特殊部位及人行、非机动车桥梁铺装方案

3.5.4 中央分隔带、索区和检修道等区域常存在较多的障碍物，很难采用摊铺机、压路机等设备进行施工，通常采用人工摊铺的方法施工。采用无需碾压或易碾压密实的材料，能够取得较好的密实效果并有效隔绝水分的渗透，如浇注式沥青混合料、砂粒式沥青混合料、水泥混凝土等。浇注式沥青混合料铺装方案示例见图3，砂粒式沥青混合料铺装方案示例见图4。水泥混凝土与钢桥面板之间可设置焊钉连接件、钢筋连接件等可靠连接方式。

铺装层	撒布5 mm～10 mm碎石
	浇注式沥青混合料，厚度：40 mm～80 mm
防水黏结层	涂布溶剂型沥青粘接剂，用量：0.20 kg/m^2～0.40 kg/m^2
防腐层	环氧富锌漆，厚度：50 mm～100 mm
钢　板	喷砂除锈，清洁度：Sa 2.5级；粗糙度：30 μm～100 μm

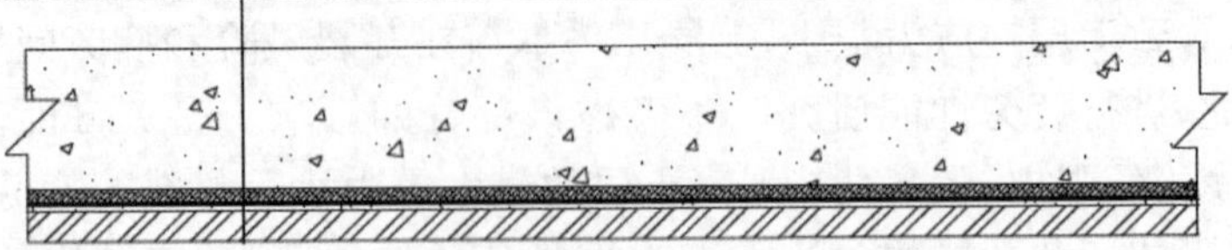

图3　钢桥面中央分隔带参考铺装方案一

铺装层	砂粒式沥青混合料，厚度：40 mm ~ 80 mm
防水黏结层	涂布溶剂型沥青粘接剂，用量：0.20 kg/m² ~ 0.40 kg/m²
防腐层	环氧富锌漆，厚度：50 μm ~ 100 μm
钢　板	喷砂除锈，清洁度：Sa 2.5级；粗糙度：30 μm ~ 100 μm

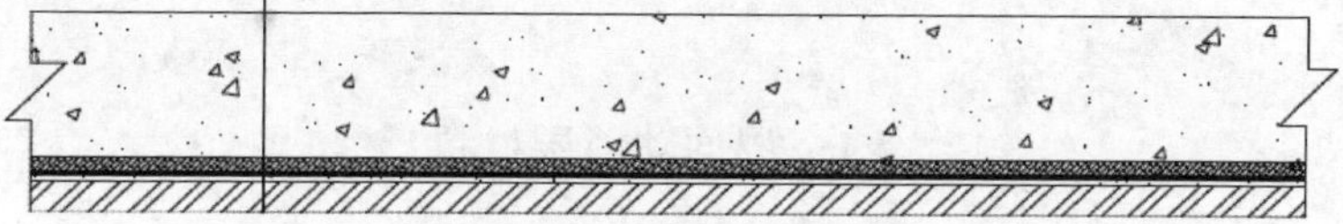

图 4　钢桥面中央分隔带参考铺装方案二

3.6　边缘防排水设计

3.6.1　钢桥面铺装边缘部位、桥面构造物与铺装结构层之间的接缝处理质量直接影响铺装结构的使用寿命。实践表明，部分工程为了设计美观，铺装边缘部位的压实度难以保证，造成该区域容易渗水，水顺着坡度侵入铺装结构层，在薄弱处冒出，车辆行驶时形成动水冲刷，可能导致早期水损，故应重视钢桥面铺装防排水构造的设计。

4 材　料

4.1 界面功能层材料

4.1.7 根据现行国家标准《工程结构加固材料安全性鉴定技术规范》GB 50728的有关规定，当基面为混凝土或钢板时，对设计使用年限为30年的结构胶，应通过耐湿热老化能力的检验；对设计使用年限为50年的结构胶，应通过耐湿热老化能力和耐长期应力作用能力的检验。

4.2 沥青混合料原材料

4.2.1 根据我国已有工程应用情况及研究成果，钢桥面铺装结构层在加劲肋、横梁（横隔板）或纵向腹板顶部位置受到负弯矩作用，结构层表面产生较大拉应变，易发生疲劳开裂，因此，对结构层的抗开裂性能和耐疲劳性能要求较高。高黏改性沥青适用于中小跨径桥梁的钢桥桥面铺装；高弹改性沥青相对高黏改性沥青而言，能够获得更好的抗裂效果，可适用于大跨径桥梁的钢桥面铺装。

4.2.2 Ⅰ、Ⅱ、Ⅲ型分别使用交通条件。Ⅰ型为聚合物改性沥青，Ⅱ型为聚合物改性沥青与天然沥青复合改性沥青，Ⅲ型为道路石油沥青与天然沥青复合改性沥青。

4.2.4 沥青混合料集料的选择应进行料源调查，确定料源宜就地取材。沥青混合料碎石集料应选用非酸性轧制集料。

4.2.7 浇注式沥青混合料的细集料可添加天然砂，天然砂与机制砂用量比不得超过 2∶1(质量比),且天然砂的含泥量应小于 3%。

4.3 聚氨酯混合料原材料

4.3.1 现行行业标准《公路工程沥青及沥青混合料试验规程》JTG E20 中,采用针入度、延度、软化点等来表征沥青胶结料的相关力学性能。本标准采用聚氨酯为原材料,代替传统的沥青,国内目前尚未有聚氨酯类的高分子聚合物混凝土的标准及规范,而材料的力学性能可以通过拉伸试验进行表征,通过测试材料的拉伸强度和断裂伸长率,直观反映材料的拉伸性能,也能够一定程度上影响聚氨酯混合料的变形能力和抗车辙能力。

4.4 超高性能混凝土原材料

4.4.3 研究表明,超高性能混凝土对于原材料的质量要求可以放宽,当使用天然砂或机制砂时,可以就近获得原材料降低材料成本。当使用天然砂时,应严格限制砂中的含泥量。海砂中含有较高含量的氯离子,会腐蚀混凝土中的钢纤维,严重降低钢纤维的增韧效果,故海砂非经淡化不得使用,且淡化之后砂的氯离子含量不得大于 0.01%。使用机制砂时,为了限定机制砂的强度,不能使用较弱材质的集料,规定了压碎值小于 20%。

4.4.4 掺用其他改善混凝土性能的外加剂时,其性能应符合国家现行相关标准的规定,且应通过试验确认超高性能混凝土满足工程应用要求。

4.4.5 现行国家标准《活性粉末混凝土》GB/T 31387 中规定的钢纤维一般都是直线型的;而有研究表明,异形钢纤维对于混凝土的韧性更有利,但是在工程应用中会出现较大的成球几率。因此,以当应用异形钢纤维时,应经试验确定满足工程应用后方可使用。

5 混合料

5.2 聚氨酯混合料

5.2.1 聚氨酯混合料用集料应符合现行行业标准《公路沥青路面施工技术规范》JTG F40 中有关规定，可采用天然砂砾、机制砂，集料应洁净、干燥、无杂质。粗集料和细集料的含水率应不大于0.3%，其他性能应符合现行行业标准《公路沥青路面施工技术规范》JTG F40 的相关规定。

5.2.2 聚氨酯混合料配合比设计一般分为以下阶段：

1 目标配合比设计阶段。从工程实际使用的材料中选取代表性样品，以抗压强度为控制指标，确定最佳胶石比。

2 生产配合比设计阶段。对分体式拌合设备，应保持各仓料的配合比稳定。选取目标配合比设计的最佳胶石比以 0.3%为间隔选取 3 个胶用量进行抗压强度试验，通过室内试验及拌和机取样试验综合确定生产配合比的最佳胶用量。对集成式拌和设备，可省略生产配合比设计步骤。

3 生产配合比验证阶段。按照生产配合比进行试拌及试验段铺筑，并在混合料养护完成后取样进行抗压强度试验。必要时，应增加高温稳定性、水稳定性、低温抗裂性能的检验。

钢桥面板季节性温差较大，对铺装材料的高、低温性能要求较高，因此提出聚氨酯混合料车辙动稳定度(70 ℃)和极限破坏应变(−10 ℃，50 mm/min)的技术要求。

5.3 超高性能混凝土

5.3.1 超高性能混凝土应根据工程结构形式、施工工艺以及环境因素进行配合比设计，配合比设计宜采用绝对体积法。根据诸多研究表明，当 UHPC 水胶比低于 0.22 后，内部的毛细孔基本处于不连通状态，且从国内外已经公布的 UHPC 实践工程看，水胶比也低于 0.22；另外，钢纤维是 UHPC 增韧的主要原因，体积率小于1.5%时，比较难获得抗拉应变强化。因此，UHPC 的水胶比不宜大于 0.22，且钢纤维体积率不宜小于 1.5%。另外，硅灰用量不宜小于胶凝材料用量的 10%，水泥用量不宜小于胶凝材料的 50%。

UHPC 的配制宜参照现行行业标准《普通混凝土配合比设计规程》JGJ 55 中对于高强混凝土的配制要求确定。制作 UHPC 强度试块时，应验证拌合物工作性是否能达到设计要求，并以该结果代表相应配合比的 UHPC 拌合物性能指标。

应根据施工工况对基准配合比进行调整，确定最终的施工配合比。

5.3.2 超高性能混凝土由于较低的水灰比和较大钢纤维的使用，拌合物的黏聚性较高，坍落扩展度较低，在较低的扩展度情况下，使用时受到限制，这与辅助密实的方式和钢桥面坡度有关。具体的，在成型质量较好的预制厂中和坡度较大的桥面中（≥3%），可以在高频振动或压实成型的工况下，UHPC 的扩展度宜为 500 mm 以下；对于表面有较小坡度（<3%），较容易密实成型的工况下，扩展度宜为 500 mm～650 mm。

工程经验表明，由于钢桥面一般具有一定的坡度，故超高性能混凝土钢桥面铺装不建议使用大流态的自密实混凝土，这不便于控制最后成形表面的标高。为控制最后成型质量，规定了超高性能混凝土的最大扩展度不超过自密实混凝土（650 mm）。

另外，超高性能混凝土拌合物在满足施工要求的前提下，为提高力学性能，尽可能采用较小的坍落扩展度。

5.3.3 与传统混凝土拌合物相比，UHPC浆骨离析的可能性较小，钢纤维的离析、沉降趋势较大，故应保证拌合物适宜的黏聚性。钢纤维由于结团效应会大大降低其在混凝土中的增韧效应，反而会降低整体的强度，故需采取合理的措施，避免钢纤维结团。

5.3.4 钢桥面铺装中超高性能混凝土层在桥梁总体受力下表现为轴向受拉与轴向受压，在局部受力下表现为弯曲受拉与弯曲受压，考虑到目前UHPC的应变强化特性，故采用抗拉性能作为分级标准，分别为UT7和UT8。两个性能等级都对应变强化作出了要求，其中UT7的应变强化是低应变强化，其极限拉应变$\geqslant$1 500 $\mu\varepsilon$，UT8的应变强化是高应变强化，其极限拉应变$\geqslant$2 000 $\mu\varepsilon$。适用于钢桥面铺装用超高性能混凝土对抗压强度要求较低，但是超高性能混凝土抗压强度需要满足最高等级高强混凝土强度要求，即不低于100 MPa；现行国家标准《活性粉末混凝土》GB/T 31387和大量实验表明，超高性能混凝土弹性模量一般不低于40 GPa，故作出此规定。

6 施　工

6.1 一般规定

6.1.1 每道工序完工后应按规定进行质量检查，合格后才能进入下道施工工序。经检查不合格时应返工。施工前，应建立健全环保管理体系，制定保护环境、节能减排和文明施工的实施方案，减少工程施工过程中对环境的污染。钢桥面铺装施工应建立安全生产管理体系，应符合下列规定：

1 施工前应制定安全生产管理制度和突发事件应急预案，建立安全生产管理体系。

2 沥青拌和站和施工现场应按相关规定设置消防设施，防腐层和防水黏结层施工时严禁烟火。

3 施工人员应得到必要的劳动保护；有高空坠落危险的地段应设置防护网；桥面铺装施工期间，当其他工序施工存在坠落物危险时，应在该部位设置警示标志，必要时应暂停施工。

6.1.3 施工前应对机械设备、试验仪器等进行全面的检查、调试、校核、标定、维修和保养。主要施工机械的易损零部件应有适量储备。施工过程中，应对所用的各种机具、设备定期进行检查，确保其处于完好状态。

6.1.4 各工序施工时，应保持基面清洁干燥，不得有水分或油污残留。已施工完毕的区域应进行保护，严禁油脂和杂物等污染。

6.1.6 施工前材料检查应符合下列规定：

1 工程开工前，必须检查材料来源和质量。对主要材料，供货单位必须提交最新的检测报告。对不包含在试验检测机构资质范围内的检测参数，可委托专业单位进行检测，并作为材料质量控制和工程验收的依据之一。

2 各种材料都必须在施工前以“批”为单位进行检查，不符合本标准技术要求的材料不得进场。材料试样的取样数量与频度按现行试验规程的规定进行。对各种矿料、聚氨酯混凝土、超高性能混凝土，都是以同一料源、同一次购入并运至生产现场的相同规格材料为一“批”；对防水材料，是指从同一来源、同一次购入的同一规格的防水材料为一“批”；对沥青，是指从同一来源、同一次储入同一沥青罐的同一规格的沥青为一“批”。

3 正式施工前，各种原材料试验结果及据此进行的沥青混合料目标配合比和生产配合比设计结果，应按规定取得认可后方可使用。

4 对重要试样，应在检验后留样封存。

6.1.8 混合料试验段可选择在混凝土桥上进行，其他各工序试验段都应在钢桥面板或自制钢板上进行。喷砂除锈、防腐层、防水黏结层和缓冲层试验段面积均不宜小于 100 m^2，混合料铺装试验段的长度不宜小于 100 m。

1 通过钢桥面板喷砂除锈试验段，应确定钢砂的材料类型、钢丸与棱角砂的混合比例、喷砂机的行走速度和单位时间的喷砂量等。

2 通过防腐层试验段和防水黏结层试验段，应确定材料的混合比例、施工工艺和用量等。

3 通过缓冲层试验段，应确定缓冲层的施工工艺和材料用量。

4 通过沥青混合料铺装试验段，应达到下列目的：

1） 检验各种施工机械的类型、数量及组合方式是否匹配。

2） 验证混合料配合比设计，确定生产配合比。

3） 通过试拌确定拌和机的上料速度、拌和时间、拌和温度等。

4）通过试铺确定摊铺温度、摊铺速度、摊铺宽度、自动找平方式、松铺系数、接缝方式等。

5）对需碾压的混合料确定压路机的碾压组合、碾压顺序、碾压温度、碾压速度及遍数等碾压工艺。

6）对浇注式沥青混合料还需确定搅拌运输设备的搅拌温度、搅拌时间等。

7）对环氧沥青混合料还需验证在容留时间内是否能完成碾压成型。

5　通过超高性能混凝土铺装试验段，应达到下列目的：

1）检验各种施工机械的适应匹配程度、数量及组合方式。

2）验证干混料的加水量、搅拌时间、相应的扩展度等。

3）确定超高性能混凝土的运送时间以及摊铺方式、摊铺速度、从搅拌到入模时间等。

4）验证整平机的整平频率、幅度和整平速率。

5）验证超高性能混凝土的覆膜方式。

6）确定超高性能混凝土的凝结时间。

7）验证超高性能混凝土的养护方式和养护天数。

试验段施工结束后，承包人应就各项试验内容提交完整的试验段总结报告。如果试验段检测结果存在不合格情况，应进行相应调整，重新铺试验段，检测合格后方可施工。

试验段施工结束后，承包人应就各项试验内容提交完整的试验段总结报告。如果试验段检测结果存在不合格情况，应进行相应调整，重新铺试验段，检测合格后方可施工。

6.2　钢桥面板除锈及防腐层施工

6.2.1　在工厂实施的防腐涂层，在桥梁架设中极易受到破坏，故对于新建和较大面积翻修的钢桥面铺装工程钢桥面板应进行喷砂除锈处理；对小面积维修和无法进行机械喷砂除锈的桥梁，其钢桥面板可采用打磨等其他工艺进行除锈处理。

喷砂除锈后如不及时进行第一层涂层施工，空气中的水分将会接触到钢桥面板，造成桥面板轻微锈蚀，导致涂层与钢桥面板黏结效果不佳。因此，规定除锈后 4 h 内完成钢桥面板上第一层涂层施工。

6.2.5 喷砂除锈施工通常使用全自动无尘喷砂设备，使用丸粒金属磨料打砂后钢桥面板表面状态与采用砂粒金属磨料打砂后钢桥面板表面形状是不同的，如图 5 所示。即使相同的清洁度和粗糙度情况下，防腐层和黏结层与钢板结合力也不同。因此，工艺上要求两种金属磨料配合使用。

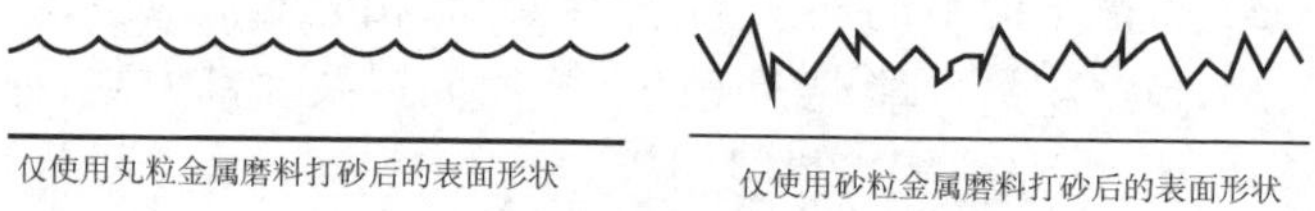

图 5 喷砂后的表面状态示意图

6.4 防水黏结层施工

6.4.4 环氧树脂防水黏结材料施工通常采用人工刮涂、辊涂或机械喷涂等方法。

环氧树脂黏结剂分两层涂布，既可以起到钢板防腐的作用，又能够保证防水黏结层的有效厚度。对于超高性能混凝土铺装，为确保环氧黏结剂层间强度，上层环氧树脂应在下层环氧树脂表干固化至 1 d 内完成施工。

试验表明，环氧树脂黏结剂与超高性能混凝土之间只能通过湿黏结的方式产生强度，故超高性能混凝土应在上层环氧树脂黏结剂表干固化之前完成摊铺。

试验表明，环氧树脂黏结剂撒布碎石的方式能够保证与超高性能混凝土的抗剪强度，但由于水泥胶浆与环氧树脂之间有效接触面积的减少，将会导致黏结强度的降低。

环氧树脂防水黏结材料种类繁多，本标准只提出共性要求，具体施工细节需参考产品使用说明。

6.7 改性沥青混合料施工

6.7.1 因直投式改性沥青质量控制难度较大，在大规模应用中不建议采用，中小规模施工中可根据需要使用。

6.9 热拌和温拌环氧沥青混合料施工

6.9.4 与钢轮压路机相比，轮胎压路机的优点在于可通过轮胎揉搓作用取得更好的压实效果，且充气轮胎可以保证粗集料不易被压碎，确保了桥面铺装的碾压质量。表 6.9.4-1 中压路机组合参考方案依据实际工程经验得出。

6.9.5 摊铺、碾压完成后，环氧沥青混合料强度还不足以开放交通，因此需要封闭交通进行养护，随着养护时间的增加，其强度不断增长，直至达到强度要求。

试验表明，环氧沥青混合料强度的增长速度与材料特性及养护气温有关，气温越高环氧沥青混合料固化反应越快，所需养护时间越短。通常，确定养护时间的方法是：对摊铺当天的环氧沥青混合料取样，成型多个马歇尔试件，放置在桥面铺装层上，隔一定时间测试马歇尔稳定度，若马歇尔稳定度达到设计要求即可开放交通。

6.10 冷拌环氧沥青混合料施工

6.10.1 冷拌环氧沥青混合料在常温下拌和，集料的水分不易蒸发，故对集料含水率提出了要求。

6.12 超高性能混凝土施工

6.12.3 原材料及干混料的计量应采用电子计量设备，并应定期校验。干混料的生产单位应每月至少自检一次，每一工作班开始前，应对计量设备进行零点校准。

原材料及干混料应储存在干燥通风的场所，并应按品种、批号分别堆放，不得混堆混用，且应先存先用。当对干混料的质量有怀疑或存放时间超过3个月时，应重新取样复验，只有复验合格，干混料方可使用。

超高性能混凝土对于用水量有比较高的精度要求，当用水量偏差大于1%时，混凝土工作性会产生较大的差别，在钢桥面铺装中易引起浇筑不实或者表明标高控制问题。

超高性能混凝土所需要的搅拌时间相较于普通高性能混凝土更长，根据不同的搅拌机，应试验制定最佳搅拌时间，但是不应少于4 min，流化后不应少于2 min。

6.12.4 超高性能混凝土生产施工前，应制订完整的技术方案，并应做好各项准备工作。施工应在晴好低风速天气进行，环境温度不应低于5 ℃。

6.12.5 超高性能混凝土建议使用搅拌罐车运输，当需要采用翻斗车等敞口式设备运输时，应控制运输时长，并注意防止混凝土不产生分层、离析。

对于寒冷及炎热天气，应对搅拌车、翻斗车采取保温或隔热措施，避免混凝土产生较大的温度起伏。

超高性能混凝土在搅拌、运输、浇筑过程中应严格执行精确用水原则，不得随意加水。

6.12.9 超高性能混凝土用于钢桥面铺装施工属于超薄超大面积混凝土施工，混凝土的养护要求极为严格，为保证塑性期不失水，混凝土整平完毕后，就应开始洒水保湿。混凝土塑性期会产生很大的塑性收缩和水化收缩，因此在终凝前的二次抹压尤为重要。

混凝土养护是水泥等胶凝材料水化及混凝土硬化正常发展的重要条件，混凝土养护不好往往会前功尽弃，还会出现混凝土开裂等问题。工程中，制定施工养护方案作为必不可少的规定，并应有实施过程的养护记录，供存档备案。

钢桥面铺装用超高性能混凝土一般使用常温保湿养护工艺，如果采用蒸汽养护，在降温阶段，钢桥面将会产生较大的温度收缩应力，会产生开裂倾向，故此不推荐使用蒸汽养护。冬季施工时，为快速产生强度达到混凝土临界抗冻强度，并减少工期，可以采用蒸汽养护。

6.12.11 高温施工时，超高性能混凝土的凝结会大大提前，不便于后续的覆膜养护等工艺，因此需要采取夏季施工措施。

6.12.13 构造断缝填充材料应符合本标准第 4.5.2 条的规定。进行填缝工艺时，应保证缝内干燥、洁净，填充高度应稍稍高于超高性能混凝土层表面。